应用型本科旅游管理专业精品系列规划教材

旅游法规与政策

主　编　陈学春　叶娅丽

北京理工大学出版社
BEIJING INSTITUTE OF TECHNOLOGY PRESS

内 容 简 介

本书紧跟旅游立法进程,把教材内容更新到2018年9月,突出了旅游法规教材的时效性;准确定位应用型本科,突出了教材的适用性;紧扣全国导游资格考试大纲,突出了旅游法规教材的职业性。教材详细阐述了我国旅游政策和旅游法律法规以及相关法律法规的基本知识。全书分为旅游政策与旅游法规两个板块,共12章,分别为《新时代中国特色社会主义》《新时期的旅游政策》《旅游法律制度概述》《合同法律制度》《旅行社管理法律制度》《导游人员管理法律制度》《旅游住、食、娱法律制度》《旅游交通法律法规制度》《旅游资源管理法律制度》《出入境管理法律制度》《旅游安全与保险法律制度》《解决旅游纠纷的法律制度》。

本书可供高校旅游类专业学生使用,也可作为旅游从业人员学习参考书。

版权专有　侵权必究

图书在版编目（CIP）数据

旅游法规与政策 / 陈学春,叶娅丽主编. —北京：北京理工大学出版社,2019.2 （2024.7重印）

ISBN 978-7-5682-6691-8

Ⅰ. ①旅… Ⅱ. ①陈… ②叶… Ⅲ. ①旅游业-法规-中国 ②旅游业-方针政策-中国 Ⅳ. ①D922.294 ②F592.0

中国版本图书馆CIP数据核字（2019）第019728号

出版发行 / 北京理工大学出版社有限责任公司

社　　址 / 北京市海淀区中关村南大街5号

邮　　编 / 100081

电　　话 /（010）68914775（总编室）

　　　　　（010）82562903（教材售后服务热线）

　　　　　（010）68948351（其他图书服务热线）

网　　址 / http://www.bitpress.com.cn

经　　销 / 全国各地新华书店

印　　刷 / 北京虎彩文化传播有限公司

开　　本 / 787毫米×1092毫米　1/16

印　　张 / 19.25　　　　　　　　　　　　　　　责任编辑 / 李慧智

字　　数 / 452千字　　　　　　　　　　　　　　文案编辑 / 李慧智

版　　次 / 2019年2月第1版　2024年7月第3次印刷　责任校对 / 周瑞红

定　　价 / 48.50元　　　　　　　　　　　　　　责任印制 / 李志强

图书出现印装质量问题，请拨打售后服务热线，本社负责调换

出版说明

用创新性思维引领应用型旅游管理本科教材建设

市场上关于旅游管理专业的教材很多，其中不乏国家级规划教材。然而，长期以来，旅游专业教材普遍存在定位不准、与企业实践背离、与行业发展脱节等现象，甚至出现大学教材、高职高专教材和中职中专教材从内容到形式都基本雷同的情况。当教育部确定大力发展应用型本科后，编写出一套真正适合应用型本科使用的旅游管理专业教材，成为应用型本科旅游管理专业发展必须解决的棘手问题。

北京理工大学出版社是愿意吃螃蟹的。2015年夏秋之交，出版社先后在成都召开了两次应用型本科教材研讨会，参会的人员有普通本科院校、应用型本科院校和部分专科院校的一线教师及行业专家，会议围绕应用型本科教材的特点、应用型本科与普通本科教学的区别、应用型本科教材与高职高专教材的差异进行了深入探讨，大家形成许多共识，并在这些共识的基础上组建了教材编写组和大纲审定专家组，按照"新发展、新理念、新思路"的原则编写了这套教材。教材在以下四个方面有较大突破：

一是人才定位。应用型本科教材既要改变传统本科教材按总经理岗位设计的思路，避免过高的定位让应用型本科学生眼高手低，学无所用；又要与以操作为主、采用任务引领或项目引领方式编写的专科教材相区别，要有一定的理论基础，让学生知其然亦知其所以然，有发展的后劲。教材编写组最终确定将应用型本科教材定位为培养基层管理人才，使这种人才既懂管理，又会操作，能为旅游行业广为接纳。

二是课程和教材体系创新。在人才定位后，教材编写组对应用型本科课程和教材体系进行了创新，核心是弥补传统本科教材过于宏观的缺陷，按照市场需要和业务性质来创新课程体系，并根据新课程体系创新教材体系，如在《旅行社经营与管理》之外，配套《旅行社计调业务》《旅游产品设计与开发》《旅行社在线销售与门店管理》等教材。将《饭店管理》细化为《前厅服务与管理》《客房服务与管理》《餐饮服务与管理》，形成与人才定位一致的应用型本科课程体系和教材体系。与此同时，编写组还根据旅游业新的发展趋势，创新了许多应用型本科教材，如《乡村旅游经营与管理》《智慧旅游管理与实务》等，使教材体系更接地气并与产业结合得更加紧密。

三是知识体系的更新。由于旅游业发展速度很快,部分教材从知识点到服务项目再到业务流程都可能落后了,如涉旅法规的变更、旅游产品预订方式的在线化、景区管理的智慧化以及乡村旅游新业态的不断涌现等,所以要求教材与时俱进、不断更新。教材编写组在这方面做了大量工作,使这套教材能够及时反映中外旅游业的发展成就,掌握行业变化动态,传授最新知识体系,并与相关旅游标准有机融合,尽可能做到权威、全面、方便、适用。

四是融入导游考证内容。2016年1月19日,国家旅游局办公室正式发布了《2016年全国导游人员资格考试大纲》(旅办发〔2016〕14号),大纲明确规定:从2016年起,实行全国统一的导游人员资格考试,不指定教材。本套教材中的《旅游法规与政策》《导游实务》《旅游文化》等属于全国导游资格考试统考科目,教材紧扣《全国导游资格考试大纲》,融入了考证内容,便于学生顺利获取导游证书。

为了方便使用,本套教材的编写体例也极尽人性化,教材各章设计了"学习目标""实训要求""小知识""小贴士""知识归纳""案例解析"和"习题集",同时配套相应的教学资源,无论是学生还是教师使用都十分方便。本套教材的配套资源可在北京理工大学出版社官方网站下载,下载网址为:www.bitpress.com.cn 或扫封底二维码关注出版社公众号。

当然,由于时间和水平有限,这套教材难免存在不足之处,敬请读者批评指正,以便教材编写组不断修订并日臻完善。希望这套教材的出版,能够为旅游管理专业应用型本科教材建设探索出一条成功之路,进一步提升旅游管理专业应用型本科教学的水平。

四川省旅游协会副会长
四川省导游协会会长　陈乾康
四川省旅发委旅行社发展研究基地主任
四川师范大学旅游学院副院长

总 序

随着高等教育迈向大众化，人才培养逐渐由重理论、重学术向重实践、重能力转变，强调职业素质、职业技能与职业能力的培养，注重培养适应时代发展需要的应用型人才。旅游管理作为一门应用性极强的学科，在探索应用型本科的专业建设、课程体系重构、教学手段革新、丰富教学内容等方面走在前列，对其他专业向应用型本科转型具有引领示范作用。

2015年10月，国家旅游局、教育部联合出台了《加快发展现代旅游职业教育的指导意见》，其中指出要"加强普通本科旅游类专业，特别是适应旅游新业态、新模式、新技术发展的专业应用型人才培养"。在当今时代，本套"旅游管理专业应用型本科规划教材"对推动普通本科旅游管理专业转型，培养适应旅游产业发展需求的高素质管理服务人才具有重要的意义。具体来说，本套教材主要有以下特点：

一、理念超前，注重理论结合实际

本套教材始终坚持"教材出版，教研先行"的理念，经过调研旅游企业、征求专家意见、召开选题大会、举办大纲审定大会等多次教研活动，最终由几十位高校教师、旅游企业职业经理人共同开发、编写而成。

二、定位准确，彰显应用型本科特色

该套教材科学地区分了应用型本科教材与普通本科教材、高职高专教材的差别，以培养熟悉企业操作流程的基层管理人员为目标，理论知识按照"本科标准"编写，实践环节按照"职业能力"要求编写，在内容上做到了教材的理论与实践相结合。

三、体系创新，符合职业教育的要求

本套教材按照"课程对接岗位"的要求，优化了教材体系。针对旅游企业的不同岗位，教材编写组编写了不同的课程教材，如针对旅行社业务的教材有《旅行社计调业务》《导游实务》《旅行社在线销售与门店管理》《旅游产品设计与开发》《旅行社经营与管理》等，保证了课程与岗位的对接，符合旅游职业教育的要求。

四、资源配备，搭建教学资源平台

本套教材以建设教学资源数据库为核心，制作了图文并茂的电子课件，方便教师教学，还提供了课程标准、授课计划、案例库、同步测试题及参考答案、期末考试题等教学资料，以便教师参考；同步测试题包括单项选择题、多项选择题、判断题、简答题、技能操作题及参考答案，便于学生练习和巩固所学知识。

在全面深化"大众创业，万众创新"的当今社会，学生的创新能力、动手能力与实践能力成为旅游管理应用型本科教育的关键点与切入点，而本套教材的率先出版可谓一个很好的出发点。让我们为旅游管理应用型本科的发展壮大而共同努力吧！

教育部旅游管理教学指导委员会副主任委员
湖北大学旅游发展研究院院长

前 言

旅游法规与政策是高校旅游类专业学生的必修课之一,也是旅游从业人员岗前培训和获取旅游职业资格的重要课程之一。随着我国旅游法制建设进程的加快,大量新的法律法规的颁布和修订,致使原来的旅游法规教材很多内容已经不适用了,现在急需更新旅游法规的相关内容和案例。有鉴于此,我们编写了旅游法规教材。本教材具有以下几个突出特点:

(1)紧跟立法进程,时效性强。

本教材把旅游法律法规知识更新到2018年9月,保证了教材内容的时效性。2017年10月党的十九大关于新时代中国特色社会主义相关知识、2018年文化和旅游部《关于促进全域旅游发展的指导意见》等知识全部写入了教材。

(2)准确定位,突出应用本科特色。

本教材科学区分了应用型本科教材与学术型本科教材、高职专科教材的差别。理论知识按照"本科标准"要求编写,实践环节按照"职业能力"要求编写,既注重理论基础知识,又强调实践操作能力,着力于培养学生用旅游法规理论知识去解决实际问题的能力。

(3)重视考证,紧扣导游考试大纲。

本教材根据旅游教育和旅游行业的实际需要,紧扣全国导游资格考试要求,以旅游从业人员应具有的旅游政策与法规知识为出发点,详细阐述了我国旅游政策和旅游法律法规以及相关法律法规的基本知识。全书分为旅游政策与旅游法规两个板块,共12章,是按照文化和旅游部《2018年全国导游资格考试大纲》科目一的要求来组织教学内容的,便于学生考取全国导游资格证书。

(4)体例完整,按照学生认知规律设计教学环节。

本教材按照学生认知规律来设计教学环节。在正文前设置了"学习目标""实训要求",在正文中设置了"小知识""小贴士""操作示范""实训项目",在正文后设置了"知识归纳""典型案例""复习思考题"等栏目。思考题配有单选、多选、判断、问答等同步测试题,便于学员从不同的角度来掌握旅游法规与政策知识,提高实践能力,降低了学习的难度。

(5)提供多种教学资源,与师生共享。

本教材配有丰富的课程资源,制作了图文并茂的多媒体课件,提供了课程标准、授课计划、复习思考题、期末考试题等教学资料，便于教师参考；复习思考题中设置了单选题、多选题、判断题、简答题等题型及参考答案，便于学生练习和巩固所学知识。

本教材由陈学春、叶娅丽担任主编。陈学春负责全书编写提纲的草拟、各章内容的修改和审定工作，并编写6~12章；叶娅丽编写1~5章。

在此书编写过程中，参阅了同类教材及诸多的书籍、报刊，也利用了一些网络资源（但由于时间仓促，有些资料的原始出处未能查到和注明）。在此，对各位专家、学者表示诚挚的感谢，并由衷地欢迎各位作者与我们联系（728816701@qq.com），共同探讨旅游法规和政策的教学和研究。需要课件及各种教学资源的老师可以直接与出版社联系，也可以直接与我们联系。由于编者水平及资料所限，加上时间仓促，本书在内容、体例编排等方面尚有诸多不如人意之处，敬请同行和读者们批评指正，以便今后再做修订和完善。

陈学春
2018年9月25日

目 录

第一章 新时代中国特色社会主义 ……………………………………………………（1）

  第一节 中国特色社会主义进入新时代 ………………………………………（1）

    一、十九大报告的主题、结构、主线、灵魂 …………………………………（2）

    二、进入中国特色社会主义新时代的时间、内涵及意义 …………………（2）

    三、进入中国特色社会主义新时代的依据 …………………………………（4）

  第二节 新时代中国共产党的历史使命 ………………………………………（7）

    一、中国共产党的民族复兴历程 ……………………………………………（7）

    二、新时代中国共产党的历史使命 …………………………………………（7）

    三、新的"两个一百年"奋斗目标 ……………………………………………（9）

  第三节 习近平新时代中国特色社会主义思想 ………………………………（9）

    一、习近平新时代中国特色社会主义思想的创立 …………………………（10）

    二、习近平新时代中国特色社会主义思想的历史地位 ……………………（10）

    三、习近平新时代中国特色社会主义思想的丰富内涵 ……………………（11）

  第四节 迈向新时代的重大战略部署 …………………………………………（12）

    一、"五位一体"总体布局 ……………………………………………………（13）

    二、国防和军队建设、港澳台工作和外交工作 ……………………………（15）

    三、坚定不移从严治党 ………………………………………………………（16）

第二章 新时期的旅游政策 ………………………………………………………（22）

  第一节 旅游投资和消费政策 …………………………………………………（22）

    一、实施旅游基础设施提升计划，改善旅游消费环境 ……………………（23）

    二、实施旅游投资促进计划，新辟旅游消费市场 …………………………（23）

    三、实施旅游消费促进计划，培育新的消费热点 …………………………（24）

    四、实施乡村旅游提升计划，开拓旅游消费空间 …………………………（25）

    五、优化休假安排，激发旅游消费需求 ……………………………………（26）

    六、加大改革创新力度，促进旅游投资消费持续增长 ……………………（26）

    七、对我国旅游业发展的影响 ………………………………………………（27）

第二节　关于加强旅游市场综合监管的通知 …………………………………（27）
一、依法落实旅游市场监管责任 …………………………………………（27）
二、创新旅游市场综合监管机制 …………………………………………（28）
三、全面提高旅游市场综合监管水平 ……………………………………（29）
四、提高旅游市场综合监管保障能力 ……………………………………（29）
五、对我国旅游业发展的影响 ……………………………………………（30）

第三节　关于促进全域旅游发展的指导意见 ……………………………（30）
一、发展全域旅游的总体要求 ……………………………………………（31）
二、发展全域旅游的八大措施 ……………………………………………（32）
三、发展全域旅游对我国旅游业的影响 …………………………………（37）

第四节　中国旅游业"十三五"规划纲要 ………………………………（38）
一、"十二五"旅游业发展取得的成就 …………………………………（38）
二、"十三五"旅游业发展趋势 …………………………………………（38）
三、"十三五"旅游业发展的指导思想 …………………………………（39）
四、"十三五"旅游业发展的基本原则 …………………………………（39）
五、"十三五"旅游业发展的主要指标 …………………………………（40）
六、"十三五"旅游业发展的主要任务 …………………………………（41）

第三章　旅游法律制度概述 …………………………………………………（50）

第一节　法与旅游法概述 ……………………………………………………（50）
一、法 ………………………………………………………………………（50）
二、旅游法 …………………………………………………………………（51）
三、旅游法律关系 …………………………………………………………（52）
四、旅游法律责任 …………………………………………………………（54）

第二节　我国宪法的基本知识 ………………………………………………（56）
一、《宪法》概述 …………………………………………………………（57）
二、《宪法》确定的基本原则 ……………………………………………（57）
三、《宪法》规定的基本制度 ……………………………………………（58）
四、《宪法》规定的公民基本权利和义务 ………………………………（61）
五、《宪法》确定的国家机构 ……………………………………………（61）
六、《宪法》规定国旗、国歌、国徽和首都 ……………………………（62）

第三节　《旅游法》基本知识 ………………………………………………（63）
一、《旅游法》概述 ………………………………………………………（64）
二、政府在旅游业发展中的主要义务 ……………………………………（65）
三、旅游者的权利和义务 …………………………………………………（67）
四、旅游经营者的义务 ……………………………………………………（68）
五、行业组织的义务 ………………………………………………………（70）

第四章　合同法律制度 ………………………………………………………（74）

第一节　合同法律基本制度 …………………………………………………（74）
一、合同概述 ………………………………………………………………（74）

二、合同的订立 …………………………………………………… （76）
　　三、合同的效力 …………………………………………………… （80）
　　四、合同的履行 …………………………………………………… （83）
　　五、合同的变更、转让和终止 …………………………………… （85）
　　六、违约责任 ……………………………………………………… （87）
　第二节　旅游服务合同 ………………………………………………… （91）
　　一、旅游服务合同及与合同的关系 ……………………………… （91）
　　二、旅游服务合同的订立 ………………………………………… （93）
　　三、包价旅游合同履行的规定 …………………………………… （93）
　　四、旅游合同的变更、转让和终止 ……………………………… （94）
　　五、旅游法对违约责任的规定 …………………………………… （96）

第五章　旅行社管理法律制度 …………………………………………（105）
　第一节　旅行社的设立 …………………………………………………（105）
　　一、旅行社概述 ……………………………………………………（105）
　　二、旅行社的设立 …………………………………………………（107）
　　三、旅行社的变更与终止 …………………………………………（111）
　第二节　旅行社管理法律制度 …………………………………………（112）
　　一、旅行社经营许可证管理制度 …………………………………（112）
　　二、旅行社公告制度 ………………………………………………（113）
　　三、旅行社市场监督管理制度 ……………………………………（113）
　　四、旅游服务质量保证金制度 ……………………………………（114）
　第三节　旅行社的经营与法律责任 ……………………………………（118）
　　一、旅行社的经营原则 ……………………………………………（118）
　　二、旅行社的权利 …………………………………………………（119）
　　三、旅行社的经营规则 ……………………………………………（120）

第六章　导游人员管理法律制度 ………………………………………（129）
　第一节　导游人员从业制度 ……………………………………………（129）
　　一、导游人员的概念及分类 ………………………………………（129）
　　二、导游的管理主体 ………………………………………………（133）
　　三、导游资格考试制度 ……………………………………………（134）
　　四、导游职业许可制度 ……………………………………………（136）
　第二节　导游人员的权利与义务 ………………………………………（139）
　　一、导游人员的权利 ………………………………………………（139）
　　二、导游人员的义务与法律责任 …………………………………（140）

第七章　旅游住、食、娱法律制度 ……………………………………（150）
　第一节　旅游饭店业管理法规制度 ……………………………………（150）
　　一、旅游饭店概述 …………………………………………………（150）
　　二、旅游饭店星级评定制度 ………………………………………（154）

三、旅游饭店业的治安管理 …………………………………… (158)
第二节　食品安全法律制度 …………………………………… (159)
　　一、食品安全法律概述 ……………………………………… (159)
　　二、食品安全事故处置 ……………………………………… (162)
　　三、法律责任 ………………………………………………… (163)
第三节　娱乐场所管理 ………………………………………… (164)
　　一、娱乐场所管理法规概述 ………………………………… (165)
　　二、娱乐场所的经营管理 …………………………………… (165)
　　三、法律责任 ………………………………………………… (167)

第八章　旅游交通法律法规制度 ……………………………… (172)

第一节　民用航空运输管理 …………………………………… (173)
　　一、民用航空运输概述 ……………………………………… (173)
　　二、承运人的权利和义务 …………………………………… (177)
　　三、承运人的法律责任 ……………………………………… (178)
第二节　铁路运输管理 ………………………………………… (180)
　　一、铁路运输概述 …………………………………………… (180)
　　二、承运人和旅客的基本权利义务 ………………………… (182)
　　三、承运人的法律责任 ……………………………………… (182)
第三节　道路运输管理 ………………………………………… (183)
　　一、道路运输概述 …………………………………………… (183)
　　二、道路运输企业的权利和义务 …………………………… (184)
第四节　水路运输管理 ………………………………………… (185)
　　一、运输管理概述 …………………………………………… (185)
　　二、承运人的权利义务 ……………………………………… (186)

第九章　旅游资源管理法律制度 ……………………………… (192)

第一节　风景名胜区 …………………………………………… (192)
　　一、风景名胜区的设立 ……………………………………… (193)
　　二、风景名胜区的规划 ……………………………………… (194)
　　三、风景名胜区的保护 ……………………………………… (196)
　　四、风景名胜区的管理和利用 ……………………………… (197)
　　五、风景名胜区的法律责任 ………………………………… (197)
第二节　文物保护 ……………………………………………… (199)
　　一、文物保护的范围 ………………………………………… (199)
　　二、文物的分类 ……………………………………………… (200)
　　三、文物的所有权 …………………………………………… (200)
　　四、文物的主管部门 ………………………………………… (201)
　　五、不可移动文物的管理 …………………………………… (201)
　　六、馆藏文物和民间收藏文物的管理 ……………………… (204)
　　七、可移动文物的出境管理 ………………………………… (205)

八、法律责任 …………………………………………（205）
　第三节　自然保护区 ……………………………………（206）
　　一、自然保护区的概念 …………………………………（206）
　　二、自然保护区的建立与分类 …………………………（206）
　　三、自然保护区的区域划分 ……………………………（208）
　　四、自然保护区的管理 …………………………………（208）
　　五、法律责任 ……………………………………………（209）
　第四节　博物馆管理法律制度 …………………………（210）
　　一、概述 …………………………………………………（210）
　　二、博物馆的设立 ………………………………………（211）
　　三、博物馆的管理 ………………………………………（211）
　　四、博物馆的社会服务 …………………………………（212）
　　五、法律责任 ……………………………………………（213）
　第五节　非物质文化遗产保护法律制度 ………………（214）
　　一、非物质文化遗产的概念及其保护原则 ……………（214）
　　二、非物质文化遗产代表性项目名录建立制度 ………（215）
　　三、非物质文化遗产的传承与传播制度 ………………（216）
　　四、法律责任 ……………………………………………（217）

第十章　出入境管理法律制度 ………………………（222）
　第一节　出境入境管理法概述 …………………………（222）
　　一、出入境立法概况 ……………………………………（222）
　　二、出入境事务的管理 …………………………………（223）
　　三、出入境证件制度 ……………………………………（223）
　　四、出入境检查制度 ……………………………………（228）
　　五、出入境管理制度 ……………………………………（228）
　　六、法律责任 ……………………………………………（230）
　第二节　中国公民出境旅游管理 ………………………（230）
　　一、中国公民出国旅游管理 ……………………………（231）
　　二、中国公民边境旅游管理 ……………………………（233）
　　三、大陆居民赴台湾地区旅游管理 ……………………（234）

第十一章　旅游安全与保险法律制度 ………………（240）
　第一节　旅游安全 ………………………………………（240）
　　一、旅游安全管理工作的主体 …………………………（241）
　　二、旅游主管部门的安全管理 …………………………（242）
　　三、旅游经营者的经营安全 ……………………………（244）
　　四、风险提示制度 ………………………………………（246）
　　五、旅游者的安全义务 …………………………………（248）
　　六、针对老年旅游的安全义务 …………………………（249）
　　七、罚则 …………………………………………………（250）

  第二节 旅游保险 ………………………………………………………… (250)
   一、旅游保险的概念与特征 …………………………………………… (251)
   二、旅游保险合同 ……………………………………………………… (251)
   三、旅游保险的种类 …………………………………………………… (253)
   四、旅游保险的索赔与理赔 …………………………………………… (256)

第十二章 解决旅游纠纷的法律制度 ……………………………………… (261)
  第一节 消费者权益保护法律制度 ……………………………………… (261)
   一、消费者权益保护法概述 …………………………………………… (262)
   二、消费者权益保护的基本原则 ……………………………………… (262)
   三、消费者的权利与经营者的义务 …………………………………… (262)
   四、消费者权益的保护 ………………………………………………… (267)
   五、损害消费者权益的法律责任 ……………………………………… (268)
  第二节 旅游纠纷的解决 ………………………………………………… (271)
   一、旅游纠纷概述 ……………………………………………………… (271)
   二、旅游纠纷解决的途径 ……………………………………………… (272)
  第三节 旅游投诉的规定 ………………………………………………… (275)
   一、旅游投诉概述 ……………………………………………………… (275)
   二、旅游投诉的受理 …………………………………………………… (277)
   三、旅游投诉的处理 …………………………………………………… (278)
  第四节 民事诉讼的规定 ………………………………………………… (280)
   一、民事诉讼概述 ……………………………………………………… (280)
   二、民事证据法律规定 ………………………………………………… (283)
   三、审理旅游纠纷案件适用法律的规定 ……………………………… (285)

参考文献 …………………………………………………………………………… (293)

第一章

新时代中国特色社会主义

学习目标

1. 了解十八大以来党和国家事业发生的历史性变革和进入新时代的重大意义。
2. 熟悉习近平新时代中国特色社会主义思想的历史地位和丰富内涵。
3. 掌握新时代我国社会的主要矛盾和新时代中国共产党的历史使命。
4. 掌握"两个一百年"奋斗目标的任务要求。
5. 熟悉"五位一体"总布局的重大部署。
6. 了解国防和军队建设、港澳台工作、外交工作的重大部署。
7. 了解坚定不移从严治党的重大部署。

实训要求

1. 实训项目：梳理我国十九大报告提出的新时代、新使命、新思想、新征程的相关内容。
2. 实训目的：通过网上调研，要求学生掌握我国十九大报告提出的"四个新"基本内容。

第一节 中国特色社会主义进入新时代

2017年10月18日，中国共产党第十九次全国代表大会在北京人民大会堂隆重开幕。习近平代表第十八届中央委员会向大会做了《决胜全面建成小康社会 夺取新时代中国特色社会主义伟大胜利》的报告。这次会议是在全面建成小康社会决胜阶段、中国特色社进入新时代的关键时期召开的一次十分重要的大会。

一、十九大报告的主题、结构、主线、灵魂

十九大报告是马克思主义发展的重要文献和重大成果,也是我们面向新时代的政治宣言和行动纲领。

（一）主题

党的十九大报告的主题是：不忘初心，牢记使命，高举中国特色社会主义伟大旗帜，决胜全面建成小康社会，夺取新时代中国特色社会主义伟大胜利，为实现中华民族伟大复兴的中国梦不懈奋斗。

（二）结构

党的十九大报告全文32 000多字，报告分为13部分：一是过去五年的工作和历史性变革；二是新时代中国共产党的历史使命；三是新时代中国特色社会主义思想和基本方略；四是决胜全面建成小康社会，开启全面建设社会主义现代化国家新征程；五是贯彻新发展理念，建设现代化经济体系；六是健全人民当家做主制度体系，发展社会主义民主政治；七是坚定文化自信，推动社会主义文化繁荣兴盛；八是提高保障和改善民生水平，加强和创新社会治理；九是加快生态文明体制改革，建设美丽中国；十是坚持走中国特色强军之路，全面推进国防和军队现代化；十一是坚持"一国两制"，推进祖国统一；十二是坚持和平发展道路，推动构建人类命运共同体；十三是坚定不移全面从严治党，不断提高党的执政能力和领导水平。

报告十三部分，可以分为三大板块：第一板块（报告第一部分），回顾过去五年工作，总结成就和经验；第二板块（报告第二至第四部分），确立中国共产党的新使命和新时代新思想；第三板块（报告第五至第十三部分），提出新时代新思想指引下的工作部署和任务要求。

（三）主线和灵魂

党的十九大的主线是：中国特色社会主义进入新时代。党的十九大的灵魂是：形成了习近平新时代中国特色社会主义思想。习近平同志在报告中庄严宣示："中国特色社会主义进入了新时代，这是我国发展新的历史方位。"我们党"形成了新时代中国特色社会主义思想"。党的十九大开创了新时代和新思想——一个全新的时代和全新的思想。因此，十九大报告的主线主题和核心灵魂是：中国特色社会主义进入了新时代，产生了习近平新时代中国特色社会主义思想。

二、进入中国特色社会主义新时代的时间、内涵及意义

（一）进入新时代的时间标志

党的十九大报告指出："经过长期努力，中国特色社会主义进入了新时代，这是我国发展新的历史方位。"虽然是党的十九大做出了中国特色社会主义进入新时代的重大判断，但不能把党的十九大作为进入新时代的历史起点。党的十八大是中国特色社会主义进入新时代

的历史坐标点，是重大历史节点。

（二）进入新时代的内涵

新时代的内涵用"五个是"来表述，党的十九大报告指出：这个新时代是承前启后、继往开来、在新的历史条件下继续夺取中国特色社会主义伟大胜利的时代，是决胜全面建成小康社会、进而全面建设社会主义现代化强国的时代，是全国各族人民团结奋斗、不断创造美好生活、逐步实现全体人民共同富裕的时代，是全体中华儿女勠力同心、奋力实现中华民族伟大复兴中国梦的时代，是我国日益走近世界舞台中央、不断为人类做出更大贡献的时代。

"五个是"，可归纳为，伟大胜利的时代、现代化强国的时代、共同富裕的时代、中华民族伟大复兴中国梦的时代、为人类做出更大贡献的时代。我们走近了世界舞台中央，不单要为我们自己的国家做出贡献，也要不断地为人类做出更大贡献。

（三）中国特色社会主义进入新时代的意义

习近平同志在党的十九大报告中明确做出中国特色社会主义进入新时代的重大政治论断，准确反映了中国特色社会主义在长期建设中取得的历史性成就、党和国家事业发生的历史性变革，准确反映了党的十八大以来取得的全方位、开创性成就和深层次、根本性变革。这些成就和变革的重大意义，其重要意义体现在以下三个方面：

（1）意味着近代以来久经磨难的中华民族迎来了从站起来、富起来到强起来的伟大飞跃，迎来了实现中华民族伟大复兴的光明前景。这个代表了我们中华民族在中国共产党的领导下，经过艰苦卓绝的共同奋斗，建立了新中国，实现了民族独立和人民解放。随后经过社会主义改造，确立了社会主义制度，坚持改革开放新征程，中国共产党团结带领全国人民走上了一条实现国家富强和人民幸福的康庄大道，开启了社会主义新时代！

（2）意味着科学社会主义在21世纪的中国焕发出强大生机活力，在世界上高高举起了中国特色社会主义伟大旗帜。这个代表着中国共产党坚持马克思的科学社会主义的正确性。习近平总书记在十九大报告中强调："十月革命一声炮响，给中国送来了马克思列宁主义。"十月革命让中国先进分子从马克思列宁主义的科学真理中看到了解决中国问题的出路。历史发展到今天用事实说明了马克思主义的科学性。毛泽东思想、邓小平理论、"三个代表"重要思想、科学发展观，以及最新的习近平新时代中国特色社会主义思想，这些都是马克思主义中国化的理论成果。

（3）意味着中国特色社会主义道路、理论、制度、文化不断发展，拓展了发展中国家走向现代化的途径，给世界上那些既希望加快发展又希望保持自身独立性的国家和民族提供了全新选择，为解决人类问题贡献了中国智慧和中国方案。这代表了中华民族五千多年的文明历史，创造了灿烂的中华文明，为人类做出了卓越贡献，成为世界上伟大的民族。走向现代化是人类社会发展的必然趋势，但通向现代化的道路是多种多样的。我们坚持和发展中国特色社会主义，摆脱殖民、扩张、掠夺的发展逻辑，引领中国大步走向世界舞台中央，越来越彰显出强大魅力和吸引力。中国特色社会主义进入新时代，进一步表明西方模式只是实现现代化的一种选择，现代化不等于西方化。中国的成功，改变了长期占主导地位和垄断话语权的西方现代化模式，打破了习惯用西方价值标准和发展模式主宰世界的错误认知，给世界上那些既希望加快发展又不希望走依附式道路的国家和民族提供了全新选择。这在人类现代化史上是具有重大贡献的标志性事件。

"三个意味着",既深刻阐明了中华民族从苦难走向辉煌、实现伟大复兴的奋斗历程和历史大势,更深刻揭示中国特色社会主义的世界意义,进一步坚定了我们坚持和发展中国特色社会主义的信心和决心。

三、进入中国特色社会主义新时代的依据①

中国共产党是顺应时代潮流诞生的,也是在把握时代脉搏的历史进程中发展、壮大和成熟的。紧跟时代步伐、把握时代特点、直面时代课题,是中国共产党自成立以来积累的一条宝贵经验。继续推进中国特色社会主义伟大事业必须从当代中国实际出发,这个实际就是"新时代"。准确把握新时代的特征,需要弄清楚判断中国特色社会主义进入新时代的依据。

(一)党和国家事业发生了历史性变革

党的十八大以来的5年,是党和国家事业取得历史性成就、发生历史性变革的5年。5年来,以习近平同志为核心的党中央,举旗定向、运筹帷幄,科学把握当今世界和当代中国的发展大势,顺应实践要求和人民愿望,以巨大的政治勇气和强烈的责任担当,统筹推进"五位一体"总体布局,协调推进"四个全面"战略布局,提出一系列具有开创性意义的新理念新思想新战略,出台一系列重大方针政策,推出一系列重大举措,推进一系列重大工作,解决了许多长期想解决而没有解决的难题,办成了许多过去想办而没有办成的大事,推动党和国家事业发生深刻的历史性变革。这些历史性变革主要体现在:①经济建设取得重大成就,发展理念和发展方式发生深刻变革;②全面深化改革取得重大突破,各方面体制机制发生深刻变革;③民主法治建设迈出重大步伐,全面依法治国发生深刻变革;④思想文化建设取得重大进展,党对意识形态工作的领导发生深刻变革;⑤人民生活不断改善,社会治理体系发生深刻变革;⑥生态文明建设成效显著,生态环境保护状况发生深刻变革;⑦强军兴军开创新局面,国防和军队现代化发生深刻变革;⑧港澳台工作取得新进展,内地和港澳地区交流合作深度发生深刻变革;⑨全方位外交布局深入展开,中国特色大国外交发生深刻变革;⑩全面从严治党成效卓著,全面加强党的领导发生深刻变革。

小知识 "五位一体"总体布局和"四个全面"战略布局

"五位一体"的总体布局是党的十八大正式确定的,中国特色社会主义建设包含经济建设、政治建设、文化建设、社会建设、生态文明建设。

"四个全面"的战略布局是指全面建成小康社会、全面深化改革、全面依法治国、全面从严治党。

综上所述,党的十八大以来党和国家事业发生的历史性变革,涵盖改革发展稳定、内政外交国防、治党治国治军各个方面,是深层次的、开创性的、根本性的。这些变革力度之

---

① 深刻把握中国特色社会主义进入新时代的依据[EB/OL]. (2018-02-08) [2018-03-16] http://www.ccdi.gov.cn/lswh/lilun/201802/t20180208_163597.html

大、范围之广、效果之显著、影响之深远,在我们党和国家发展史上、在中华民族发展史上,都具有开创性意义。这些变革所解决的问题是历史本身提出来的,以习近平同志为核心的党中央勇敢直面时代和实践发展所提出的历史性课题,以超凡魄力和顽强斗争精神力挽狂澜,领导全党和全国人民进行具有许多新的历史特点的伟大斗争,推动中国特色社会主义进入新时代。

> **小知识** **我国改革开放取得的成就**
>
> 党的十八大召开之前,我国改革开放已取得巨大成就。从经济总量看,到2012年,我国国内生产总值已达54万亿元,稳居世界第二位,占世界的份额由1978年的1.8%提高到11.5%。从人均值看,我国人均国民总收入由1978年的190美元上升至2012年的5680美元,成功实现了从低收入国家向中上等收入国家的历史性飞跃。从外汇储备看,2012年我国外汇储备达到33 116亿美元,连续七年稳居世界第一位,使中国的综合国力和国际影响力有了显著提升。此外,改革开放以来我国在经济结构、基础设施和基础产业发展、对外经贸等方面都实现了巨大飞跃,社会保障制度不断完善,社会事业不断进步,这些都为中国特色社会主义进入新的发展阶段奠定了坚实的基础。
>
> 党的十八大以来,党和国家事业取得了全方位、开创性的成就,实现了深层次、根本性的变革。以习近平同志为核心的党中央提出一系列新理念新思想新战略,出台一系列重大方针政策,推出一系列重大举措,推进一系列重大工作,解决了许多长期想解决而没有解决的难题,办成了许多过去想办而没有办成的大事,取得了前所未有的改革发展成就。这些历史性成就和历史性变革表明,我国发展站到了新的历史起点上,中国特色社会主义进入了新的发展阶段。这个新的发展阶段既同党的十八大之前的改革开放一脉相承,又有新的特点:党的执政方式和基本方略有重大创新,发展理念和发展方式有重大转变,发展环境和发展条件发生深刻变化,发展质量和发展水平得到明显提高。因此,从发展的角度来看,中国特色社会主义进入新时代这一论断有坚实的事实依据做支撑,是对中国发展阶段的科学判断。

(二)社会主义初级阶段的社会主要矛盾发生了转化

党的八大提出,社会主义制度确立后我国国内的主要矛盾,已经是人民对于建立先进的工业国的要求同落后的农业国的现实之间的矛盾,已经是人民对于经济文化迅速发展的需要同当前经济文化不能满足人民需要的状况之间的矛盾。党的十一届三中全会后,我们党进一步明确提出,我国所要解决的主要矛盾,是人民日益增长的物质文化需要同落后的社会生产之间的矛盾。正是根据这一判断,我们制定了党在社会主义初级阶段的基本路线,明确了社会主义的根本任务是解放和发展社会生产力,有力地推动了中国特色社会主义的开创与发展。

改革开放以来,尤其是党的十八大以来,中国经济社会发生翻天覆地的变化,呈现出了许多新的特点。正因为如此,党的十九大提出了我国社会主要矛盾的新表述,即"人民日益增长的美好生活需要和不平衡不充分的发展之间的矛盾"。其主要依据是以下三个方面:一是经过新中国成立以来,尤其是改革开放40年的发展,我国社会生产力水平总体上显著提高,再讲"落后的社会生产"已经不合实际;二是人民生活水平显著提高,对美好生活的向往更加强烈，在民主、法治、公平、正义、安全、环境等方面的要求日益增长，只讲"物质文化需要"已经不能真实全面反映人民群众的愿望和要求；三是影响满足人民美好生活需要的因素很多，但主要是发展的不平衡不充分问题，如发展质量效益还不高，生态环境保护有待加强，民生领域还有不少短板，城乡区域发展和收入分配差距依然较大，等等。这些新情况，推动我国社会主要矛盾发生了转化，使中国特色社会主义进入了新时代。

（三）国际形势发生了新变化

改革开放以来，中国作为发展中的社会主义大国已经深深地融入整个世界。现在，我国发展同外部世界的交融性、关联性、互动性不断增强，正日益走近世界舞台中央。判断我国所处的新的历史方位，必须充分考量国际形势的新变化。

进入21世纪以来，世界形势发生了深刻变化。和平与发展依然是时代主题，但影响和平与发展的因素却在不断变化。第一，世界多极化在曲折中发展。一大批新兴市场国家和发展中国家走上发展的快车道，多个力量中心逐渐形成，世界格局走向多极化的趋势越来越清晰。第二，经济全球化深入发展，但遭遇阻力。全球范围内配置生产要素以空前的速度和规模持续发展，各经济体相互依赖、相互联系的程度日益加深，但世界经济增长动力不足，复苏乏力，随着英国脱欧进程的加快和世界范围内贸易保护主义的抬头，经济全球化在西方国家遭遇阻力。第三，文化多样化持续推进。世界范围内各种思想文化交流交融交锋更加频繁，国际思想文化领域斗争依然深刻而复杂，不同意识形态的斗争长期存在，有时会相当复杂、尖锐。第四，社会信息化持续推进。信息技术成为率先渗透到经济社会生活各领域的先导技术，对国际政治、经济、文化、社会、军事等领域的发展产生了深刻影响。第五，科学技术孕育新突破。科学技术越来越成为推动经济社会发展的主要力量，科学技术的新突破不仅给世界生产力的发展带来了巨大推动，而且对人类的生产方式和生活方式产生了深刻影响。

总的来看，世界正处于大发展大变革大调整时期，和平与发展仍然是时代主题。我国正处于一个大有可为的历史机遇期，这是中国从大国走向强国的关键时期，也是中国日益走近世界舞台中央的关键阶段。中国的前景十分光明，但挑战也十分严峻。概言之，伴随着中国经济社会发展外部环境的变化，中国特色社会主义进入一个新阶段。

（四）党的理论创新取得新成果

时代是思想之母，实践是理论之源。当今世界每时每刻发生的变化，当代中国每时每刻发生的进步，必然会不断推进理论创新、实践创新、制度创新、文化创新以及其他各方面创新，由此产生的创新成果自然成为进入新时代的重要标志。

党的十八大以来，国内外形势新变化和我国各项事业发展都给我们提出了一个重大时代课题，这就是必须从理论和实践结合上系统回答新时代坚持和发展什么样的中国特色社会主义、怎样坚持和发展中国特色社会主义。围绕这个重大时代课题，我们党紧密结合新的时代条件和实践要求，科学回答了新时代坚持和发展中国特色社会主义的总目标、总任务、总体布局、战略布局和发展方向、发展方式、发展动力、战略步骤、外部条件、政治保证等基本问题，取得了重大理论创新成果，形成了习近平新时代中国特色社会主义思想。这一思想以全新的视野进一步回答了"什么是社会主义、怎样建设社会主义""建设什么样的党、怎样建设党""实现什么样的发展、怎样发展"的问题,创造性地回答了"坚持和发展什么样的中国特色社会主义、怎样坚持和发展中国特色社会主义"的问题,深化了对共产党执政规律、社会主义建设规律、人类社会发展规律的认识。

习近平新时代中国特色社会主义思想是马克思主义中国化的最新成果,开辟了马克思主义新境界,开辟了中国特色社会主义新境界,开辟了党治国理政新境界,开辟了管党治党新境界,因而是全党全国人民为实现中华民族伟大复兴而奋斗的行动指南。党的十九大将这一思想写入党章,实现了我们党指导思想的与时俱进,也标志着中国特色社会主义进入一个新时代。

第二节 新时代中国共产党的历史使命

习近平在党的十九大报告中指出:"实现中华民族伟大复兴是近代以来中华民族最伟大的梦想。中国共产党一经成立,就把实现共产主义作为党的最高理想和最终目标,义无反顾肩负起实现中华民族伟大复兴的历史使命,团结带领人民进行了艰苦卓绝的斗争,谱写了气吞山河的壮丽史诗。"报告全面总结我们党为实现中华民族伟大复兴走过的辉煌历程,明确提出实现新时代党的历史使命的新要求。

一、中国共产党的民族复兴历程

实现中华民族伟大复兴,必须推翻压在中国人民头上的帝国主义、封建主义、官僚资本主义三座大山,实现民族独立、人民解放、国家统一、社会稳定。我们党团结带领人民找到了一条以农村包围城市、武装夺取政权的正确革命道路,进行了28年浴血奋战,完成了新民主主义革命,1949年建立了中华人民共和国,实现了中国从几千年封建专制政治向人民民主的伟大飞跃。

实现中华民族伟大复兴,必须建立符合我国实际的先进社会制度。我们党团结带领人民完成社会主义革命,确立社会主义基本制度,推进社会主义建设,完成了中华民族有史以来最为广泛而深刻的社会变革,为当代中国一切发展进步奠定了根本政治前提和制度基础,实现了中华民族由近代不断衰落到根本扭转命运、持续走向繁荣富强的伟大飞跃。

实现中华民族伟大复兴,必须合乎时代潮流、顺应人民意愿,勇于改革开放,让党和人民事业始终充满奋勇前进的强大动力。我们党团结带领人民进行改革开放新的伟大革命,破除阻碍国家和民族发展的一切思想和体制障碍,开辟了中国特色社会主义道路,使中国大踏步赶上时代。

二、新时代中国共产党的历史使命

新时代给党的历史使命提出了新要求,我们必须紧紧围绕实现伟大梦想去进行伟大斗争、建设伟大工程、推进伟大事业。党的十九大把伟大斗争、伟大工程、伟大事业、伟大梦想作为一个统一整体提出来,是一个重大理论创新,明确了党在新时代治国理政的总方略、引领全局的总蓝图、谋划工作的总坐标。

(一) 实现伟大梦想，必须进行伟大斗争

十九大报告指出，实现伟大梦想，必须进行伟大斗争。讲到斗争，不是所有的斗争都是伟大的，之所以称其为伟大斗争，就是因为我们要应对重大挑战、抵御重大风险、克服重大阻力、解决重大矛盾，这些斗争具有长期性、复杂性、艰巨性。社会是在矛盾运动中前进的，有矛盾就会有斗争。我们党要团结带领人民有效应对重大挑战、抵御重大风险、克服重大阻力、解决重大矛盾，必须去除任何贪图享受、消极懈怠、回避矛盾的思想和行为。要坚决反对一切削弱、歪曲、否定党的领导和我国社会主义制度的言行，坚决反对一切损害人民利益、脱离群众的行为，坚决破除一切顽瘴痼疾，坚决反对一切分裂祖国、破坏民族团结和社会和谐稳定的行为，坚决战胜一切在政治、经济、文化、社会等领域和自然界出现的困难和挑战，发扬斗争精神，提高斗争本领，不断夺取伟大斗争新胜利。

(二) 实现伟大梦想，必须建设伟大工程

十九大报告指出，实现伟大梦想，必须建设伟大工程。这个伟大工程就是我们党正在深入推进的党的建设新的伟大工程。历史已经并将继续证明，没有中国共产党的领导，民族复兴必然是空想。经历了民族的沉沦与崛起，见证了历史的苦难与辉煌，全体中国人民愈来愈深刻地认识到，办好中国的事情，关键在党，关键在中国共产党的领导。我们党要始终成为时代先锋、民族脊梁，自身必须始终过硬。没有一种担当，比肩负民族的前途命运更伟大；没有一项使命，比实现人民的共同梦想更崇高。我们必须坚定不移全面从严治党，勇于直面问题，敢于刮骨疗毒，消除一切损害党的先进性和纯洁性的因素，清除一切侵蚀党的健康肌体的病毒，不断增强党的政治领导力、思想引领力、群众组织力、社会号召力，使自身在革命性锻造中更加坚强。

(三) 实现伟大梦想，必须推进伟大事业

十九大报告指出，实现伟大梦想，必须推进伟大事业。这个伟大事业就是中国特色社会主义事业，我们只有推进这个伟大事业，才能够实现我们的伟大梦想。中国特色社会主义是改革开放以来党的全部理论和实践的主题，是党和人民历尽千辛万苦、付出巨大代价取得的根本成就。中国特色社会主义道路是实现社会主义现代化、创造人民美好生活的必由之路，中国特色社会主义理论体系是指导党和人民实现中华民族伟大复兴的正确理论，中国特色社会主义制度是当代中国发展进步的根本制度保障，中国特色社会主义文化是激励全党全国各族人民奋勇前进的强大精神力量。我们要增强道路自信、理论自信、制度自信、文化自信，既不走封闭僵化的老路，也不走改旗易帜的邪路，始终保持政治定力，始终坚定中国特色社会主义信念。

"四个伟大"相互贯通、相互作用，构成一个整体和系统。伟大斗争是基本手段，代表着积极进取的精神状态；伟大工程是政治保障，源自作为核心的领导力量；伟大事业是宏阔平台，搭建起干事创业的有效载体；伟大梦想是追求目标，牵引着凝心聚力的前进方向。其中，起决定性作用的是党的建设新的伟大工程。伟大工程建设得好不好、坚固不坚固，直接关系到我们党有没有胆识和策略去进行伟大斗争，有没有责任和能力去推进伟大事业，有没有韧性和途径去实现伟大梦想。我们必须把伟大工程建设好，才能紧紧围绕实现伟大梦想去进行伟大斗争、推进伟大事业。

三、新的"两个一百年"奋斗目标

十九大报告明确提出,从现在到 2020 年,是全面建成小康社会决胜期,从十九大到二十大,是"两个一百年"奋斗目标的历史交汇期。我们既要全面建成小康社会,实现第一个百年奋斗目标,又要乘势而上开启全面建设社会主义现代化国家新征程,向第二个百年奋斗目标进军。新的奋斗目标跨度"从现在到本世纪中叶",可分为三个目标、两个阶段、两步走。

(一)三个目标

三个目标分别是:到 2020 年,全面建成小康社会,实现第一个百年奋斗目标;到 2035 年,基本实现社会主义现代化;到 2050 年,建成富强、民主、文明、和谐、美丽的社会主义现代化强国。

(二)两个阶段和两步走

"两个阶段"和"两步走"是指从 2020 年到 21 世纪中叶分为两个 15 年奋斗的战略安排。

1. 第一个阶段(2020—2035 年)

在全面建成小康社会的基础上,再奋斗 15 年,基本实现社会主义现代化。到那时,我国经济实力、科技实力将大幅跃升,跻身创新型国家前列;人民平等参与、平等发展权利得到充分保障,法治国家、法治政府、法治社会基本建成,各方面制度更加完善,国家治理体系和治理能力现代化基本实现;社会文明程度达到新的高度,国家文化软实力显著增强,中华文化影响更加广泛深入;人民生活更为宽裕,中等收入群体比例明显提高,城乡区域发展差距和居民生活水平差距显著缩小,基本公共服务均等化基本实现,全体人民共同富裕迈出坚实步伐;现代社会治理格局基本形成,社会充满活力又和谐有序;生态环境根本好转,美丽中国目标基本实现。

2. 第二个阶段(2035 年—21 世纪中叶)

在基本实现现代化的基础上,再奋斗 15 年,把我国建成富强民主文明和谐美丽的社会主义现代化强国。到那时,我国物质文明、政治文明、精神文明、社会文明、生态文明将全面提升,实现国家治理体系和治理能力现代化,成为综合国力和国际影响力领先的国家,全体人民共同富裕基本实现,我国人民将享有更加幸福安康的生活,中华民族将以更加昂扬的姿态屹立于世界民族之林。

这两个阶段是一个整体,中心内容都是实现现代化,第一阶段是要"基本实现社会主义现代化",第二阶段是要"把我国建成富强民主文明和谐美丽的社会主义现代化强国",两者在成熟程度上有区别。

第三节 习近平新时代中国特色社会主义思想

2017 年 10 月 18 日,在中国共产党第十九次全国代表大会上习近平总书记首次提出"新时代中国特色社会主义思想"。新时代中国特色社会主义思想是全党全国人民为实现中华民族伟大复兴而奋斗的行动指南。

一、习近平新时代中国特色社会主义思想的创立

以习近平同志为核心的党中央,坚持以马克思列宁主义、毛泽东思想、邓小平理论、"三个代表"重要思想、科学发展观为指导,坚持解放思想、实事求是、与时俱进、求真务实,坚持辩证唯物主义和历史唯物主义,紧密结合新的时代条件和实践要求,以全新的视野深化对共产党执政规律、社会主义建设规律、人类社会发展规律的认识,进行艰辛理论探索,取得重大理论创新成果,创立了习近平新时代中国特色社会主义思想。

新时代中国特色社会主义思想,是对马克思列宁主义、毛泽东思想、邓小平理论、"三个代表"重要思想、科学发展观的继承和发展,是马克思主义中国化最新成果,是党和人民实践经验和集体智慧的结晶,是中国特色社会主义理论体系的重要组成部分,是全党全国人民为实现中华民族伟大复兴而奋斗的行动指南,必须长期坚持并不断发展。

2017年10月24日,中国共产党第十九次全国代表大会通过了关于《中国共产党章程(修正案)》的决议,习近平新时代中国特色社会主义思想写入党章,确立为党的指导思想,这是十九大最大的成果。2018年3月11日,习近平新时代中国特色社会主义思想载入宪法,在党内外、在全国上下已经形成广泛的高度认同。

二、习近平新时代中国特色社会主义思想的历史地位①

习近平总书记在党的十九大报告中明确指出:"经过长期努力,中国特色社会主义进入了新时代,这是我国发展新的历史方位。"

(一) 是马克思主义中国化的最新成果

以毛泽东同志为代表的第一代共产党人把马克思主义普遍原理与中国革命实践相结合,产生了马克思主义中国化的第一次历史性飞跃成果——毛泽东思想,回答了中国为什么要革命、怎样革命的问题。在毛泽东思想指引下,我们找到了正确的革命道路,建立了中华人民共和国,使中华民族站起来了。以邓小平同志为核心的第二代中国共产党人,把马克思主义普遍原理与中国改革、建设实践相结合,产生了马克思主义中国化的第二次历史性飞跃成果——邓小平理论。邓小平理论回答了什么是社会主义、怎样建设社会主义的问题。此后又在实践中产生了"三个代表"重要思想、科学发展观,分别回答了建设什么样的党、怎样建设党和实现什么样的发展,怎样发展等问题。习近平新时代中国特色社会主义思想坚持辩证唯物主义和历史唯物主义,坚持马克思主义的根本立场、基本原理和价值导向,紧密结合新的时代背景和实践要求,以全新的视野深化对共产党执政规律、社会主义建设规律、人类社会发展规律的认识,系统回答了新时代坚持和发展什么样的中国特色社会主义、怎样坚持和发展中国特色社会主义这一重大时代课题,开辟了马克思主义中国化新境界、中国特色社会主义新境界。在习近平新时代中国特色社会主义思想指引下,中华民族必将迎来从站起来、富起来到强起来的伟大飞跃,实现中华民族伟大复兴的中国梦。

---

① 深刻认识习近平新时代中国特色社会主义思想的历史地位 [EB/OL]. (2017-12-13) [2018-03-17] http://theory.gmw.cn/2017-12/13/content_ 27090154. htm

（二）是实现中华民族伟大复兴的行动指南

习近平新时代中国特色社会主义思想，紧紧围绕在新的时代条件下坚持和发展什么样的中国特色社会主义、怎样坚持和发展中国特色社会主义这一重大时代课题，鲜明回答了坚持和发展中国特色社会主义的总目标、总任务、总体布局、战略布局和发展方向、发展方式、发展动力、战略步骤、外部条件、政治保证等基本问题，提出了十四个"坚持"的基本方略，内涵丰富、博大精深，构成了系统完整的科学理论体系，开拓了中国特色社会主义理论的新境界，是中国特色社会主义理论体系的重要组成部分。习近平新时代中国特色社会主义思想为道路自信、理论自信、制度自信和文化自信提供了最坚实的战略定力，为新时代提供了最根本的战略指引，是凝聚全党全国各族人民为实现中华民族伟大复兴中国梦奋斗的思想基础，是中国特色社会主义进入新时代的历史方位后，在新的历史起点上进一步开创中国特色社会主义新局面、决胜全面小康社会、建设社会主义现代化强国、实现中华民族伟大复兴中国梦的行动指南。

（三）为解决人类问题贡献中国智慧和中国方案

习近平新时代中国特色社会主义思想使科学社会主义理论彰显蓬勃生机。中国在世界上高举中国特色社会主义伟大旗帜，在习近平新时代中国特色社会主义思想指引下，取得了巨大成功，彰显了科学社会主义在21世纪的强大生机和活力，日益引起世界的关注。习近平新时代中国特色社会主义思想关于重大时代课题的回答，丰富和发展了科学社会主义理论，使科学社会主义与时俱进，在当今时代放射出新的理论光芒。

习近平新时代中国特色社会主义思想为世界经济发展提供中国方案。当今世界经济复苏乏力、局部冲突和动荡频发、全球性问题日益加剧，世界大多数国家面临发展困境，而中国经济则保持中高速增长，在世界主要国家中名列前茅，国内生产总值稳居世界第二，对世界经济增长贡献率超过30%，中国日益走近世界舞台中央，中国特色社会主义道路、理论、制度、文化不断发展。中国的做法和经验为发展中国家提供了路径启示，拓展了发展中国家走向现代化的途径，给世界上那些既希望加快发展又希望保持自身独立性的国家和民族提供了全新选择。习近平新时代中国特色社会主义思想是中国实践经验的凝结，集中体现了中国为解决人类问题贡献的智慧和方案，必将深刻影响世界格局和人类社会发展进程。

三、习近平新时代中国特色社会主义思想的丰富内涵

习近平新时代中国特色社会主义思想的丰富内涵，集中体现在党的十九大报告精辟概括的"八个明确"和新时代中国特色社会主义"十四个坚持"基本方略之中。

（一）八个明确

（1）明确坚持和发展中国特色社会主义，总任务是实现社会主义现代化和中华民族伟大复兴，在全面建成小康社会的基础上，分两步走在21世纪中叶建成富强民主文明和谐美丽的社会主义现代化强国。

（2）明确新时代我国社会主要矛盾是人民日益增长的美好生活需要和不平衡不充分的发展之间的矛盾，必须坚持以人民为中心的发展思想，不断促进人的全面发展、全体人民共同富裕。

(3) 明确中国特色社会主义事业的总体布局是"五位一体"、战略布局是"四个全面",强调坚定道路自信、理论自信、制度自信、文化自信。"五位一体"和"四个全面"相互促进、统筹联动,深化了我们党对社会主义建设规律的认识,是事关党和国家长远发展的总战略。

(4) 明确全面深化改革的总目标是完善和发展中国特色社会主义制度、推进国家治理体系和治理能力现代化。党的十九大指出:"只有社会主义才能救中国,只有改革开放才能发展中国、发展社会主义、发展马克思主义。"改革开放只有进行时,没有完成时。

(5) 明确全面推进依法治国的总目标是建设中国特色社会主义法治体系、建设社会主义法治国家。全面依法治国是中国特色社会主义的本质要求和重要保障。全面依法治国,必须把党的领导贯彻落实到依法治国全过程和各方面,坚定不移走中国特色社会主义法治道路,完善以宪法为核心的中国特色社会主义法律体系,建设中国特色社会主义法治体系,建设社会主义法治国家,发展中国特色社会主义法治理论。

(6) 明确党在新时代的强军目标是建设一支听党指挥、能打胜仗、作风优良的人民军队,把人民军队建设成为世界一流军队。建设一支听党指挥、能打胜仗、作风优良的人民军队,是实现"两个一百年"奋斗目标、实现中华民族伟大复兴的战略支撑。

(7) 明确中国特色大国外交要推动构建新型国际关系,推动构建人类命运共同体。中国秉持共商共建共享的全球治理观,倡导国际关系民主化,坚持国家不分大小、强弱、贫富一律平等。中国愿与各国人民同心协力构建人类命运共同体,建设持久和平、普遍安全、共同繁荣、开放包容、清洁美丽的世界。

(8) 明确中国特色社会主义最本质的特征是中国共产党领导,中国特色社会主义制度的最大优势是中国共产党领导,党是最高政治领导力量,提出新时代党的建设总要求,突出政治建设在党的建设中的重要地位。

(二) 十四个坚持

党的十九大报告提出新时代坚持和发展中国特色社会主义的基本方略。基本方略共十四条:坚持党对一切工作的领导、坚持以人民为中心、坚持全面深化改革、坚持新发展理念,坚持人民当家做主,坚持全面依法治国,坚持社会主义核心价值体系,坚持在发展中保障和改善民生,坚持人与自然和谐共生,坚持总体国家安全观,坚持党对人民军队的绝对领导,坚持"一国两制"和推进祖国统一,坚持推动构建人类命运共同体,坚持全面从严治党。

八个明确、十四个坚持,是习近平新时代中国特色社会主义思想的具体展开和内涵逻辑,从世界观和方法论的高度,系统全面地回答了中国特色社会主义进入新时代后,中国共产党的"新目标""新使命",面临的"新矛盾"等一系列带有根本性的问题,与治党治国治军的各方面工作紧密相连,既有理论高度,更具实践价值,将指导我们更好地坚持和发展中国特色社会主义。

第四节 迈向新时代的重大战略部署

党的十九大牢牢把握我国发展的阶段性特征,牢牢把握人民群众对美好生活的向往,按照中国特色社会主义事业"五位一体"总体布局,对经济建设、政治建设、文化建设、社会建设、生态文明建设进行了全面部署,并且还对国防和军队建设、港澳台工作、外交工作以及坚定不移从严治党做出重大部署。

一、"五位一体"总体布局①

"五位一体"的总体布局是党的十八大正式确定的,中国特色社会主义建设包含经济建设、政治建设、文化建设、社会建设、生态文明建设。

(一)贯彻新发展理念,建设现代化经济体系

党的十九大报告指出,我国经济已由高速增长阶段转向高质量发展阶段,正处在转变发展方式、优化经济结构、转换增长动力的攻关期,建设现代化经济体系是跨越关口的迫切要求和我国发展的战略目标。必须坚持质量第一、效益优先,以供给侧结构性改革为主线,推动经济发展质量变革、效率变革、动力变革,提高全要素生产率,着力加快建设实体经济、科技创新、现代金融、人力资源协同发展的产业体系,着力构建市场机制有效、微观主体有活力、宏观调控有度的经济体制,不断增强我国经济创新力和竞争力。围绕建设现代化经济体系,十九大报告提出了6个方面的重点任务:深化供给侧结构性改革,加快建设创新型国家,实施乡村振兴战略,实施区域协调发展战略,加快完善社会主义市场经济体制,推动形成全面开放新格局。

(二)健全人民当家做主制度体系,发展社会主义民主政治

党的十九大报告指出,要长期坚持、不断发展我国社会主义民主政治,积极稳妥推进政治体制改革,推进社会主义民主政治制度化、规范化、程序化,保证人民依法通过各种途径和形式管理国家事务,管理经济文化事业,管理社会事务,巩固和发展生动活泼、安定团结的政治局面。围绕发展社会主义民主政治,报告从6个方面做出部署:坚持党的领导、人民当家做主、依法治国有机统一,加强人民当家做主制度保障,发挥社会主义协商民主重要作用,深化依法治国实践,深化机构和行政体制改革,巩固和发展爱国统一战线。报告提出了一些重大思想和重大举措。比如,提出加强人民当家做主制度保障,支持和保证人民通过人民代表大会行使国家权力;推动协商民主广泛、多层、制度化发展,统筹推进政党协商、人大协商、政府协商、政协协商、人民团体协商、基层协商以及社会组织协商;完善人大专门委员会设置,优化人大常委会和专门委员会组成人员结构;在省市县对职能相近的党政机关探索合并设立或合署办公;等等。

法治兴则国家兴,法治强则国家强。在中国特色社会主义新时代,坚持不懈深化依法治国实践,对建设富强民主文明和谐美丽的社会主义现代化强国,实现中华民族伟大复兴的中国梦,具有重要意义。党的十九大报告指出,全面依法治国是国家治理的一场深刻革命,必须坚持厉行法治,推进科学立法、严格执法、公正司法、全民守法。具体包括以下七方面要求和措施:①成立中央全面依法治国领导小组,加强对法治中国建设的统一领导。②加强宪法实施和监督,推进合宪性审查工作,维护宪法权威。③推进科学立法、民主立法、依法立

---

① 全国导游人员资格考试统编教材专家编写组. 政策与法律法规 [M]. 北京:中国旅游出版社,2018.

法,以良法促进发展、保障善治。④建设法治政府,推进依法行政,严格规范公正文明执法。⑤深化司法体制综合配套改革,全面落实司法责任制,努力让人民群众在每一个司法案件中感受到公平正义。⑥加大全民普法力度,建设社会主义法治文化,树立宪法法律至上、法律面前人人平等的法治理念。⑦各级党组织和全体党员要带头尊法学法守法用法,任何组织和个人都不得有超越宪法法律的特权,绝不允许以言代法、以权压法、逐利违法、徇私枉法。

(三) 坚定文化自信,推动社会主义文化繁荣兴盛

党的十九大报告强调,发展中国特色社会主义文化,就是以马克思主义为指导,坚守中华文化立场,立足当代中国现实,结合当今时代条件,发展面向现代化、面向世界、面向未来的,民族的科学的大众的社会主义文化,推动社会主义精神文明和物质文明协调发展。围绕推动社会主义文化繁荣兴盛,报告提出了5个方面的重点任务:牢牢掌握意识形态工作领导权,培育和践行社会主义核心价值观,加强思想道德建设,繁荣发展社会主义文艺,推动文化事业和文化产业发展。报告强调,要推进马克思主义中国化时代化大众化,建设具有强大凝聚力和引领力的社会主义意识形态,使全体人民在理想信念、价值理念、道德观念上紧紧团结在一起;要落实意识形态工作责任制,加强阵地建设和管理,旗帜鲜明地反对和抵制各种错误观点;要以培养担当民族复兴大任的时代新人为着眼点,把社会主义核心价值观融入社会发展各方面,转化为人们的情感认同和行为习惯。

(四) 提高保障和改善民生水平,加强和创新社会治理

党的十九大报告强调,保障和改善民生要抓住人民最关心最直接最现实的利益问题,既尽力而为,又量力而行,一件事情接着一件事情办,一年接着一年干。坚持人人尽责、人人享有,坚守底线、突出重点、完善制度、引导预期,完善公共服务体系,保障群众基本生活,不断满足人民日益增长的美好生活需要。围绕保障和改善民生,报告从7个方面做出了部署:优先发展教育事业,提高就业质量和人民收入水平,加强社会保障体系建设,坚决打赢脱贫攻坚战,实施健康中国战略,打造共建共治共享的社会治理格局,有效维护国家安全。报告指出,要全面建成覆盖全民、城乡统筹、权责清晰、保障适度、可持续的多层次社会保障体系;坚决打赢脱贫攻坚战,确保到2020年我国现行标准下农村贫困人口实现脱贫,贫困县全部摘帽,解决区域性整体贫困;加强社会治理制度建设,完善党委领导、政府负责、社会协同、公众参与、法治保障的社会治理体制。

(五) 加快生态文明体制改革,建设美丽中国

党的十九大报告指出,我们要建设的现代化是人与自然和谐共生的现代化,既要创造更多物质财富和精神财富以满足人民日益增长的美好生活需要,也要提供更多优质生态产品以满足人民日益增长的优美生态环境需要。围绕建设美丽中国,报告提出了4个方面的重点任务:推进绿色发展,着力解决突出环境问题,加大生态系统保护力度,改革生态环境监管体制。报告强调,必须坚持节约优先、保护优先、自然恢复为主的方针,形成节约资源和保护环境的空间格局、产业结构、生产方式、生活方式;要着力解决突出环境问题,坚持全民共

治、源头防治，构建政府为主导、企业为主体、社会组织和公众共同参与的环境治理体系；加强对生态文明建设的总体设计和组织领导，设立国有自然资源资产管理和自然生态监管机构。

二、国防和军队建设、港澳台工作和外交工作

（一）国防和军队建设

习近平总书记在党的十九大报告中，围绕坚持走中国特色强军之路，全面推进国防和军队现代化，提出了一系列新思想、新观点和新论断。

（1）强调要坚持党对军队的绝对领导。总书记指出建设一支听党指挥、能打胜仗、作风优良的人民军队，是实现"两个一百年"奋斗目标，实现中华民族伟大复兴的战略支撑。

（2）提出新时代党的强军思想这一重大概念。确立了新时代党的强军思想在国防和军队建设中的指导地位，即新时代党的强军思想是加强新时代国防和军队建设的科学指南。

（3）丰富和发展了强军目标思想。总书记赋予强军目标新的内涵，即实现强军目标，要把人民军队全面建成世界一流的军队。

（4）提出了军队建设、作战指挥建设、作战体系建设的主要任务。即建设强大的现代化陆军、海军、空军、火箭军和战略支援部队，打造坚强高效的战区联合作战指挥机构，构建中国特色现代作战体系。

（5）明确了新时代国防和军队建设的三个发展阶段和总体目标。第一阶段到2020年，基本实现机械化信息化建设取得重大进展，战略能力有大的提升；第二阶段力争到2035年，基本实现国防和军队现代化；第三阶段到21世纪中叶，把人民军队建成世界一流军队。

（二）港澳台工作

香港、澳门回归祖国以来，"一国两制"实践取得举世公认的成功。事实证明，"一国两制"是解决历史遗留的香港、澳门问题的最佳方案，也是香港、澳门回归后保持长期繁荣稳定的最佳制度。

保持香港、澳门长期繁荣稳定，必须全面准确贯彻"一国两制""港人治港""澳人治澳"高度自治的方针，严格依照宪法和基本法办事，完善与基本法实施相关的制度和机制。要支持特别行政区政府和行政长官依法施政、积极作为，团结带领香港、澳门各界人士齐心协力谋发展、促和谐，保障和改善民生，有序推进民主，维护社会稳定，履行维护国家主权、安全、发展利益的宪制责任。

解决台湾问题、实现祖国完全统一，是全体中华儿女的共同愿望，是中华民族根本利益所在。必须继续坚持"和平统一、一国两制"方针，推动两岸关系和平发展，推进祖国和平统一进程。一个中国原则是两岸关系的政治基础。体现一个中国原则的"九二共识"明确界定了两岸关系的根本性质，是确保两岸关系和平发展的关键。承认"九二共识"的历史事实，认同两岸同属一个中国，两岸双方就能开展对话，协商解决两岸同胞关心的问题，台湾任何政党和团体同大陆交往也不会存在障碍。

（三）外交工作

习近平在十九大报告中强调："坚持和平发展道路，推动构建人类命运共同体。"中国

共产党是为中国人民谋幸福的政党,也是为人类进步事业而奋斗的政党。十九大报告指出了我们的党和国家在国际社会与国际事务中的角色定位和宗旨原则:"中国将高举和平、发展、合作、共赢的旗帜,恪守维护世界和平、促进共同发展的外交政策宗旨,坚定不移在和平共处五项原则基础上发展同各国的友好合作,推动建设相互尊重、公平正义、合作共赢的新型国际关系。"

十九大报告中就应对世界时局的大发展大变革大调整以及人类面临的许多共同挑战时指出:"没有哪个国家能够独自应对人类面临的各种挑战,也没有哪个国家能够退回到自我封闭的孤岛","我们呼吁,各国人民同心协力,构建人类命运共同体,建设持久和平、普遍安全、共同繁荣、开放包容、清洁美丽的世界"。报告不仅标示出"推动构建人类命运共同体",内容也多次用到了"共同"一词,表明了中国在国际社会中不仅会提供优质的国际公共产品,更要充当化解纠纷矛盾、构建多元合作、推动共同治理的平台和桥梁的决心与信心,清楚回答了"在国际社会中,中国要面对什么,该怎样面对"的问题。

三、坚定不移从严治党

习近平在十九大报告中强调:"坚定不移全面从严治党,不断提高党的执政能力和领导水平。"新时代党的建设总要求是:坚持和加强党的全面领导,坚持党要管党、全面从严治党,以加强党的长期执政能力建设、先进性和纯洁性建设为主线,以党的政治建设为统领,以坚定理想信念宗旨为根基,以调动全党积极性、主动性、创造性为着力点,全面推进党的政治建设、思想建设、组织建设、作风建设、纪律建设,把制度建设贯穿其中,深入推进反腐败斗争,不断提高党的建设质量,把党建设成为始终走在时代前列、人民衷心拥护、勇于自我革命、经得起各种风浪考验、朝气蓬勃的马克思主义执政党。为此,新时代党的建设要做到:

(1)把党的政治建设摆在首位。党的政治建设是党的根本性建设,决定党的建设方向和效果。

(2)用新时代中国特色社会主义思想武装全党。共产主义远大理想和中国特色社会主义共同理想,是中国共产党人的精神支柱和政治灵魂,也是保持党的团结统一的思想基础。

(3)建设高素质专业化干部队伍。要坚持党管干部原则,坚持德才兼备、以德为先,坚持五湖四海、任人唯贤,坚持事业为上、公道正派,把好干部标准落到实处。

(4)加强基层组织建设。要以提升组织力为重点,突出政治功能。

(5)持之以恒正风肃纪。凡是群众反映强烈的问题都要严肃认真对待,凡是损害群众利益的行为都要坚决纠正。

(6)夺取反腐败斗争压倒性胜利。推进反腐败国家立法,建设覆盖纪检监察系统的检举举报平台。

(7)健全党和国家监督体系。增强党自我净化能力,根本靠强化党的自我监督和群众监督。

(8)全面增强执政本领。领导13亿多人的社会主义大国,我们党既要政治过硬,也要本领高强。伟大的事业必须有坚强的党来领导。只要我们党把自身建设好、建设强，确保党始终同人民想在一起、干在一起，就一定能够引领承载着中国人民伟大梦想的航船破浪前进，胜利驶向光辉的彼岸。

实训项目

梳理我国十九大报告提出的新时代、新使命、新思想、新征程的相关内容

实训目的：通过网上调研，要求学生掌握我国十九大报告提出的"四个新"基本内容

实训步骤：

第一步，在网上收集党的十九大报告全文，认真阅读党的十九大报告。

第二步，在网上收集专家对十九大报告的解读。

第三步，梳理中国特色社会主义进入新时代的相关内容。

第四步，梳理新时代中国共产党的历史使命。

第五步，梳理习近平新时代中国特色社会主义思想的相关内容。

第六步，梳理新时代中国特色社会主义新征程的相关内容。

实训成果：提交一份新时代中国特色社会主义"四个新"的基本内容。

本章小结

本章主要讲解了新时代中国特色社会主义的相关知识。通过本章的学习，学生了解了十八大以来党和国家事业发生的历史性变革和进入新时代的重大意义；熟悉了习近平新时代中国特色社会主义思想的历史地位和丰富内涵；掌握了新时代我国社会的主要矛盾和新时代中国共产党的历史使命；掌握了"两个一百年"奋斗目标的任务要求，熟悉了"五位一体"总布局的重大部署；了解了国防和军队建设、港澳台工作、外交工作的重大部署和坚定不移从严治党的重大部署。

典型案例

中国脱贫攻坚战取得决定性进展　贫困发生率降至4%以下

党的十九大报告指出："脱贫攻坚战取得决定性进展，6 000多万贫困人口稳定脱贫，贫困发生率从10.2%下降到4%以下。"贫困人口数量和贫困发生率是衡量贫困程度的两个重要指标。国际经验表明，当一个国家的贫困发生率也就是贫困人口数占总人口的比例在10%以下时，减贫就进入"最艰难阶段"。2012年，我国这一比例为10.2%，全国有9 899万农村人口生活在贫困线下，脱贫成本越来越高、难度越来越大。"人民对美好生活的向往，就是我们的奋斗目标。"党的十八大以来，党中央把贫困人口脱贫作为全面建成小康社会的底线任务和标志性指标，勇担使命，迎难而上，打响反贫困斗争的攻坚战。

2013年至2016年4年间，我国累计脱贫5 564万人，年均1 391万人；贫困发生率从2012年底的10.2%下降到2016年底的4.5%，下降了5.7个百分点，书写了世界减贫史上的"中国奇迹"。

来源：根据网上资料整理而成

【案例解析】 十九大报告指出：要动员全党全国全社会力量，坚持精准扶贫、精准脱贫，坚持中央统筹省负总责市县抓落实的工作机制，强化党政一把手负总责的责任制，坚持大扶贫格局，注重扶贫同扶志、扶智相结合，深入实施东西部扶贫协作，重点攻克深度贫困地区脱贫任务，确保到2020年我国现行标准下农村贫困人口实现脱贫，贫困县全部摘帽，解决区域性整体贫困，做到脱真贫、真脱贫。

复习思考题

一、单项选择题

1. 2017年10月18日，中国共产党（　　）在北京召开，这次会议是在全面建成小康社会决胜阶段、中国特色社会主义进入新时代的关键时期召开的一次十分重要的大会。
   A. 第十八次全国代表大会　　　　B. 第十九次全国代表大会
   C. 第十八届四中全会　　　　　　D. 第十九届三中全会
2. 党的十九大的主线是（　　）。
   A. 中国特色社会主义进入新时代
   B. 习近平新时代中国特色社会主义思想
   C. 新时代中国共产党的历史使命
   D. 新时代中国特色社会主义的战略部署
3. 党的十九大的灵魂是（　　）。
   A. 中国特色社会主义进入新时代
   B. 习近平新时代中国特色社会主义思想
   C. 新时代中国共产党的历史使命
   D. 新时代中国特色社会主义的战略部署
4. 中国特色社会主义事业总体布局是（　　）。
   A. 三位一体　　　　　　　　　　B. 五位一体
   C. 三个全面　　　　　　　　　　D. 四个全面
5. 党的十八大以来取得的成就是（　　）的。
   A. 全方位、开创性　　　　　　　B. 深层次、根本性
   C. 全方位、深层次　　　　　　　D. 开创性、根本性
6. 党的十八大以来发生的历史变革是（　　）的。
   A. 全方位、根本性　　　　　　　B. 深层次、根本性
   C. 全方位、开创性　　　　　　　D. 开创性、根本性
7. 新时代中国特色社会主义的基本方略包括坚持以（　　）为中心。
   A. 党　　　　　　　　　　　　　B. 人民
   C. 总体安全观　　　　　　　　　D. 全面深化改革
8. 综合分析国际国内形势和我国发展条件，从2020年到21世纪中叶可以分两个阶段来安排，其中第一个阶段从2020年到（　　）年。
   A. 2030　　　B. 2035　　　C. 2040　　　D. 2045

9. 十九大报告指出，从2035年到21世纪中叶，在基本实现现代化的基础上，再奋斗15年，把我国建成富强民主文明和谐(　　)的社会主义现代化强国。

　　A. 美丽　　　　　　B. 美好　　　　　　C. 生态　　　　　　D. 绿色

10. 十九大报告指出，必须坚持质量第一、效益优先，以(　　)为主线，推动经济发展质量变革、效率变革、动力变革，提高全要素生产率。

　　A. 供给侧结构性改革　　　　　　B. 改革开放

　　C. "两个一百年"　　　　　　　　D. 建设现代化经济体系

11. 十九大报告指出，要加强和创新社会治理，打造(　　)的社会治理格局。

　　A. 互通有无　　　　　　　　　　B. 共同享有

　　C. 共建共治共有　　　　　　　　D. 共建共治共享

12. (　　)是近代以来中华民族最伟大的梦想。

　　A. 建设社会主义现代化强国　　　B. 实现一国两制

　　C. 实现中华民族伟大复兴　　　　D. 建设社会主义核心价值观

13. 十九大报告指出，必须推进马克思主义中国化时代化大众化，建设具有强大凝聚力和引领力的社会主义意识形态，使全体人民在理想信念、价值理念、(　　)上紧紧团结在一起。

　　A. 道德观念　　　　　　　　　　B. 目标追求

　　C. 法治观念　　　　　　　　　　D. 价值追求

14. 十九大报告要求，重点攻克深度贫困地区脱贫任务，确保到(　　)年我国现行标准下农村贫困人口实现脱贫。

　　A. 2019　　　　B. 2020　　　　C. 2030　　　　D. 2035

15. 十九大报告明确了新时代国防和军队建设的三个发展阶段和总体目标，其中第二阶段力争到(　　)年，基本实现国防和军队现代化。

　　A. 2019　　　　B. 2020　　　　C. 2030　　　　D. 2035

16. 体现一个中国原则的(　　)明确界定了两岸关系的根本性质，是确保两岸关系和平发展的关键。

　　A. "九二共识"　　　　　　　　　B. 一国两制

　　C. 和平统一　　　　　　　　　　D. 一个中国原则

二、多项选择题

1. 中国共产党第十九次全国代表大会的主题包括(　　)。

　　A. 不忘初心，牢记使命

　　B. 高举中国特色社会主义伟大旗帜，决胜全面建成小康社会

　　C. 深化依法治国实践

　　D. 夺取新时代中国特色社会主义伟大胜利

　　E. 为实现中华民族伟大复兴的中国梦不懈奋斗

2. 党的十九大把(　　)作为一个统一整体提出来，是一个重大理论创新，明确了党在新时代治国理政的总方略、引领全局的总蓝图、谋划工作的总坐标。

　　A. 伟大斗争　　　　　　B. 伟大使命　　　　　　C. 伟大工程

D. 伟大事业　　　　　　　　E. 伟大梦想

3. 中国特色社会主义进入新时代这一重大政治判断具有丰富的思想内涵,这个新时代是( )。
   A. 承前启后、继往开来、在新的历史条件下全面推进依法治国的时代
   B. 决胜全面建成小康社会、进而全面建设社会主义现代化强国的时代
   C. 全国各族人民团结奋斗、不断创造美好生活、逐步实现全体人民共同富裕的时代
   D. 全体中华儿女勠力同心、奋力实现中华民族伟大复兴中国梦的时代
   E. 我国日益走近世界舞台中央、不断为人类做出更大贡献的时代

4. 中国特色社会主义进入新时代,意味着( )。
   A. 近代以来久经磨难的中华民族迎来了从站起来、富起来到强起来的伟大飞跃
   B. 科学社会主义在21世纪的中国焕发出强大生机活力
   C. 中国已经全面建成小康社会
   D. 中国仍处于并将长期处于社会主义初级阶段的基本国情已经发生变化
   E. 中国特色社会主义道路、理论、制度、文化不断发展,拓展了发展中国家走向现代化的途径

5. 十八大以来,国内外形势变化和我国各项事业发展都给我们提出了一个重大时代课题,这就是必须从理论和实践结合上系统回答新时代( )基本问题。
   A. 为何坚持和发展中国特色社会主义
   B. 为何坚持改革开放
   C. 坚持和发展什么样的中国特色社会主义
   D. 怎样坚持改革开放
   E. 怎样坚持和发展中国特色社会主义

6. 新时代中国特色社会主义思想,是( )。
   A. 对马列主义、毛泽东思想、邓小平理论、"三个代表"重要思想、科学发展观的继承和发展
   B. 马克思主义中国化的最新成果
   C. 党和人民实践经验和集体智慧的结晶
   D. 中国特色社会主义理论体系的重要补充
   E. 全党全国人民为实现中华民族伟大复兴而奋斗的行动指南

三、判断题

1. 党的十八大是中国特色社会主义进入新时代的历史坐标点,是重大历史节点。( )
2. 经过长期努力,中国特色社会主义进入了新时代,这是我国发展新的历史方位。( )
3. 中国特色社会主义进入新时代,我国社会主要矛盾已经转化为人民日益增长的美好生活需要和落后的社会生产力之间的矛盾。( )
4. 新时代中国特色社会主义思想,明确坚持和发展中国特色社会主义,总任务是在全面建成小康社会的基础上,分两步走在21世纪下半叶建成富强民主文明和谐美丽的

社会主义现代化强国。（ ）
5. 全面深化改革总目标是完善和发展中国特色社会主义制度、推进国家治理体系和治理能力现代化。（ ）
6. 从 2017 年到 2030 年，是全面建成小康社会决胜期。（ ）

四、简答题

1. 中国特色社会主义进入新时代的内涵是什么？
2. 简述中国特色社会主义进入新时代的意义。
3. 我国进入中国特色社会主义新时代的依据是什么？
4. 新的"两个一百年"奋斗目标是什么？

第二章

新时期的旅游政策

学习目标

1. 熟悉我国旅游投资和消费的主要内容及其对我国旅游业的影响。
2. 熟悉我国旅游市场综合监管的主要内容及其对我国旅游业的影响。
3. 熟悉我国促进全域旅游发展的主要内容及其对我国旅游业的影响。
4. 掌握旅游业"十三五"规划纲要的指导思想、发展目标、规划指标和主要任务。

实训要求

1. 实训项目：梳理我国新时期的旅游政策及其对旅游业发展的影响。
2. 实训目的：通过网上调研和当地旅游局调研，要求学生掌握指导我国新时期旅游实践的旅游政策，明确这些旅游政策对我国旅游业发展的影响，能用这些旅游政策指导自己的旅游实践工作。

第一节 旅游投资和消费政策

旅游业是我国经济社会发展的综合性产业，是国民经济和现代服务业的重要组成部分。通过改革创新促进旅游投资和消费，对于推动现代服务业发展，增加就业和居民收入，提升人民生活品质，具有重要意义。为进一步促进旅游投资和消费，2015年国务院办公厅发布了《关于进一步促进旅游投资和消费的若干意见（国办发〔2015〕62号）》文件，从六个方面提出了促进旅游投资和消费的政策。

一、实施旅游基础设施提升计划，改善旅游消费环境

（一）着力改善旅游消费软环境

建立健全旅游产品和服务质量标准，规范旅游经营服务行为，提升宾馆饭店、景点景区、旅行社等管理服务水平。大力整治旅游市场秩序，严厉打击虚假广告、价格欺诈、欺客宰客、超低价格恶性竞争、非法"一日游"等旅游市场顽疾，进一步落实游客不文明行为记录制度。健全旅游投诉处理和服务质量监督机制，完善旅游市场主体退出机制。深化景区门票价格改革，调整完善价格机制，规范价格行为。大力弘扬文明旅游风尚，积极开展旅游志愿者公益服务，提升游客文明旅游素质。

（二）完善城市旅游咨询中心和集散中心

各地要根据实际需要，在3A级以上景区、重点乡村旅游区以及机场、车站、码头等建设旅游咨询中心。鼓励依托城市综合客运枢纽和道路客运站点建设布局合理、功能完善的游客集散中心。2020年前，实现重点旅游景区、旅游城市、旅游线路旅游咨询服务全覆盖。

（三）加强连通景区道路和停车场建设

加大投入，加快推进城市及国道、省道至A级景区连接道路建设。加强城市与景区之间交通设施建设和运输组织，加快实现从机场、车站、码头到主要景区公路交通无缝对接。加大景区和乡村旅游点停车位建设力度。

（四）加强中西部地区旅游支线机场建设

围绕国家重点旅游线路和集中连片特困地区，支持有条件的地方按实际需求新建或改扩建一批支线机场，增加至主要客源城市航线。充分发挥市场力量，鼓励企业发展低成本航空和国内旅游包机业务。

（五）大力推进旅游厕所建设

鼓励以商建厕、以商养厕、以商管厕，用三年时间（2015—2017年）全国新建、改建5.7万座旅游厕所，完善上下水设施，实行粪便无害化处理，实现全国旅游景区、旅游交通沿线、旅游集散地的旅游厕所全部达到数量充足、干净无味、使用免费、管理有效的要求。

二、实施旅游投资促进计划，新辟旅游消费市场

（一）加快自驾车房车营地建设

制定全国自驾车房车营地建设规划和自驾车房车营地建设标准，明确营地住宿登记、安全救援等政策，支持少数民族地区和丝绸之路沿线、长江经济带等重点旅游地区建设自驾车房车营地。到2020年，鼓励引导社会资本建设自驾车房车营地1 000个左右。

（二）推进邮轮旅游产业发展

支持建立国内大型邮轮研发、设计、建造和自主配套体系，鼓励有条件的国内造船企业研发制造大中型邮轮。按照《全国沿海邮轮港口布局规划方案》，进一步优化邮轮港口布局，形成由邮轮母港、始发港、访问港组成的布局合理的邮轮港口体系，有序推进邮轮码头建设。支持符合条件的企业按程序设立保税仓库。到2020年，全国建成10个邮轮始发港。

（三）培育发展游艇旅游大众消费市场

制定游艇旅游发展指导意见，有规划地逐步开放岸线和水域。推动游艇码头泊位等基础设施建设，清理简化游艇审批手续，降低准入门槛和游艇登记、航行旅游、停泊、维护的总体成本，吸引社会资本进入；鼓励发展适合大众消费水平的中小型游艇；鼓励拥有海域、水域资源的地区根据实际情况制定游艇码头建设规划。到2017年，全国建成一批游艇码头和游艇泊位，初步形成互联互通的游艇休闲旅游线路网络，培育形成游艇大众消费市场。

（四）大力发展特色旅游城镇

推动新型城镇化建设与现代旅游产业发展有机结合，到2020年建设一批集观光、休闲、度假、养生、购物等功能于一体的全国特色旅游城镇和特色景观旅游名镇。

（五）大力开发休闲度假旅游产品

鼓励社会资本大力开发温泉、滑雪、滨海、海岛、山地、养生等休闲度假旅游产品。重点依托现有旅游设施和旅游资源，建设一批高水平旅游度假产品和满足多层次多样化休闲度假需求的国民度假地。加快推动环城市休闲度假带建设，鼓励城市发展休闲街区、城市绿道、骑行公园、慢行系统，拓展城市休闲空间。支持重点景区和旅游城市积极发展旅游演艺节目，促进主题公园规范发展。依托铁路网，开发建设铁路沿线旅游产品。

（六）大力发展旅游装备制造业

把旅游装备纳入相关行业发展规划，制定完善安全性技术标准体系。鼓励发展邮轮游艇、大型游船、旅游房车、旅游小飞机、景区索道、大型游乐设施等旅游装备制造业。大力培育具有自主品牌的休闲、登山、滑雪、潜水、露营、探险等各类户外用品。支持国内有条件的企业兼并收购国外先进旅游装备制造企业或开展合资合作。鼓励企业开展旅游装备自主创新研发，按规定享受国家鼓励科技创新政策。

（七）积极发展"互联网+旅游"

积极推动在线旅游平台企业发展壮大，整合上下游及平行企业的资源、要素和技术，形成旅游业新生态圈，推动"互联网+旅游"跨产业融合。支持有条件的旅游企业进行互联网金融探索，打造在线旅游企业第三方支付平台，拓宽移动支付在旅游业的普及应用，推动境外消费退税便捷化。加强与互联网公司、金融企业合作，发行实名制国民旅游卡，落实法定优惠政策，实行特惠商户折扣。放宽在线度假租赁、旅游网络购物、在线旅游租车平台等新业态的准入许可和经营许可制度。到2020年，全国4A级以上景区和智慧乡村旅游试点单位实现免费Wi-Fi（无线局域网）、智能导游、电子讲解、在线预订、信息推送等功能全覆盖，在全国打造1万家智慧景区和智慧旅游乡村。

三、实施旅游消费促进计划，培育新的消费热点

（一）丰富提升特色旅游商品

扎实推进旅游商品的大众创业、万众创新，鼓励市场主体开发富有特色的旅游纪念品，丰富旅游商品类型，增强对游客的吸引力。培育一批旅游商品研发、生产、销售龙头企业，加大对老字号商品、民族旅游商品的宣传推广力度。加快实施中国旅游商品品牌提升工程，

推出中国特色旅游商品系列。鼓励优质特色旅游商品进驻主要口岸、机场、码头等旅游购物区和城市大型商场超市,支持在线旅游商品销售。适度增设口岸进境免税店。

(二) 积极发展老年旅游

加快制定实施全国老年旅游发展纲要,规范老年旅游服务,鼓励开发多层次、多样化老年旅游产品。各地要加大对乡村养老旅游项目的支持,大力推动乡村养老旅游发展,鼓励民间资本依法使用农民集体所有的土地举办非营利性乡村养老机构。做好基本医疗保险异地就医医疗费用结算工作。鼓励进一步开发完善适合老年旅游需求的商业保险产品。

(三) 支持研学旅行发展

把研学旅行纳入学生综合素质教育范畴。支持建设一批研学旅行基地,鼓励各地依托自然和文化遗产资源、红色旅游景点景区、大型公共设施、知名院校、科研机构、工矿企业、大型农场开展研学旅行活动。建立健全研学旅行安全保障机制。旅行社和研学旅行场所应在内容设计、导游配备、安全设施与防护等方面结合青少年学生特点,寓教于游。加强国际研学旅行交流,规范和引导中小学生赴境外开展研学旅行活动。

(四) 积极发展中医药健康旅游

推出一批以中医药文化传播为主题,集中医药康复理疗、养生保健、文化体验于一体的中医药健康旅游示范产品。在有条件的地方建设中医药健康旅游产业示范园区,推动中医药产业与旅游市场深度结合,在业态创新、机制改革、集群发展方面先行先试。规范中医药健康旅游市场,加强行业标准制定和质量监督管理。扩大中医药健康旅游海外宣传,推动中医药健康旅游国际交流合作,使传统中医药文化通过旅游走向世界。

四、实施乡村旅游提升计划,开拓旅游消费空间

(一) 坚持乡村旅游个性化、特色化发展方向

立足当地资源特色和生态环境优势,突出乡村生活生产生态特点,深入挖掘乡村文化内涵,开发建设形式多样、特色鲜明、个性突出的乡村旅游产品,举办具有地方特色的节庆活动。注重保护民族村落、古村古镇,建设一批具有历史、地域、民族特点的特色景观旅游村镇,让游客看得见山水、记得住乡愁、留得住乡情。

(二) 完善休闲农业和乡村旅游配套设施

重点加强休闲农业和乡村旅游特色村的道路、电力、饮水、厕所、停车场、垃圾污水处理设施、信息网络等基础设施和公共服务设施建设,加强相关旅游休闲配套设施建设。到2020年,全国建成 6 000 个以上乡村旅游模范村,形成 10 万个以上休闲农业和乡村旅游特色村、300 万家农家乐,乡村旅游年接待游客超过 20 亿人次,受益农民 5 000 万人。

(三) 开展百万乡村旅游创业行动

通过加强政策引导和专业培训,三年内引导和支持百万名返乡农民工、大学毕业生、专业技术人员等通过开展乡村旅游实现自主创业。鼓励文化界、艺术界、科技界专业人员发挥专业优势和行业影响力,在有条件的乡村进行创作。到 2017 年,全国建设一批乡村旅游创业示范基地,形成一批高水准文化艺术旅游创业就业乡村。

（四）大力推进乡村旅游扶贫

加大对乡村旅游扶贫重点村的规划指导、专业培训、宣传推广力度，组织开展乡村旅游规划扶贫公益活动，对建档立卡贫困村实施整村扶持，抓好建档立卡贫困村乡村旅游扶贫试点工作。到2020年，全国每年通过乡村旅游带动200万农村贫困人口脱贫致富；扶持6 000个旅游扶贫重点村开展乡村旅游，实现每个重点村乡村旅游年经营收入达到100万元。

五、优化休假安排，激发旅游消费需求

（一）落实职工带薪休假制度

各级人民政府要把落实职工带薪休假制度纳入议事日程，制定带薪休假制度实施细则或实施计划，并抓好落实。

（二）鼓励错峰休假

在稳定全国统一的既有节假日的前提下，各单位和企业可根据自身实际情况，将带薪休假与本地传统节日、地方特色活动相结合，安排错峰休假。

（三）鼓励弹性作息

有条件的地方和单位可根据实际情况，依法优化调整夏季作息安排，为职工周五下午与周末结合外出休闲度假创造有利条件。

六、加大改革创新力度，促进旅游投资消费持续增长

（一）加大政府支持力度

符合条件的地区要加快实施境外旅客购物离境退税政策。设立中国旅游产业促进基金，鼓励有条件的地方政府设立旅游产业促进基金。支持企业通过政府和社会资本合作（PPP）模式投资、建设、运营旅游项目。各级人民政府要加大对国家重点旅游景区、"一带一路"及长江经济带等重点旅游线路、集中连片特困地区生态旅游开发和乡村旅游扶贫村等旅游基础设施和公共服务设施的支持力度。让多彩的旅游丰富群众生活，助力经济发展。

（二）落实差别化旅游业用地用海用岛政策

对投资大、发展前景好的旅游重点项目，要优先安排、优先落实土地和围填海计划指标。新增建设用地指标优先安排给中西部地区，支持中西部地区利用荒山、荒坡、荒滩、垃圾场、废弃矿山、石漠化土地开发旅游项目。对近海旅游娱乐、浴场等亲水空间开发予以优先保障。

（三）拓展旅游企业融资渠道

支持符合条件的旅游企业上市，鼓励金融机构按照风险可控、商业可持续原则加大对旅游企业的信贷支持。积极发展旅游投资项目资产证券化产品，推进旅游项目产权与经营权交易平台建设。积极引导预期收益好、品牌认可度高的旅游企业探索通过相关收费权、经营权抵（质）押等方式融资筹资。鼓励旅游装备出口，加大对大型旅游装备出口的信贷支持。

七、对我国旅游业发展的影响[①]

（一）首次在文件中明确将旅游投资和消费并重

文件鲜明地将促进旅游投资和消费作为标题，明确旅游消费和投资作为双热点培育，这是对旅游业的定位和认识的又一次突破。

（二）首次明确提出诸多政策性突破和创新

《关于进一步促进旅游投资和消费的若干意见》首次提出诸多政策性的突破和创新，包括实施"四大计划"，即旅游基础设施提升计划、旅游投资促进计划、旅游消费促进计划和乡村旅游提升计划等。

（三）首次明确提出未来新的消费热点

在旅游消费提升计划中首次明确提出新的消费热点及其发展的具体措施，这些消费热点都是现在旅游市场上来得最快、潜力最大、人民群众在旅游生活中切身感受最深的，如老年旅游、研学旅游、健康旅游等。

第二节　关于加强旅游市场综合监管的通知

为全面贯彻党的十八大和十八届二中、三中、四中、五中全会精神，按照党中央、国务院决策部署，加快建立权责明确、执法有力、行为规范、保障有效的旅游市场综合监管机制，进一步解决扰乱旅游市场秩序、侵害旅游者权益等突出问题，原国家旅游局（今改为"文化和旅游部"）出台了《关于加强旅游市场综合监管的通知》（国办发〔2016〕5号）。从国务院的层面首次提出了旅游市场的综合监管，为旅游业可持续发展提供了"动力源"，是我国旅游市场监管的"里程碑"。该文件明确了旅游市场监管责任、创新了旅游市场综合监管机制、要求全面提高旅游市场综合监管水平和监管保障能力。

一、依法落实旅游市场监管责任

（一）强化政府的领导责任

国务院旅游工作部际联席会议下设旅游市场综合监管工作小组，由国家旅游局牵头负责统筹旅游市场综合监管的指导、协调、监督等工作。地方各级人民政府要建立健全旅游综合协调、旅游案件联合查办、旅游投诉统一受理等综合监管机制，统筹旅游市场秩序整治工作。要进一步落实游客不文明行为记录制度，大力营造诚信经营、公平竞争、文明有序的旅游市场环境，加快形成全国一盘棋的旅游市场综合监管格局。

（二）明确各相关部门的监管责任

按照"属地管理、部门联动、行业自律、各司其职、齐抓共管"的原则，建立旅游行政主管部门对旅游市场执法、投诉受理工作的有效协调机制，明确各相关部门责任。各有关

[①] 全国导游人员资格考试统编教材编写组．政策与法律法规[M]．北京：中国旅游出版社，2018．

部门配合旅游行政主管部门，做好相关行业指导、协调和督促检查工作。

（三）落实旅游企业的主体责任

各旅游企业要依照法律法规主动规范经营服务行为。旅行社要坚决抵制"不合理低价游"、强迫消费等违法行为。在线旅游企业要遵守公平竞争规则。购物店要自觉抵制商业贿赂。饭店、景区、交通、餐饮等企业要保障旅游者出游安全，提高服务品质。各市场主体要积极践行旅游行业"游客为本、服务至诚"的核心价值观，在旅游服务工作中诚实守信、礼貌待客，共同维护旅游市场秩序，让旅游者体验到优质服务。

（四）发挥社会公众的监督作用

要充分发挥"12301"等旅游服务热线和旅游投诉举报网络平台的作用，鼓励社会各界积极提供各类违法违规行为线索。发挥旅游服务质量社会监督员和旅游志愿者的监督作用，提醒旅游者遵守旅游文明行为公约和行为指南，自觉抵制参加"不合理低价游"。要充分发挥旅游行业协会的自律作用，引导旅游经营者注重质量和诚信。强化媒体的舆论监督，支持媒体曝光扰乱旅游市场秩序的典型事件。

二、创新旅游市场综合监管机制

（一）制定旅游市场综合监管责任清单

各地区、各有关部门要尽快制定旅游市场综合监管责任清单，通过政府公告、政府网站、公开通报等方式，向社会公开旅游部门及相关部门职能、法律依据、实施主体、执法权限、监督方式等事项，加强部门间对旅游市场违法违规行为的信息沟通，强化联合执法协调监管的相关工作机制，提升综合监管效率和治理效果。

（二）完善旅游法律规范体系

及时修订《旅行社条例》《导游人员管理条例》《中国公民出国旅游管理办法》等法规、规章和规范性文件。完善《中华人民共和国旅游法》配套制度，针对在线旅游、邮轮旅游、露营地旅游等新情况，出台具有针对性的管理规范。探索建立综合监管机构法律顾问、第三方评价等制度。

（三）健全完善旅游市场监管标准

全面推进旅游业国家标准、行业标准和地方标准的制定修订工作，尽快编制《全国旅游标准化发展规划（2016—2020年）》（已于2016年4月出台），建立涵盖旅游要素各领域的旅游标准体系。加快旅游新业态、新产品管理服务标准的制定，使标准化工作适应旅游监管的新要求。持续推进旅游标准化试点工作，全面提升旅游企业和从业人员的管理和服务水平。探索建立旅游标准化管理与旅游市场准入、退出相结合的制度。

（四）推进旅游市场监管随机抽查

各有关部门在各自职责范围内，规范相关市场秩序执法检查工作，提高监管效能。要配合旅游部门建立旅游市场主体分类名录库和旅游市场主体异常对象名录库，将行业市场秩序监管与各部门诚信体系建设、全国旅游市场秩序综合水平指数等工作结合起来，及时公布相关市场秩序监管情况。综合运用行政处罚、信用惩戒等措施，加大对违法失信行为的惩处力度,强化随机抽查的威慑力,引导相关市场主体自觉守法。

(五)建立健全旅游诚信体系

加快建立旅游行业失信惩戒制度,建立旅游信用信息公示制度,将旅游经营服务不良信息记录与企业信用信息公示系统对接,将旅游行政主管部门对旅游企业做出的行政许可准予、变更、延续信息和行政处罚信息在企业信用信息公示系统上公示,定期公布违法违规旅游经营者和从业人员旅游经营服务不良信息记录;依托全国统一的信用信息共享交换平台,加强信息互通,建立失信企业协同监管和联合惩戒机制,使旅游失信行为人付出巨大代价。

(六)推进综合监管体制改革试点

要根据深化行政管理体制改革的精神,创新执法形式和管理机制,加快理顺旅游执法机构与政府职能部门的职责关系,在2016年底前将旅游市场执法列入综合行政执法体制改革试点。

(七)加强执法与司法相衔接

加强相关部门间的执法协作,建立旅游市场执法机构与公安机关案情通报机制,及时查处侵害旅游者权益的违法犯罪行为。主动引导旅游者通过司法、人民调解等途径解决纠纷,提升旅游者依法维权、理性消费的能力。

三、全面提高旅游市场综合监管水平

(一)加强《中华人民共和国旅游法》普法工作

各地区、各有关部门应加强《中华人民共和国旅游法》等法律法规普法宣传教育,加强对旅游市场综合监管人员的法律法规和执法程序培训,加大对旅游从业人员的依法经营培训力度,使其准确把握法律法规主要内容,牢固树立依法兴旅、依法治旅的观念和意识,提醒广大旅游者理性消费、文明出游。

(二)加强对旅游市场综合监管的监督

各地区、各有关部门要将旅游市场秩序整治和服务质量提升工作纳入政府质量工作考核。对接到旅游投诉举报查处不及时、不依法对旅游违法行为实施处罚的,对涉嫌犯罪案件不移送的,以及在履行监督管理职责中滥用职权、玩忽职守、徇私舞弊的,要依法依纪追究有关单位和人员的责任;构成犯罪的,依法追究刑事责任。

(三)严格规范旅游执法行为

各地区、各有关部门要建立健全旅游市场综合监管的长效机制,对重大处罚决定建立合法性审查机制,对旅游执法裁量权要有基准制度,进一步细化、量化行政裁量标准,合理规范裁量种类、幅度。对影响旅游市场秩序的重大事件要实行督办问责制度。

四、提高旅游市场综合监管保障能力

(一)健全旅游市场综合监管协调机构

建立健全旅游执法机构,强化旅游质监执法队伍建设,承担全面受理旅游投诉、开展旅游服务质量现场检查和旅游行政执法工作。国家旅游局负责指定机构统一受理全国旅游投诉

工作,向社会公开投诉电话,承担向有关部门或地方政府转办、跟踪、协调、督办旅游投诉处理情况的职责。各级政府要在2016年底前建立或指定统一的旅游投诉受理机构,实现机构到位、职能到位、编制到位、人员到位,根治旅游投诉渠道不畅通、互相推诿、拖延扯皮等问题。

(二)加强旅游市场综合监管基础保障

各级政府要积极做好执法经费保障工作。利用旅游大数据开展旅游市场舆情监测分析工作,提升统计分析旅游投诉举报案件数据的水平。建立旅游市场综合监管过程记录制度,切实做到严格执法、科学执法、文明执法。

(三)提升旅游市场综合监管能力

地方各级人民政府要加强对基层旅游市场综合监管人员的培训。所有旅游市场综合执法人员须经执法资格培训考试合格后方可持证上岗,全面提高执法能力和水平。

五、对我国旅游业发展的影响[①]

(一)提出打造全国治理体系"一盘棋"

《通知》从政府(国务院和地方政府)、各相关部门、旅游企业和社会公众的角度,设定"四位一体"共同监管责任,体现"政府主导、属地管理、部门联动、行业自律、各司其职、齐抓共管、公众参与"的治理原则,通过调动全社会的力量,实施旅游市场治理体系的全国"一盘棋"。

(二)提出构建多维度协同监管"一盘棋"

旅游综合性产业的特点,对应的要求就是构建多维度的协同监管机制。主要包括三方面:一是加强联合执法协调监管;二是加强旅游诚信协同监管;三是加强旅游执法与司法相衔接。

(三)提出实施法定责任清单"一盘棋"

《通知》首次发布国务院层面的部门责任清单,明确了旅游、公安、交通、文化、税务、工商等12个部门监管职能,并且要求各地区、各有关部门也要尽快制定旅游市场监管综合监管责任清单,从横向和纵向两条线,梳理了各部门、各行业、各区域的监管职责,使政府做到了"法无授权不可为",强调了"法定职责必须为",防范监管碎片化。

第三节 关于促进全域旅游发展的指导意见

旅游是发展经济、增加就业和满足人民日益增长的美好生活需要的有效手段,旅游业是提高人民生活水平的重要产业。近年来,我国旅游经济快速增长,产业格局日趋完善,市场规模品质同步提升,旅游业已成为国民经济的战略性支柱产业。但是,随着大众旅游时代到来,我国旅游有效供给不足、市场秩序不规范、体制机制不完善等问题日益凸显。发展全域

[①] 全国导游人员资格考试统编教材编写组. 政策与法律法规[M]. 北京:中国旅游出版社,2018.

旅游，将一定区域作为完整旅游目的地，以旅游业为优势产业，统一规划布局、优化公共服务、推进产业融合、加强综合管理、实施系统营销，有利于不断提升旅游业现代化、集约化、品质化、国际化水平，更好满足旅游消费需求。国务院办公厅于2018年3月9日印发了《关于促进全域旅游发展的指导意见》（以下简称《指导意见》）（国办发〔2018〕15号），对全域旅游做出新的部署，以指导各地促进全域旅游发展。

一、发展全域旅游的总体要求

（一）指导思想

全面贯彻党的十九大精神，以习近平新时代中国特色社会主义思想为指导，认真落实党中央、国务院决策部署，统筹推进"五位一体"总体布局和协调推进"四个全面"战略布局，牢固树立和贯彻落实新发展理念，加快旅游供给侧结构性改革，着力推动旅游业从门票经济向产业经济转变，从粗放低效方式向精细高效方式转变，从封闭的旅游自循环向开放的"旅游+"转变，从企业单打独享向社会共建共享转变，从景区内部管理向全面依法治理转变，从部门行为向政府统筹推进转变，从单一景点景区建设向综合目的地服务转变。

（二）基本原则

1. 统筹协调，融合发展

把促进全域旅游发展作为推动经济社会发展的重要抓手，从区域发展全局出发，统一规划，整合资源，凝聚全域旅游发展新合力。大力推进"旅游+"，促进产业融合、产城融合，全面增强旅游发展新功能，使发展成果惠及各方，构建全域旅游共建共享新格局。

2. 因地制宜，绿色发展

注重产品、设施与项目的特色，不搞一个模式，防止千城一面、千村一面、千景一面，推行各具特色、差异化推进的全域旅游发展新方式。牢固树立绿水青山就是金山银山理念，坚持保护优先，合理有序开发，防止破坏环境，摒弃盲目开发，实现经济效益、社会效益、生态效益相互促进、共同提升。

3. 改革创新，示范引导

突出目标导向和问题导向，努力破除制约旅游发展的瓶颈与障碍，不断完善全域旅游发展的体制机制、政策措施、产业体系。开展全域旅游示范区创建工作，打造全域旅游发展典型，形成可借鉴、可推广的经验，树立全域旅游发展新标杆。

（三）主要目标

1. 旅游发展全域化

推进全域统筹规划、全域合理布局、全域服务提升、全域系统营销，构建良好自然生态环境、人文社会环境和放心旅游消费环境，实现全域宜居宜业宜游。

2. 旅游供给品质化

加大旅游产业融合开放力度，提升科技水平、文化内涵、绿色含量，增加创意产品、体验产品、定制产品，发展融合新业态，提供更多精细化、差异化旅游产品和更加舒心、放心的旅游服务，增加有效供给。

3. 旅游治理规范化

加强组织领导，增强全社会参与意识，建立各部门联动、全社会参与的旅游综合协调机制。坚持依法治旅，创新管理机制，提升治理效能，形成综合产业综合抓的局面。

4. 旅游效益最大化

把旅游业作为经济社会发展的重要支撑，发挥旅游"一业兴百业"的带动作用，促进传统产业提档升级，孵化一批新产业、新业态，不断提高旅游对经济和就业的综合贡献水平。

二、发展全域旅游的八大措施

（一）推进融合发展，创新产品供给

1. 推动旅游与城镇化、工业化和商贸业融合发展

建设美丽宜居村庄、旅游小镇、风情县城以及城市绿道、慢行系统，支持旅游综合体、主题功能区、中央游憩区等建设。依托风景名胜区、历史文化名城名镇名村、特色景观旅游名镇、传统村落，探索名胜名城名镇名村"四名一体"全域旅游发展模式。利用工业园区、工业展示区、工业历史遗迹等开展工业旅游，发展旅游用品、户外休闲用品和旅游装备制造业。积极发展商务会展旅游，完善城市商业区旅游服务功能，开发具有自主知识产权和鲜明地方特色的时尚性、实用性、便携性旅游商品，增加旅游购物收入。

2. 推动旅游与农业、林业、水利融合发展

大力发展观光农业、休闲农业，培育田园艺术景观、阳台农艺等创意农业，鼓励发展具备旅游功能的定制农业、会展农业、众筹农业、家庭农场、家庭牧场等新型农业业态，打造一、二、三产业融合发展的美丽休闲乡村。积极建设森林公园、湿地公园、沙漠公园、海洋公园，发展"森林人家""森林小镇"。科学合理利用水域和水利工程，发展观光、游憩、休闲度假等水利旅游。

3. 推动旅游与交通、环保、国土、海洋、气象融合发展

加快建设自驾车房车旅游营地，推广精品自驾游线路，打造旅游风景道和铁路遗产、大型交通工程等特色交通旅游产品，积极发展邮轮游艇旅游、低空旅游。开发建设生态旅游区、天然氧吧、地质公园、矿山公园、气象公园以及山地旅游、海洋海岛旅游等产品，大力开发避暑避寒旅游产品，推动建设一批避暑避寒度假目的地。

4. 推动旅游与科技、教育、文化、卫生、体育融合发展

充分利用科技工程、科普场馆、科研设施等发展科技旅游。以弘扬社会主义核心价值观为主线发展红色旅游，积极开发爱国主义和革命传统教育、国情教育等研学旅游产品。科学利用传统村落、文物遗迹及博物馆、纪念馆、美术馆、艺术馆、世界文化遗产、非物质文化遗产展示馆等文化场所开展文化、文物旅游，推动剧场、演艺、游乐、动漫等产业与旅游业融合开展文化体验旅游。加快开发高端医疗、中医药特色、康复疗养、休闲养生等健康旅游。大力发展冰雪运动、山地户外运动、水上运动、汽车摩托车运动、航空运动、健身气功养生等体育旅游，将城市大型商场、有条件景区、开发区闲置空间、体育场馆、运动休闲特色小镇、连片美丽乡村打造成体育旅游综合体。

5. 提升旅游产品品质

深入挖掘历史文化、地域特色文化、民族民俗文化、传统农耕文化等，实施中国传统工艺振兴计划，提升传统工艺产品品质和旅游产品文化含量。积极利用新能源、新材料和新科技装备,提高旅游产品科技含量。推广资源循环利用、生态修复、无害化处理等生态技术,加强环境综合治理,提高旅游开发生态含量。

6. 培育壮大市场主体

大力推进旅游领域大众创业、万众创新,开展旅游创客行动,建设旅游创客示范基地,加强政策引导和专业培训,促进旅游领域创业和就业。鼓励各类市场主体通过资源整合、改革重组、收购兼并、线上线下融合等投资旅游业,促进旅游投资主体多元化。培育和引进有竞争力的旅游骨干企业和大型旅游集团,促进规模化、品牌化、网络化经营。落实中小旅游企业扶持政策,引导其向专业、精品、特色、创新方向发展,形成以旅游骨干企业为龙头、大中小旅游企业协调发展的格局。

(二)加强旅游服务,提升满意指数

1. 以标准化提升服务品质

完善服务标准,加强涉旅行业从业人员培训,规范服务礼仪与服务流程,增强服务意识与服务能力,塑造规范专业、热情主动的旅游服务形象。

2. 以品牌化提高满意度

按照个性化需求,实施旅游服务质量标杆引领计划和服务承诺制度,建立优质旅游服务商名录,推出优质旅游服务品牌,开展以游客评价为主的旅游目的地评价,不断提高游客满意度。

3. 推进服务智能化

涉旅场所实现免费 Wi-Fi、通信信号、视频监控全覆盖,主要旅游消费场所实现在线预订、网上支付,主要旅游区实现智能导游、电子讲解、实时信息推送,开发建设咨询、导览、导游、导购、导航和分享评价等智能化旅游服务系统。

4. 推行旅游志愿服务

建立旅游志愿服务工作站,制定管理激励制度,开展志愿服务公益行动,提供文明引导、游览讲解、信息咨询和应急救援等服务,打造旅游志愿服务品牌。

5. 提升导游服务质量

加强导游队伍建设和权益保护,指导督促用人单位依法与导游签订劳动合同,落实导游薪酬和社会保险制度,明确用人单位与导游的权利义务,构建和谐稳定的劳动关系,为持续提升导游服务质量奠定坚实基础。全面开展导游培训,组织导游服务技能竞赛,建设导游服务网络平台,切实提高导游服务水平。

(三)加强基础配套,提升公共服务

1. 扎实推进"厕所革命"

加强规划引导、科学布局和配套设施建设,提高城乡公厕管理维护水平,因地制宜推进农村"厕所革命"。加大中央预算内资金、旅游发展基金和地方各级政府投资对"厕所革命"的支持力度,加强厕所技术攻关和科技支撑,全面开展文明用厕宣传教育。在重要旅游活动场所设置第三卫生间,做到主要旅游景区、旅游线路以及客运列车、车站等场所厕所数量充足、干净卫生、使用免费、管理有效。

2. 构建畅达便捷交通网络

完善综合交通运输体系,加快新建或改建支线机场和通用机场,优化旅游旺季以及交通重点客源地与目的地的航班配置。改善公路通达条件，提高旅游景区可进入性，推进干线公路与重要景区连接，强化旅游客运、城市公交对旅游景区、景点的服务保障，推进城市绿道、骑行专线、登山步道、慢行系统、交通驿站等旅游休闲设施建设，打造具有通达、游憩、体验、运动、健身、文化、教育等复合功能的主题旅游线路。鼓励在国省干线公路和通景区公路沿线增设观景台、自驾车房车营地和公路服务区等设施，推动高速公路服务区向集交通、旅游、生态等服务于一体的复合型服务场所转型升级。

3. 完善集散咨询服务体系

继续建设提升景区服务中心，加快建设全域旅游集散中心，在商业街区、交通枢纽、景点景区等游客集聚区设立旅游咨询服务中心，有效提供景区、线路、交通、气象、海洋、安全、医疗急救等信息与服务。

4. 规范完善旅游引导标识系统

建立位置科学、布局合理、指向清晰的旅游引导标识体系，重点涉旅场所规范使用符合国家标准的公共信息图形符号。

（四）加强环境保护，推进共建共享

1. 加强资源环境保护

强化对自然生态、田园风光、传统村落、历史文化、民族文化等资源的保护，依法保护名胜名城名镇名村的真实性和完整性，严格规划建设管控，保持传统村镇原有肌理，延续传统空间格局，注重文化挖掘和传承，构筑具有地域特征、民族特色的城乡建筑风貌。倡导绿色旅游消费，实施旅游能效提升计划，降低资源消耗，推广使用节水节能产品和技术，推进节水节能型景区、酒店和旅游村镇建设。

2. 推进全域环境整治

积极开展主要旅游线路沿线风貌集中整治，在路边、水边、山边、村边开展净化、绿化、美化行动，在重点旅游村镇实行改厨、改厕、改客房、整理院落和垃圾污水无害化、生态化处理，全面优化旅游环境。

3. 强化旅游安全保障

组织开展旅游风险评估，加强旅游安全制度建设，按照职责分工强化各有关部门安全监管责任。强化安全警示、宣传、引导，完善各项应急预案，定期组织开展应急培训和应急演练，建立政府救助与商业救援相结合的旅游救援体系。加强景点景区最大承载量警示、重点时段游客量调控和应急管理工作，提高景区灾害风险管理能力，强化对客运索道、大型游乐设施、玻璃栈道等设施设备和旅游客运、旅游道路、旅游节庆活动等重点领域及环节的监管，落实旅行社、饭店、景区安全规范。完善旅游保险产品，扩大旅游保险覆盖面，提高保险理赔服务水平。

4. 大力推进旅游扶贫和旅游富民

大力实施乡村旅游扶贫富民工程，通过资源整合积极发展旅游产业，健全完善"景区带村、能人带户"的旅游扶贫模式。通过民宿改造提升、安排就业、定点采购、输送客源、培训指导以及建立农副土特产品销售区、乡村旅游后备箱工程示范基地等方式，增加贫困村集体收入和建档立卡贫困人口人均收入。加强对深度贫困地区旅游资源普查，完善旅游扶贫规划，指导和帮助深度贫困地区设计、推广跨区域自驾游等精品旅游线路，提高旅游扶贫的精准性,真正让贫困地区、贫困人口受益。

5. 营造良好社会环境

树立"处处都是旅游环境,人人都是旅游形象"理念,面向目的地居民开展旅游知识宣传教育,强化居民旅游参与意识、形象意识和责任意识。加强旅游惠民便民服务,推动博物馆、纪念馆、全国爱国主义教育示范基地、美术馆、公共图书馆、文化馆、科技馆等免费开放。加强对老年人、残疾人等特殊群体的旅游服务。

(五) 实施系统营销,塑造品牌形象

1. 制定营销规划

把营销工作纳入全域旅游发展大局,坚持以需求为导向,树立系统营销和全面营销理念,明确市场开发和营销战略,加强市场推广部门与生产供给部门的协调沟通,实现产品开发与市场开发无缝对接。制定客源市场开发规划和工作计划,切实做好入境旅游营销。

2. 丰富营销内容

进一步提高景点景区、饭店宾馆等旅游宣传推广水平,深入挖掘和展示地区特色,做好商贸活动、科技产业、文化节庆、体育赛事、特色企业、知名院校、城乡社区、乡风民俗、优良生态等旅游宣传推介,提升旅游整体吸引力。

3. 实施品牌战略

着力塑造特色鲜明的旅游目的地形象,打造主题突出、传播广泛、社会认可度高的旅游目的地品牌,建立多层次、全产业链的品牌体系,提升区域内各类旅游品牌的影响力。

4. 完善营销机制

建立政府、行业、媒体、公众等共同参与的整体营销机制,整合利用各类宣传营销资源和渠道,建立推广联盟等合作平台,形成上下结合、横向联动、多方参与的全域旅游营销格局。

5. 创新营销方式

有效运用高层营销、网络营销、公众营销、节庆营销等多种方式,借助大数据分析加强市场调研,充分运用现代新媒体、新技术和新手段,提高营销精准度。

(六) 加强规划工作,实施科学发展

1. 加强旅游规划统筹协调

将旅游发展作为重要内容纳入经济社会发展规划和城乡建设、土地利用、海洋主体功能区和海洋功能区划、基础设施建设、生态环境保护等相关规划中,由当地人民政府编制旅游发展规划并依法开展环境影响评价。

2. 完善旅游规划体系

编制旅游产品指导目录,制定旅游公共服务、营销推广、市场治理、人力资源开发等专项规划或行动方案,形成层次分明、相互衔接、规范有效的规划体系。

3. 做好旅游规划实施工作

全域旅游发展总体规划、重要专项规划及重点项目规划应制定实施分工方案与细则,建立规划评估与实施督导机制,提升旅游规划实施效果。

（七）创新体制机制，完善治理体系

1. 推进旅游管理体制改革

加强旅游业发展统筹协调和部门联动，各级旅游部门要切实承担起旅游资源整合与开发、旅游规划与产业促进、旅游监督管理与综合执法、旅游营销推广与形象提升、旅游公共服务与资金管理、旅游数据统计与综合考核等职责。发挥旅游行业协会自律作用，完善旅游监管服务平台，健全旅游诚信体系。

2. 加强旅游综合执法

建立健全旅游部门与相关部门联合执法机制，强化涉旅领域执法检查。加强旅游执法领域行政执法与刑事执法衔接，促进旅游部门与有关监管部门协调配合，形成工作合力。加强旅游质监执法工作，组织开展旅游执法人员培训，提高旅游执法专业化和人性化水平。

3. 创新旅游协调参与机制

强化全域旅游组织领导，加强部门联动，建立健全旅游联席会议、旅游投融资、旅游标准化建设和考核激励等工作机制。

4. 加强旅游投诉举报处理

建立统一受理旅游投诉举报机制，积极运用"12301"智慧旅游服务平台、"12345"政府服务热线以及手机app、微信公众号、咨询中心等多种手段，形成线上线下联动、高效便捷畅通的旅游投诉举报受理、处理、反馈机制，做到及时公正、规范有效。

5. 推进文明旅游

加强文明旅游宣传引导，全面推行文明旅游公约，树立文明旅游典型，建立旅游不文明行为记录制度和部门间信息通报机制，促进文明旅游工作制度化、常态化。

（八）强化政策支持，认真组织实施

1. 加大财政金融支持力度

通过现有资金渠道，加大旅游基础设施和公共服务设施建设投入力度，鼓励地方统筹相关资金支持全域旅游发展。创新旅游投融资机制，鼓励有条件的地方设立旅游产业促进基金并实行市场化运作，充分依托已有平台促进旅游资源资产交易，促进旅游资源市场化配置，加强监管、防范风险，积极引导私募股权、创业投资基金等投资各类旅游项目。

2. 强化旅游用地用海保障

将旅游发展所需用地纳入土地利用总体规划、城乡规划统筹安排，年度土地利用计划适当向旅游领域倾斜，适度扩大旅游产业用地供给，优先保障旅游重点项目和乡村旅游扶贫项目用地。鼓励通过开展城乡建设用地增减挂钩和工矿废弃地复垦利用试点的方式建设旅游项目。农村集体经济组织可依法使用建设用地自办或以土地使用权入股、联营等方式开办旅游企业。城乡居民可以利用自有住宅依法从事民宿等旅游经营。在不改变用地主体、规划条件的前提下，市场主体利用旧厂房、仓库提供符合全域旅游发展需要的旅游休闲服务的，可执行在五年内继续按原用途和土地权利类型使用土地的过渡期政策。在符合管控要求的前提下，合理有序安排旅游产业用海需求。

3. 加强旅游人才保障

实施"人才强旅、科教兴旅"战略，将旅游人才队伍建设纳入重点人才支持计划。大力发展旅游职业教育，深化校企合作，加快培养适应全域旅游发展要求的技术技能人才，有条件的县市应积极推进涉旅行业全员培训。鼓励规划、建筑、设计、艺术等各类专业人才通过到基层挂职等方式帮扶指导旅游发展。

4. 加强旅游专业支持

推进旅游基础理论、应用研究和学科体系建设，优化专业设置。推动旅游科研单位、旅游规划单位与国土、交通、住建等相关规划研究机构服务全域旅游建设。强化全域旅游宣传教育，营造全社会支持旅游业发展的环境氛围。增强科学技术对旅游产业发展的支撑作用，加快推进旅游业现代化、信息化建设。

三、发展全域旅游对我国旅游业的影响①

发展全域旅游，将一定区域作为完整旅游目的地，以旅游业为优势产业，统一规划布局、优化公共服务、推进产业融合、加强综合管理、实施系统营销，有利于不断提升旅游业现代化、集约化、品质化、国际化水平，有利于更好满足旅游消费需求。文件的颁布，标志着全域旅游正式上升为国家战略，是大众旅游时代对我国旅游业发展战略的一次新提升。以全域旅游为载体，推动旅游体制机制创新、旅游产业融合发展、旅游公共服务优化、发展成果共建共享，有利于提升区域旅游业的整体实力和综合竞争力，是旅游业更好地服务国家经济社会发展大局的必然要求。

（一）创新了旅游产业体制和机制

《指导意见》将全域旅游作为一项长期性、战略性、全局性任务，作为助力经济社会健康可持续发展的重要突破口，就推进旅游管理体制改革、加强旅游综合执法、积极创新旅游协调参与机制等做出了具体部署，成了旅游行业全面深化改革、实现从部门行为向党政统筹的突破口和助推器，亦成了重要的改革创新平台和现代旅游治理方式。

（二）推动了旅游产业融合发展，创新产品供给

《指导意见》深入贯彻党的十九大和两会精神，就发展全域旅游要重点落实的八方面任务分别进行了深入阐述。其中，促进旅游产业融合发展，被列为八项任务之首，亦诠释了产业融合是全域旅游发展的基石。

（三）激发了公共服务的潜力

便捷化、高质量、全覆盖的旅游公共服务既是发展全域旅游的基础条件，又是更好地满足人民日益增长的美好生活需要的重要保障。因此，发展全域旅游、建设现代化的旅游目的地体系，应在《指导意见》的指引下，加大建设力度，完善内容体系，提高运行质量，构建与全域旅游发展相匹配的公共服务体系。

总而言之，全域旅游是顺应新时代我国人民美好旅游生活需要而产生的旅游发展理念和模式，必将随着人民美好生活水平不断提高而持续深入发展，并进而成为我国旅游发展普遍适用的理念和模式。作为国务院办公厅代表中央政府对促进全域旅游发展所进行的系统、全面部署，《指导意见》具有极大的权威性和很强的指导性，在对全域旅游发展道路的充分肯

---

① 全国导游人员资格考试教材编写组. 政策与法律法规 [M]. 北京：中国旅游出版社，2018.

定和思想动员的基础上,亦必将对我国旅游业发展发挥重大的推动作用和深远的影响。

第四节 中国旅游业"十三五"规划纲要

为认真贯彻《中华人民共和国国民经济和社会发展第十三个五年规划纲要》,根据《中华人民共和国旅游法》,国务院旅游主管部门会同国家发展改革委员会、中央宣传部、原财政部、原国土资源部、原环境保护部、交通运输部、原农业部、原林业局和扶贫办等部门共同制定《"十三五"旅游业发展规划》,由国务院列为"十三五"国家重点专项规划,并以国务院名义于2016年12月7日正式印发,并于同日起实施。该规划是指导我国"十三五"旅游业发展的主导方针和纲领性文件,确定了"十三五"时期我国旅游业发展的总体思路、基本目标、主要任务和保障措施,是未来五年旅游业发展的行动指南和基本遵循。

一、"十二五"旅游业发展取得的成就

改革开放以来,我国实现了从旅游短缺型国家到旅游大国的历史性跨越。"十二五"期间,旅游业全面融入国家战略体系,走向国民经济建设的前沿,成为国民经济战略性支柱产业。

(一) 战略性支柱产业基本形成

2015年,旅游业对国民经济的综合贡献度达到10.8%。国内旅游、入境旅游、出境旅游全面繁荣发展,已成为世界第一大出境旅游客源国和全球第四大入境旅游接待国。旅游业成为社会投资热点和综合性大产业。

(二) 综合带动功能全面凸显

"十二五"期间,旅游业对社会就业综合贡献度为10.2%。旅游业成为传播中华传统文化、弘扬社会主义核心价值观的重要渠道,成为生态文明建设的重要力量,并带动大量贫困人口脱贫,绿水青山正在成为金山银山。

(三) 现代治理体系初步建立

《中华人民共和国旅游法》公布实施,依法治旅、依法促旅加快推进。建立了国务院旅游工作部际联席会议制度,出台了《国民旅游休闲纲要》(2013—2020年)、《国务院关于促进旅游业改革发展的若干意见》(国发〔2014〕31号)等文件,各地出台了旅游条例等法规制度,形成了以旅游法为核心、政策法规和地方条例为支撑的法律政策体系。

(四) 国际地位和影响力大幅提升

出境旅游人数和旅游消费均列世界第一,与世界各国各地区及国际旅游组织的合作不断加强。积极配合国家总体外交战略,举办了中美、中俄、中印、中韩旅游年等具有影响力的旅游交流活动,旅游外交工作格局开始形成。

二、"十三五"旅游业发展趋势

"十三五"期间,我国旅游业将呈现以下发展趋势:

（一）消费大众化

随着全面建成小康社会持续推进，旅游已经成为人民群众日常生活的重要组成部分。自助游、自驾游成为主要的出游方式。

（二）需求品质化

人民群众休闲度假需求快速增长，对基础设施、公共服务、生态环境的要求越来越高，对个性化、特色化旅游产品和服务的要求越来越高，旅游需求的品质化和中高端化趋势日益明显。

（三）竞争国际化

各国各地区普遍将发展旅游业作为参与国际市场分工、提升国际竞争力的重要手段，纷纷出台促进旅游业发展的政策措施，推动旅游市场全球化、旅游竞争国际化，竞争领域从争夺客源市场扩大到旅游业发展的各个方面。

（四）发展全域化

以抓点为特征的景点旅游发展模式向区域资源整合、产业融合、共建共享的全域旅游发展模式加速转变，旅游业与农业、林业、水利、工业、科技、文化、体育、健康医疗等产业深度融合。

（五）产业现代化

科学技术、文化创意、经营管理和高端人才对推动旅游业发展的作用日益增大。云计算、物联网、大数据等现代信息技术在旅游业的应用更加广泛。产业体系的现代化成为旅游业发展的必然趋势。

三、"十三五"旅游业发展的指导思想

"十三五"旅游业发展的指导思想是：高举中国特色社会主义伟大旗帜，全面贯彻党的十八大和十八届三中、四中、五中、六中全会精神，深入贯彻习近平总书记系列重要讲话精神，落实党中央、国务院决策部署，按照"五位一体"总体布局和"四个全面"战略布局，牢固树立和贯彻落实创新、协调、绿色、开放、共享发展理念，以转型升级、提质增效为主题，以推动全域旅游发展为主线，加快推进供给侧结构性改革，努力建成全面小康型旅游大国，将旅游业培育成经济转型升级重要推动力、生态文明建设重要引领产业、展示国家综合实力的重要载体、打赢脱贫攻坚战的重要生力军，为实现中华民族伟大复兴的中国梦做出重要贡献。

四、"十三五"旅游业发展的基本原则

（一）坚持市场主导

发挥市场在资源配置中的决定性作用，遵循旅游市场内在规律，尊重企业的市场主体地位。更好发挥政府作用，营造良好的基础环境、发展环境和公共服务环境。

（二）坚持改革开放

改革体制机制，释放旅游业的发展活力，形成宏观调控有力、微观放宽搞活的发展局

面。统筹国际国内两个大局,用好两个市场、两种资源,形成内外联动、相互促进的发展格局。

(三) 坚持创新驱动

以创新推动旅游业转型升级,推动旅游业从资源驱动和低水平要素驱动向创新驱动转变,使创新成为旅游业发展的不竭动力。

(四) 坚持绿色发展

牢固树立"绿水青山就是金山银山"的理念,将绿色发展贯穿到旅游规划、开发、管理、服务全过程,形成人与自然和谐发展的现代旅游业新格局。

(五) 坚持以人为本

把人民群众满意作为旅游业发展的根本目的,通过旅游促进人的全面发展,使旅游业成为提升人民群众品质生活的幸福产业。

五、"十三五"旅游业发展的主要指标

(一) 旅游经济稳步增长

城乡居民出游人数年均增长10%左右,旅游总收入年均增长11%以上,旅游直接投资年均增长14%以上。到2020年,旅游市场总规模达到67亿人次,旅游投资总额2万亿元,旅游业总收入达到7万亿元。

(二) 综合效益显著提升

旅游业对国民经济的综合贡献度达到12%,对餐饮、住宿、民航、铁路客运业的综合贡献率达到85%以上,年均新增旅游就业人数100万人以上。

(三) 人民群众更加满意

"厕所革命"取得显著成效,旅游交通更为便捷,旅游公共服务更加健全,带薪休假制度加快落实,市场秩序显著好转,文明旅游蔚然成风,旅游环境更加优美。

(四) 国际影响力大幅提升

入境旅游持续增长,出境旅游健康发展,与旅游业发达国家的差距明显缩小,在全球旅游规则制定和国际旅游事务中的话语权和影响力明显提升。

"十三五"期间旅游业发展主要指标见表2-1。

表2-1 "十三五"期间旅游业发展主要指标

指标	2015年实际数	2020年规划数	年均增速/%
国内旅游人数/亿人次	40	64	9.86
入境旅游人数/亿人次	1.34	1.50	2.28
出境旅游人数/亿人次	1.17	1.50	5.09
旅游业总收入/万亿元	4.13	7.00	11.18
旅游投资规模/万亿元	1.01	2.00	14.65
旅游业综合贡献度/%	10.8	12.00	—

六、"十三五"旅游业发展的主要任务

《"十三五"旅游业发展规划》要求,要全面落实旅游业创新驱动、协调推进、绿色发展、开放合作、共享共建等方面的任务。

(一)创新驱动,增强旅游业发展新动能

要求从理念、产品、业态、技术、主体五个方面来创新。

1. 理念创新,构建发展新模式

创新发展理念,转变发展思路,加快由景点旅游发展模式向全域旅游发展模式转变,"十三五"期间创建 500 个左右全域旅游示范区。

2. 产品创新,扩大旅游新供给

适应大众化旅游发展,优化旅游产品结构,创新旅游产品体系。重点打造八大旅游精品。推动精品景区建设、加快休闲度假产品开发、大力发展乡村旅游、提升红色旅游发展水平、加快发展自驾车旅居车旅游、大力发展海洋及滨水旅游、大力发展冰雪旅游、加快培育低空旅游。

3. 业态创新,拓展旅游新领域

实施"旅游+"战略,推动旅游与城镇化、新型工业化、农业现代化和现代服务业(文化、健康医疗、教育、体育、商务会展等)的融合发展,拓展旅游发展新领域。

4. 技术创新,打造发展新引擎

推进旅游互联网基础设施建设,加快机场、车站、码头、宾馆饭店、景区景点、乡村旅游点等重点涉旅区域无线网络建设。推动游客集中区、环境敏感区、高风险地区物联网设施建设。

构建全国旅游产业运行监测平台,实施"互联网+旅游"创新创业行动计划,建设一批国家智慧旅游城市、智慧旅游景区、智慧旅游企业、智慧旅游乡村。

规范旅游业与互联网金融合作,探索"互联网+旅游"新型消费信用体系。到"十三五"期末,在线旅游消费支出占旅游消费支出 20% 以上,4A 级以上景区实现免费 Wi-Fi、智能导览、电子讲解、在线预订、信息推送等全覆盖。

5. 主体创新提高发展新效能

依托有竞争力的旅游骨干企业,通过强强联合、跨地区兼并重组、境外并购和投资合作及发行上市等途径,促进规模化、品牌化、网络化经营,形成一批大型旅游企业集团。支持旅游企业通过自主开发、联合开发、并购等方式发展知名旅游品牌。

大力发展旅游电子商务,推动网络营销、网络预订、网上支付以及咨询服务等旅游业务发展。支持互联网旅游企业整合上下游及平行企业资源、要素和技术,推动"互联网+旅游"融合,培育新型互联网旅游龙头企业。

(二)协调推进 提升旅游业发展质量

1. 优化旅游业空间布局、构筑新型旅游功能

做强 5 大跨区域旅游城市群、培育 20 个跨区域特色旅游功能区、打造 10 条国家精品旅游带、培育 25 条国家旅游风景道、推进 8 大类特色旅游目的地建设。

2. 加强基础设施建设　提升公共服务水平

（1）大力推进厕所革命。"十三五"期间，新建、改扩建10万座旅游厕所，主要旅游景区、旅游场所、旅游线路和乡村旅游点的厕所全部达到A级标准，实现数量充足、干净无味、使用免费、管理有效。

（2）加强旅游交通建设。"十三五"期末，基本实现4A级以上景区均有一条高等级公路连接。

（3）完善旅游公共服务体系。完善旅游咨询中心体系，完善旅游观光巴士体系，全国省会城市和优秀旅游城市至少开通1条旅游观光巴士线路。完善旅游绿道体系，建设完成20条跨省（区、市）旅游绿道，总里程达5 000公里以上，全国重点旅游城市至少建成一条自行车休闲绿道。

（4）提升旅游要素水平，促进产业结构升级。提升餐饮业发展品质、构建新型住宿业、优化旅行社业、积极发展旅游购物、推动娱乐业健康发展。

（三）绿色发展、提升旅游生态文明价值

1. 倡导绿色旅游消费

践行绿色旅游消费观念，大力倡导绿色消费方式，发布绿色旅游消费指南。鼓励酒店实施客房价格与水电、低值易耗品消费量挂钩，逐步减少一次性用品的使用。引导旅游者低碳出行，鼓励旅游者在保证安全的前提下拼车出行。提高节能环保交通工具使用比例，大力推广公共交通、骑行或徒步等绿色生态出行方式。

2. 实施绿色旅游开发

开展绿色旅游景区建设。"十三五"期间，创建500家生态文明旅游景区。4A级以上旅游景区全部建成生态停车场，所有新修步道和80%以上的旅游厕所实现生态化。推出一批生态环境优美、文化品位较高的水利生态景区和旅游产品。推出一批具备森林游憩、疗养、教育等功能的森林体验基地和森林养生基地。鼓励发展"森林人家""森林小镇"，助推精准扶贫。推广运用厕所处理先进技术，开展以无害化处理为核心的全球人居示范工程。

3. 加强旅游环境保护

坚持保护优先、开发服从保护的方针，对不同类型的旅游资源开发活动进行分类指导。推进旅游业节能减排。加强旅游企业用能计量管理，组织实施旅游业合同能源管理示范项目。实施旅游能效提升计划，降低资源消耗强度。开展旅游循环经济示范区建设。

4. 创新绿色发展机制

实施绿色认证制度。建立健全以绿色景区、绿色饭店、绿色建筑、绿色交通为核心的绿色旅游标准体系，推行绿色旅游产品、绿色旅游企业认证制度。

建立旅游环境监测预警机制。对资源消耗和环境容量达到最大承载力的旅游景区，实行预警提醒和限制性措施。完善旅游预约制度，建立景区游客流量控制与环境容量联动机制。

健全绿色发展监管制度。在生态保护区和生态脆弱区，对旅游项目实施类型限制、空间规制和强度管制，对生态旅游区实施生态环境审计和问责制度。

5. 加强宣传教育

开展绿色旅游公益宣传，推出绿色旅游形象大使。加强绿色旅游教育和培训工作，制定绿色消费奖励措施，引导全行业、全社会树立绿色旅游价值观，形成绿色消费自觉。

（四）开放合作、构建旅游开放新格局

1. 实施旅游外交战略

开展"一带一路"国际旅游合作。推动建立"一带一路"沿线国家和地区旅游部长会议机制。建立丝绸之路经济带城市旅游合作机制。推动"一带一路"沿线国家签证便利化，推动航权开放、证照互认、车辆救援、旅游保险等合作。

拓展与重点国家的旅游交流。推动大国旅游合作向纵深发展，深化与周边国家旅游市场、产品、信息、服务融合发展，加强与中东欧国家旅游合作，扩大与传统友好国家和发展中国家的旅游交流，推动与相关国家城市缔结国际旅游伙伴城市。

创新完善旅游合作机制。完善双多边旅游对话机制，倡导成立国际旅游城市推广联盟。支持旅游行业组织、旅游企业参与国际旅游交流，形成工作合力。推进我国与周边国家的跨境旅游合作区、边境旅游试验区建设，开发具有边境特色和民族特色的旅游景区和线路。

2. 大力提振入境旅游

实施中国旅游国际竞争力提升计划。统筹优化入境旅游政策，推进入境旅游签证、通关便利化，研究制定外国人来华邮轮旅游、自驾游便利化政策。完善入境旅游公共服务和商业接待体系，提升入境旅游服务品质。发挥自由贸易试验区在促进入境旅游发展方面的先行先试作用。

完善旅游推广体系，塑造"美丽中国"形象。加强旅游、外宣合作，健全中央与地方、政府与企业以及部门间联动的旅游宣传推广体系，发挥专业机构市场推广优势。实施中国旅游网络营销工程、海外公众旅游宣传推广工程，促进入境旅游持续稳定增长。

3. 深化与港澳台旅游合作

支持港澳地区旅游发展，深化对台旅游交流，扩大旅游对港澳台开放，规范赴港澳台旅游市场秩序。

4. 有序发展出境旅游

推动出境旅游目的国家和地区简化签证手续。将中文电视广播等媒体落地、改善中文接待环境、中文报警服务、中国公民安全保障措施和游客合法权益保障等纳入中国公民出境旅游目的地管理体系。完善出境旅游服务保障体系，加强境外旅游保险、旅游救援合作。推动建立与有关国家和地区旅游安全预警机制和突发事件应急处理合作机制。加强与友好国家客源互送合作。

5. 提升旅游业国际影响力

实施旅游业"走出去"战略，实施国家旅游援外计划，积极参与国际旅游规则制定，在联合国世界旅游组织、世界旅游业理事会和亚太旅游协会等国际旅游机构中发挥更为重要的作用。

（五）共建共享、提高人民群众满意度

1. 实施乡村旅游扶贫工程

实施乡村旅游扶贫重点村环境整治行动，规划启动"六小工程"，确保每个乡村旅游扶贫重点村建好一个停车场、一个旅游厕所、一个垃圾集中收集站、一个医疗急救站、一个农副土特产品商店和一批旅游标识标牌。到2020年，完成50万户贫困户"改厨、改厕、改客

房、整理院落"的"三改一整"工程。开展旅游规划扶贫公益行动。实施旅游扶贫电商行动。支持有条件的乡村旅游扶贫重点村组织实施"一村一店"。开展万企万村帮扶行动。组织动员全国1万家大型旅游企业、宾馆饭店、景区景点、旅游院校等单位,帮助乡村旅游扶贫重点村发展旅游。实施金融支持旅游扶贫行动。实施旅游扶贫带头人培训行动。启动旅游扶贫观测点计划。

2. 实施旅游创业就业计划

建设面向旅游创新创业的服务平台,支持各类旅游产业发展孵化器建设、开展国家旅游文创示范园区、国家旅游科技示范园区、国家旅游创业示范园区和示范企业、示范基地建设,举办中国旅游创新创业大赛,推动旅游共享经济商业模式创新,开展互联网约车、民宿旅游接待、分时度假等共享经济试点项目。

3. 规范旅游市场秩序

创新旅游监管机制、建立健全旅游诚信体系、开展专项治理行动、引导旅游者理性消费。

4. 大力推进文明旅游

加强宣传教育,建立文明旅游法规体系,落实旅游文明行为公约和行动指南;加强旅游志愿者队伍建设、树立中国旅游志愿者良好形象。

5. 构筑旅游安全保障网

加强旅游安全制度建设,强化重点领域和环节监管,落实旅游客运车辆"导游专座"制度,推动旅游客运车辆安装卫星定位装置并实行联网联控。加快旅游紧急救援体系建设。完善旅游保险产品,完善旅行社责任保险机制,推动旅游景区、宾馆饭店、旅游大巴及高风险旅游项目旅游责任保险发展。

6. 提升旅游服务质量计划

推进旅游标准化建设,完善标准体系,建立政府主导与市场自主相互衔接、协同发展的旅游标准制修订机制。深入实施《旅游质量发展纲要(2013—2020年)》,加快建立以游客评价为主的旅游目的地评价机制。开展"品质旅游"宣传推广活动,鼓励旅游企业公布服务质量承诺和执行标准,实施旅游服务质量标杆引领计划。建立优质旅游服务商目录,推出优质旅游服务品牌。

实训项目

梳理我国新时期的旅游政策及对我国旅游业发展的影响

实训目的:通过实训,要求学生掌握指导我国新时期旅游发展的主要政策,明确这些旅游政策对我国旅游业发展的影响,能用这些政策指导自己的旅游实践工作。

实训步骤:第一步,在文化和旅游部官方网站收集我国近期正在执行的一些旅游政策。第二步,在网上收集一些专家对这些旅游政策的解读,加深自己对这些旅游政策的理解。第三步,在当地旅游局进行调研,了解这些政策对当前旅游业发展是否有影响,影响表现在哪些方面。第四步,梳理调研内容,撰写一份我国新时期旅游政策调研报告。

实训成果:提交一份我国新时期旅游政策调研报告。

第二章 新时期的旅游政策

知识归纳

本章主要是学习指导我国新时期旅游实践工作的主要旅游政策。主要有国民休闲旅游政策、旅游业改革发展政策、旅游投资和消费政策，全域旅游战略等。通过本章的学习，要求学生能够熟悉国民休闲旅游政策，旅游改革发展政策，旅游投资和消费政策，我国旅游业"十三五"发展的指导思想、主要目标、规划指标和主要任务。通过对旅游网站和当地旅游局的调研，可以更好地把握我国旅游政策的内涵，指导自己的旅游实践工作。

典型案例

"爆买"折射出的新动力

2016年春季期间，从洛杉矶到迪拜，从马尔代夫到巴黎，中国结、红灯笼、丙申猴、金元宝等中国元素随处可见。从2016年2月2日开始，迪拜机场免税店开始举办一系列促销活动，用中国传统喜庆元素装饰展台，配备身着中国传统服饰的中国销售员工，最受中国顾客欢迎的25种商品给予优惠……迪拜免税店执行副董事长科尔姆·麦克朗林说，目前迪拜每周有100多架次航班飞往中国大陆，28架次航班飞往中国香港，中国旅客是非常重要的消费群体。2月8日，中国农历大年初一。阿联酋迪拜地标建筑——阿拉伯塔酒店（又称"帆船酒店"）楼体正面披上"红衣"，上面打出白色的中文书法"猴"和"猴年吉祥"字样。

大洛杉矶地区的南岸购物广场是美国西部最大的高端购物中心。春节期间，几百只红灯笼把广场金碧辉煌的穹顶装点得喜气洋洋。近三年多以来，南岸购物广场迎接的中国顾客越来越多，人均消费额也不断攀升。法国时尚品牌克洛伊专卖店导购薇薇安说："每到中国农历新年，商场举办的春节庆祝活动都会给我们增加不少客流量。"2月8日这天，马尔代夫旅游部在马富士岛举办了一场以中国春节为主题的表演晚宴。晚宴舞台后的背板上用超大黑体字写着"恭喜发财2016"。韩国旅游发展局中国部次长李贤真说，近年来，中国游客支撑了全球旅游产业。仅2014年访韩的中国游客人均消费就达2095美元，给韩国带来不菲收益，推动了33万多人次的就业。

世界旅游组织的数据显示，自2012年起，中国连续多年成为世界第一大出境旅游消费国，对全球旅游收入的贡献年均超过13%。2015年，中国出境旅游人数、境外旅游消费继续位列世界第一。中国游客在海外"爆买"得益于更加便捷的金融服务。虽然人民币在许多地区还不是"硬通货"，但兑换起来也比前些年方便许多。目前，许多国家零售商接受银联卡，很多商店及专卖店还支持支付宝付款。

来源：根据文化和旅游部网站资料整理而成，http://www.cnta.gov.cn/

【案例解析】在当前世界经济复苏乏力的背景下，数量众多、消费能力又强的中国游客自然成为世界各国"争夺"的对象。从该案例可以看出：农历新年假期是中国游客境外游的高峰期。各个国家为了争夺中国客源，都采取了很多促销手段，并提供了便捷的金融服务。导致中国游客在海外"爆买"，中国游客给复苏乏力、信心不足的世界经济带来暖意。同时，面对这一现象我们也需要思考：应该采取哪些措施才能把国人的消费热情留在国内。

复习思考题

一、单项选择题

1. 到（　　）年实现全国旅游景区、旅游交通沿线、旅游集散地的旅游厕所全部达到数量充足、干净无味、实用免费、管理有效的要求。
   A. 2017　　　　　B. 2020　　　　　C. 2025　　　　　D. 2030

2. 到2020年，鼓励引导社会资本建设自驾车房车营地（　　）个左右。
   A. 100　　　　　B. 1 000　　　　　C. 10 000　　　　　D. 100 000

3. （　　）年前，实现重点旅游景区、旅游城市、旅游线路旅游咨询服务全覆盖。
   A. 2017　　　　　B. 2020　　　　　C. 2025　　　　　D. 2030

4. 积极推动在线旅游平台企业发展壮大，推动（　　）跨产业融合。
   A. 旅游+互联网　　B. 旅游+　　C. 互联网+　　D. 互联网+旅游

5. 国务院办公厅《关于促进全域旅游发展的指导意见》规定：应扎实推进"厕所革命"，在重要活动场所设置第（　　）卫生间。
   A. 一　　　　　B. 二　　　　　C. 三　　　　　D. 五

6. 促进全域旅游发展，着力推动旅游业从门票经济向产业经济转变，从粗放低效方式向精细高效方式转变，从封闭的旅游自循环向开放的（　　）转变。
   A. 旅游+　　　　　　　　　　　B. 互联网+
   C. 旅游+互联网　　　　　　　　D. 互联网+旅游

7. 到2020年，境内旅游总消费额达到5.5万亿元，城乡居民年人均出游4.5次，旅游业增加值占国内生产总值的比重超过（　　）。
   A. 5%　　　　　B. 8%　　　　　C. 10%　　　　　D. 15%

8. 《国务院办公厅关于加强旅游市场综合监管的通知》规定，旅游市场监管中，政府应发挥（　　）责任。
   A. 领导　　　　　B. 主体　　　　　C. 辅助　　　　　D. 主导

9. 到2020年，我国城乡居民出游人数年均增长（　　）左右。
   A. 10%　　　　　B. 11%　　　　　C. 12%　　　　　D. 14%

10. "十三五"旅游业发展规划指出要进行业态创新，实施（　　）战略。
    A. 互联网+　　　　　　　　　　B. 旅游+
    C. 物联网+　　　　　　　　　　D. 智慧旅游+1

二、多项选择题

1. 《关于进一步促进旅游投资和消费的若干意见》中提出到2020年要完成的任务有（　　）。
   A. 实现重点旅游景区、旅游城市、旅游线路旅游咨询服务全覆盖
   B. 建设一批全国特色旅游城镇和特色景观旅游名镇
   C. 鼓励引导社会资本建设自驾车房车营地1 000个左右
   D. 全国建成10个邮轮始发港

E. 全国建成一批游艇码头和游艇泊位
2. 鼓励社会资本大力开发(　　)等休闲度假旅游产品。
   A. 温泉　　　　　　　　B. 滑雪　　　　　　　　C. 滨海
   D. 海岛　　　　　　　　E. 山地
3. 《关于进一步促进旅游投资和消费的若干意见》规定：应支持(　　)等重点旅游地区建设自驾车房车营地。(　　)。
   A. 少数民族地区　　　　B. 重点乡村旅游　　　　C. 长江经济带
   D. 城市周边　　　　　　E. 贫困地区
4. 《国务院办公厅关于加强旅游市场综合监管的通知》中关于依法落实旅游市场监管责任的说法正确的是(　　)。
   A. 强化政府的领导责任
   B. 明确各相关部门的监管责任
   C. 落实旅游企业的主体责任
   D. 发挥社会公众的监督作用
   E. 创新旅游市场综合监管机制
5. 乡村旅游发展中应该让游客(　　)。
   A. 看得见山水　　　　　B. 记得住乡愁　　　　　C. 留得住乡情
   D. 玩得高兴　　　　　　E. 吃得开心
6. "十三五"旅游业发展趋势是(　　)。
   A. 消费大众化　　　　　B. 需求品质化　　　　　C. 竞争国际化
   D. 发展景区化　　　　　E. 产业现代化
7. "十三五"旅游业发展的主要目标是(　　)。
   A. 旅游经济稳步增长　　　　　B. 综合效益显著提升
   C. 人民群众更加满意　　　　　D. 国际影响力大幅提升
   E. 社会文明程度大幅提升
8. 发展全域旅游，有利于不断提升旅游业(　　)。
   A. 现代化　　　　　　　B. 集约化　　　　　　　C. 品质化
   D. 国际化　　　　　　　E. 融合化
9. 全域旅游着力推动了旅游业(　　)。
   A. 从门票经济向产业经济转变
   B. 从粗放低效方式向精细高效方式转变
   C. 从封闭的旅游自循环向开放的"旅游+"转变
   D. 从景区内部管理向全面依法治理转变
   E. 从企业单打独享向政府统筹转变
10. 推行各具特色、差异化推进的全域旅游发展新方式，有利于实现(　　)相互促进、共同提升。
    A. 经济效益　　　　　　B. 社会效益　　　　　　C. 生态效益
    D. 文化效益　　　　　　E. 政治效益

11. 全域旅游"四名一体"的发展模式主要依托( )。
    A. 风景名胜区　　　　　　B. 历史文化名城名镇名村
    C. 特色景观旅游名镇　　　D. 名山大川　　　　　　E. 传统村落
12. 建立统一受理旅游投诉举报机制，应积极运用( )等多种手段，形成线上线下联动、高效便捷畅通的旅游投诉举报受理、处理、反馈机制，做到及时公正、规范有效。
    A. "12301"智慧旅游服务平台　　　B. "12345"政府服务热线
    C. 手机 app　　　　　　　　　　D. 微信公众号　　　　E. MSN

三、判断题

1. 《关于进一步促进旅游投资和消费的若干意见》中提出2A级以上景区、重点乡村旅游区以及机场、车站、码头等建设旅游咨询中心。( )
2. 全域旅游是顺应新时代我国人民美好旅游生活需要而产生的旅游发展理念和模式。( )
3. 旅游行政主管部门应按照"属人管理、部门联动、行业自律、各司其职、齐抓共管"的原则，建立对旅游市场执法、投诉受理工作的有效协调机制，明确各相关部门责任。( )
4. 并非所有旅游市场综合执法人员都须经执法资格培训考试合格后方可执证上岗。( )
5. 购物店要自觉抵制商业贿赂。( )
6. 旅游市场综合监管工作小组隶属于原国家旅游局。( )
7. 在旅游市场监管中，文化部门主要负责对旅游演出、娱乐场所文化经营活动等方面的投诉处理和案件查处等。( )
8. 在旅游市场监管中，应探索建立第三方评价制度。( )
9. 在旅游市场监管中，应探索建立综合监管机构法律顾问制度。( )
10. 到2020年，全国城乡居民人均出游率、旅游消费总额、旅游投资总额、旅游就业总量等指标实现比2015年翻一番。( )
11. 到2020年，境内旅游总消费额达到5.5万亿元，城乡居民年人均出游5次。( )
12. 《"十三五"旅游业发展规划》首次被国务院列为国家重点专项规划，旅游业发展全面融入"十三五"国家发展整体大局。( )
13. 《"十三五"旅游业发展规划》是由国务院旅游主管部门独立编制和发布的"十三五"时期旅游业发展的行动纲领和基本遵循。( )
14. 《"十三五"旅游业发展规划》指出，"十三五"时期，自助游、自驾游成为主要出游方式。( )
15. 《"十三五"旅游业发展规划》要求，"十三五"时期，要深入实施《旅游质量发展纲要（2013—2020年）》，加快建立以导游评价为主的旅游目的地评价机制。( )

四、简答题

1. 简述《关于进一步促进旅游投资和消费的若干意见》（国办发〔2015〕62号）中提出的"四大计划"。
2. 根据《关于加强旅游市场综合监管的通知》的要求，应该如何创新旅游市场综合监管机制？
3. 简述全域旅游发展的主要目标。
4. 发展全域旅游应该遵循什么原则？
5. 简述我国"十三五"旅游业发展的趋势。
6. "十三五"旅游业发展的主要目标是什么？

第三章

旅游法律制度概述

学习目标

1. 了解法、旅游法、旅游法律关系及法律责任的相关知识。
2. 熟悉《中华人民共和国宪法》的基础知识。
3. 掌握《中华人民共和国旅游法》的基础知识。

实训要求

1. 实训项目：收集整理我国目前正在实施的与旅游业发展相关的法律法规。
2. 实训目的：通过在网上或到旅游行政主管部门调研，要求学生系统地掌握我国旅游业发展中的法律法规。

第一节 法与旅游法概述

一、法

（一）法的概念

法有广义与狭义的概念之分。广义的法是指国家按照统治阶级的利益和意志制定或者认可，并由国家强制力保证其实施的行为规范的总和，包括宪法、法令、法律、行政法规、地方性法规、行政规章、判例、习惯法等各种成文法和不成文法。狭义的法是指具体的法律规范，如《中华人民共和国旅游法》《消费者权益保护法》等。

（二）法的特征

1. 法是调整人们行为的特殊社会规范

人们的行为规则可分为两大类：其一是调整人与人之间关系的社会规范，如法律规范、道德规范、礼仪习惯、宗教规范等；其二是调整人与自然关系的技术规范，是人们怎样利用自然力的行为规范。法律规范作为社会规范的特殊性在于它是统治阶级用来调整人与人关系的调整器，它是调整统治阶级与被统治阶级之间、国家与公民之间、公民相互之间关系的特殊的行为规则。这种特殊的行为规则是阶级社会特有的社会现象。法律对人们行为的调整是维护有利于统治阶级的社会秩序的手段。

2. 法是由国家制定或认可的并具有普遍约束力的行为规范

法由国家制定或认可，表明法是以国家意志表现出来的，具有国家意志的属性。这是法有别于其他种种规范的重要特性之一。而其他的社会规范，如宗教的、道德的以及社团章程等均不具备国家意志的属性。国家制定或认可的法，在该国权力管辖范畴内要求一律遵行，具有普遍约束力。无论是制定的成文法或认可的习惯法，都以国家意志形式出现，其国家意志性意味着法的极大权威和神圣尊严。

3. 法通过规定人们的权利和义务调整社会关系

法总是明确规定人们在一定社会关系中的权利和义务，以此来调整人们的关系。这里显示了法律调整的特殊方式和范围。法律调整的方式一般采用权利、义务规范，如允许人们做出某种行为，是指人们享有法律上的权利；禁止或规定必须做的行为，即指人们应承担的法律上的义务。法律作为特殊的行为规则，调整的是人们的权利、义务关系，如宪法规定国家机关的职权和公民权利义务等，其他部门法如民法、刑法、婚姻法、旅游法等则从某个方面规定人们参加社会关系的权利和义务。

4. 法由国家强制力保障实施

法的实施一般具有法定程序，以国家强制力做保障。任何社会规范都具有一定强制性，但不同的社会规范，其强制的性质、范围、程度和实现的方式不同。除了人们的思想认识不具有现实上的强制性以外，法律以及法律之外的其他社会规范都有不同形式和程度的强制性，但是以国家强制力来保障法的实现，则是法律独具的重要特征。法的强制性质是由法的国家意志性质决定的，所以，强制和制裁必须由专责机关依照法定程序进行。

二、旅游法

（一）旅游法的概念

旅游法是指调整旅游活动领域中各种社会关系的法律、法规、规章的总称。旅游法的概念有广义和狭义之分。广义的旅游法是一个法律规范体系，它是由国家制定或认可的调整旅游活动中所产生的各种社会关系的法律规范的总称，包括全国人民代表大会制定的旅游法律、国务院制定的旅游行政法规、国务院旅游行政主管部门制定的部门规章、地方旅游法规以及我国政府缔结、承认的国际旅游公约和规章。狭义的旅游法是指旅游基本法，即规定一个国家发展旅游事业的根本宗旨、根本原则和旅游活动各主体根本权利义务关系的法律。《中华人民共和国旅游法》就属于狭义的旅游法。

（二）旅游法的调整对象

1. 旅游行政关系

旅游行政关系指国家行政机关在实施旅游行政管理过程中发生的社会关系。国家行政机关包括文化和旅游部，省、自治区、直辖市旅游局，市、县旅游局，以及依法对旅游业实施管理的国家各级行政管理部门。

2. 旅游经营单位与旅游者之间的关系

旅游经营单位要开发旅游资源、兴修旅游设施、提供各项旅游服务。旅游经营单位因获得一定的旅游收入而成为旅游供应的义务承担者。旅游者与旅游经营单位之间被旅游法调整的社会关系，就是因旅游供求关系而形成的旅游权利与旅游义务的关系。

3. 旅游经营单位与旅游相关企业之间的关系

旅游经营单位主要是指直接从事旅游经营的旅行社、旅游饭店、旅游车船公司、旅游商店等单位。旅游相关部门主要是指与旅行游览有关的民航、铁路、公路、水运、园林、文物、商业、轻工、城建等企业。旅游主营单位与旅游相关部门之间因旅游业务经营而形成各种社会关系，主要是国民经济各部门企业间专业化分工和协作的关系。这种社会关系，被旅游法调整为平等互利和等价有偿的权利义务关系。

4. 旅游经营单位相互之间的关系

即旅行社相互之间、旅游饭店相互之间、旅游交通运输公司相互之间，以及旅行社、旅游饭店、旅游交通运输公司之间在协作经营时所形成的社会关系。被旅游法调整的旅游经营单位相互之间的业务联系，也是一种平等互利和等价有偿的权利义务关系。

5. 旅游经营单位内部的关系

旅行社总社与分支社之间、旅游饭店管理公司与所属饭店之间，旅游交通运输总公司与分公司之间、旅游工艺品总公司与营业部门之间的经营管理关系。旅游经营单位内部上下级之间，是基于经营和管理权限划分而被旅游法调整的权利义务关系。

6. 国家或地区之间的关系

国家或地区相互之间的旅游关系，要通过有约束力的规则或惯例来调整。如中国旅游企业接待境外旅游者的入境旅游或者组织国内公民出境旅游，需通过旅游业务合同来约定旅游服务项目、旅游费用标准、旅游服务质量、旅游安全等方面的内容，从而形成一种特殊的社会关系。这种社会关系即是由双方签订的旅游合同来调整的权利义务关系。

三、旅游法律关系

（一）旅游法律关系的概念

旅游法律关系是指由法律规范所确认和调整的，在旅游活动中所形成的各当事人之间的权利和义务关系。旅游活动中社会关系是一个庞大的体系，只有经过旅游法律规范调整之后的社会关系，才具有了法律的性质，成为旅游法律关系。如旅游合同一经订立，就在旅行社与旅游者之间形成了旅游法律关系。

（二）旅游法律关系的特征

1. 旅游法律关系是根据法律规范建立的一种社会关系，具有合法性

法律规范是旅游法律关系产生的前提，旅游法律关系不同于法律规范调整或保护的社会关系本身，旅游活动中社会关系是一个庞大的体系，只有经过法律规范的调整之后的社会关系，才具有了法律的性质，成为法律关系。旅游法律是旅游法律规范的实现形式，是旅游法律规范的内容在现实社会生活中得到的具体贯彻，因此，旅游法律关系是人与人之间的合法（符合法律规范的）关系。

2. 旅游法律关系是基于人们的旅游事实引起的一种社会关系

能够引起法律关系产生、变更和消灭的法律事实多种多样，不同的法律事实引起不一样的法律关系。旅游法律关系是基于人们的旅游事实引起的一种社会关系，没有人们的旅游事实，就没有旅游法律关系的产生、变更和消亡。

3. 旅游法律关系是特定的旅游活动主体之间的权利和义务关系

权利是指法律赋予人们的某种权能，义务是法律规定人们必须履行的某种责任。旅游法律关系是以法律上的权利和义务为纽带而形成的社会关系，没有特定旅游活动主体的实际法律权利和法律义务，就不可能有旅游法律关系的存在。

（三）旅游法律关系的构成要素

旅游法律关系的构成要素是指构成旅游法律关系的必要因素。旅游法律关系的构成要素是由主体、客体和内容三要素构成。

1. 旅游法律关系的主体

旅游法律关系的主体是指旅游活动领域的参加者，即在法律关系中依法享有一定权利、承担一定义务的当事人或参加者。我国旅游法律关系的主体主要包括：国家旅游行政管理机关、与旅游业密切相关的政府管理部门、旅游企事业单位、旅游者、境外旅游组织。

2. 旅游法律关系的客体

旅游法律关系的客体是指旅游法律关系的主体享有旅游权利和承担旅游义务所共同指向的事物。旅游法律关系的客体包括物、人身、精神产品、行为结果。

（1）物。物是指能满足人在生产上和生活上所需要的、能够被人支配和控制的客观实体或自然力。旅游法律关系中物的存在十分广泛，如旅游资源、旅游设施设备、旅游商品、旅游者随身携带的物品等。但有些物不能成为私人法律关系的客体，如：属于国家专有的军事设施设备；危害人类之物，如毒品、假冒伪劣商品、淫秽音像制品等。

（2）人身。在旅游法律关系中，人身作为法律关系的客体也广泛存在，如导游服务、旅游表演活动等法律关系，均是以人身为客体。但法律规定，活人的身体不能视为法律上之"物"参与经济活动转让买卖；权利人不得滥用身体；严禁对他人身体非法强制行使权利。

（3）精神产品。在旅游法律关系中，精神产品是重要的客体，如景区特有而文化遗存，旅游目的地或企业的研究书籍、宣传画册、宣传光盘、注册商标、名称、标志、管理方案等。

（4）行为结果。行为结果是指特定的义务人完成其行为所产生的能够满足权利人利益要求的结果。行为结果一般分为两种：一种是物化的结果，即义务人的行为凝结为一定的物体，产生一定的物化产品或建筑物，如旅游饭店、民居建筑、游览道路等；另一种是非物化结果，即义务人的行为没有转化为物化实体，而仅表现为一定的行为过程，最后产生权利人所期望的结果或效果，如导游讲解服务、个性化旅游服务、实景表演等。

3. 旅游法律关系的内容

旅游法律关系的内容是指旅游法律关系主体依法享有的权利和依法所应承担的义务。它是旅游法律规范的指示内容在实际生活中的具体落实，是法律规范在社会关系中实现的一种状态。

（四）旅游法律关系的产生、变更和消亡

1. 法律事实

法律事实是指由法律规范所确认的足以引起法律关系产生、变更和消灭的客观情况。一般来说，法律规范本身并不能直接引起法律关系的出现，只有当法律规范的假定情况出现时，才能引起具体的法律关系的产生、变更和消灭。能够引起法律关系的法律事实按其性质可分为两类：法律事件和法律行为。

法律事件是指能导致一定法律后果的、不以人的意志为转移的事件。如出生、死亡、自然灾害、战争等。在旅游活动中，自然灾害、战争、国家政局的变化都可能引起旅游法律关系的产生、变更和消灭。

法律行为是指能在法律上发生效力的人们的意志行为。即当事人根据个人的意愿形成的一种有意识的活动，它是包含旅游活动在内的所有社会生活中引起法律关系产生、变更、消灭的最经常的事实。如旅游合同的依法签订和履行等就属于旅游法律行为。

2. 旅游法律事实与旅游法律关系的产生、变更和消亡

旅游法律关系的产生是指旅游法律关系主体之间一定的权利义务的形成。如合法旅游合同的签订就会在旅游者和旅游经营者之间产生权利义务关系，这种关系受国家法律的保护和监管。

旅游法律关系的变更指的旅游法律关系的主体、客体和内容的变更。由于主体的增加、减少或变化，客体范围或性质的改变，都会引起相应的权利或义务变化。如旅行社在组织旅游活动时，改变与旅游者约定的旅游线路、住宿条件等，则会引起双方权利和义务的变更。同其他法律关系一样，旅游法律关系的变更绝不是随意的，它受到了法律的严格限制。除不可抗力或双方协商一致外，旅游法律关系的任一方主体不能擅自变更，否则，应承担法律责任。

旅游法律关系的消灭指旅游法律关系主体之间权利义务关系的完全终结。在实践中，旅游法律关系的消灭主要是各主体权利义务的实现。如旅游活动中当事人都完全履行了合同约定义务，旅游法律关系应归于消亡。

四、旅游法律责任

（一）违法行为

违法行为是指具有法定责任能力的组织或个人违反法律、法规规定，不履行法定义务或滥用权利，对社会造成危害的行为，亦称"非法行为"。违法行为包括犯罪行为、民事侵权行为和行政侵权行为。犯罪行为是指具有社会危害性、违反刑法规定、应受到刑罚处罚的行为。民事侵权和行政侵权行为是指除犯罪外所有非法侵犯他人人身权、财产权、政治权利、精神权利或知识产权的行为。

（二）构成要素

构成违法行为必须具备四个要素：

1. 违法行为以违反法律、法规规定为前提

法律规范是调整人们行为的社会规范，目的是保障社会秩序。行为违反法律，是对现行法律秩序的破坏，因此要通过追究法律责任恢复法律秩序。如在旅游活动中，游客破坏景区旅游资源的行为、旅游企业侵害消费者权益的行为都属于违反法律、法规规定的行为。

2. 违法行为对社会具有危害性

违法行为必须是在不同程度上侵犯法律所保护的社会关系的行为，这种行为对社会具有危害性。人们制定并实施法律，是为了通过建立一定的法律秩序，进行社会控制，保障并促进社会发展，维护人们的利益。而违法行为就是对法律所保护的社会关系的破坏，具有社会危害性。如果一种行为不侵犯法律所保护的社会关系，行为不具有社会危害性，就不会构成违法。

3. 违法行为的主体必须具有法定的责任能力或法定的行为能力

无论刑事犯罪行为，还是民事侵权行为和行政侵权行为，法律规范均对行为人的责任能力和行为能力有明确的规定，只有具有法定责任能力或法定行为能力主体的违法行为才构成违法。

4. 违法行为人在主观上有故意、过失的过错行为

故意过错行为是指行为人明知自己的行为会发生危害社会的结果，并且希望或者放任这种结果发生，如：偷别人的东西，这一定是有主观故意的，你总不能说我一不小心把他的钱就装我口袋里了。过失过错行为是指行为人应该预见到自己的行为会发生危害社会的结果，但由于疏忽大意未能遇见或者行为人预见到自己的行为可能会发生危害社会的结果，自信能够避免而发生危害结果的。如你骑车因速度太快将正常行走的其他同学撞伤，就属于你因行为不慎造成的过失违法。

（三）法律责任

法律责任是指因行为人未承担自己的法定义务、约定义务或不当行使法律权利、权力所产生的对其不利的法律后果。法律责任一般分为刑事责任、行政责任、民事责任。

1. 刑事责任

刑事责任是行为人触犯刑事法律，构成犯罪受到刑罚处罚而应承担的法律责任。刑事责任的特点是：行为人行为具有严重社会危害性，即构成了犯罪，才能追究行为人的刑事责任；是国家向犯罪人追究的一种法律责任；是一种个人的带有惩罚性质的责任；刑法是追究刑事责任的唯一法律依据，即罪刑法定。

常见的责任形式有主刑、附加刑，主刑有管制、拘役、有期徒刑、无期徒刑、死刑，附加刑有罚金、没收财产、剥夺政治权利，主刑只能独立适用而不能附加适用，附加刑既可以独立适用也可以附加适用。

2. 行政责任

行政责任是行为人违反了行政法律规范或因行政法律规范规定所应承担的法律责任。行政责任的特点是：责任主体是行政主体或行政相对人；责任原因是行为人的行政违法行为和法律规定的特定情况；通常情况下，实行过错推定方法，即一般只要行为人实施了违法行为就视其为主观有过错，不必再深究其主观因素了。行政责任的承担方式多种多样，主要责任方式有申诫罚，如警告、通报等；财产罚，如罚款、没收非法所得等；能力罚，如停产、停业、吊销经营许可证、吊销营业执照等；人身罚，如行政拘留等。

3. 民事责任

民事责任是指行为人因民事侵权行为、违约行为应承担的一种法律责任。民事责任主要是一种救济责任，救济当事人的权利，赔偿或补偿当事人的损失；民事责任主要是一种财产责任；民事责任主要是一方当事人对另一方当事人的责任，多数民事责任可以由当事人协商解决。

民事责任分为违约责任和侵权责任两种。由违约行为产生的是违约责任，由民事侵权行为产生的是侵权责任。所谓违约责任是指合同一方当事人不履行合同义务或履行合同义务不符合约定条件所应承担的民事法律责任。违约责任的构成要件有两方面：一是有违约行为，二是无免责事由。所谓侵权责任是指行为人因过错，或根据法律规定推定行为人有过错而行为人不能证明自己没有过错的，侵害他人民事权益，应当承担的民事法律责任。民事责任常见的责任方式主要有：停止侵害行为；排除妨碍；消除危险；修理更换、重作；返还财产；恢复原状；赔偿损失；赔礼道歉；消除影响；恢复名誉；等等。

第二节　我国宪法的基本知识

宪法是一个国家的根本大法，是特定社会政治经济和思想文化条件综合作用的产物，集中反映各种政治力量的实际对比关系，确认革命胜利成果和现实的民主政治，规定国家的根本任务和根本制度，即社会制度、国家制度的原则和国家政权的组织以及公民的基本权利义务等内容。我国现行《中华人民共和国宪法》（以下简称《宪法》）是1982年12月4日在第五届全国人大第五次会议上正式通过的。第十二届全国人民代表大会常务委员会第十一次会议决定，每年的12月4日定为我国国家"宪法日"。

小知识　　　　　　　　**我国宪法的发展历程**

1954年3月23日，宪法起草委员会在北京举行第一次会议，决定在全国范围内开展对宪法草案的讨论。在吸收各地意见的基础上，最终形成了《中华人民共和国宪法草案》（修正稿）。6月11日，宪法起草委员会召开第七次会议，一致同意将它提交中央人民政府委员会，标志着宪法起草工作胜利结束。6月14日，毛泽东主持召开中央人民政府委员会第三十次会议，通过了《中华人民共和国宪法草案》和《关于公布中华人民共和国宪法草案的决议》。9月20日，第一届全国人民代表大会第一次会议通过了《中华人民共和国宪法》（第一部）。1975年1月17日第四届全国人大第一次会议通过、颁布了中华人民共和国第二部宪法。1978年3月5日第五届全国人大第一次会议通过、颁布了中华人民共和国第三部宪法。1982年12月4日，中华人民共和国第四部宪法在第五届全国人大第五次会议上正式通过并颁布。

为了适应中国经济和社会的发展变化,全国人大分别于 1988 年 4 月、1993 年 3 月、1999 年 3 月、2004 年 3 月、2018 年 10 月对这部宪法逐步进行了修改、完善。

资料来源:http://baike so.com/doc/3777467 - 3967977.html(经整理)

一、《宪法》概述

(一)《宪法》的效力

《宪法》在国家整个法律体系中处于最高地位,具有最高效力。一切法律都是依据《宪法》制定的,《宪法》是一切法律的母法。一切法律、行政法规、地方性法规都不得同《宪法》相抵触。全国各族人民、一切国家机关和武装力量、各政党和社会团体、各企业事业组织,都必须以《宪法》为根本的活动准则,并且负有维护宪法尊严、保证宪法实施的职责。

(二)《宪法》的程序

制定和修改《宪法》的程序比其他一般法律的程序更为严格。《宪法》第六十四条条规定:宪法的修改,由全国人民代表大会常务委员会或者五分之一以上的全国人民代表大会代表提议,并由全国人民代表大会以全体代表的三分之二以上的多数通过。

(三)《宪法》确定的根本任务

《宪法》序言总结了历史上正反两方面的经验,规定了国家在社会主义初级阶段的根本任务。序言指出:中国新民主主义革命的胜利和社会主义事业的成就,是中国共产党领导中国各族人民,在马克思列宁主义、毛泽东思想的指引下,坚持真理,修正错误,战胜许多艰难险阻而取得的。我国将长期处于社会主义初级阶段。国家的根本任务是,沿着中国特色社会主义道路,集中力量进行社会主义现代化建设。

二、《宪法》确定的基本原则

宪法基本原则是指人们在制定和实施宪法过程中必然遵循的最基本的准则,是贯穿立宪和行宪的基本精神。任何一部宪法都不可能凭空产生,都必须反映一国当时的政治指导思想、社会经济条件和历史文化传统,宪法基本原则是对这些方面的集中反映。

(一)人民主权原则

主权是指国家的最高权力。人民主权是指国家中绝大多数人拥有国家的最高权力。《宪法》第一条第一款规定:中华人民共和国是工人阶级领导的、以工农联盟为基础的人民民主专政的社会主义国家。《宪法》第二条规定:中华人民共和国的一切权力属于人民。人民行使国家权力的机关是全国人民代表大会和地方各级人民代表大会。人民依照法律规定,通过各种途径和形式,管理国家事务,管理经济和文化事业,管理社会事务。《宪法》还规定了选举制度的主要程序,确保人民能够当家做主。

(二)基本人权原则

《宪法》第二章规定了公民的基本权利、体现了对公民的宪法保护。2004 年的《宪法修正案》把"国家尊重和保障人权"写入《宪法》后,基本人权原则成为国家基本价值观。

(三) 法治原则

《宪法》第五条第一款规定：中华人民共和国实行依法治国，建设社会主义法治国家。在《宪法》上正式确定了法治原则。依法治国的根本要求是"有法可依、有法必依、执法必严、违法必究"。依法治国首先是依宪治国，坚持宪法的权威性。

(四) 权力制约原则

权力制约原则是指国家权力的各部分之间相互监督、彼此牵制，以保障公民权利的原则。它既包括公民权利对国家权力的制约，也包括国家权力对国家权力的制约。

三、《宪法》规定的基本制度

(一) 我国的基本政治制度

1. 人民民主专政制度

（1）国家性质。国体即国家性质，是国家的阶级本质，是指社会各阶级在国家生活中的地位和作用。人民民主专政是我国的国体。《宪法》第一条规定，中华人民共和国是工人阶级领导的、以工农联盟为基础的人民民主专政的社会主义国家。社会主义制度是中华人民共和国的根本制度。禁止任何组织和个人破坏社会主义制度。

（2）人民民主专政的性质。人民民主专政，性质上是无产阶级专政，是国家制度的核心。民主与专政辩证统一、紧密相连、相辅相成、缺一不可。工人阶级掌握国家政权，成为领导力量是人民民主专政的根本标识；工农联盟是人民民主专政的阶级基础，表现了国体的民主性和广泛性；强调了对人民实行民主和对敌人实行专政的统一。

（3）我国人民民主专政的主要特色。

1）中国共产党领导的多党合作和政治协商制度。中国共产党领导的多党合作和政治协商制度是中华人民共和国的一项基本的政治制度，是具有中国特色的政党制度，这种政党制度是由中国人民民主专政的国家性质所决定的。基本内容包括：一是中国共产党是执政党，各民主党派是参政党。二是中国共产党与各民主党派合作的首要前提和根本保证是坚持中国共产党的领导和坚持四项基本原则。三是中国共产党与各民主党派合作的基本方针是"长期共存、互相监督、肝胆相照、荣辱与共"。

2）爱国统一战线。爱国统一战线是人民民主专政的重要保障，是由中国共产党领导的，由各民主党派和各人民团体参加的政治联盟。爱国统一战线的组织形式是中国人民政治协商会议，简称"政协"。政协是我国政治生活中发展社会主义民主和实现各党派之间互相监督的重要形式，是实现中国共产党领导的多党合作和政治协商制度的重要机构，政协围绕团结和民主两大主题履行政治协商、民主监督和参政议政的职能。

2. 我国的人民代表大会制度

人民代表大会制度是我国的政权组织形式。政体即政权组织形式，是指掌握国家权力的阶级实现国家权力的政治体制，是形成和表现国家意志的方式。《宪法》第二条第二款规定，人民行使国家权力的机关是全国人民代表大会和地方各级人民代表大会。这表明，人民代表大会制度是我国的根本政治制度，是我国的政体，是人民当家做主的重要途径和最高实现形式，是社会主义政治文明的重要制度载体。

3. 选举制度

选举制度是一国统治阶级通过法律规定的关于选举国家代表机关的代表和国家公职人员的原则、程序与方法等各项制度的总称。

选举制度的基本原则：①普遍性原则。《宪法》第三十四条规定，中华人民共和国年满18周岁的公民，不分民族、种族、性别、职业、家庭出身、宗教信仰、教育程度、财产状况、居住期限，都有选举权和被选举权；但是依照法律被剥夺政治权利的人除外。②平等性原则。实行人人平等、地区平等、民族平等。③直接选举和间接选举并用原则。《宪法》第九十七条第一款规定，省、直辖市、设区的市的人民代表大会代表由下一级的人民代表大会选举；县、不设区的市、市辖区、乡、民族乡、镇的人民代表大会代表由选民直接选举。④秘密投票原则《宪法》第三十九条规定，全国和地方各级人民代表大会代表的选举，一律采用无记名投票的方法。选举时应当设有秘密写票处。选民如果是文盲或者因残疾不能写选票的，可以委托他信任的人代写。

4. 地方自治制度

（1）民族区域自治制度。《宪法》第四条第三款规定，各少数民族聚居的地方实行区域自治，设立自治机关，行使自治权。自治权是少数民族聚居区实行民族区域自治的核心和标志。

（2）特别行政区制度。《宪法》第三十一条规定，国家在必要时得设立特别行政区。在特别行政区内实行的制度按照具体情况由全国人民代表大会以法律规定。特别行政区是"一国两制"的具体实践，为以和平的方式来解决历史遗留下来的香港、澳门和台湾问题而设立的特殊地方行政区域。特别行政区的建立构成了我国单一制国家结构形式的一大特色，是马克思主义国家学说在我国具体情况下的创造性运用。全国人民代表大会授权香港特别行政区依照《中华人民共和国香港特别行政区基本法》的规定实行高度自治，享有行政管理权、立法权、独立的司法权和终审权。特别行政区直接由中央人民政府管辖，是一个主权国家内中央与地方的关系，核心是中央与特区权力的划分和行使。对特区直接使权力的机关有全国人大、全国人大常委会和中央人民政府。

（3）基层群众自治制度。是指人民依法组成基层自治组织，行使民主权利，管理基层公共事务和公益事业，实行自我管理、自我服务、自我教育、自我监督的制度。该制度是在新中国成立后的民主实践中逐步形成的。《宪法》第一百一十一条中规定，城市和农村按居民居住地区设立的居民委员会或者村民委员会是基层群众性自治组织。

（二）我国的经济制度

1. 社会主义初级阶段的基本经济制度

国家实行社会主义市场经济，社会主义市场经济既包含了市场经济的共性，又包含了中国特色的个性，是具有中国特色的社会主义市场经济体制。国家在社会主义初级阶段，坚持公有制为主体、多种所有制经济共同发展的基本经济制度。

2. 社会主义经济制度的组成部分

（1）社会主义公有制是我国经济制度的基础。社会主义公有制经济，也称社会主义所有制经济，是社会主义社会全体劳动人民或部分劳动群众共同占有生产资料和劳动成果的所有制经济形式。《宪法》第六条第一款规定，中华人民共和国的社会主义经济制度的基础是生产资料的社会主义公有制，即全民所有制和劳动群众集体所有制。

（2）非公有制经济是市场经济的重要组成部分。在法律规定范围内的个体经济、私营经济等非公有制经济，是社会主义市场经济的重要组成部分。国家保护个体经济、私营经济等非公有制经济的合法的权利和利益。国家鼓励、支持和引导非公有制经济的发展，并对非公有制经济依法实行监督和管理。非公有制经济是我国现阶段除了公有制经济形式以外的所有经济结构形式的总称，包括劳动者个体经济、私营经济、外资经济。

（三）国家的基本文化制度

1. 国家发展教育事业

《宪法》第十九条规定：国家发展社会主义的教育事业，提高全国人民的科学文化水平。国家举办各种学校，普及初等义务教育，发展中等教育、职业教育和高等教育，并且发展学前教育。

2. 国家发展科学事业

《宪法》第二十条规定：国家发展自然科学和社会科学事业，普及科学和技术知识，奖励科学研究成果和技术发明创造。

3. 国家发展文学艺术及其他文化事业

《宪法》第二十二条规定：国家发展为人民服务、为社会主义服务的文学艺术事业、新闻广播电视事业、出版发行事业、图书馆博物馆文化馆和其他文化事业，开展群众性的文化活动。国家保护名胜古迹、珍贵文物和其他重要历史文化遗产。

《宪法》第二十一条第二款规定：国家发展体育事业，开展群众性的体育活动，增强人民体质。

4. 国家开展公民道德建设

《宪法》第二十四条规定：国家通过普及理想教育、道德教育、文化教育、纪律和法制教育，通过在城乡不同范围的群众中制定和执行各种守则、公约，加强社会主义精神文明的建设。

（四）国家基本社会制度

1. 社会保障制度

《宪法》第十四条第四款规定：国家建立健全同经济发展水平相适应的社会保障制度。第四十四条规定，国家依照法律规定实行企业事业组织的职工和国家机关工作人员的退休制度。退休人员的生活受到国家和社会的保障。第四十五条规定，中华人民共和国公民在年老、疾病或者丧失劳动能力的情况下，有从国家和社会获得物质帮助的权利。

2. 医疗卫生事业

《宪法》第二十一条规定：国家发展医疗卫生事业，发展现代医药和我国传统医药，鼓励和支持农村集体经济组织、国家企业事业组织和街道组织举办各种医疗卫生设施，开展群众性的卫生活动，保护人民健康。

3. 劳动保障制度

《宪法》第四十三条第二款规定：国家发展劳动者休息和休养的设施，规定职工的工作时间和休假制度。第六条第二款规定：坚持按劳分配为主体、多种分配方式并存的分配制度。第四十二条规定：中华人民共和国公民有劳动的权利和义务。

四、《宪法》规定的公民基本权利和义务

(一) 公民的基本权利

我国公民的基本权利包括：平等权（法律面前人人平等、禁止差别对待、允许合理差别）、政治权利和自由（选举权、被选举权和言论、出版、集会、结社、游行、示威的自由）；宗教信仰自由；人身自由权利（不受非法拘禁、不受非法搜查身体、人格尊严不受侵犯、住宅不受非法搜查和侵入、通信自由和秘密受法律保护）；监督权；社会经济权利（劳动权、休息权、获得救济权）；文化教育权利；特定主体的权利（包括妇女、儿童和老人，离退休人员和烈军属，华侨、归侨和侨眷等在内的人员的权利）。

(二) 公民的基本义务

公民义务指国家要求公民必须履行的法律责任。《宪法》规定的基本义务，是指《宪法》规定的公民必须履行的法律责任，是社会和国家对公民最重要、最基本的要求。根据《宪法》规定，我国公民的基本义务主要包括：维护国家统一和民族团结；遵守宪法和法律，保守国家秘密，爱护公共财产，遵守劳动纪律，遵守公共秩序，尊重社会公德；维护祖国的安全、荣誉和利益；保卫祖国、依照法律服兵役和参加民兵组织；依照法律纳税。

五、《宪法》确定的国家机构

(一) 全国人民代表大会和地方各级人民代表大会

中华人民共和国全国人民代表大会是最高国家权力机关。它的常设机关是全国人民代表大会常务委员会。全国人民代表大会和全国人民代表大会常务委员会行使国家立法权。全国人民代表大会由省、自治区、直辖市、特别行政区和军队选出的代表组成。各少数民族都应当有适当名额的代表。全国人民代表大会代表的选举由全国人民代表大会常务委员会主持。全国人民代表大会代表名额和代表产生办法由法律规定。全国人民代表大会每届任期五年。

省、直辖市、县、市、市辖区、乡、民族乡、镇设立人民代表大会。地方各级人民代表大会是地方国家权力机关。县级以上的地方各级人民代表大会设立常务委员会。地方各级人民代表大会每届任期五年。

(二) 中华人民共和国主席

《宪法》第七十九条规定：中华人民共和国主席、副主席由全国人民代表大会选举。有选举权和被选举权的年满四十五周岁的中华人民共和国公民可以被选为中华人民共和国主席、副主席。中华人民共和国主席、副主席每届任期同全国人民代表大会每届任期相同。

(三) 国务院及地方政府

中华人民共和国国务院，即中央人民政府，是最高国家权力机关的执行机关，是最高国家行政机关。国务院实行总理负责制。各部、各委员会实行部长、主任负责制。国务院每届任期5年。总理、副总理、国务委员连续任职不得超过两届。省、直辖市、县、市、市辖区、乡、民族乡、镇设立人民政府。地方各级人民政府每届任期同本级人民代表大会每届任

期相同。

(四)中央军事委员会

《宪法》第九十三条规定:中华人民共和国中央军事委员会领导全国武装力量。中央军事委员会由主席、副主席若干人、委员若干人组成。中央军事委员会实行主席负责制。中央军事委员会每届任期同全国人民代表大会每届任期相同。

(五)民族自治地方的自治机关

《宪法》第一百一十二条规定:民族自治地方的自治机关是自治区、自治州、自治县的人民代表大会和人民政府。第四条规定:各少数民族聚居的地方实行区域自治,设立自治机关,行使自治权。各民族自治地方都是中华人民共和国不可分离的部分。

(六)监察委员会

《宪法》第一百二十三条规定,中华人民共和国各级监察委员会是国家的监察机关。第一百二十四条规定,中华人民共和国设立国家监察委员会和地方各级监察委员会。监察委员会由主任,副主任若干人,委员若干人组成。监察委员会主任每届任期同本级人民代表大会每届任期相同。国家监察委员会主任连续任职不得超过两届。《宪法》第一百二十五条规定,中华人民共和国国家监察委员会是最高监察机关。国家监察委员会领导地方各级监察委员会的工作,上级监察委员会领导下级监察委员会的工作。第一百二十六条规定,国家监察委员会对全国人民代表大会和全国人民代表大会常务委员会负责。

(七)人民法院和人民检察院

《宪法》第一百二十三条规定:中华人民共和国人民法院是国家的审判机关。第一百二十四条规定:中华人民共和国设立最高人民法院、地方各级人民法院和军事法院等专门人民法院。最高人民法院院长每届任期同全国人民代表大会每届任期相同,连续任职不得超过两届。第一百二十六条规定:人民法院依照法律规定独立行使审判权,不受行政机关、社会团体和个人的干涉。第一百二十七条规定:最高人民法院是最高审判机关。最高人民法院监督地方各级人民法院和专门人民法院的审判工作,上级人民法院监督下级人民法院的审判工作。

《宪法》第一百二十九条规定:中华人民共和国人民检察院是国家的法律监督机关。第一百三十条规定:中华人民共和国设立最高人民检察院、地方各级人民检察院和军事检察院等专门人民检察院。最高人民检察院检察长每届任期同全国人民代表大会每届任期相同,连续任职不得超过两届。第一百三十二条规定:最高人民检察院是最高检察机关。最高人民检察院领导地方各级人民检察院和专门人民检察院的工作,上级人民检察院领导下级人民检察院的工作。

六、《宪法》规定国旗、国歌、国徽和首都

(一)国旗

国旗是一个国家的象征与标志,悬挂着的国旗就代表了国家的主权和民族尊严,是国家的历史传统和民族精神的体现。我国《宪法》第一百三十六条第一款规定:中华人民共和

国国旗是五星红旗。中华人民共和国国旗的红色象征革命。旗上的五颗五角星及其相互关系象征共产党领导下的革命人民大团结。国旗中的大五角星代表中国共产党,四颗小五角星分别代表工人、农民、小资产阶级和民族资产阶级四个阶级。

（二）国歌

我国《宪法》第一百三十六条第二款规定：中华人民共和国国歌是《义勇军进行曲》。1949年9月27日,中国人民政治协商会议第一届全体会议通过决议,在中华人民共和国国歌未正式制定前,以田汉作词、聂耳作曲的《义勇军进行曲》为代国歌。2004年3月14日,十届全国人大二次会议通过的宪法修正案,规定"中华人民共和国国歌是《义勇军进行曲》"。

（三）国徽

我国《宪法》第一百三十七条规定：中华人民共和国国徽,中间是五星照耀下的天安门,周围是谷穗和齿轮。中华人民共和国国徽的内容为国旗、天安门、齿轮和谷穗（国旗和天安门象征国家,齿轮象征工人阶级,谷穗象征农民阶级）,象征中国人民自五四运动以来的新民主主义革命斗争和工人阶级领导的以工农联盟为基础的人民民主专政的新中国的诞生。1991年3月2日,中华人民共和国第七届全国人民代表大会常务委员会第十八次会议通过了《中华人民共和国国徽法》,并由中华人民共和国主席颁布主席令,予以公布,自1991年10月1日起施行。

（四）首都

我国《宪法》第一百三十八条规定：中华人民共和国首都是北京。北京是中华人民共和国的首都、直辖市和国家中心城市,是中国的政治、文化中心,中国经济的决策和管理中心,是中华人民共和国中央人民政府和全国人民代表大会的办公所在地。

第三节 《旅游法》基本知识

为保障旅游者和旅游经营者的合法权益,规范旅游市场秩序,保护和合理利用旅游资源,促进旅游业持续健康发展,由中华人民共和国第十二届全国人民代表大会常务委员会第二次会议于2013年4月25日通过了《中华人民共和国旅游法》（以下简称《旅游法》）,自2013年10月1日起施行。《旅游法》是我国旅游业第一部法律,是我国旅游法律制度的核心。

《旅游法》分总则、旅游者、旅游规划和促进、旅游经营、旅游服务合同、旅游安全、旅游监督管理、旅游纠纷处理、法律责任和附则,共十章一百一十二条。

小知识   **我国旅游法的立法背景**

2013年4月25日下午,十二届全国人大常委会第二次会议表决通过了《中华人民共和国旅游法》。旅游法是改革开放初期就启动的一个立法项目,曾列入七届全国人大常委会立法规划和国务院立法计划,但由于当时我国旅游业还处于起步阶段,有关方面对立法涉及的一些重要问题认识不尽一致,这部法律草案未能提请审议。

1982年国家旅游局曾着手起草旅游法。1988年七届全国人大常委会将旅游法列入立法规划,1991年国务院有关部门起草出旅游法草案。

八届全国人大以来,社会上要求制定旅游法的呼声进一步提高。十一届全国人大财政经济委员会成立后,于2009年12月牵头组织国家发展改革委、国家旅游局等23个部门和有关专家成立旅游法起草组。

2012年年底,十一届全国人大常委会第三十次会议对旅游法草案进行了第二次审议。草案二审稿充分吸收了初审中常委会组成人员的意见以及社会各方面的建议,进一步完善了公益性文化场馆开放、旅游资源保护、游客合法权益维护等方面的内容。

资料来源:http://baik E.so.com/doc/5382373-5618728.html

一、《旅游法》概述

(一) 立法目的

1. 保障旅游者和旅游经营者的合法权益,规范旅游市场秩序

目前,我国旅游市场的经营规则还不健全,竞争秩序还不够规范,旅游者的合法权益受到损害的情况时有发生,特别是"零负团费"的经营模式引发的恶意低价竞争、强迫购物、欺客宰客等问题屡禁不止,产生的恶劣影响在社会上引起很大反响,迫切需要以法律的形式做出规范。通过立法明确旅游行业的经营规范,切实维护旅游者的合法权益,创造旅游业发展的良好法制环境。

2. 保护和合理利用旅游资源

近年来,一些地方旅游项目存在盲目建设、过度开发、忽视资源的自然价值和人文内涵等问题,破坏了旅游资源的区域整体性、文化代表性、地域特殊性,影响到旅游资源的永续利用和旅游业的可持续发展。因此,旅游法的立法目的就是在强调有效保护旅游资源的前提下,依法合理利用旅游资源,实现保护和合理利用旅游资源的有机统一。

3. 促进旅游业的持续健康发展

旅游业涉及的领域广、产业带动性强,创造就业多、资源消耗低、综合效益好。发展旅游业,可以有效拉动居民消费和社会投资,优化产业结构,扩大劳动就业,增加居民收入,推动科学发展,促进社会和谐。为此,旅游法的立法目的就是促进旅游业持续健康发展,充分发挥旅游业对经济建设、文化建设、社会建设、生态文明建设的综合推动作用。

(二) 适用范围

《旅游法》第二条规定:在中华人民共和国境内的和在中华人民共和国境内组织到境外的游览、度假、休闲等形式的旅游活动以及为旅游活动提供相关服务的经营活动,适用本法。这就规定了《旅游法》的地域范围和主体行为范围。

1. 地域范围

作为国内法,《旅游法》的效力仅限于在我国境内开展的旅游活动和经营活动。具体指:一是我国公民在境内的旅游活动和外国旅游者的入境旅游活动。二是在我国境内,通过旅行社等经营者组织的，由我国境内赴境外的团队旅游活动。

2. 主体行为范围

《旅游法》的调整对象，一是从事游览、休闲、度假等形式的旅游活动；二是为这些活动提供相关服务的经营活动。

（三）发展原则

1. 旅游业发展应当遵循社会效益、经济效益和生态效益相统一的原则

经过 30 多年的发展，我国旅游业从小到大、由弱到强，实现了历史性的跨越，成为国民经济的重要产业。旅游业的发展以科学发展为主题，以加快转变经济发展方式为主线，更加注重扩大内需特别是旅游消费，更加注重保障和改善民生，更加注重服务业发展，更加注重生态环境保护。旅游业作为扩大消费需求的重要领域，作为发展服务业的重要内容，作为建设资源节约型、环境友好型社会的重要产业，将进一步凸显自身的优势和地位。为促进旅游业的持续健康发展，充分发挥旅游业对经济建设、文化建设、社会建设、生态文明建设的综合推动作用，《旅游法》做出了旅游业发展应当遵循社会效益、经济效益和生态效益相统一的原则。

2. 依法合理利用旅游资源的原则

旅游资源开发与保护问题一直备受关注。从目前旅游资源利用的实际情况看，一部分地区存在重开发、轻保护，重硬件、轻软件等问题，景点低水平重复建设现象较多，一些地方热衷于拆旧建新，自然、历史文化遗产遭到破坏，生态环境保护不容乐观。对此，《旅游法》做出了国家鼓励各类市场主体在有效保护旅游资源的前提下，依法合理利用旅游资源的原则。

3. 利用公共资源建设的游览场所应当体现公益性质的原则

按照社会效益、经济效益、生态效益相统一的原则，利用公共资源建设的游览场所应当更多地体现社会效益，这是旅游业发展到现阶段的必然要求。目前，一些地方的旅游发展仍然停留在"门票经济"阶段，人民群众对一些利用公共资源建设的景区随意涨价等问题反映强烈。为此，《旅游法》做出了利用公共资源建设的游览场所应当体现公益性质的原则规定，并对残疾人、老年人、未成年人等依法享受便利和优惠，对具有公益性的城市公园、博物馆、纪念馆等应当逐步免费开放等规定。

二、政府在旅游业发展中的主要义务

（一）发展旅游事业

1. 建立健全旅游综合协调机制

《旅游法》第七条规定：国务院建立健全旅游综合协调机制，对旅游业发展进行综合协调。县级以上地方人民政府应当加强对旅游工作的组织和领导，明确相关部门或者机构，对本行政区域的旅游业发展和监督管理进行统筹协调。

2. 组织编制旅游发展规划和对执行情况进行评估

《旅游法》第十七条规定：国务院和省、自治区、直辖市人民政府以及旅游资源丰富的设区的市和县级人民政府，应当按照国民经济和社会发展规划的要求，组织编制旅游发展规划。对跨行政区域且适宜进行整体利用的旅游资源进行利用时，应当由上级人民政府组织编制或者由相关地方人民政府协商编制统一的旅游发展规划。第二十二条规定：各级人民政府应当组织对本级政府编制的旅游发展规划的执行情况进行评估，并向社会公布。

3. 制定旅游产业政策

《旅游法》第二十三条规定：国务院和县级以上地方人民政府应当制定并组织实施有利于旅游业持续健康发展的产业政策，推进旅游休闲体系建设，采取措施推动区域旅游合作，鼓励跨区域旅游线路和产品开发，促进旅游与工业、农业、商业、文化、卫生、体育、科教等领域的融合，扶持少数民族地区、革命老区、边远地区和贫困地区旅游业发展。

4. 安排资金

《旅游法》第二十四条规定：国务院和县级以上地方人民政府应当根据实际情况安排资金，加强旅游基础设施建设、旅游公共服务和旅游形象推广。

5. 旅游形象推广

《旅游法》第二十五条规定：国家制定并实施旅游形象推广战略。国务院旅游主管部门统筹组织国家旅游形象的境外推广工作，建立旅游形象推广机构和网络，开展旅游国际合作与交流。县级以上地方人民政府统筹组织本地的旅游形象推广工作。

6. 旅游职业教育和培训

《旅游法》第二十七条规定：国家鼓励和支持发展旅游职业教育和培训，提高旅游从业人员素质。

7. 倡导文明旅游

《旅游法》第五条规定：国家倡导健康、文明、环保的旅游方式，支持和鼓励各类社会机构开展旅游公益宣传，对促进旅游业发展做出突出贡献的单位和个人给予奖励。

（二）完善旅游公共服务

1. 依法履行旅游安全监管职责

《旅游法》第七十六条规定：县级以上人民政府统一负责旅游安全工作。县级以上人民政府有关部门依照法律、法规履行旅游安全监管职责。

2. 旅游公共信息、咨询服务

《旅游法》第二十六条规定：国务院旅游主管部门和县级以上地方人民政府应当根据需要建立旅游公共信息和咨询平台，无偿向旅游者提供旅游景区、线路、交通、气象、住宿、安全、医疗急救等必要信息和咨询服务。设区的市和县级人民政府有关部门应当根据需要在交通枢纽、商业中心和旅游者集中场所设置旅游咨询中心，在景区和通往主要景区的道路设置旅游指示标识。

3. 旅游公共交通服务

《旅游法》第二十六条规定：旅游资源丰富的设区的市和县级人民政府可以根据本地的实际情况，建立旅游客运专线或者游客中转站，为旅游者在城市及周边旅游提供服务。

（三）规范旅游产业

1. 建立健全旅游服务标准和市场规则

《旅游法》第六条规定：国家建立健全旅游服务标准和市场规则，禁止行业垄断和地区垄断。

2. 旅游市场监督管理

《旅游法》第八十三条规定：县级以上人民政府旅游主管部门和有关部门依照本法和有关法律、法规的规定，在各自职责范围内对旅游市场实施监督管理。县级以上人民政府应当组织旅游主管部门、有关主管部门和工商行政管理、产品质量监督、交通等执法部门对相关旅游经营行为实施监督检查。

3. 建立旅游投诉统一受理机制

《旅游法》第九十一条规定：县级以上人民政府应当指定或者设立统一的旅游投诉受理机构。受理机构接到投诉，应当及时进行处理或者移交有关部门处理，并告知投诉者。

4. 保障旅游者权利

《旅游法》第三条规定：国家发展旅游事业，完善旅游公共服务，依法保护旅游者在旅游活动中的权利。

三、旅游者的权利和义务

（一）旅游者的权利

1. 自主选择权

《旅游法》第九条规定，旅游者有权自主选择旅游产品和服务，有权拒绝旅游经营者的强制交易行为。这表明：旅游者在购买旅游产品和服务时，享有与旅游经营者进行公平交易的权利。该权利的主要内容：一是能够自主选择价格合理的旅游产品和服务。二是有权拒绝旅游经营者的强制交易行为。

2. 知悉真情权

《旅游法》第九条规定，旅游者有权知悉其购买的旅游产品和服务的真实情况。了解和熟悉旅游产品和服务的真实情况，是旅游者将消费愿望付诸实施的前提，是自主选择权得以实现的保证。该权利的主要内容：一是有权要求宣传信息真实。《旅游法》第三十二条明确规定，旅行社为招徕、组织旅游者发布信息，必须真实、准确，不得进行虚假宣传，误导旅游者。二是有权要求旅游经营者作为合同一方主体的情况真实。三是有权获得旅游产品和服务的真实详情。

3. 要求履约权

《旅游法》第九条规定，旅游者有权要求旅游经营者按照约定提供产品和服务。具体而言：一是有权要求旅游经营者按照约定提供旅游产品和服务，无论约定是口头的还是书面的。包价旅游合同必须采用书面形式，该合同附随的旅游行程单是合同的重要组成部分。二是有权要求旅游经营者根据诚信原则，严格按照合同约定的旅游行程单的安排全面履行合同义务。三是有权要求旅游经营者不得任意解除合同。

4. 被尊重权

《旅游法》第十条规定，旅游者的人格尊严、民族风俗习惯和宗教信仰应当得到尊重。旅游者有权要求旅游经营者应当依据《旅游法》第五十二条的规定，对在经营活动中知悉的旅游者个人信息予以保密。旅游者参加旅游活动是为了获得精神享受，是个体进行体验的经历，与旅游者的人格、习惯和信仰密切相关。该权利的主要内容：一是人格尊严得到尊重；二是民族风俗习惯得到尊重；三是宗教信仰得到尊重。

5. 特殊群体的便利和优惠权

《旅游法》第十一条规定，残疾人、老年人、未成年人等旅游者在旅游活动中依照法律、法规和有关规定享受便利和优惠。残疾人、老年人、未成年人等特殊群体有愿望、有条件参与旅游活动，为他们提供便利和优惠是社会文明的基本体现和要求。该权利的主要内容：一是重视对特殊群体的保护，满足其对精神文化生活的需求。二是本规定使用"等旅游者"的表述方式，在实践中各地方、景区对诸如在校学生、现役军人、教师等身份的旅游者给予的优惠予以认可。

6. 救助请求权

旅游者的人身、财产安全是其参加旅游活动的前提和保障。人身安全，是指旅游者的生命、健康没有危险，免受威胁，不出事故。财产安全，是指旅游者随身携带的现金、银行卡、身份证件、携带物品等财产不受侵犯。《旅游法》不仅设置旅游安全专章、在相关条文中规定旅游者的安全权，且在第十二条规定，旅游者在人身、财产安全遇有危险时，有请求救助和保护的权利。旅游者人身、财产受到侵害的，有依法获得赔偿的权利。

7. 其他权利

《旅游法》还在相关章节规定了旅游者的安全保障权、合同的任意解除权、合同的替换权、协助返程权、投诉举报权等权利，为旅游者参加旅游活动、实现旅游目的提供了保证。

（二）旅游者义务

1. 遵纪守法、文明旅游的义务

《旅游法》第十三条规定，旅游者在旅游活动中应当遵守公共秩序和社会公德，尊重当地风俗习惯、文化传统和宗教信仰，爱护旅游资源，保护生态环境，遵守旅游文明行为规范。公民的权利、义务相一致，旅游者享有权利的同时也应当履行义务。

2. 不得损害他人合法权益

《旅游法》第十四条规定，旅游者在旅游活动中或者在解决旅游纠纷时，不得损害当地居民的合法权益，不得干扰他人的旅游活动，不得损害旅游经营者和旅游从业人员的合法权益。

3. 安全配合义务

《旅游法》第十五条规定，旅游者购买、接受旅游服务时，应当向旅游经营者如实告知与旅游活动相关的个人健康信息，遵守旅游活动中的安全警示规定。

4. 遵守出入境管理规则的义务

《旅游法》第十六条规定，出境旅游者不得在境外非法滞留，随团出境的旅游者不得擅自分团、脱团。入境旅游者不得在境内非法滞留，随团入境的旅游者不得擅自分团、脱团。该规定既适用于我国旅游者前往其他国家和地区参加旅游活动，也适用于来中国参加旅游活动的外国人。

四、旅游经营者的义务

旅游经营者，是指旅行社、景区以及为旅游者提供交通、住宿、餐饮、购物、娱乐等服务的经营者。《旅游法》规定的旅游经营者应依法履行的义务主要有：

（一）履行旅游合同

《旅游法》第四十九条规定，为旅游者提供交通、住宿、餐饮、娱乐等服务的经营者，应当符合法律、法规规定的要求，按照合同约定履行义务。

（二）提供合格产品

《旅游法》第五十条规定，旅游经营者应当保证其提供的商品和服务符合保障人身、财产安全的要求。旅游经营者取得相关质量标准等级的，其设施和服务不得低于相应标准；未取得质量标准等级的，不得使用相关质量等级的称谓和标识。

（三）不得进行商业贿赂

《旅游法》第五十一条规定，旅游经营者销售、购买商品或者服务，不得给予或者收受贿赂。

（四）保护旅游者个人信息

《旅游法》第五十二条规定，旅游经营者对其在经营活动中知悉的旅游者个人信息，应当予以保密。

（五）承担连带责任

《旅游法》第五十四条规定，景区、住宿经营者将其部分经营项目或者场地交由他人从事住宿、餐饮、购物、游览、娱乐、旅游交通等经营的，应当对实际经营者的经营行为给旅游者造成的损害承担连带责任。

（六）报告义务

《旅游法》第五十五条规定，旅游经营者组织、接待出入境旅游，发现旅游者从事违法活动或者有违反本法第十六条规定情形的，应当及时向公安机关、旅游主管部门或者我国驻外机构报告。

（七）安全保障义务

《旅游法》第七十九条规定：旅游经营者应当严格执行安全生产管理和消防安全管理的法律、法规和国家标准、行业标准，具备相应的安全生产条件，制定旅游者安全保护制度和应急预案。旅游经营者应当对直接为旅游者提供服务的从业人员开展经常性应急救助技能培训，对提供的产品和服务进行安全检验、监测和评估，采取必要措施防止危害发生。旅游经营者组织、接待老年人、未成年人、残疾人等旅游者，应当采取相应的安全保障措施。

（八）警示和救助的义务

《旅游法》第八十条规定：旅游经营者应当就旅游活动中的下列事项，以明示的方式事先向旅游者做出说明或者警示：正确使用相关设施、设备的方法；必要的安全防范和应急措施；未向旅游者开放的经营、服务场所和设施、设备；不适宜参加相关活动的群体；可能危及旅游者人身、财产安全的其他情形。

《旅游法》第八十一条规定：突发事件或者旅游安全事故发生后，旅游经营者应当立即采取必要的救助和处置措施，依法履行报告义务，并对旅游者做出妥善安排。

五、行业组织的义务

《旅游法》第八条规定：依法成立的旅游行业组织，实行自律管理。第九十条规定：依法成立的旅游行业组织依照法律、行政法规和章程的规定，制定行业经营规范和服务标准，对其会员的经营行为和服务质量进行自律管理，组织开展职业道德教育和业务培训，提高从业人员素质。

实训项目

收集整理我国目前正在实施的与旅游业发展相关的法律法规

实训目的：通过在网上或到旅游行管部门调研，要求学生系统地掌握我国旅游业发展中的法律法规。

实训步骤：第一步，在文化和旅游部官方网站或旅游行政管理部门收集我国正在实施的与旅游业发展相关的法律法规；第二步，按颁布时间先后或旅游活动类别整理相关的法律法规；第三步，梳理相关法律法规，提交一份我国目前正在使用的旅游法律法规系统文件。

实训成果：提交一份我国目前正在使用的旅游法律法规系统文件。

本章小结

本章主要介绍了法、《宪法》和《旅游法》的基本知识。介绍了法、旅游法、旅游法律关系及旅游法律责任。明确了宪法概念和基本特征，宪法规定的根本制度、根本任务、国家机构、公民的基本权利和义务，以及国旗、国歌、国徽和首都。了解了我国《旅游法》的背景、框架、原则等知识，明确了政府、旅游者、旅游经营者、旅游行业组织的主要义务。

典型案例

旅行社未尽说明义务引发纠纷

王先生报名参加某旅行社的西藏双卧12日旅游团，在咨询报名事宜时旅行社提供给王先生一张宣传单，由于知道西藏的住宿条件不及内地而自己对住宿的要求比较高，所以当王先生看到宣传单上写明住宿标准为三星级饭店时放下心来。随后旅行社拿出合同请王先生签字，王先生没有仔细阅读合同就签了字。到达拉萨后，王先生有轻度的高原反应，心想入住饭店休息后就会缓解。谁知到了饭店后，王先生发现其入住的并不是三星级饭店，而是普通的经济型饭店。王先生遂电话至旅行社理论，旅行社回复称，合同上写明该团住宿标准为经济型饭店，旅行社没有违反合同约定。王先生认为，在签订合同前，旅行社给的宣传单中写明三星级饭店，在签订合同时旅行社并未告知住宿标准与宣传单不一致。在旅游行程结束后，王先生投诉至旅游质监执法机构。

资料来源：原国家旅游局通报第二季度旅游投诉五大案例【4】——旅游频道_ 权威全面报道旅游——人民网 http：//travel. people com. cn/n/2014/0808/c41570－25431589－4. html

【案例解析】本案中，王先生在签订旅游合同之前应该对合同条款，特别是合同的主要条款仔细阅读，在确定无误后再签字。《旅游法》第五十八条第一款规定了签订包价旅游合同应该包括九项内容；第二款规定了在订立包价旅游合同时，旅行社应当向旅游者详细说明第一款第二项至第八项所载内容。本案中涉及的住宿服务安排和标准属于《旅游法》第五十八条规定的应当载明并应当详细说明的内容，旅行社未尽到详细说明的义务。经质监执法机构调解，最终双方达成和解协议，旅行社退还给旅游者部分旅游费用。

该案例告诉我们：游客在出行前应慎重选择旅行社，仔细阅读旅游行程单及合同所规定的内容，若在行程中遭遇上述情况，应及时记录、保存相关图片、视频、音频等证据，以便行程结束时进行投诉。

复习思考题

一、单项选择题

1. 我国的国体是(　　)。
   A. 人民民主专政制度　　　　　　　　B. 人民代表大会制度
   C. 政治协商制度　　　　　　　　　　D. 民族区域自治制度
2. 我国采取的是(　　)的国家结构形式。
   A. 多党制　　　　　　　　　　　　　B. 单一制
   C. 混合制　　　　　　　　　　　　　D. 双元制
3. 我国的最高国家权力机关是(　　)。
   A. 国务院　　　　　　　　　　　　　B. 中央军事委员会
   C. 全国人民代表大会　　　　　　　　D. 人民检察院
4. (　　)是我国旅游业第一部法律，是我国旅游法律制度的核心。
   A. 《旅行社条例》　　　　　　　　　B. 《导游人员管理条例》
   C. 《中国公民出国旅游管理办法》　　D. 《旅游法》
5. 下列关于旅游法律关系的表述错误的是(　　)。
   A. 旅游法律关系是人与人之间的合法关系
   B. 旅游法律关系是基于人们的旅游事实引起的一种社会关系
   C. 旅游法律关系是以法律上的权利和义务为纽带而形成的社会关系
   D. 任何主体之间都可能有旅游的法律关系存在
6. 下列不能成为旅游法律关系客体的有(　　)。
   A. 某旅游商店出售的旅游商品
   B. 旅行社推出的某条旅游线路
   C. 某旅游者
   D. 某旅行社享有盛誉的法人名称
7. 旅游法是对调整旅游活动领域中各种(　　)的法律、法规、法章的总称。
   A. 自然关系　　　　　　　　　　　　B. 社会关系
   C. 经济关系　　　　　　　　　　　　D. 政治关系
8. 以下行政责任承担方式中，不属于"能力罚"的是(　　)。
   A. 行政拘留　　　　　　　　　　　　B. 吊销经营许可证
   C. 吊销导游证　　　　　　　　　　　D. 停业整顿

二、多项选择题

1. 《旅游法》主要规范的主体是(　　)，并明确了这些主体在旅游业发展中的权利义务。
   A. 政府 B. 行业组织 C. 旅游者
   D. 旅游经营者 E. 旅游行政部门

2. 我国旅游法律关系的主体主要包括(　　)。
   A. 国家旅游行政管理机关 B. 与旅游业密切相关的政府管理部门
   C. 旅游企事业单位 D. 旅游者 E. 境外旅游组织

3. 以下对旅游法律关系概念的理解，错误的是(　　)。
   A. 旅游事实不能引起旅游法律关系的产生、变更和消失
   B. 旅游法律关系是特定的旅游活动主体之间的权利和义务关系
   C. 旅游法律关系是根据法律规范建立的一种社会关系，具有合法性
   D. 旅游法律关系是基于人们的旅游事实引起的一种社会关系
   E. 旅游法律关系是旅游规范产生的前提

4. 旅游法作为相对独立的领域范畴，也具有自身的特征是(　　)。
   A. 相对独立的领域范围 B. 综合性
   C. 既包括实体法规范又包括程序法规范 D. 强制性
   E. 经济性

5. 违法行为的种类有(　　)。
   A. 犯罪行为 B. 民事侵权行为 C. 行政侵权行为
   D. 一般违法行为 E. 行政案卷制度

6. 法律责任一般分为(　　)。
   A. 刑事责任 B. 行政责任 C. 主体责任
   D. 附加责任 E. 民事责任

7. 行政责任的承担方式多种多样，主要责任方式有(　　)。
   A. 申诫罚 B. 财产罚 C. 能力罚
   D. 人身罚 E. 刑罚

8. 从旅游法的渊源来看，下列属于旅游行政法规的有(　　)。
   A. 《旅行社条例》 B. 《导游人员管理条例》 C. 《风景名胜区条例》
   D. 《旅游法》 E. 《自然保护区管理条例》

9. 旅游法律关系由(　　)构成。
   A. 自然人 B. 法人 C. 主体
   D. 客体 E. 内容

三、判断题

1. 法是在原始社会生产力的发展引起生产关系变革的情况下，随着私有制、阶级和国家的产生而产生的。(　　)

2. 宪法是国家的根本法，具有最高的法律效力。(　　)

3. 刑事责任是公民、法人或社会组织、国家向犯罪人追究的一种法律责任。（　）
4. 行政责任的主体是行政主体或行政相对人。（　）
5. 两个或两个以上的法律事实可以引起同一法律关系的产生、变更或消灭。（　）
6. 旅游法律关系是人与人之间的合法（符合法律规范的）关系。（　）

四、简答题

1. 法律的基本特征有哪些？
2. 我国宪法规定的公民的权利和义务有哪些？
3. 简述《旅游法》的立法目的。
4. 我国旅游法律关系的客体主要有哪些？
5. 构成违法行为必须具备哪些要素？

第四章

合同法律制度

学习目标

1. 了解合同的概念、形式及合同与旅游合同的变更、转让、终止等知识。
2. 熟悉合同法的基本原则及旅游合同订立的内容、方式。
3. 理解合同的效力与合同的履行。
4. 熟悉旅游合同的主体、旅游合同履行的规定。
5. 熟悉承担违约责任的方式和违约责任的免除条件。

实训要求

1. 实训项目：①签订旅游合同；②旅游合同责任的认定。
2. 实训目的：①通过国家旅游局与国家工商行政管理总局联合制定的《团队境内旅游合同》（示范文本，2014），要求学生准确掌握旅游合同的签订；②掌握承担旅游合同责任的要件。

第一节 合同法律基本制度

为了保护合同当事人的合法权益，维护社会经济秩序，促进社会主义现代化建设，中华人民共和国第九届全国人民代表大会第二次会议于1999年3月15日通过了《中华人民共和国合同法》（简称《合同法》），1999年10月1日起施行。《合同法》分总则、分则、附则，共二十三章四百二十八条。

一、合同概述

（一）合同的定义

根据《中华人民共和国合同法》第二条的规定："本法所称合同是平等主体的自然人、

法人、其他组织之间设立、变更、终止民事权利义务的协议。"理解这一合同定义时要注意几点：

1. 合同是平等主体之间的协议

合同是平等主体之间的协议，协议的内容体现了民事权利义务关系，该民事权利义务关系是在当事人之间进行设立、变更、终止等。

2. 合同是适用平等主体的自然人、法人、其他组织之间的民事法律关系

在民事活动中，当事人的法律地位都是平等的，没有上下级之分，也没有领导与被领导之别。不平等的主体之间的法律关系，如政府在经济管理活动中与被管理者之间、企业单位内部管理活动中管理者与被管理者之间等，不适用《合同法》。

3. 合同规范的民事权利义务关系不包括有关婚姻、收养、监护等有关身份的关系

《合同法》明确规定，婚姻、收养、监护等有关身份关系的协议，适用其他法律的规定，不能适用《合同法》。

（二）《合同法》的基本原则

《合同法》的基本原则是合同当事人在合同活动中应当遵守的基本准则，这些准则是《合同法》加以规定的，在所有合同活动中，都应当遵循。

1. 当事人法律地位平等原则

《合同法》规定："合同当事人的法律地位平等，一方不得将自己的意志强加给另一方。"合同当事人法律地位平等，意思是，在合同法律关系中相互之间的法律地位是平等的，没有高低、贵贱、从属之分，都必须互相尊重当事人的意志。

2. 合同自愿原则

《合同法》规定："当事人依法享有自愿订立合同的权利，任何单位和个人不得非法干预。"自愿是指当事人在从事合同活动时，能充分根据自己的内心意愿，设立、变更、终止合同法律关系。任何单位或个人不得非法干预、欺诈或胁迫当事人订立违背当事人意愿的合同。这是合同的首要原则。

3. 合同公平原则

《合同法》规定："当事人应当遵循公平原则确定各方的权利和义务。"公平是指合同当事人在合同活动中，应当遵循权利义务的公正平衡，合情合理。公平原则要求合同各方当事人应当在不侵害他人合法权益的基础上实现自己的利益，不得损人利己。

4. 诚实信用原则

《合同法》规定："当事人行使权利、履行义务应当遵循诚实信用原则。"诚实信用原则是指合同当事人在合同活动中，行使权利及履行义务时，都应当持有善意，意思表示真实，行为合法，讲究信誉，不规避法律与合同规定的义务。

5. 遵守法律和维护公德原则

《合同法》规定："当事人订立、履行合同，应当遵守法律、行政法规，尊重社会公德，不得扰乱社会经济秩序，损害社会公共利益。"合同是当事人之间约定的权利义务，但要求当事人在行使自己的权利和履行自己的义务时，必须遵守法律规定和社会公德，不得损害社会的公共利益。同时，《合同法》还规定："依法成立的合同，对当事人具有法律约束力。当事人应当按照约定履行自己的义务，不得擅自变更或者解除合同。依法成立的合同，受法律保护。"

二、合同的订立

订立合同的行为是一种法律行为,是合同生效的前提,同时也是当事人享有权利、承担义务、解决纠纷和请求法律保护的依据。

合同订立是指当事人之间进行协商,达成一致的意思表示的过程,也称为合同的签订。

(一) 合同主体的资格

《合同法》规定:"当事人订立合同,应当具有相应的民事权利能力和民事行为能力。""当事人依法可以委托代理人订立合同。"这是关于合同主体,即当事人资格的规定,也就是不具有相应民事权利能力和民事行为能力的当事人订立的合同属于无效合同。

1. 具备完全民事行为能力的自然人

在旅游活动中,自然人是旅游活动的主要参与者,既可以作为旅游者参与旅游活动,也可以作为旅游经营者或从业人员参与旅游活动。自然人在参与旅游活动时,只有具备完全民事行为能力的自然人,才能成为旅游合同的主体。不具备完全民事行为能力的自然人,在参与旅游活动需要签订合同时,只能由其法定代理人进行代理。

> **小知识　　　自然人的民事权利能力和民事行为能力**
>
> 自然人的民事权利能力是指法律确认的自然人享有民事权利和承担民事义务的资格。自然人具有了民事权利能力,即具有了法律上的人格,才能以独立的民事主体资格参与民事活动。自然人的民事权利能力始于出生,终于死亡。自然人的民事权利能力一律平等,民事权利能力与自然人不可分离,故不得转让、抛弃。
>
> 自然人的民事行为能力是指自然人通过自己的行为,取得民事权利,承担民事义务的资格。民事权利能力是自然人获得参与民事活动的资格,但能否运用这一资格,还受自然人行为能力主观条件的制约。民事行为能力分为如下几类:第一,完全民事行为能力,是指能够通过自己的独立的行为进行民事活动的能力;其条件,一是年满18周岁的公民;二是精神状况正常,能完全辨认其行为及其后果;16周岁以上不满18周岁的公民,以自己的劳动收入为主要生活来源的,视为完全民事行为能力人。第二,限制民事行为能力,是指不具有完全民事行为能力,只具有部分民事行为能力。限制民事行为能力的人包括8周岁以上的未成年人以及不能完全辨认自己行为的精神病人。第三,无民事行为能力,是指不具有以自己的行为进行民事活动的能力。无民事行为能力的人包括不满8周岁的未成年人以及不能辨认自己行为的精神病人和痴呆症人。

2. 各类法人或非法人社会组织

在旅游活动中,各类法人或非法人社会组织,既可以作为团体旅游者参与旅游活动,也可以作为旅游管理者或经营者参与旅游活动。对参与旅游活动的旅游管理者、旅游经营者,对其取得法人资格问题,国家有许多法律、法规、规章规定,如公司法、旅行社条例、娱乐场所管理条例等,只有符合相关法律、法规、规章规定,依法成立,才能取得相应的民事权利能力和民事行为能力,也才能成为旅游合同的主体。

3. 代理人

代理是代理人在代理权限内，以本人（被代理人）的名义向第三人（相对人）进行意思表示或接受意思表示，而该意思表示直接对本人生效的民事法律行为。以代理权产生的原因划分，代理区分为法定代理与委托代理。

（1）法定代理。

法定代理是指以法律的直接规定为根据而产生的代理，法定代理主要是为民事行为能力欠缺者而设计的，法律根据自然人之间的亲属关系，如父母子女、夫妻等而直接规定的代理权。

（2）委托代理。

委托代理是代理人根据被代理人的授权而进行的代理，委托代理的形式可以是书面形式，也可以是口头形式。一般而言，委托代理的授权要求采用书面委托书形式，有利于分清责任。在旅游合同活动中，代理法律行为大量存在，如不具备完全民事行为能力的自然人参与旅游活动，需要其法定代理人代理签订合同；旅行社委托其他旅行社、宾馆饭店、交通单位、景区等代理旅游业务需要签订书面委托代理合同；等等。

在合同代理中，一般有以下三种情况：第一，代理人是以被代理人的名义而非自己的名义与他人进行签订合同的活动；第二，代理人在授权范围内通过自己的言行独立地完成代理，而非简单地传达被代理人的意思；第三，代理人代订合同的后果直接归属被代理人。代理人应当忠实于被代理人，如果代理人超越代理权限或滥用代理权，其行为后果应由代理人本身承担，被代理人可因此解除代理关系并有权要求代理人赔偿因此造成的损失。

（二）合同订立的形式

《合同法》第十条规定："当事人订立合同，有书面形式、口头形式和其他形式。法律、行政法规规定采用书面形式的，应当采用书面形式。"

1. 口头形式

口头形式是指当事人只用语言作为意思表示订立合同，而不用文字表达协议内容的合同形式。凡当事人无约定，法律未规定须采用特定形式的合同，均可采用口头形式，如日常生活中集市上的现金交易、商店里的零售等一般都采用口头形式。

2. 书面形式

书面形式是指以文字表现当事人所订合同内容的形式。《合同法》第十一条规定："书面形式是指合同书、信件和数据电文（包括电报、电传、传真、电子数据交换和电子邮件）等可以有形地表现所载内容的形式。"所以，电报、电传、传真、电子数据交换和电子邮件等都可以成为表现合同内容的书面形式。

3. 推定形式

推定形式指当事人并不直接用书面形式或者口头形式进行意思表示，而是通过实施某种行为来进行意思表示。如宾馆住宿的旅游者到宾馆专用停车场停车形成的保管合同就是属于合同的推定形式。

4. 默示形式

默示形式指当事人采用沉默不语的方式进行意思表示。例如商店的自动售货机，顾客将规定的货币投入机器内，买卖合同即成立。

订立合同采用何种形式，通常由当事人自由选择。但法律、行政法规规定采用书面形式的，或者当事人约定采用书面形式的，应当采用书面形式。《旅游法》第五十八条规定：包价旅游合同应当采用书面形式。因此，对旅游合同的形式规定，原则上要求应采取书面形式。当事人未采用书面形式，但一方已经履行主要义务，对方接受的，该合同成立。

（三）合同的内容

合同内容，也称合同条款，是合同当事人之间约定的民事权利义务关系。合同内容由合同当事人自主协商确定，法律一般不予干预。但合同法对合同中应包括的主要内容即合同条款进行了规定。根据规定，合同一般应包括以下条款：

1. 当事人的名称或者姓名和住所

合同当事人的名称或者姓名和住所是合同当事人的自然情况，是合同必须具备的首要条款。没有这些条款合同就不存在了。

2. 标的

标的是指合同当事人权利义务共同指向的对象，可能是物，也可能是行为或智力成果。

3. 数量和质量

数量是指以数字方式或计量单位方式对合同标的进行的确定，质量是指以成分、含量、精密度、性能等来表示合同标的的内在素质和外观形象的优劣状况。合同的数量和质量是标的进一步具体化的条件，数量和质量不明确，合同就无法履行。

4. 价款或者报酬

价款或报酬是指一方当事人履行义务时另一方当事人以货币形式支付的代价，这只针对有偿合同而言，无偿合同也可约定其他给付作为对价方式。

5. 履行的期限、地点和方式

履行期限是直接关系到合同义务完成的时间，当事人期限利益的实现，也是违约与否的确定因素之一，它可规定为即时履行，也可规定为定时履行，还可规定为在一定期限内履行。履行地点是确定验收地点的依据，是运输费用的负担方、风险承担方的依据。履行方式是当事人履行合同义务的方法，如转移财产、提供服务等。

6. 违约责任

违约责任是合同当事人不履行合同义务或履行合同义务不符合约定时，依法产生的法律责任，是维护合同的重要法律手段。一方面，可以促使当事人按时、按约履行义务，另一方面，可以弥补守约方因违约方的违约而受到的损失。

7. 解决争议的方法

解决争议的方法是指合同当事人之间在合同履行过程中发生争议时，采取什么方式解决争议。

（四）合同订立的方式

合同法规定："当事人订立合同，采取要约、承诺方式。"也就是合同当事人订立合同一般要分为要约和承诺两个阶段。

1. 要约

（1）要约的定义。

要约是指订立合同的当事人一方希望和他人订立合同的意思表示。发出要约的人称为要约人，接受要约的人称为受要约人或相对人。要约是一种意思表示，意思是指行为人的内心愿望，意思表示是行为人表现自己内心愿望的行为。要约这种意思表示的目的是和他人签订合同，非以此为目的不能称之为要约。

（2）要约的规定。

要约的意思表示应当符合下列规定：

①内容具体确定。即要约的内容必须包括要约人所希望订立合同的基本条款，如标的、数量与质量等，内容必须明确，不能含混不清使受要约人难明其意。

②表明经受要约人承诺，要约人即受该意思表示约束。要约必须是要约人向希望与之订立合同的受要约人发出，必须具有订立合同的意图，如果受要约人表示接受此要约，则双方达成了订立合同的合意，合同即告订立。

（3）要约的生效。要约到达受要约人时生效。要约可以撤回，撤回要约的通知应当在要约到达受要约人之前或者与要约同时到达受要约人。

（4）要约的撤销。要约可以撤销，撤销要约的通知应当在受要约人发出承诺通知之前到达受要约人。合同法规定，有下列情形之一的，要约不得撤销：要约人确定了承诺期限或者以其他形式明示要约不可撤销；受要约人有理由认为要约是不可撤销的，并已经为履行合同做了准备工作。

（5）要约的失效。合同法规定，有下列情形之一的，要约失效：拒绝要约的通知到达要约人；要约人依法撤销要约；承诺期限届满，受要约人未做出承诺；受要约人对要约的内容做出实质性变更。

（6）要约邀请与要约的区别。

要约邀请，或称要约引诱，是希望他人向自己发出要约的意思表示。要约邀请作为一种意思表示，表达的内容是希望或诱使他人向自己发出订立合同的意思表示，所以只是订立合同的预备行为而非订约行为。区分要约与要约邀请，既十分重要，又相当复杂。一般情况下，区分要约与要约邀请有以下几种方法：

①根据法律规定区分。如果法律规定某行为为要约或要约邀请，应按规定处理。

②根据当事人的意愿区分。如宾馆对其总台的房价表上标示"八折"字样，应为要约；旅行社在其游览项目及价格表中申明"以我方最后确认为准"，则为要约邀请。

③根据内容进行区分。如旅行社广告内容仅为"九寨沟四日游"，因没有主要条款，应是要约邀请；如旅行广告内容为"假日旅行社九寨沟双飞四日游、住宿五星级宾馆、价格2800元、天天发团、优质服务"，则是要约。

④根据特定的对象区分。如旅游广告大都是向不特定人发出的，应当视为要约邀请。在旅游活动实践中，公开发布的旅游价目表、旅游广告等一般为要约邀请，但旅游价目表申明为定价、旅游广告的内容如能确定双方具体的权利义务，符合要约规定的，视为要约。

2. 承诺

（1）承诺的定义。

所谓承诺是受要约人同意要约的意思表示。承诺同要约一样，也是当事人的意思表示。要约与承诺是一对组合概念，两个意思表示对合一致，即达成合意，合同即告成立。

（2）承诺的方式。

根据合同法律规定，承诺必须是受要约人做出，必须在合理的期限内向要约人发出，内容必须和要约的内容相一致。鉴于承诺对合同的成立具有决定意义，合同法规定，承诺应当以通知的方式做出，但根据交易习惯或者要约表明可以通过行为做出承诺的除外。也就是要求受要约人应当以语言、文字或者其他直接表达意思的明示方式做出表示同意要约的意思表示，只有根据交易习惯，或者要约表明可以通过行为做出承诺的，可以不以通知的方式做出承诺。

一般来说，有效承诺的方式应该与要约方式对等或者高于要约方式，如对方以书面形式发出要约，就应该以书面方式做出承诺，口头承诺就可以视为无效。在旅游活动实践中，以书面方式发出的要约，要求旅游合同的相对人也以书面的方式做出承诺，方才具有法律效力；以推定方式订立的旅游合同，可以根据交易习惯，以行为的方式做出承诺。

（3）承诺的生效。

承诺通知到达要约人时生效，承诺生效时合同成立。

（4）承诺的撤回。

承诺可以撤回，撤回承诺的通知应当在承诺通知到达要约人之前或者与承诺通知同时到达要约人。受要约人超过承诺期限发出承诺的，除要约人及时通知受要约人该承诺有效的以外，为新要约。承诺的内容应当与要约的内容一致，受要约人对要约的内容做出实质性变更的，如有关合同标的、数量、质量、价款或者报酬、履行期限、履行地点和方式、违约责任和解决争议方法等的变更，为新要约。

三、合同的效力

所谓合同效力是指合同所产生的法律上的约束力。也即合同一经生效，就产生法律上的约束力，受法律保护，合同当事人也就享有合同中约定的权利和承担合同中所约定的义务。

（一）合同的生效与有效要件

1. 合同的生效

合同法规定："依法成立的合同，自成立时生效。"这是关于合同生效的一般规定，即只要是依照法律规定订立的合同，自合同成立时就产生法律约束力，合同双方当事人均要依照合同规定的内容履行。

当事人对合同的效力可以约定附条件，附生效条件的合同，是指合同的效力自约定的条件成就起产生的合同，如条件不成就，合同不生效。当事人对合同的效力可以约定附期限，附生效期限的合同，自期限届至时生效，附终止期限的合同，自期限届满时失效。

在旅游合同实践中，以书面形式订立的旅游合同，一般是自合同签订时即产生效力；以推定方式订立的旅游合同，可以根据交易习惯推定合同生效的时间。在旅游合同中，大量预订合同，一般都约定了附条件或附期限，需要条件成就时或期限届至时方才生效。

2. 合同的有效要件

合同有效是合同符合法律规定的有效要件，有效的合同才能生效。合同有效是合同生效的前提，合同生效是合同有效的结果。合同有效应当具备的要件有：

（1）当事人合格。

当事人合格是指行为人具有民事权利能力和民事行为能力。限制民事行为能力人和无民事行为人一般不能与他人订立合同，而需由其法定代理人代为签订，但以下情形例外：一是限制民事行为能力人、无民事行为能力人订立的合同，经法定代理人追认后，该合同有效；二是限制民事行为能力人独立签订的与其年龄、智力相适应的合同，限制民事行为能力人、无民事行为能力人独立签订的、接受奖励、赠与等纯获利益或只享有权利而不承担任何义务或免除义务的合同，无需法定代理人追认而有效。

（2）内容合法。

内容合法是指合同条款应当符合法律法规的强制性规定，如遵纪守法、遵守社会公德和善良风俗。

（3）意思表示真实。

意思表示真实是指当事人的表示行为应真实地反映其内心的效果意思，在订立合同时，不得采取欺诈、威胁、乘人之危等手段。

（4）形式符合法律规定。

合同订立的形式应当是按照法律规定的方法去订立，如《旅游法》中规定，旅游服务合同必须按书面形式订立。

（二）无效合同

无效合同是指不能发生法律效力的合同。根据我国的司法实践，无效合同的情况有下列几种。

1. 当事人主体不合格的合同属于无效合同

（1）无民事行为能力人订立的合同，以及限制民事行为能力人订立的依法不能独立订立的合同。

（2）不具备法人资格的社会组织以法人名义签订的合同。

（3）法人、个体工商户等组织超越经营范围或者违反经营方式所签订的合同。

（4）无权处分他人财产的合同。

在旅游合同实践中，如没有完全民事行为能力的自然人签订的旅游合同，没有出境经营资格的旅行社与旅游者签订的出境旅游合同等，是属于主体不合格的无效合同。

2. 内容不合法的合同属于无效合同

（1）合同条款违反国家法律或政策。

（2）合同标的为国家明令禁止流通的物、未经许可经营的物或法律、政策所不允许的行为。

（3）当事人意思表示不真实，或采取胁迫、欺诈等手段签订的损害国家利益、社会公共利益或第三人利益的合同。

（4）当事人规避法律，损害国家利益、社会公共利益或第三人利益的合同。

在旅游合同实践中，如旅游合同内容安排有黄、赌、毒等旅游项目，属于内容不合法的无效合同。

3. 无效代理订立的合同属于无效合同

（1）无权代理人订立的未经被代理人追认的合同。

（2）代理人以被代理人名义同自己签订的合同。

（3）代理人以被代理人名义同自己代理的其他人签订的合同。

（4）代理人与对方通谋签订的损害被代理人利益的合同。

（5）盗用或借用单位的介绍信、合同专用章或盖有公章的空白合同书签订的合同。

在旅游合同实践中，如导游在旅行社没有授权的情况下自行与旅游者签订的合同，属于无效代理订立的合同。

（三）可撤销的合同

可撤销的合同是指经当事人申请，由人民法院或仲裁机构对合同的效力加以否定。对于可以撤销的合同，必须有一方当事人向人民法院或者仲裁机构撤销请求，如果没有当事人请求，就不会产生撤销的结果。

1. 可撤销的合同

（1）因重大误解订立的合同可以撤销。即是指行为人因对行为的性质、对方当事人、标的物等的错误认识，使行为的后果与自己的意思相悖而订立的合同。在旅游合同实践中，如旅游者在旅行社安排的购物场所，将赝品文物误解为珍品文物购买，属于重大误解的合同，合同一方当事人可以向人民法院或仲裁机构申请撤销。

（2）在订立合同时显失公平的合同可以撤销。即是指一方当事人利用优势或利用对方没有经验，致使双方订立的合同所规定的权利与义务明显违反公平、等价有偿原则的合同。在旅游合同实践中，如旅行社和旅游者签订的负团费或零团费旅游合同，属于显失公平的合同。合同一方当事人可以向人民法院或仲裁机构申请撤销。

（3）一方以欺诈、胁迫的手段或者乘人之危，使对方在违背真实意思的情况下订立的损害对方当事人的合同，受损害方有权请求人民法院或者仲裁机构变更或者撤销。这里，"乘人之危"是指一方当事人乘对方处于危难之际，为牟取不正当利益，迫使对方做出不真实的意思表示，严重损害对方利益的行为。在旅游合同实践中，如旅游经营单位利用旅游者对旅游地不熟悉，强迫旅游者参加自费旅游项目，即属于欺诈、胁迫等。合同一方当事人可以向人民法院或仲裁机构申请撤销。

2. 不能撤销的合同

合同法规定，有下列情形之一的，撤销权消灭：

（1）具有撤销权的当事人自知道或者应当知道撤销事由之日起一年内没有行使撤销权；

（2）具有撤销权的当事人知道撤销事由后明确表示或者以自己的行为放弃撤销权。

无效的合同或者被撤销的合同自始没有法律约束力。合同无效或者被撤销后，因该合同取得的财产，应当予以返还；不能返还或者没有必要返还的，应当折价补偿。有过错的一方应当赔偿对方因此所受到的损失，双方都有过错的，应当各自承担相应的责任。当事人恶意串通，损害国家、集体或者第三人利益的，因此取得的财产收归国家所有或者返还集体、第三人。

四、合同的履行

合同的履行是指合同当事人依照法律和合同的约定,全面、适当地履行合同的义务,实现合同的权利。合同当事人除应按约定全面履行合同义务外(即约定义务),同时还应履行必要的法定义务(如通知义务、保密义务等)。

(一)合同履行的基本原则

合同履行应遵循的基本原则是:

1. 全面履行原则

全面履行原则就是要求合同当事人在履行合同时应当按照约定全面履行自己的义务。

2. 诚实信用原则

诚实信用原则是合同当事人履行合同时,要心怀善意、诚实、讲信用,不滥用权利或规避义务,根据合同的性质、目的及交易习惯来履行。

在旅游合同实践中,合同全面履行原则和诚实信用原则都非常重要,重点是要求旅游经营单位按旅游合同约定全面履行自己的义务,为旅游者提供约定的各项服务,所提供的服务不得低于国家标准或行业标准。

(二)合同履行的基本义务

合同法规定,当事人在履行合同过程中所应尽的基本义务有:

1. 通知

合同当事人任何一方在履行合同过程中应当及时通知对方履行情况的变化,遵循诚实信用原则,不欺诈、不隐瞒。

2. 协助

合同是当事人双方共同订立的,相互协助履行是最基本的义务,如相互创造必要的履行合同的条件,相互给予必要的帮助、发现问题协商解决等。

3. 保密

当事人在履行合同过程中获知对方的商务、技术、经营等秘密信息应当主动予以保密,不得擅自泄露或自己非法使用。

在旅游合同履行过程中,旅游者与旅游经营者之间相互应尽通知、协助的义务,才有利于旅游合同的顺利履行,如涉及商业秘密,还应尽保密的义务。

(三)合同履行的担保

合同担保是指合同的当事人为确保合同履行,依照法律规定或合同约定所采取的保障措施。合同担保的形式主要有:保证、抵押、质押、留置、定金等。

1. 保证

保证是指保证人和合同当事人约定,当合同当事人不履行合同义务时,保证人按照约定承担责任的行为。

2. 抵押

抵押是指合同一方当事人不转移对自己或第三人某一特定财产的占有,而将该财产作为履行合同义务的担保,当自己不能履行合同义务时,合同相对人有权依照法律规定以该财产或者以拍卖该财产的价款优先受偿。

3. 质押

质押是指合同一方当事人转移自己或第三人占有的某一特定财产给合同相对人作为履行合同义务的担保，该财产所有权仍属于自己或第三人，当自己不能履行合同义务时，合同相对人有权依照法律规定占有该财产或者以拍卖该财产的价款优先受偿。

4. 留置

留置是指合同一方当事人按照合同约定占有合同相对人的动产，当合同相对人不履行合同义务时，占有动产一方当事人有权依照法律规定占有该动产或者以拍卖该动产的价款优先受偿。

5. 定金

定金是指合同当事人为确保合同履行，依照法律规定或双方约定，由当事人一方在合同履行前，按照合同标的额的一定比例预先给付相对人一定款项。如果交付定金的合同一方当事人违约时，无权收回定金；如果接受定金一方当事人违约时，双倍返还定金。定金应当以书面形式约定，其数额由当事人约定，但不得超过主合同标的额的20%。

在旅游合同实践中，定金是最常见的合同履行的担保方式，尤其是旅游者与旅游经营者之间的合同关系常采用定金担保方式，一般是由双方约定，在合同履行前，由旅游者一方当事人先给付旅游经营者一定的款项，来担保合同的履行。当然，旅游经营者之间涉及数额较大的合同，也采用其他担保方式。

（四）合同履行的补充规定

合同生效后，当事人就质量、价款或者报酬、履行地点等内容没有约定或者约定不明确的，可以协议补充；不能达成协议的，按照合同有关条款或交易习惯确定。

根据合同法规定，当事人就合同内容约定不明确，可以适用下列规定：

1. 质量要求不明确的

质量要求不明确的按照国家标准、行业标准履行；没有国家标准、行业标准的，按照通常标准或者符合合同目的的特定标准履行。在旅游合同实践中，因旅游产品是无形的服务产品，最容易出现的是旅游服务质量要求不明确的问题，如住宿质量标准约定"相当于三星级宾馆"等。目前，旅游服务质量有完备的国家标准或行业标准，在约定不明确时，应按照合同法的规定，以相关国家标准或行业标准来执行。

2. 价款或者报酬不明确的

价款或者报酬不明确的，按照订立合同时履行地的市场价格履行；依法应当执行政府定价或者政府指导价的，按照规定履行。在旅游合同实践中，容易出现价款约定不明确的问题，如自费旅游项目约定"根据情况确定自费旅游项目"等。

3. 履行地点不明确

履行地点不明确，给付货币的，在接受货币一方所在地履行；交付不动产的，在不动产所在地履行；其他标的，在履行义务一方所在地履行。

4. 履行期限不明确的

履行期限不明确的，债务人可以随时履行，债权人也可以随时要求履行，但应当给对方必要的准备时间。

5. 履行方式不明确的

履行方式不明确的，按照有利于实现合同目的的方式履行。

6. 履行费用的负担不明确的，由履行义务一方负担

合同法还规定，合同生效后，当事人不得因姓名、名称的变更或者法定代表人、负责人、承办人的变动而不履行合同义务。

五、合同的变更、转让和终止

（一）合同的变更

1. 合同变更的含义

合同的变更是指合同成立后履行前或在履行过程中，合同主体不变的前提下，由双方当事人约定或依据法律法规对合同内容进行的修改和补充。

2. 合同变更的要件

（1）原已存在有效的合同关系。合同的变更是改变原合同关系，没有原合同关系，则无变更的对象。

（2）合同内容发生变化。合同内容发生变化包括标的物数量、质量、价款、履行地点、方式等合同主要条款的变化。

（3）经过当事人协商一致或依照法律规定。合同法规定："当事人协商一致，可以变更合同。"另外，合同也可以基于法律规定而变更，如当事人可因放弃自己的合同利益而单方变更合同；显失公平的合同利益严重受损方可以主张对合同加以变更；不可抗力或意外事件可以导致合同变更；等等。

合同变更后，使变更后的合同代替了原合同，当事人应按变更后的合同内容履行。合同变更原则上向将来发生效力，未变更的权利义务继续有效，已经履行的债务不因合同的变更而失去合法性。合同变更不影响当事人要求赔偿的权利，原则上提出变更的一方当事人对对方当事人因合同变更所受损失应负赔偿责任。

（二）合同的转让

合同的转让是指合同主体的变更，当事人将合同的权利义务全部或部分移转至第三人的行为。合同转让实际上是合同主体的变更。

1. 合同权利转让

合同权利转让是指不改变合同权利的内容，由债权人将合同权利的全部或者部分转让给第三人。转让权利的人称为让与人，受让权利的人称为受让人。

合同权利全部转让的，原合同关系消灭，受让人取代原债权人的地位，成为新的债权人。合同权利部分转让的，受让人作为第三人加入合同关系中，与原债权人共同享有债权。

有下列情形之一的，债权人不得转让合同权利：①根据合同性质不得转让；②根据当事人约定不得转让；③依照法律规定不得转让。

债权人转让权利的，应当通知债务人。未经通知，该转让对债务人不发生效力。

债权人转让权利的通知不得撤销，但经受让人同意的除外。

2. 合同的义务转移

合同义务转移又称债务承担或债务转让,是指经债权人同意,债务人将合同的义务全部或者部分转移给第三人。

债务人将合同的义务全部或者部分转移给第三人,应当经债权人同意;否则债务人转移合同义务的行为对债权人不发生效力,债权人有权拒绝第三人向其履行,同时有权要求债务人履行义务并承担或迟延履行合同的法律责任。

债务人全部转移合同义务时,新的债务人完全取代了旧的债务人的地位,承担了全面履行合同义务的责任,享有债务人所应享有的抗辩。同时,与所转移的主债务有关的从债务,也应当由新债务人承担,但该从债务专属于原债务人自身的除外。债务人部分转移合同义务时,新的债务人加入原债务人中,和原债务人一起向债权人履行义务。

3. 合同权利义务的一并转让

合同权利义务的一并转让是指当事人一方经对方同意,将自己在合同中的权利和义务一并转让给第三人。

权利和义务一并转让的,除经对方同意外,还应当遵守合同法有关转让权利和义务转移的其他规定。

对于当事人订立合同后合并或者分立的,合同法第九十条规定:当事人订立合同后合并的,由合并后的法人或者其他组织行使合同权利,履行合同义务。当事人订立合同后分立的,除债权人和债务人另有约定的以外,由分立的法人或者其他组织对合同的权利和义务享有连带债权、承担连带债务。

(三) 合同的终止

合同的终止是指合同当事人双方终止合同关系,使合同确定的当事人之间权利义务关系归于消灭。

根据《合同法》第九十一条规定,有下列情形之一的,合同的权利义务终止:

1. 债务已经按合同约定履行

合同所规定的权利义务履行完毕,合同的权利义务自然终止,这是合同的权利义务终止的正常状态。

2. 合同解除

合同的解除是指合同成立并生效后,因双方当事人的协议或者法定事由,而使基于合同发生的权利义务关系终止的行为。

合同解除有两种形式:一是协议解除,二是法定解除。

(1) 合同的协议解除。

合同的协议解除是指当事人通过协商一致解除合同关系。合同依法成立生效后,约定解除的情形分两种:一种是当事人协商一致,达成解除合同的合意而解除合同。另一种是当事人事先约定一方解除合同的条件,解除合同的条件成就时,解除权人可以解除合同。协议解除采取合同(解除协议)方式,因此应具备合同的有效要件:当事人具有相应的行为能力;意思表示真实;采取适当的形式;内容不违反法律和社会公共利益。

(2) 合同的法定解除。

合同的法定解除是指合同解除的条件由法律直接加以规定而解除合同。合同法规定,有下列情形之一的,当事人可以解除合同:①因不可抗力致使不能实现合同目的的。不可抗力致使合同目的不能实现,该合同关系失去意义,应归于消灭。②在履行期限届满之前,当事人一方明确表示或者以自己的行为表明不履行主要债务。作为合同解除的条件,要求债务人有过错,拒绝行为违法(无正当理由),有履行能力。③当事人一方迟延履行主要债务,经催告后在合理期限内仍未履行。一般情况下,合同履行期限在合同内容中非属特别重要时,当事人一方迟延履行也不致使合同目的落空,原则上不允许当事人立即解除合同,应给予一定的履行宽限期,如经催告在合理宽限期仍未履行,相对人有权解除合同。④当事人一方迟延履行债务或者有其他违约行为致使不能实现合同目的。对某些合同而言,履行期限至关重要,如合同一方当事人不按期履行,合同目的即不能实现,于此情形,相对人有权解除合同。其他违约行为致使不能实现合同目的,合同相对人也有权解除合同。⑤法律规定的其他情形。

合同解除后,尚未履行的,终止履行;已经履行的,根据履行情况和合同性质,当事人可以要求恢复原状、采取其他补救措施,并有权要求赔偿损失。

3. 债务相互抵消

即当事人互负到期债务,只要该债务的标的物种类、品质相同的,任何一方可以将自己的债务与对方的债务抵消,但依照法律规定或按照合同性质不得抵消的除外。

当事人主张抵消的,应当通知对方。通知自到达对方时生效。抵消不得附条件或附期限。

4. 债务人依法将标的物提存

即是指由于债权人的原因无法向其交付合同标的物时,债务人将标的物交给提存机关而使合同权利义务关系终止。

《合同法》第一百零一条规定,有下列情形之一,难以履行债务的,债务人可以将标的物提存:①债权人无正当理由拒绝受领;②债权人下落不明;③债权人死亡未确定继承人或者丧失民事行为能力未确定监护人;④法律规定的其他情形。

标的物提存后,除债权人下落不明的以外,债务人应及时通知债权人或者债权人的继承人、监护人。标的物提存后,毁灭的风险、提存费用及标的物的孳息由债权人承担或所有。债权人领取提存物的权利,自提存之日起5年内不行使而消灭,提存物扣除提存费用后归国家所有。

5. 债权人免除债务

即是债权人免除债务人部分或者全部债务,合同的权利义务部分或全部终止。免除应由债权人向债务人做出明确的意思表示。

6. 债权债务同归于一人

即债权人和债务人同归于一人,合同权利义务终止,但涉及第三人利益的除外。

7. 法律规定或当事人约定终止的其他情形

六、违约责任

(一)缔约过失责任

1. 缔约过失责任的构成要件

缔约过失责任是指合同一方当事人因过失而在合同订立过程中给另一方造成损失应承担

的赔偿责任。缔约过失责任的构成应具备以下要件：

（1）此种责任发生在合同订立阶段。缔约过失责任发生在合同订立阶段，因合同尚没有成立，不能要求另一方承担违约责任，所以《合同法》规定了缔约过失责任。

（2）订立合同当事人一方有过失、过错行为。

（3）订立合同相对人受到了实际损失。

2. 缔约责任的赔偿范围

（1）假借订立合同，恶意进行磋商。

即是非出于订立合同之目的而借订立合同之名与他人磋商，其真实目的，或阻止对方与他们订立合同，或使对方贻误商机，或仅为了戏耍对方。如在旅游合同订立过程中，旅游者恶意与旅游经营单位进行磋商，而不参加旅游活动，这就属于缔约过失责任的范围。

（2）故意隐瞒与订立合同有关的重要事实或者提供虚假情况。

缔约当事人应依诚信原则告知对方自己的财产状况与履约能力，告知标的物的瑕疵、性能和使用方法，如果隐瞒或虚告，即构成欺诈。如一方当事人隐瞒自己的运输工具已坏这一事实而与托运人订立货物运输合同的行为等。如因此致对方受到损害，应负缔约过失责任。在旅游合同订立过程中，如旅行社故意向旅游者隐瞒旅游行程中的重要事实或者提供虚假情况等。

（3）有其他违背诚实信用原则的行为。

如借订立合同之名骗吃骗喝，未尽保护、照顾等附随义务，无代理权说有代理权等。

（4）泄露或不正当使用对方的商业秘密。

商业秘密是指不为公众所知悉、能为权利人带来经济利益、具有实用性并经权利人采取保密措施的技术信息和经营信息。商业秘密是企业的一项财富，当事人在订立合同过程中知悉的商业秘密，应当予以保密，不得泄露或不正当使用，否则，给对方造成损失的，应当承担损害赔偿责任。

3. 缔约过失责任的形式

根据《合同法》规定，缔约过失责任的形式是损害赔偿，是相对人因缔约过失而遭受的利益损失，包括直接损失与间接损失。直接损失通常包括订立合同的费用（如差旅费、通信费、招待费等）、准备履行合同所支付的费用等；间接损失主要指对方因此丧失的商机所造成的损失。如果一方当事人在订立合同过程中，未尽保护、照顾等附随义务而使对方遭受人身或财产损害时，应赔偿因此产生的实际财产损失。在旅游合同订立过程中，任何一方违背了合同规定，因过失造成了另一方的损失，应依法承担赔偿责任。

（二）预期违约制度

《合同法》规定了预期违约制度。预期违约是指在合同履行期到来之前，合同当事人一方明确表示或者以自己的行为表明不履行合同义务的，对方可以在履行期限届满之前要求其承担违约责任。

违约责任的承担一般应在合同规定的履行期限届满之后再进行，但为了进一步保护守约一方当事人的合法权益不因另一方的违约行为而受到损害，合同法创立了预期违约制度，防止守约方因对方违约而遭受的损失扩大。

预期违约的构成要件是：第一，违约的时间必须在合同有效成立后至合同履行期限截止前；第二，违约必须是对根本性合同义务的违反，即导致合同目的落空。

（三）违约责任

1. 违约责任的构成要件

违约责任是指合同一方当事人不履行合同义务或履行合同义务不符合约定条件所应承担的民事法律责任。

违约责任的构成要件，是指合同当事人因违约必须承担法律责任的法定要素。一般来说，构成法律责任或违约责任的要件包括两个方面，即有违约行为和无免责事由。

（1）有违约行为。

违约行为是指合同一方当事人不履行合同义务或履行合同义务不符合约定条件的行为。违约行为的具体形态包括：①不履行，包括履行不能和拒绝履行；②迟延履行，包括给付迟延和受领迟延；③不适当履行，包括瑕疵给付和加害给付。在旅游合同实践中，大多是由旅游经营单位不履行合同义务或履行合同义务不符合约定条件而引起的违约行为，旅游者的违约行为也存在，但相对旅游经营单位而言要少些。

（2）无免责事由。

免责事由是指当事人对其违约行为免于承担责任的事由。根据法律规定，因不可抗力不能履行合同的，根据不可抗力的影响，部分或者全部免除责任。所谓不可抗力是指不能预见、不能避免并不能克服的客观情况。

不可抗力主要包括几种情形：①自然灾害，如台风、洪水等；②社会异常事件，如战争、恐怖事件等；③政府行为，如征收、征用等。不可抗力发生后，遭受不可抗力的一方当事人应尽以下义务方能免除责任：第一是及时通知。当事人一方应当及时将不可抗力发生的时间、范围、对合同履行的影响程度、预计持续时间等通知对方，以减轻可能给对方造成的损失。第二是提供证明。当事人应在合理的期限内提供有关机构出具的证明，该证明最好是官方证明，以作为不可抗力发生的证据。当事人迟延履行后发生不可抗力的，不能免除责任。在旅游合同实践中，出现不可抗力的情况大量存在，尤其是旅游经营单位，当出现不可抗力时，应履行通知及证明的义务，方可免除或减轻自己的责任。

违约责任的前提是违约行为，而又不存在法定的免责事由。至于当事人主观上的过错，并非确定违约责任所必须考虑的问题，确定违约责任时采取的并非过错责任倾向于严格责任原则，即只要当事人有违约事实，不要求证明行为人在主观上是否存在过错，即推定其主观上有过错。

2. 违约责任的主要形式

违约责任的形式是承担违约责任的具体方式。违约责任的主要形式有：

（1）继续履行。

继续履行是指违约一方不论是否已经承担赔偿责任，都必须根据对方的要求，并在自己能够履行的条件下，对原合同未履行的部分继续依约履行，这是合同实际履行原则在责任制度上的体现。

(2) 采取补救措施。

采取补救措施是指违约一方矫正合同不适当履行（质量不合格），使合同履行缺陷得以消除的具体措施。采取补救的具体措施包括修理、重作、更换、退货、补足商品数量、退还货款和服务费用、减少价款、赔偿损失等。

(3) 赔偿损失。

赔偿损失是指违约一方以支付金钱的方式弥补受害方因此受到的损失。这里所指的损失一般包括：合同标的物的损坏、灭失；支出的各种必要费用，如运输费、保管费、处理费、差旅费以及为准备履行合同所支出的费用；造成停工、停产及物资积压的损失等。

(4) 支付违约金。

支付违约金是指有法律规定或合同约定的，在发生违约事实时，违约方支付一定数额款项的责任形式。违约金分为约定违约金和法定违约金两个方面，违约金的约定并非毫无限制的自由约定，而要受到法律的正当干预。如果约定的违约金低于造成的损失的，当事人可以请求人民法院或仲裁机构予以增加；约定的违约金过分高于造成的损失的，当事人可以请求人民法院或仲裁机构予以适当减少。

(5) 定金（前面已述）。

小贴士 　　　　　　　　**违约金与定金的相关规定**

《合同法》第一百一十六条规定：当事人既约定违约金，又约定定金的，一方违约时，对方可以选择适用违约金或者定金条款。

(四) 违约责任与侵权责任的竞合

违约责任与侵权责任的竞合是指某个违反民事义务的行为，既符合违约责任的构成要件，又符合侵权责任的构成要件，两种责任既不能相互吸收，又不能并处，只能选择承担其中的一种责任。

合同法规定，因当事人一方的违约行为，侵害对方人身、财产权益的，受损害方有权选择依法要求其承担违约责任或者要求其承担侵权责任。这一规定是指当事人一方的同一行为既是违约行为，又是侵权行为，受损害方可以要求对方承担违约责任，也可以要求对方承担侵权责任。但受损害方不能提出双重请求，只能二者择其一。

小知识 　　　　　　　　**违约责任与侵权责任的区别**

1. 发生责任的前提不同。违约责任以当事人存在合同关系为前提，侵权责任的前提是行为人的侵权行为。

2. 侵犯的权利性质不同。违约责任侵犯的是相对权，侵权责任侵犯的是绝对权。

3. 责任的构成要件不同。从主观要件上看，违约责任适用推定过错责任原则，即只要当事人有违约行为，无论其主观是否有过错，除非有法定的免责事由，都应承担违约责任；而在侵权责任中，加害人的过错程度不同，在责任后果上应有所区别，故意的侵权行为有的甚至已经构成了犯罪。从客观要件上看，构成合同责任不要求有损害事实存在，只要有违约行为就要承担责任；而在侵权行为责任中，必须要有加害人致人损害的事实发生，才能承担责任。

4. **责任形式不同。**违约责任是一种纯粹的财产责任形式；侵权责任不仅可以是财产责任，也可以是非财产责任，如要求消除影响、恢复名誉、赔礼道歉等。

在旅游活动中，由于旅游活动的复杂性，尤其是涉及旅游者的人身、财产责任，经常发生违约责任与侵权责任竞合的情形。例如，旅行社组织旅游者旅游，一般在旅游合同中要约定保障旅游者人身、财产安全责任的条款，因旅游者的人身、财产安全也是法律保障的绝对权，如发生旅行社责任事故造成旅游者人身、财产损害，就构成了违约责任与侵权责任的竞合。再如，游客在住宾馆期间，人身受到他人伤害或宾馆工作人员损害客人财物，对宾馆而言就构成违约责任，而对他人或宾馆工作人员而言就构成了侵权责任，等等。在违约责任与侵权责任竞合时，由受害人选择追究加害人的何种责任，而不能同时要求加害人承担两种责任。这种选择对于受害人来说意义重大，因为违约责任与侵权责任的构成、责任形式、责任范围等明显不同，受害人选择不同的责任形式会产生不同的法律后果。

第二节 旅游服务合同

旅游活动通常包括吃、住、行、游、购、娱六大要素。旅游者在旅游活动中，必然要和他人就吃、住、行、游、购、娱等内容达成一定的协议，从而使合同关系始终贯穿于旅游活动中。旅游服务合同是旅游活动正常开展的必需，也是维护和保障旅游者与旅游企业双方权利的重要依据。

一、旅游服务合同及与合同的关系

（一）旅游服务合同

1. 旅游服务合同的概念

旅游服务合同，是指旅游经营者与旅游者约定旅游活动过程中旅行社和旅游者之间权利义务关系的协议。

2. 旅游服务合同的法律特征

（1）是双务、有偿、诺成合同。双务合同是"单务合同"的对称，是指双方当事人互相承担义务和享有权利的合同。有偿合同又称"有偿契约"，是"无偿合同"的对称，是指当事人一方享有合同约定的权利，须向对方当事人支付相应对价的合同。诺成合同又称不要物合同，是实践合同的对称。指仅以当事人意思表示一致为成立要件的合同。诺成合同自当事人双方意思表示一致时即可成立，不以一方交付标的物为合同的成立要件，买卖合同是典型的诺成合同。

（2）合同标的具有特殊性。是一种旅游经历以及为获得这种经历所必需的食、住、行、游、购、娱等旅游服务条件。

（3）多为格式合同。旅游服务合同都是事先拟定好了的格式合同，主要有境内旅游服务合同、出境旅游服务合同、赴台旅游服务合同等。

(二) 旅游服务合同类型

《旅游法》规定的旅游服务合同主要是指包价旅游合同、旅游代订合同和旅游设计、咨询合同等。

1. 包价旅游合同

《旅游法》第一百一十一条第三款对包价旅游合同做出界定：包价旅游合同，是指旅行社预先安排行程，提供或者通过履行辅助人提供交通、住宿、餐饮、游览、导游或领队等两项以上旅游服务，旅游者以总价支付旅游费用的合同。根据《旅游法》的规定，包价旅游合同的特征表现在以下三个方面：①合同内容预先安排。合同内容中的旅游行程及相关服务是由旅行社预先安排的。②服务的数量符合法律规定。旅行社所提供的服务应当包括两项或两项以上。③合同价款以总价方式一揽子支付。包价旅游合同的价款中，既包括旅行社向交通、住宿、餐饮、游览经营者订购服务的成本，也包括旅行社自身的经营成本，如运营费用、人员工资等，还包括其合理利润。

2. 旅游代订合同

旅游代订合同是指旅行社接受旅游者的委托，为其代订交通、住宿、餐饮、游览、娱乐等旅游服务，旅游者支付代办费用的合同，是《合同法》规定的委托合同的一种类型。《旅游法》第七十四条第一款规定，旅行社接受旅游者的委托，为其代订交通、住宿、餐饮、游览、娱乐等旅游服务，收取代办费用的，应当亲自处理委托事务。因旅行社的过错给旅游者造成损失的，旅行社应当承担赔偿责任。旅游代订合同是建立在旅游者（委托人）与旅行社（受托人）相互信任的基础上的。根据《合同法》的规定，受托人应当亲自处理受托的事务，不经委托人同意，不能转托他人处理受托之事。旅行社作为旅游者的受托人，其行为后果由旅游者承担，旅行社仅对其代订行为承担责任。对旅行社而言，为旅游者提供代订相关服务是其经营活动，可以收取代办费用，二者之间成立的旅游代订合同属于有偿合同。

3. 旅游设计、咨询合同

旅游设计、咨询合同是指旅行社接受旅游者的委托，为旅游者提供旅游行程设计、旅游信息咨询等服务，旅游者为此支付相应服务费用的合同。《旅游法》第七十四条第二款规定，旅行社接受旅游者的委托，为其提供旅游行程设计、旅游信息咨询等服务的，应当保证设计合理、可行，信息及时、准确。

(三) 合同与旅游服务合同的关系

旅游服务合同属于典型的合同，具有合同的法律属性，又因为旅游服务的特殊性使旅游服务合同成为典型合同的一种。与旅游服务合同相关的当事人之间确立合同关系、明确权利义务，首先适用《旅游法》的规定，《旅游法》没有规定的，适用《合同法》总则的规定。此外，国务院于2009年颁布施行的《旅行社条例》，国家旅游局于1997年发布的《旅行社国内旅游服务质量要求》、2002年发布的《旅行社出境旅游服务质量》等法规、规章对旅游服务合同的有关内容做了专门规定。

二、旅游服务合同的订立

（一）包价旅游合同的形式

《旅游法》规定，包价合同应当采用书面形式。签订包价旅游合同是旅行社与旅游者之间做出意思表示、达成合意，最终签订书面合同的过程。订立书面形式的包价旅游合同，最常见的是采用国家或地方政府相关部门发布的示范文本。目前在旅游合同方面，有国家工商总局和国家旅游局于2014年联合发布的《团队境内旅游合同》（示范文本）、《团队出境旅游合同》（示范文本）、《大陆居民赴台湾地区旅游合同》（示范文本）和《境内旅游组团社与地接社合同》（示范文本）等。在实践中，如果旅行社设计使用格式条款性质的包价旅游合同条款，则应当符合《合同法》《旅游法》及相关法律、法规的规定。

（二）包价旅游合同的内容

《旅游法》第五十八条第一款规定，包价旅游合同应当包括下列内容：①旅行社、旅游者的基本信息；②旅游行程安排；③旅游团成团的最低人数；④交通、住宿、餐饮等旅游服务安排和标准；⑤游览、娱乐等项目的具体内容和时间；⑥自由活动时间安排；⑦旅游费用及其交纳的期限和方式；⑧违约责任和解决纠纷的方式；⑨法律、法规规定和双方约定的其他事项。

《旅游法》第五十九条规定，旅行社应当在旅游行程开始前向旅游者提供旅游行程单。旅游行程单是包价旅游合同的组成部分。实践中，旅行社通过提供旅游行程单以说明具体旅游服务时间、地点、内容、顺序等，是对包价旅游合同的履行所做的承诺，是对包价旅游合同中旅行社义务的具体化。

（三）旅行社的订约说明告知义务

1. 说明义务

《旅游法》第五十八条第二款规定，在订立包价旅游合同时，旅行社负有向旅游者详细说明本条第一款所规定的第二项至第八项相关内容的义务；未履行该义务的，即可能因为违反说明义务而导致包价旅游合同不成立、被撤销等，因此造成旅游者损失的，应当承担赔偿损失的责任。

2. 告知事项

《旅游法》第六十二条规定，订立包价旅游合同时，旅行社还应当向旅游者告知下列事项：①旅游者不适合参加旅游活动的情形；②旅游活动中的安全注意事项；③旅行社依法可以减免责任的信息；④旅游者应当注意的旅游目的地相关法律、法规和风俗习惯、宗教禁忌，依照中国法律不宜参加的活动等；⑤法律、法规规定的其他应当告知的事项。

三、包价旅游合同履行的规定

（一）履行原则

旅游者与旅行社订立包价旅游合同，其目的是通过接受旅行社提供的服务，进而满足其精神享受的需求，不论组团社直接履行合同，还是委托地接社履行合同，都应当全面、适当地履行合同中对旅游者承诺的义务,以实现旅游者参加包价旅游活动的目的。因此,《旅游法》第六十九条规定,旅行社应当按照包价旅游合同的约定履行义务,不得擅自变更旅游行程安排。经旅游者同意,旅行社将包价旅游合同中的接待业务委托给其他具有相应资质的地接社履行的,应当与地接社订立书面委托合同,约定双方的权利和义务,向地接社提供与旅游者订立的包价旅游合同的副本,并向地接社支付不低于接待和服务成本的费用。地接社应当按照包价旅游合同和委托合同提供服务。

(二)履行规则

1. 组团社必须根据合同约定的内容、标准提供服务

合同的履行,是合同目的的基本要求,合同不履行,合同目的就无法实现。作为旅游者一方,通常在订立包价旅游合同时,完成团费的缴纳,即已适当履行;而旅行社一方,除由于旅游者个人的原因或不可抗力等客观因素可以解除、变更合同外,必须根据合同所约定的服务内容和标准,向旅游者提供其所承诺的相关服务,且不得降低档次、增减项目。实践中,一些旅行社以满足旅游者个性化需求为借口,或者以多数旅游者的要求为理由,擅自减少合同约定的项目,增加购物和自费旅游项目,以获取不正当利益,损害旅游者权益。因此,《旅游法》特别强调不得擅自变更旅游行程安排。

2. 组团社必须将接待业务委托给有资质的地接社履行

基于旅游活动的跨地域性特征,旅行社在履行旅游合同的过程中,通常由旅游者所在地的旅行社与旅游者签订旅游合同,该旅行社不直接到旅游目的地为旅游者提供旅游服务,而是交由旅游目的地的旅行社负责接待旅游者。

组团社将接待业务委托地接社履行时应当遵守下列规定:一是选择缔约对象时,应当选择具有相应资质的旅行社;二是应当采取书面形式约定双方的权利和义务;三是应当向地接社提供与旅游者订立的包价旅游合同的副本;四是应当向地接社支付不低于接待和服务成本的费用。

3. 地接社必须按包价旅游合同履行义务

在履行旅游合同、向旅游者提供旅游服务的过程中,地接社扮演着在旅游目的地实际接待旅游者、具体执行旅游行程安排的重要角色。按照法律规定,地接社应当按照组团社与旅游者签订的包价旅游合同和组团社与地接社签订的委托合同提供服务。该规定有利于明确包价旅游合同履行过程中当事人之间的法律关系。如果严格根据合同的相对性原则,地接社只需履行与组团社之间的委托合同义务。但是,旅游者在旅游目的地接受旅游服务的过程中,必然与地接社之间发生关系,如果要求旅游者必须先向组团社提出请求,再由组团社向地接社转达,这不符合现实。因此,法律规定地接社应当按照包价旅游合同和委托合同提供服务,也有利于保护旅游者的权益。

四、旅游合同的变更、转让和终止

(一)旅游者转让、解除合同权的行使及法律后果

1. 旅游者转让包价旅游合同中自身的权利义务及法律后果

《旅游法》第六十四条规定,行程开始前,旅游者可以将包价旅游合同中自身的权利义

务转让给第三人,旅行社没有正当理由的不得拒绝,因此增加的费用由旅游者和第三人承担。

2. 旅游者解除包价旅游合同及法律后果

《旅游法》第六十五条规定,旅游行程结束前,旅游者解除合同的,组团社应当在扣除必要的费用后,将余款退还旅游者。包价旅游合同因旅游者行使合同解除权而终止,合同规定的旅游服务已经提供的、旅游者已经享受其利益的,旅游者应当依据解除前的包价旅游合同支付相应的费用;对于尚未提供的旅游服务,旅游经营者无须继续提供,旅游者也无须就未提供的服务向旅游经营者给付报酬。依照法律规定,组团社应当在扣除必要的费用后,将余款退还旅游者。必要费用包括两个部分:一是组团社已向地接社或者履行辅助人支付且不可退还的费用;二是旅游行程中已实际发生的费用。

(二) 旅行社转让、解除合同权的行使及法律后果

1. 因未达到约定成团人数不能出团而解除合同及法律责任

包价旅游合同的价格是预先固定的,旅行社是根据形成团队的旅游者数量,与每一履行辅助人商定价格的;只有达到一定数量,履行辅助人才会提供相应的价格折扣,旅行社以此确定报价;一旦达不到人数的约定,履行辅助人则将相应调高价格,致使旅行社不能再以原报价提供服务。旅游团队的规模化才有履行辅助人的价格优惠,这与现实中的团购情况是相同的。因此,《旅游法》第六十三条规定:旅行社招徕旅游者组团旅游,因未达到约定人数不能出团的,组团社可以解除合同。但是,境内旅游应当至少提前7日通知旅游者,出境旅游应当至少提前30日通知旅游者。因未达到约定人数不能出团的,组团社经征得旅游者书面同意,可以委托其他旅行社履行合同。组团社对旅游者承担责任,受委托的旅行社对组团社承担责任。旅游者不同意的,可以解除合同。因未达到约定的成团人数解除合同的,组团社应当向旅游者退还已收取的全部费用。

2. 旅游者原因及法律责任

《旅游法》第六十六条规定,旅游者有下列情形之一的,旅行社可以解除合同:①患有传染病等疾病,可能危害其他旅游者健康和安全的。②携带危害公共安全的物品且不同意交有关部门处理的。③从事违法或者违反社会公德的活动的。④从事严重影响其他旅游者权益的活动,且不听劝阻、不能制止的。⑤法律规定的其他情形。因前款规定情形解除合同的,组团社应当在扣除必要的费用后,将余款退还旅游者;给旅行社造成损失的,旅游者应当依法承担赔偿责任。

(三) 包价旅游合同解除后旅行社的协助义务及费用承担

在旅游行程中,由于各种原因导致行程终止、合同解除的情形时有发生。旅游者跟随旅行社统一安排出游,一旦行程终止,其对后续事项的处置,特别是返回出发地的安排,通常需要得到旅行社的协助。为此,《旅游法》第六十八条规定,旅游行程中解除合同的,旅行社应当协助旅游者返回出发地或者旅游者指定的合理地点。由于旅行社或者履行辅助人的原因导致合同解除的,返程费用由旅行社承担。

1. 旅行社协助旅游者返回的义务

旅游的本质是旅游者离开常住地、前往异地活动。因此,在旅游行程中,无论基于何

种原因解除合同,旅游者都会因身处异地而面临信息缺乏甚至语言不通等多方面的困难。作为专门从事旅游服务的经营者,旅行社对旅游目的地的信息掌握较为全面,为保护旅游者的权益和安全,有必要要求旅行社协助安排旅游者返程。旅游者的返回地,应不限于旅游出发地,也可由旅游者指定合理的地点以方便旅游者。协助旅游者返回出发地或者旅游者指定的合理地点,是《旅游法》基于保护旅游者利益而规定旅行社必须履行的法定义务。应当指出,不论何种情形导致行程中合同解除、旅游者需要返程的,旅行社都必须协助其返程。

2. 旅游者返程费用的承担

返程费用的负担,需要根据不同情形分别处理:①旅游者因个人原因主动解除合同或者旅行社根据《旅游法》第六十六条规定行使解除权的,返程费用由旅游者自己承担。②因不可抗力或者旅行社、履行辅助人已尽合理注意义务仍不能避免的事件,导致合同不能继续履行,或者旅游者不同意调整行程而解除合同的,应根据《旅游法》第六十七条,返程费用由旅行社与旅游者合理分担。③由于旅行社或履行辅助人的原因导致合同解除的,返程费用由旅行社承担。

五、旅游法对违约责任的规定

(一) 旅行社的违约责任

1. 旅行社在一般情形下应当承担的责任

旅行社的违约行为是旅行社承担违约责任的客观前提,是指旅行社不履行包价旅游合同义务或者履行合同义务不符合约定,主要表现为旅行社擅自改变旅游行程、遗漏旅游景点、减少旅游服务项目、降低旅游服务标准等。《旅游法》第七十条第一款中对旅行社在一般情形下的违约责任做了规定,即旅行社不履行包价旅游合同义务或者履行合同义务不符合约定的,应当依法承担继续履行、采取补救措施或者赔偿损失等违约责任。

继续履行,是指违约方不履行合同时,另一方当事人要求违约方按合同规定的标的履行义务,而不得以支付违约金或赔偿金的方式代替履行的违约责任承担方式。旅行社承担继续履行责任,应当以旅游者在合理期限内请求且旅行社能够继续履行合同为前提。

采取补救措施作为一种独立的违约责任形式,是矫正合同不适当履行,使履行缺陷得以消除的具体措施。具体在包价旅游合同中,通常表现为合理的服务项目的替代。旅游者要求旅行社采取补救措施的,应当在发现旅游服务不符合包价旅游合同约定后的合理期限内提出。

损害赔偿责任,是指违约方因不履行或不完全履行合同义务而给对方造成损失,依法或根据合同约定承担赔偿对方当事人所受损失的责任。具体在包价旅游合同中,承担损害赔偿的范围通常是指旅游者的实际损失,主要包括未完成约定旅游服务项目的费用,以及降低旅游服务标准的差价等。如果因旅行社违约导致旅游者食宿费用的增加,以及产生误工等费用的,也在此范围内。因旅行社的违约行为,还可能造成旅游者的人身损害或者财产损失,旅行社也应当依法承担赔偿责任。

2. 旅行社的惩罚性赔偿责任

《旅游法》第七十条第一款规定,旅行社具备履行条件,经旅游者要求仍拒绝履行合同，造成旅游者人身损害、滞留等严重后果的，旅游者还可以要求旅行社支付旅游费用一倍以上三倍以下的赔偿金。这就是对旅行社惩罚性赔偿责任的规定。该规定针对的主要是"旅行社具备履行条件，经旅游者要求仍拒绝履行合同"的行为，该行为在旅游行业中通常被称为甩团。甩团往往是由于旅游者拒绝购物或者参加另行付费项目，导游、领队未能从中获得回扣等不正当利益所引起的，这种行为性质恶劣，有时会发生旅游者走失、人身伤害、滞留等严重后果。因此，法律规定了对旅行社的惩罚性赔偿。

旅行社承担惩罚性赔偿责任的构成要件包括：①旅行社具备履行条件但拒不履行合同。②经旅游者要求仍然拒绝履行合同。③旅游者发生人身损害、滞留等严重后果。④拒绝履行与人身损害、滞留之间存在因果关系。惩罚性赔偿不影响一般情形下的赔偿。

3. 旅行社不承担违约责任的情形

《旅游法》第七十条第二款规定，由于旅游者自身原因导致包价旅游合同不能履行或者不能按照约定履行，或者造成旅游者人身损害、财产损失的，旅行社不承担责任。

旅游者自身的原因包括：旅游者未尽其应尽的配合、协助履行义务，例如擅自脱团、自行参加行程外的活动等主客观原因，以及《旅游法》第六十六条规定的情形。发生上述情形造成旅行社无法履行包价旅游合同时，根据法律规定，旅游者应自负责任，旅行社不承担违约责任。

4. 旅游者自行安排活动期间的旅行社责任

《旅游法》第七十条第三款规定，在旅游者自行安排活动期间，旅行社未尽到安全提示、救助义务的，应当对旅游者的人身损害、财产损失承担相应责任。旅游者自行安排活动期间，包括旅行社安排的在旅游行程中独立的自由活动期间、旅游者不参加旅游行程的活动期间以及旅游者经导游或者领队同意暂时离队的个人活动期间，也包括旅行社开发的"机票+酒店"的包价自助旅游产品（小包价）等。因此，旅行社在此期间无须承担包价旅游合同所要求的全部安全保障义务，只需承担安全提示、救助义务；如果旅行社未尽到安全提示、救助义务，则应承担相应的法律责任。

（二）旅游者的违约责任

旅游者在旅游活动中或者在解决纠纷时，享有法定的权利，同时也应承担相应的义务。违反相关义务，给他人造成损害的，应承担相应责任。因此，《旅游法》第七十二条规定，旅游者在旅游活动中或者在解决纠纷时，损害旅行社、履行辅助人、旅游从业人员或者其他旅游者的合法权益的，依法承担赔偿责任。

1. 旅游者的不当行为

由于旅游者在旅游活动中或者在解决纠纷时的不当行为，可能导致损害旅行社、履行辅助人、旅游从业人员或者其他旅游者的合法权益的情形，主要有三种类型：

（1）影响行程，阻碍合同的正常履行。旅游者不遵守行程时间安排的，擅自脱团不归的，违反目的地法律、法规或风俗习惯、禁忌被当地部门处理的，采取"霸机"、阻止经营者或从业人员正常服务等不正当手段解决纠纷的等，都会造成团队无法按照行程计划顺利进行活动甚至滞留的后果，给旅行社和同团旅游者的利益带来损失。

（2）侵害他人的财产权。旅游者在行程中故意或过失侵害他人的财产，包括对旅行社、履行辅助人、旅游从业人员或者其他旅游者在内的公私财物的侵犯。例如，拿走飞机上配备的救生衣、损毁酒店或客房物品、在景区内乱涂乱画等。

（3）侵害他人的人身权。旅游者侮辱、打骂旅游从业人员或其他旅游者等的行为，都属于侵犯人身权的行为。

2. 旅游者的侵权损害赔偿责任

旅游者承担赔偿责任，原则上应具备四个要件：①实施了侵害他人民事权益的行为；②旅行社、履行辅助人、旅游从业人员或者其他旅游者遭受了损害；③旅游者的行为与旅行社、履行辅助人、旅游从业人员或者其他旅游者所受损害之间存在因果关系；④主观上存在过错。

（三）地接社、履行辅助人的违约责任

《旅游法》第七十一条第一款规定，由于地接社、履行辅助人的原因导致违约的，由组团社承担责任；组团社承担责任后可以向地接社、履行辅助人追偿。第七十一条第二款规定，由于地接社、履行辅助人的原因造成旅游者人身损害、财产损失的，旅游者可以要求地接社、履行辅助人承担赔偿责任，也可以要求组团社承担赔偿责任；组团社承担责任后可以向地接社、履行辅助人追偿。但是，由于公共交通经营者的原因造成旅游者人身损害、财产损失的，由公共交通经营者依法承担赔偿责任，旅行社应当协助旅游者向公共交通经营者索赔。

1. 组团社应当为地接社、履行辅助人的违约行为承担责任

在包价旅游合同关系中，无论相关旅游服务是由组团社提供的，还是由组团社通过其选择的地接社、履行辅助人提供的，违约责任均由组团社承担。因为，旅游者与地接社、履行辅助人之间并无直接的合同关系，即使后者违约，旅游者也难以依据合同要求其承担责任。但旅游者与组团社存在合同关系，地接社、履行辅助人又是组团社选择、确定的，是代表或者协助组团社履行合同义务的，因此，其行为的后果应当由组团社负责，旅游者有权要求组团社承担因地接社、履行辅助人违约造成损失的责任。

2. 组团社向地接社、履行辅助人行使追偿权

为了通过地接社、履行辅助人向旅游者提供服务，组团社也需根据包价旅游合同中的服务内容与提供服务的经营者订立合同。地接社、履行辅助人的服务不符合包价旅游合同要求的，也就违反了其与组团社订立的合同，组团社可以据此要求地接社、履行辅助人承担该合同约定的违约责任，形成组团社向旅游者承担包价旅游合同责任后，再向地接社、履行辅助人行使追偿权的机制。

3. 人身损害、财产损失责任的承担

在包价旅游合同的履行中，若旅行社提供的服务存在缺陷，旅游者除不能享受旅游服务外，还可能会受到人身损害、财产损失。根据《侵权责任法》的规定，旅游者可以以被侵权为由，直接要求作为侵权行为人的地接社、履行辅助人承担侵权赔偿责任，即《旅游法》第七十一条规定的可以要求地接社、履行辅助人承担赔偿责任。但是，地接社、履行辅助人都在旅游目的地经营，直接要求其承担赔偿责任，往往会给异地旅游者造成困难和不便。在此情况下，旅游者也可以要求与其订立合同的组团社承担责任。这就是法律关系中出现的违约与侵权责任竞合的问题。同样地，组团社承担赔偿责任后，有权向地接社、履行辅助人追偿。

4. 旅行社协助旅游者索赔义务

《旅游法》第七十一条第二款规定，由于公共交通经营者的原因造成旅游者人身损害、财产损失的，由公共交通经营者依法承担赔偿责任。所指公共交通包括航空、铁路、航运客轮、城市公交、地铁等。之所以将由于公共交通经营者的原因造成的旅游者的损害，排除在旅行社的责任范围之外，其理由主要在于：与其他履行辅助人不同，旅行社对公共交通经营者基本没有选择余地，更无控制能力。虽然不承担赔偿责任，但由于旅行社组织旅游的特性，因此，法律规定其有义务协助旅游者向公共交通经营者索赔。

（四）因不可抗力或者其他原因导致合同解除、变更的法律责任

1. 影响旅游行程的客观因素

（1）不可抗力。《合同法》第九十四条规定，因不可抗力致使不能实现合同目的时，当事人可以解除合同。第一百一十七条规定，因不可抗力不能履行合同的，根据不可抗力的影响，部分或者全部免除责任，但法律另有规定的除外。《旅游法》也将不可抗力作为当事人可以解除合同的法定情形之一。

（2）旅行社、履行辅助人已尽合理注意义务仍不能避免的事件。除不可抗力外，合同履行过程中，还可能发生其他旅行社、履行辅助人已尽合理注意义务仍不能避免的事件，导致合同不能履行，或者合同虽能履行，但会产生对一方当事人极不公平的后果，依法则应允许变更合同或者解除合同。

2. 因客观原因解除包价旅游合同的法律后果

《旅游法》第六十七条第一款规定，由于不可抗力或者旅行社、履行辅助人已尽合理注意义务仍不能避免的事件，致使包价旅游合同无法继续履行的，旅行社和旅游者可以解除合同。合同解除的法律后果，主要体现在以下几个方面：①合同尚未履行的部分，终止履行。②不可抗力等客观原因解除合同，不可归责于旅行社和履行辅助人，旅行社因此不承担解除合同的违约责任。③组团社应当在扣除已向地接社或者履行辅助人支付且不可退还的费用后，将余款退还旅游者。实践中，旅游者在签订旅游合同时，大多已经全部支付旅游费用，因此享有请求旅行社返还旅游费用的权利，组团社应当从旅游费用中扣除已经提供服务的部分和已向地接社或者履行辅助人支付且不可退还的费用。

3. 因客观原因变更包价旅游合同的法律后果

《旅游法》第六十七条规定了合同不能完全履行的，旅行社可以在合理范围内变更合同，但应当向旅游者做出说明；旅游者不同意变更的，可以解除合同。在部分旅游者同意变更、部分旅游者不同意变更时，旅行社依法应当仅对同意变更行程的旅游者根据变更后的行程履行旅游合同；对于不同意变更的，则应当根据第六十七条规定，解除旅游合同。

旅游合同变更的法律后果，主要体现在《旅游法》第六十七条第二项关于费用增加、减少的处理上。因为变更旅游行程，可能会因此导致旅游费用的增减，按照本条规定，增加的费用由旅游者承担，对于减少的费用应当退还旅游者。

4. 因客观原因需要采取的安全、安置措施与相关费用承担

《旅游法》第六十七条第三项和第三项规定，在发生危及旅游者人身、财产安全的情况下，旅行社应当采取相应的安全措施，因此支出的费用，由旅行社与旅游者分担；在造成旅游者滞留的情况下，旅行社应当采取相应的安置措施，因此增加的食宿费用，由旅游者承担；增加的返程费用，由旅行社与旅游者分担。发生上述情形，旅行社和旅游者双方都无过错，按照公平原则，相关费用应主要由双方分担。

实训项目1

签订旅游合同

实训目的：通过国家旅游局与国家工商行政管理总局联合制定的《团队境内旅游合同》（示范文本，2014），要求学生准确掌握旅游合同的签订。

实训步骤：第一步，分小组在实训室的计算机或印制的纸质旅游合同范本上认真阅读并熟悉相关内容；第二步，按老师设计的某一旅游产品，填写相关内容；第三步，小组之间相互对照旅游合同签订的要求进行评价；第四步，各小组修正错误。

实训成果：形成一份规范、准确的旅游合同。

实训项目2

旅游合同责任的认定

实训目的：掌握承担旅游合同责任的要件。

实训步骤：第一步，到本地旅游行政管理部门或者旅游质量监督管理所调研，收集本地旅游经营者违约的情况；第二步，按旅游经营者违约类型进行分析整理；第三步，统计出各类型结果。

实训成果：归纳总结本地旅游经营者的主要违约情形。

知识归纳

本章主要介绍了合同的概念与合同法基本原则，合同订立的形式、内容与方式，合同的有效要件与效力，合同的履行和违约责任及其承担等合同法基本知识；同时就旅游服务合同中涉及的主体、内容、订立、变更、解除以及包价旅游合同旅行的规定、旅游法对违约责任的规定等知识，也做了较为详细的说明。

典型案例

旅行社合同欺诈，旅游费用全额返还

申请人王先生称，他与某旅行社签订了旅游服务合同。合同约定，王先生交纳3万元购买"马尔代夫某黄金海岸度假会员资格"后，即可以享受该海岸所有度假消费项目的5折优惠。在交纳了该笔费用后，王先生却意外发现在某论坛上有很多投诉该旅游产品的帖子。心存疑惑的王先生找来自己的合同一看，果然合同中标注的该旅游产品的销售单位与该旅行社签字盖章的单位名称不同，且该旅行社提供的两份材料中旅游目的地名称前后不一致。王

先生遂以该旅行社存在欺诈为由，向仲裁机构申请撤销该旅游服务合同并返还所交费用。

资料来源：http：//www.harbin.gov.cn/info/news/index/detail/363953.htm，2013年哈尔滨仲裁委员会十大案例，有所改动。

请问：仲裁机构会支持申请人的仲裁请求吗？为什么？

【案例解析】仲裁机构会支持申请人的仲裁请求。因为合同法规定一方以欺诈、胁迫的手段或者乘人之危，使对方在违背真实意思的情况下订立的损害对方当事人的合同，受损害方有权请求人民法院或者仲裁机构变更或者撤销。该旅行社提供虚假资料、混淆概念、误导消费者等行为属于欺诈行为，撤销该合同的理由成立。申请人向仲裁机构提出申请之后，仲裁机构就可以支持申请人的仲裁请求。

复习思考题

一、单项选择题

1. （　　）是合同当事人的自然情况，是合同必须具备的首要条款。
    A. 合同标的
    B. 合同数量
    C. 合同当事人的名称或者姓名和住所
    D. 违约责任

2. 旅游业务运作过程中，属于要约的是（　　）。
    A. 宾馆在总台房价表上标注"八折"字样
    B. 没有主要条款的旅行社广告
    C. 旅行社即将寄送的价目表
    D. 旅行社给游客提供的线路选择方案

3. 甲旅行社与乙旅行社签订合同后都没有按照合同约定履行义务，因此，（　　）违约责任。
    A. 双方当事人都不承担
    B. 无论双方损失比例大小，均应平均承担
    C. 双方当事人都应承担
    D. 后违约的一方不应承担

4. 根据合同法规定，一方当事人利用优势或利用对方没有经验，致使对方订立的合同所规定的权利和义务明显违反公平、等价有偿原则，受损害一方可以（　　）。
    A. 自行撤销合同并告知对方当事人，合同归于无效
    B. 不予履行合同，合同自开始就没有效力
    C. 向人民法院或仲裁机构申请撤销合同，使合同归于无效
    D. 向旅游行政执法机构投诉撤销合同，使合同归于无效

5. 根据《合同法》规定，违反合同一方要承担违约责任，承担违约责任的方式不包括（　　）。
    A. 继续履行
    B. 采取补救措施
    C. 仲裁解决
    D. 赔偿损失

6. 狭义的旅游合同是指（　　）之间设立、变更、终止旅游活动过程中民事权利义务关

系的协议。

  A. 旅行社与旅游酒店   B. 旅行社与旅游者

  C. 旅行社与旅游交通   D. 旅行社与旅游景区

7. 依照国家主管机关的命令或法院的指定而发生的代理属于(　　)。

  A. 法定代理   B. 行政代理

  C. 职务代理   D. 委托代理

8. 以下属于"可撤销合同"的是(　　)。

  A. 当事人主体不合格的合同

  B. 无效代理订立的合同

  C. 损害社会公共利益的合同

  D. 使对方在违背真实意思情况下订立的合同

9. 收取定金的一方不履行约定的义务，应当(　　)。

  A. 等额返还定金   B. 返还定金并支付20%的违约金

  C. 返还定金并支付50%的违约金   D. 双倍返还定金

10. 《旅游法》第七十一条规定由于地接社、履行辅助人的原因导致违约的，由(　　)承担责任。

  A. 地接社   B. 组团社

  C. 履行辅助人   D. 旅游者

二、多项选择题

1. 合同主体的资格有(　　)。

  A. 具备完全民事行为的自然人   B. 各类法人

  C. 非法人社会组织   D. 法定代理   E. 委托代理

2. 合同当事人之间订立合同的形式主要有(　　)。

  A. 口头形式   B. 书面形式   C. 推定形式

  D. 默示形式   E. 要约承诺形式

3. 根据合同法，合同履行的担保形式主要有(　　)。

  A. 保证   B. 抵押   C. 质押

  D. 留置   E. 定金

4. 合同法的基本原则包括(　　)。

  A. 当事人法律地位平等原则   B. 合同自愿原则   C. 合同公平原则

  D. 诚实信用原则   E. 遵守法律和维护公德原则

5. 下面表述中属于"要约邀请"的有(　　)。

  A. 景区售票处明确表明的各类门票的实际销售价格

  B. 旅行社打出"九寨四日游"广告，无其他任何条款说明

  C. 旅行社打出的"昆明大理丽江双飞五日游，住五星级酒店，价格2 800元，天天发团，优质服务"的广告

  D. 宾馆总台房价表明确标示"八折"字样

E. 旅行社在其宣传广告中声明"以我方最后确认为准"
6. 合同法规定的缔约过失责任包括了以下(　　)情形。
   A. 假借订立合同，恶意进行磋商
   B. 故意隐瞒与订立合同有关重要事实或者提供虚假情况
   C. 有其他违背诚实信用原则的行为
   D. 有其他违背公平正义原则的行为
   E. 泄露或不正当使用对方的商业秘密
7. 在格式合同订立中，提供格式条款的一方当事人应当遵循的原则有(　　)。
   A. 应当按照公平原则确定当事人之间的权利义务
   B. 应当优先考虑当事人一方自身的利益
   C. 应当采取合理的方式提请对方注意免除其责任的条款
   D. 应当采取合理的方式提请对方注意限制其责任的条款
   E. 应当按照对方的要求对免除或限制其责任的条款予以说明
8. 根据合同法规定，合同变更的要件是(　　)。
   A. 原已存在有效的合同关系　　　B. 合同内容发生变化
   C. 经过当事人协商一致　　　　　D. 合同主体的变更
   E. 依照相关法规规定
9. 根据合同法规定，协议解除合同应具备的有效要件是(　　)。
   A. 当事人具有相应的行为能力　　B. 意思表示真实
   C. 采取适当形式　　　　　　　　D. 内容不违反法律规定
   E. 内容不违背社会公共利益

三、判断题

1. 不具有相应民事权利能力和民事行为能力的当事人订立的合同属于无效合同。(　　)
2. 合同的权利义务终止后，当事人协助、保密义务也就终止了。(　　)
3. 对格式条款有两种以上解释的，应当做出有利于提供格式条款一方的解释。(　　)
4. 在合同履行定金担保方式中，如果接受定金的合同一方当事人违约时，则须如数返还定金。(　　)
5. 一般来说，有效承诺的方式应该与要约方式对等或者低于要约方式。(　　)
6. 根据法律规定，因自然灾害不能履行合同的，应根据其影响，部分或全部免除违约责任。(　　)
7. 在旅游活动中，由于旅游活动的复杂性，尤其是涉及旅游者的人身、财产责任，经常发生违约责任与侵权责任竞合的情形，这时旅游者可以要求赔偿违约责任或者侵权责任。(　　)
8. 《旅游法》规定：旅行社具备履行条件，经旅游者要求仍拒绝履行合同，造成旅游者人身损害、滞留等严重后果的，旅游者还可以要求旅行社支付旅游费用一倍以上三倍以下的赔偿金。(　　)

四、简答题

1. 《合同法》的基本原则有哪些?
2. 订立包价旅游合同时,旅行社应当向旅游者告知的事项有哪些?
3. 合同的有效要件有哪些?
4. 承担违约责任主要有哪些方式?
5. 缔约责任的赔偿范围有哪些?
6. 《合同法》规定,当事人可以解除合同的情形有哪些?
7. 按照《旅游法》规定,组团社在哪些情况下可以解除合同?

第五章

旅行社管理法律制度

> **学习目标**

1. 熟悉旅行社的概念与经营范围，熟悉和掌握旅行社的设立。
2. 掌握旅行社经营原则，经营规范与法律责任。
3. 熟悉旅行社的权利与义务。
4. 熟悉旅游服务质量保证金制度，旅行社服务质量赔偿标准。

> **实训要求**

1. 实训项目：旅行社经营规范及其法律责任的整理。
2. 实训目的：掌握旅行社经营规范及其法律责任。

旅行社经营管理中主要适用的法律法规有：2013年10月1日起实施的《中华人民共和国旅游法》（以下简称《旅游法》），2009年5月1日起施行的《旅行社条例》（以下简称《条例》），2009年5月3日起施行的《旅行社条例实施细则》（以下简称《实施细则》）。全国人大常委会通过的《旅游法》于2013年10月1日施行。2016年2月6日，国务院发布于同日生效的《国务院关于修改部分行政法规的规定》，对于《旅行社条例》的部分内容进行了修改。2016年12月12日，国务院旅游主管部门发布并于同日生效的决定对《旅行社条例实施细则》部分条款进行修改。

第一节 旅行社的设立

一、旅行社概述

（一）旅行社的概念

《旅行社条例》第二条规定："本条例所称旅行社，是指从事招徕、组织、接待旅游者等活动,为旅游者提供相关旅游服务,开展国内旅游业务、入境旅游业务或者出境旅游业务的企业法人。"

对这一概念可以从以下三方面去理解：

第一,旅行社必须经许可才能从事旅游服务活动。旅行社从事旅游服务活动必须经旅游行政管理部门审核批准,未经有审批权的旅游行政管理部门审批,任何单位和个人不得经营旅游业务。

第二,旅行社业务经营活动是招徕、组织、接待旅游者等活动,为旅游者提供相关旅游服务。根据《实施细则》第二条规定：招徕、组织、接待旅游者提供的相关旅游服务,主要包括：①安排交通服务；②安排住宿服务；③安排餐饮服务；④安排观光游览、休闲度假等服务；⑤导游、领队服务；⑥旅游咨询、旅游活动设计服务。

旅行社还可以接受委托,提供下列旅游服务：①接受旅游者的委托,代订交通客票、代订住宿和代办出境、入境、签证手续等；②接受机关、事业单位和社会团体的委托,为其差旅、考察、会议、展览等公务活动,代办交通、住宿、餐饮、会务等事务；③接受企业委托,为其各类商务活动、奖励旅游等,代办交通、住宿、餐饮、会务、观光游览、休闲度假等事务；④其他旅游服务。

第三,旅行社是以营利为目的的企业法人。旅行社在经营过程中具有自主经营、自负盈亏、获取有偿服务、实现利润的性质,同时,又能以自己所有或管理的财产独立承担民事责任的特征。

（二）旅行社的经营范围

旅行社的经营范围是指旅行社经营的服务项目和开展业务活动的地域范围。根据《旅游法》规定,旅行社的经营范围如下：

1. 境内旅游业务

境内旅游,是指在中华人民共和国领域内,除香港特别行政区、澳门特别行政区以及台湾地区之外的地区进行的旅游活动。

2. 出境旅游

根据《出境入境管理法》第八十九条的规定："出境,是指由中国内地前往其他国家或者地区,由中国内地前往香港特别行政区、澳门特别行政区,由中国大陆前往台湾地区。"据此,出境旅游包括：一是中国内地居民前往其他国家或地区旅游；二是中国内地居民赴香港特别行政区、澳门特别行政区旅游；三是中国大陆居民前往台湾地区旅游；四是在中国内地的外国人、无国籍人、在内地的香港特别行政区、澳门特别行政区居民和在大陆的台湾地区居民前往其他国家或地区旅游。

3. 边境旅游

《出境入境管理法》第九十条对边境地区居民往来做出了特别规定,即"经国务院批准,同毗邻国家接壤的省、自治区可以根据中国与有关国家签订的边界管理协定制定地方性法规、地方政府规章,对两国边境接壤地区的居民往来做出规定"。据此,边境旅游是指经批准的旅行社组织和接待我国及毗邻国家的公民,集体从指定的边境口岸出入境,在双方政府商定的区域和期限内进行的旅游活动。

4. 入境旅游

根据《出境入境管理法》第八十九条的规定："入境，是指由其他国家或者地区进入中国内地，由香港特别行政区、澳门特别行政区进入中国内地，由台湾地区进入中国大陆。"据此，入境旅游包括：一是其他国家或者地区的旅游者来中国境内旅游；二是香港特别行政区、澳门特别行政区的旅游者来内地旅游；三是台湾地区的旅游者来大陆旅游。另外在实际工作中，在中国境内长期居住的外国人、无国籍人和港澳台居民在境内旅游也作为入境旅游管理。

5. 其他旅游业务

这是兜底条款，如代订旅游服务、代售旅游产品、提供旅游设计、咨询等业务。根据旅游业发展的需要，旅行社可以从事的业务范围还有可能不断拓展。

二、旅行社的设立

（一）经营国内旅游业务和入境旅游业务旅行社的设立

1. 设立条件

《旅游法》第二十八条规定，设立旅行社，招徕、组织、接待旅游者，为其提供旅游服务，应当具备下列条件，取得旅游主管部门的许可，依法办理工商登记：①有固定的经营场所；②有必要的营业设施；③有符合规定的注册资本；④有必要的经营管理人员和导游；⑤法律、行政法规规定的其他条件。

依据《旅行社条例实施细则》和《国家旅游局关于执行〈旅游法〉有关规定的通知》（旅发〔2013〕280号）规定，具体条件包括：

（1）有固定的经营场所。是指在较长的一段时间里为旅行社拥有或能为旅行社的营业用房，或者申请者租用的、租期不少于1年的营业用房；营业用房应当满足申请者业务经营的需要。

（2）有必要的营业设施。应当至少包括2部以上的直线固定电话；传真机、复印机；具备与旅游行政管理部门及其他旅游经营者联网条件的计算机。

（3）符合规定的注册资本。注册资本是旅行社业务经营活动的基础，也是其承担法律责任的依托。出资的形式包括现金，实物、土地使用权等非现金资产。申请经营境内旅游业务和入境旅游业务经营的旅行社，注册资本不少于30万元。

（4）有必要的经营管理人员与导游。必要的经营管理人员是指具有旅行社从业经历或者相关专业经历的经理人员和计调人员；必要的导游是指有不低于旅行社在职员工总数20%且不少于3名、与旅行社签订固定期限或者无固定期限劳动合同的持有导游证的导游。

（5）法律、行政法规规定的其他条件，此为兜底条款，《旅游法》对旅行社设立条件的规定比较原则化，具体条件还有待行政法规细化。

2. 提交的文件

依据《实施细则》第8条的规定，申请设立旅行社经营境内旅游业务和入境旅游业务的，应当向省、自治区、直辖市旅游行政管理部门（以下简称《省级旅游行政管理部门》）提交下列文件：①设立申请书。内容包括申请设立的旅行社的中英文名称及英文缩写，设立地址，企业形式、出资人、出资额和出资方式，申请人、受理申请部门的全称、申请书名称和申请的时间；②法定代表人履历表及身份证明；③企业章程；④经营场所的证明；⑤营业设施、设备的证明或者说明；⑥工商行政管理部门出具的企业法人营业执照。

3. 旅行社的设立登记与许可

（1）登记与许可。我国旅行社登记制度变革后，依据《旅行社条例》《实施细则》规定，旅行社登记、许可具体包括：

1）营业执照的领取。申请人到工商行政管理机关办理设立登记手续，经登记主管机关核准登记注册，领取企业法人营业执照。

2）旅行社业务经营许可证的领取。申请经营境内旅游业务和入境旅游业务的，应当向所在地省级旅游主管部门或者其委托的设区的市级旅游主管部门提出申请，并提交符合"取得企业法人资格并且注册资本不少于30万元"的相关证明文件。受理申请的旅游主管部门应当自受理申请之日起20个工作日内做出许可或者不予许可的决定。予以许可的，向申请人颁发旅行业务经营许可证；不予许可的，书面通知申请人并说明理由。

3）办理税务登记。旅行社正式成立后，申请人应当向当地税务部门办理开业税务登记，经税务部门审核同意，可获得税务登记证。税务登记完成后，旅行社即可开始正式营业。

（二）经营出境旅游业务旅行社的设立

1. 设立条件

（1）旅行社取得经营许可满两年。

（2）未因侵害旅游者合法权益受到行政机关罚款以上处罚的。

2. 申办程序

《旅行社条例》第九条规定：申请经营出境旅游业务的，应当向国务院旅游行政主管部门或者其委托的省、自治区、直辖市旅游行政管理部门提出申请，受理申请的旅游行政管理部门应当自受理申请之日起20个工作日内做出许可或者不予许可的决定。予以许可的，向申请人换发旅行社业务经营许可证；不予许可的，书面通知申请人并说明理由。

（三）通过网络经营旅行社业务的规定

通过网络经营旅行社业务属于在线旅游的范畴，为规范发展在线旅游，《旅游法》第四十八条规定，通过网络经营旅行社业务的，应当依法取得旅行社业务经营许可，并在其网站主页的显著位置标明其业务经营许可证信息。发布旅游经营信息的网站，应当保证其信息真实、准确。

通过网络经营旅游业务的旅行社按照法律规定，必须依法取得旅行社业务经营的许可，与此同时在其网站主页要标明其业务经营许可证信息，并应当载明旅行社的名称、法定代表人、许可证编号和业务经营范围，以及原许可的旅游行政管理部门的投诉电话。并且保证自己发布的旅游经营信息真实、准确，维护旅游者的合法权益并有利于行政部门与社会的有效监督。

（四）外商投资旅行社的设立

1. 外商投资旅行社的分类

外商投资旅行社，包括中外合资经营旅行社、中外合作经营旅行社和外资旅行社。

(1) 中外合资经营旅行社。

中外合资经营旅行社是指外国的服务提供者，包括外国个人、公司、企业和其他经济组织，依照中国法律、法规的规定，在境内同中国合营者，包括公司、企业和其他经济组织共同投资举办的合资经营旅行社。

按照相关法律规定，作为合资经营企业，中外合资经营旅行社具有以下几个主要特点：一是具备企业法人资格，其组织形式为有限责任公司；二是股权式合营企业，合营各方"共同投资、共同经营、按各自的出资比例共担风险、共负盈亏"，即"四共原则"；三是税后分配原则；四是董事会原则。

(2) 中外合作经营旅行社。

中外合作经营旅行社是指外国的服务提供者，包括外国个人、公司、企业和其他经济组织，依照中国法律、法规的规定，在境内同中国合作者，包括公司、企业和其他经济组织，以合作企业合同为基础而共同举办的旅行社。

合作企业合同是合作经营旅行社的基础，该合同的订立，是基于合作各方通过协商，就投资或合作条件、收益分配、风险和亏损的分担、经营管理的方式和合作经营旅行社终止时企业财产的归属等事项达成一致。与合资经营是股权制不同，合作经营是契约式企业。

此外，合作各方达成的投资或合作条件，可以是现金、实物、土地使用权、知识产权、非专利技术，也可以是其他财产权利。

从目前的实际情况看，由于旅行社经营所具有的特点，中外投资者还没有出现选择中外合作经营这种形式。

(3) 外资旅行社。

外资旅行社是指依照中国法律、法规的规定，在中国境内设立的，全部资本由外国个人、公司、企业和其他经济组织投资的旅行社。外资旅行社独立经营、独立核算，并以其认缴的出资额独立承担法律责任。

2. 设立外商投资旅行社的程序

外商投资企业申请经营旅行社业务，应当向所在地省、自治区、直辖市旅游行政管理部门提出申请，并提交符合《旅行社条例》第六条规定条件的相关证明文件。省、自治区、直辖市旅游行政管理部门应当自受理申请之日起30个工作日内审查完毕。予以许可的，颁发旅行社业务经营许可证；不予许可的，书面通知申请人并说明理由。设立外商投资旅行社，还应当遵守有关外商投资的法律、法规。

设立外商投资旅行社，还应当遵守有关外商投资的法律、法规。

小贴士　　**中外合资经营旅行社试点经营出境旅游业务监管暂行办法**

第一条　为了进一步加快旅游业的对外开放，加强国际旅游合作，引进国际先进的旅行社经营模式，促进我国旅行社业的转型升级，提高国际竞争能力，根据《旅行社条例》和国务院《关于加快发展旅游业的意见》，制定本办法。

第二条　国家在试点的基础上，逐步对外商投资旅行社开放经营中国内地居民出境旅游业务。

第三条 中外合资经营旅行社试点经营出境旅游业务应当遵守本办法。

第四条 本办法所称的中外合资经营旅行社试点经营出境旅游业务，是指取得试点资格的中外合资经营旅行社，从事招徕、组织、接待中国内地居民出国旅游和赴香港、澳门特别行政区旅游的经营活动；大陆居民赴台湾地区旅游的除外。

2011年6月国家旅游局宣布，中旅途易旅游有限公司、国旅运通旅行社有限公司、交通公社新纪元国际旅行社有限公司等3家中外合资经营旅行社，获批首批试点资格，经营中国公民出境旅游业务。

3. 经营范围

外商投资旅行社可以经营入境旅游业务和国内旅游业务，不得经营中国内地居民出国旅游业务，以及赴香港特别行政区，澳门特别行政区和台湾地区旅游的业务，但是国务院决定或者我国签署的自由贸易协定和内地香港澳门关于建立更紧密经贸关系的安排，另有规定的除外。

（四）旅行社分支机构的设立

旅行社分社（简称"分社"）及旅行社服务网点（简称"服务网点"），不具有法人资格，以设立分社、服务网点的旅行社（简称"设立社"）的名义从事《旅行社条例》规定的经营活动，其经营活动的责任和后果，由设立社承担。

1. 旅行社分社的设立

原国家旅游局《关于旅行社设立分社有关事宜的通知》（旅办发〔2010〕56号）文件对设立分社做了具体要求。

（1）分社的设立范围。根据《旅行社条例》第十条，旅行社分社的设立不受地域限制，即分社可以在设立社所在行政区域内设立，也可以在全国范围内设立。

（2）旅行社设立分社的数量。《旅行社条例》和《旅行社条例实施细则》均没有对旅行社设立分社数量做限制，旅行社设立分社的数量，包括在同一区域、同一城市设立分社的数量，由旅行社根据经营服务的需要决定，旅游行政管理部门应该会同工商行政管理部门加强指导、规范。

（3）出境游旅行社设立分社的类型。根据《旅行社条例》第十条，分社的经营范围不得超出设立分社的旅行社的经营范围。按此，经营出境旅游业务的旅行社可以根据市场发展需要来设立分社，即既可设立只经营国内旅游业务和入境旅游业务的分社，也可以设立只经营出境旅游业务的分社，还可以设立经营国内、入境和出境旅游业务的分社，增存的质量保证金分别为5万元、30万元、35万元。

（4）赴台游旅行社跨省级行政区域设立的分社，一律不得经营赴台游业务，在本省级行政区域内设立的分社只能从事赴台游客招徕业务。

（5）分社增存质量保证金的管辖地。根据《旅行社条例》第十四条，旅行社设立分社，应当向本社质量保证金账户增存相应数量的质量保证金，而非在分社设立地开设质保金账户增存质量保证金。

（6）办理分社营业执照。旅行社设立分社的，应当向分社所在地的工商行政管理部门办理设立登记，领取分社营业执照。分社的名称中应当包含设立社名称、分社所在地地名和"分社"或者"分公司"字样。旅行社分社的设立不受地域限制。分社的经营范围不得超出设立分社的旅行社的经营范围。

(7) 办理旅行社分社备案登记证明。设立社自分社设立登记之日起3个工作日内向分社所在地的旅游行政管理部门备案，领取旅行社分社备案登记证明。应当持下列文件向分社所在地同级的旅游行政管理部门备案：

1) 设立社的旅行社业务经营许可证副本和企业法人营业执照副本。
2) 分社的营业执照。
3) 分社经理的履历表和身份证明。

2. 旅游服务网点的设立

旅行社服务网点是指旅行社设立的门市部等销售机构，为旅行社招徕旅游者，并以旅行社的名义与旅游者签订旅游合同的网点。其服务网点的区域范围，应当在设立社所在地设区的市的行政区划内。服务网点应该设在方便旅游者认识和出入的公众场所。

国家旅游局《关于放宽旅行社设立服务网点政策有关事项的通知》（旅发〔2015〕211号）文件明确规定：允许设立社在所在地的省（市、区）行政区划内及其分社所在地的设区的市的行政区划内设立服务网点，不受数量限制。

(1) 在设立社所在地的省（市、区）行政区划内设立服务网点。在设立社所在地的省（市、区）行政区划内设立服务网点的，设立社向服务网点所在地工商行政管理部门办理服务网点设立登记后，应当在3个工作日内，持设立社营业执照副本、设立社旅行社业务经营许可证副本、服务网点的营业执照、服务网点经理的履历表和身份证明向服务网点所在地与工商登记同级的旅游主管部门备案。

(2) 在分社所在地设区的市的行政区划内设立服务网点。旅行社在其分社所在地设区的市的行政区划内设立服务网点的，设立社向服务网点所在地工商行政管理部门办理服务网点设立登记后，应当在3个工作日内，持设立社营业执照副本、设立社旅行社业务经营许可证副本、分社的营业执照、旅行社分社备案登记证明、服务网点的营业执照、服务网点经理的履历表和身份证明向服务网点所在地与工商登记同级的旅游主管部门备案。

三、旅行社的变更与终止

（一）办理变更登记

旅行社变更名称、经营场所、法定代表人、出资人、经营范围、经营方式、注册资本、经营期限等登记事项变更的，应当到工商行政管理部门办理相应的变更登记，并在登记办理完毕之日起10个工作日内，持已变更的企业法人营业执照向原许可的旅游行政管理部门备案，换领旅行社业务经营许可证。

（二）办理注销登记

旅行社终止经营的，应当到工商行政管理部门办理注销手续，并在注销登记完毕之日起10个工作日内持工商行政管理部门出具的注销文件，向原许可的旅游行政管理部门备案，交回旅行社业务经营许可证。

第二节　旅行社管理法律制度

一、旅行社经营许可证管理制度

《旅游法》第二十八条规定，设立旅行社，应当具备规定的条件，取得旅游主管部门许可，依法办理工商登记。这表明，在我国旅行社业为许可经营行业。

（一）旅行社业务经营许可证的定义

旅行社业务经营许可证（以下简称"许可证"），是指有许可权的旅游主管部门颁发的，证明持证人具有从事旅游业务经营资格的凭证。为保证许可证的权威性、严肃性和统一性，许可证和副本由文化和旅游部制定统一样式，国家旅游主管部门和省级旅游主管部门分别印制。未取得旅行社业务经营许可证的，不得从事旅行社业务经营活动。

（二）旅行社业务经营许可证的管理

1. 旅行社业务经营许可证的明示

旅行社及其分社、服务网点应当将旅行社业务经营许可证、旅行社分社备案登记证明或旅行社服务网点备案登记证明，与营业执照一起悬挂在经营场所的显要位置，以便有关部门监督检查以及旅游者和其他企业识别。

《旅游法》第九十五条规定，旅行社违反本法规定，未经许可经营旅行社业务的，由旅游主管部门或者工商行政管理部门责令改正，没收违法所得，并处 1 万元以上 10 万元以下罚款；违法所得 10 万元以上的，并处违法所得 1 倍以上 5 倍以下罚款；对有关责任人员，处 2 000 元以上 2 万元以下罚款；未经许可经营出境旅游、边境旅游业务的，除依照以上规定处罚外，并责令停业整顿；情节严重的，吊销旅行社业务经营许可证；对直接负责的主管人员，处 2 000 元以上 2 万元以下罚款。依据《实施细则》第五十七条，旅行社及其分社、服务网点未悬挂旅行社业务经营许可证、备案登记证明的，由县级以上旅游主管部门责令改正，可以处 1 万元以下的罚款。

2. 旅行社业务经营许可证不得非法转让、出租或者出借

《旅游法》第三十条规定，旅行社不得出租、出借旅行社业务经营许可证，或者以其他形式非法转让旅行社业务经营许可证。非法转让是指旅行社没有通过法律、法规允许的转让方式、程序等要求转让业务经营许可证的非法行为。出租是指将旅行社业务经营许可证件租赁给他人使用并收取租金的非法行为。出借是指无偿将旅行社业务经营许可证借给他人使用的非法行为。

《旅游法》第九十五条规定，旅行社违反本法规定，出租、出借旅行社业务经营许可证，或者以其他方式非法转让旅行社业务经营许可证的，由旅游主管部门或者工商行政管理部门责令停业整顿，没收违法所得，并处 1 万元以上 10 万元以下罚款；违法所得 10 万元以上的，并处违法所得 1 倍以上 5 倍以下罚款；对有关责任人员，处 2 000 元以上 2 万元以下罚款；情节严重的，吊销旅行社业务经营许可证；对直接负责的主管人员，处 2 000 元以上 2 万元以下罚款。

违反《旅游法》《条例》及《实施细则》关于许可证规定的旅行社，被吊销旅行社业务经营许可证的，由做出处理决定的旅游主管部门通知工商行政管理部门吊销其营业执照。

《旅游法》第一百零三条规定，旅行社违反本法规定受到吊销旅行社业务经营许可证处罚的旅行社的有关管理人员，自处罚之日起未逾3年的，不得重新从事旅行社业务。

二、旅行社公告制度

（一）旅行社公告制度的定义

旅行社公告制度是指相关行政管理部门对其具体行政行为，通过报刊、网络或者其他形式向社会公开发布告知的管理制度。

（二）旅行社公告制度的内容

依据《条例》第四十二条，旅游、工商、价格等行政管理部门应当及时向社会公告监督检查的情况。公告的内容包括旅行社业务经营许可证的颁发、变更、吊销、注销情况，旅行社的违法经营行为以及旅行社的诚信记录、旅游者投诉信息等。

（三）履行公告职责的部门

公告制度中，旅游、工商、价格等行政管理部门是履责部门，应当在县级以上或者上级旅游主管部门的政府网站向社会发布检查的公告。

（四）公告的具体内容和期限

国家或者省级旅游主管部门应当在做出许可决定或者备案后20个工作日内向社会公告，具体内容：保证金存缴数额降低，旅行社业务经营许可证颁发、变更和注销的情况。做出处理决定的旅游主管部门，在处罚生效后10个工作日内向社会公告，具体内容：旅行社违法经营或者被吊销旅行社业务经营许可证的情况。处理投诉的旅游主管部门每季度向社会公告，具体内容：旅游者对旅行社的投诉信息。旅行社的诚信记录是一个系统的、综合相关要素形成的完整表现，可定期进行公告。

三、旅行社市场监督管理制度

（一）旅行社的监管部门及其职责

旅行社市场监督管理制度是指对旅行社及旅行社业务经营活动进行监督管理，实行以旅游管理部门为主管部门的分级管理，相关行政部门与旅游主管部门共同负责监管，在各自的权限范围内依法对旅行社行使监管权，对违法行为做出处理的制度。

1. 旅游主管部门及其职责

国务院旅游主管部门负责全国旅行社的监督管理工作。按照属地管理的原则，地方各级旅游主管部门负责本行政辖区内旅行社的监管工作。

（1）国务院旅游主管部门的主要监管职责是：贯彻执行相关旅行社的法律、法规；制定有关旅行社监管的部门规章、政策、标准；审批旅行社经营出境旅游业务；依法对旅行社及其业务经营活动行使监管权；负责查处违反条例并在全国范围内有重大影响的违法行为。

（2）县级以上地方人民政府旅游主管部门的主要监管职责是：贯彻执行相关旅行社的

法律、法规和规章；依法对旅行社及其业务经营活动行使监管权；负责查处本行政区域内违反条例的违法行为。其中，对在全省或全市范围内有重大影响的，由省级或者市级旅游局负责查处。

2. 相关行政管理部门及其职责

工商、价格、商务、外汇等相关部门应按职责分工，依法对旅行社进行监管。例如，工商行政管理机关作为企业登记的主管部门，有权对旅行社相关登记事宜实施监管；企业低于成本经营的违法行为，价格部门依法有权监管。

（二）旅行社的监管部门的权利与义务

1. 监管部门的权利

（1）依据《旅游法》第八十五条、第八十七条，县级以上人民政府旅游主管部门有权对下列事项实施监督检查：经营旅行社业务是否取得经营、执业许可、旅行社的经营行为。在实施监督检查时，可以对涉嫌违法的合同、票据、账簿以及其他资料进行查阅、复制。有关单位和个人应当配合依法实施的监督检查，如实说明情况并提供文件、资料，不得拒绝、阻碍和隐瞒。

（2）依据《条例》第四十四条，旅游主管部门对旅行社及其分社的旅游合同、服务质量、旅游安全、财务账簿等情况有权进行监督检查，旅行社应当按照国家有关规定向旅游主管部门报送经营和财务信息等统计资料。

2. 监管部门的义务

（1）及时公告的义务。旅游主管部门和有关部门应当按照各自职责，及时向社会公布监督检查的情况。

（2）持证监管的义务。旅游主管部门和有关部门依法实施监督检查，其监督检查人员不得少于2人，并应当出示合法证件。监督检查人员少于2人或者未出示合法证件的，被检查单位和个人有权拒绝。

（3）秉公执法的义务。旅游主管部门履行监督管理职责，不得违反法律、行政法规的规定向监督管理对象收取费用。旅游主管部门及其工作人员不得参与任何形式的旅游经营活动。

（4）依法保密的义务。监督检查人员对在监督检查中知悉的被检查单位的商业秘密和个人信息应当依法保密。

（三）旅行社行业组织的监督管理

旅行社行业组织又称旅行社行业协会，是指旅行社为实现本行业的共同利益和共同目标，在自愿加入的基础上组成的民间组织。

依据《旅游法》第九十条，依法成立的旅行社行业组织依照法律、行政法规和章程的规定，应当制定行业经营规范和服务标准，对其会员的经营行为和服务质量进行自律管理，组织开展职业道德教育和业务培训，提高旅行社从业人员素质。

四、旅游服务质量保证金制度

为加强对旅行社服务质量的监督和管理，保护旅游者的合法权益，《旅游法》第三十一条规定，旅行社应当按照规定交纳旅游服务质量保证金。在《条例》《实施细则》《旅游服务质量保证金存取管理办法》中也对旅行社质量保证金制度的内容进行了明确的规定与完善。

（一）保证金的使用

1. 保证金的定义

依据《办法》第二条规定，旅游服务质量保证金是指根据《旅游法》及《条例》，由旅行社在指定银行缴存或由银行担保提供的一定数额用于旅游服务质量赔偿支付和团队旅游者人身安全遇有危险时紧急救助费用垫付的资金。

2. 保证金的使用范围

依据《旅游法》第三十一条规定：旅行社应当按照规定交纳旅游服务质量保证金，用于旅游者权益损害赔偿和垫付旅游者人身安全遇有危险时紧急救助的费用。

小知识　关于旅行社设立分社增存质量保证金数额的批复

旅监管发〔2009〕265号

四川省旅游局：

你局《关于设立分社质保金数额认定的请示》（川旅〔2009〕88号）收悉。现函复如下：

一、根据《旅行社条例》第十四条规定，许可经营出境旅游业务的旅行社每设立一个经营国内旅游业务和入境旅游业务的分社，应当向其质量保证金账户增存5万元；每设立一个经营出境旅游业务的分社，应当向其质量保证金账户增存30万元；每设立一个经营国内旅游业务、入境旅游业务和出境旅游业务的分社，应当向其质量保证金账户增存35万元。

二、根据我局《关于实施〈旅行社条例〉》和《〈旅行社条例实施细则〉有关问题的通知》（旅监管发〔2009〕231号）第三条，旅行社在降低质量保证金比例后设立分社，其应当增存质量保证金的数额相应分别为2.5万元、15万元和17.5万元。

此复。

国家旅游局
二〇〇九年八月二十六日

（二）保证金的交纳

1. 保证金的交纳期限

依据《条例》第十三条规定，旅行社应当自取得旅行社业务经营许可证之日起3个工作日内，在国务院旅游主管部门指定的银行开设专门的质量保证金账户，存入质量保证金，或者向做出许可的旅游行政管理部门提交依法取得的担保额度不低于相应质量保证金数额的银行担保。

2. 保证金的交纳标准

经营境内旅游业务和入境旅游业务的旅行社，应当存入保证金20万元；经营出境旅游业务的旅行社，应当增存保证金120万元，经营境内旅游业务、入境旅游业务和出境旅游业务的旅行社，应当存入保证金 140 万元。

旅行社每设立一个经营境内旅游业务和入境旅游业务的分社，应当向其保证金账户增存 5 万元；每设立一个经营出境旅游业务的分社，应当向其保证金账户增存 30 万元；每设立一个经营境内旅游业务、入境旅游业务和出境旅游业务的分社，应当向其保证金账户增存 35 万元。

3. 保证金的交纳方法

《条例》规定了两种保证金的交纳方法，旅行社可自行选择。

（1）将现金存入指定银行的专门账户。国务院旅游主管部门本着公开、公平、公正的原则，指定符合法律、法规规定并提出申请的中国境内商业银行作为保证金的存储银行。接受存储的银行应当为旅行社开设保证金专用账户。

（2）提交银行担保。由旅行社向做出许可的旅游主管部门提交担保数额不低于保证金交纳标准的银行担保。规定该交纳方法的目的，是降低旅行社的经营成本、避免资金闲置而允许的一种信用支持。

4. 保证金的存期

依据《实施细则》第十四条，旅行社在指定范围内选择银行存入保证金的，应当设立独立账户，存期由旅行社确定，但不得少于 1 年。账户存期届满 1 个月前，旅行社应当办理续存手续或者提交银行担保。

（三）保证金的管理

1. 保证金的所有权归属

保证金属于交纳的旅行社所有。旅行社因解散或破产清算、业务变更或撤减分社减交、三年内未因侵害旅游者合法权益受到行政机关罚款以上处罚而降低保证金数 50% 等原因，需要支取保证金时，须向许可的旅游行政主管部门提出，许可的旅游行政主管部门审核出具旅游服务质量保证金取款通知书。银行根据旅游服务质量保证金取款通知书，将相应数额的保证金退还给旅行社。

2. 保证金的动态管理

为激励旅行社合法经营，形成有序的市场环境，促进旅游业健康发展，我国实行了保证金动态管理。保证金动态管理包括降低交纳标准、退还已交纳的保证金和补足保证金两方面，通过这"一放、一收"两个方面实现有效的动态管理。

（1）保证金的标准降低和退还规定。旅行社自交纳或者补足质量保证金之日起 3 年内未因侵害旅游者合法权益受到行政机关罚款以上处罚的，旅游行政管理部门应当将旅游服务质量保证金的缴存数额降低 50%，并向社会公告。旅行社可凭省级旅游行政管理部门出具的凭证减少其质量保证金。

有权力降低保证金交纳标准的机关，应当是原许可的旅游行政管理部门，旅游行政管理部门在收到旅行社的请求后，应当在 10 个工作日内做出是否降低质量保证金交纳标准的决定。

（2）保证金的补足规定。旅行社在旅游行政管理部门使用质量保证金赔偿旅游者的损失，或者依法减少质量保证金后，因侵害旅游者合法权益受到行政机关罚款以上处罚的，应当在收到旅游主管部门补交质量保证金的通知之日起 5 个工作日内补足质量保证金。

（3）保证金的存入、续存、增存规定。旅行社存入、续存、增存保证金后 7 个工作日内,应当向做出许可的旅游主管部门提交存入、续存、增存保证金的证明文件,以及与银行达成的使用保证金的协议。依据《条例》第四十八条,旅行社未在规定期限内向其质量保证金账户存入、增存、补足质量保证金或者提交相应的银行担保的,由旅游行政管理部门责令改正;拒不改正的,吊销旅行社业务经营许可证。

(四)旅行社服务质量赔偿标准

1.《旅行社服务质量赔偿标准》的制定目的

为了提高旅游服务质量,规范旅行社经营,保护旅游者合法权益,2011年4月12日,国务院旅游主管部门印发《旅行社服务质量赔偿标准》(以下简称《赔偿标准》)。旅行社不履行合同或者履行合同不符合约定的服务质量标准,旅游者和旅行社对赔偿标准未做出合同约定的,旅游主管部门或者旅游质监执法机构在处理相关旅游投诉时,参照适用赔偿标准。

2.《旅行社服务质量赔偿标准》的具体内容

(1)因旅行社的原因不能成行的。《赔偿标准》第四条规定,旅行社与旅游者订立合同或收取旅游者预付旅游费用后,因旅行社原因不能成行的,旅行社应在合理期限内通知旅游者,否则要承担赔偿责任。详见表5-1。

国内旅游应提前7日(不含7日)通知旅游者,否则应向旅游者全额退还预付旅游费用,并按下述标准向旅游者支付违约金:出发前7日(含7日)至4日,支付旅游费用总额10%的违约金;出发前3日至1日,支付旅游费用总额15%的违约金;出发当日,支付旅游费用总额20%的违约金。

出境旅游(含赴台游)应提前30日(不含30日)通知旅游者,否则应向旅游者全额退还预付旅游费用,并按下述标准向旅游者支付违约金:出发前30日至15日,支付旅游费用总额2%的违约金;出发前14日至7日,支付旅游费用总额5%的违约金;出发前6日至4日,支付旅游费用总额10%的违约金;出发前3日至1日,支付旅游费用总额15%的违约金;出发当日,支付旅游费用总额20%的违约金。

表5-1 签订合同后因旅行社原因不能成行的赔偿标准

提前通知旅游者天数		未提前7日通知的,向旅游者全额退还预付费用,并按下述标准向旅游者支付违约金			
国内旅游	提前7日(不含7日)	出发前7日(含7日)至4日		出发前3日至1日	出发当日
		旅游费用总额10%违约金		旅游费用总额15%违约金	旅游费用总额20%违约金
出境旅游	提前30日(不含30日)	未提前30日通知的,向旅游者全额退还预付费用,并按下述标准向旅游者支付违约金			
		出发前30至15日	出发前14至7日	出发前6至4日	出发前3至1日	出发当日
		旅游费用总额2%的违约金	旅游费用总额5%的违约金	旅游费用总额10%的违约金	旅游费用总额15%的违约金	旅游费用总额20%的违约金

(2)旅行社擅自转、拼团的。旅行社未经旅游者同意,擅自将旅游者转团、拼团的,旅行社应向旅游者支付旅游费用总额25%的违约金。解除合同的,还应向未随团出行的旅游者全额退还预付旅游费用,向已随团出行的旅游者退还未实际发生的旅游费用。

(3)歧视性收费的。在同一旅游行程中,旅行社提供相同服务,因旅游者的年龄、职业等差异增收费用的,旅行社应返还增收的费用。

(4)因旅行社的原因未乘坐预定的交通工具的。因旅行社原因造成旅游者未能乘坐预定的公共交通工具的,旅行社应赔偿旅游者的直接经济损失,并支付直接经济损失20%的违约金。

(5)安排的旅游活动和服务不符合约定的。旅行社安排的旅游活动及服务档次与合同不符,造成旅游者经济损失的,旅行社应退还旅游者合同金额与实际花费的差额,并支付同额违约金。

(6)提供的服务不符合标准的。领队未按照国家或旅游行业对旅游者服务标准提供导游或者领队服务,影响旅游服务质量的,旅行社应向旅游者支付旅游费用总额1%～5%的违约金,本赔偿标准另有规定的除外。

(7)违反合同约定的。《赔偿标准》第十条规定,旅行社及导游或领队违反旅行社与旅游者的合同约定,损害旅游者合法权益的,旅行社按下述标准承担赔偿责任(见表5-2):

表5-2 旅行社及导游或领队违反旅行社与旅游者的合同约定的赔偿

损害旅游者权益的情况	承担的赔偿责任
擅自缩短游览时间、遗漏旅游景点、减少旅游服务项目的	旅行社应赔偿未完成约定旅游服务项目等合理费用,并支付同额违约金。遗漏无门票点,每遗漏一处旅行社向旅游者支付旅游费用总额5%的违约金
未经旅游者签字确认,擅自安排合同约定以外的用餐、娱乐、医疗保健、参观等另行付费项目的	旅行社应承担另行付费项目的费用
未经旅游者签字确认,擅自违反合同约定增加购物次数、延长停留时间的	每次向旅游者支付旅游费用总额10%的违约金
强迫或者变相强迫旅游者购物的	每次向旅游者支付旅游费用总额20%的违约金
旅游者在合同约定的购物场所所购物品系假冒伪劣商品的	旅行社应负责挽回或赔偿旅游者的直接经济损失
私自兜售商品的	旅行社应全额退还旅游者购物价款

(8)终止提供旅游服务的。旅行社违反合同约定,中止对旅游者提供住宿、用餐、交通等旅游服务的,应当负担旅游者在被中止旅游服务期间所订的同等级别的住宿、用餐、交通等必要费用,并向旅游者支付旅游费用总额30%的违约金。

第三节 旅行社的经营与法律责任

一、旅行社的经营原则

《旅行社条例》第四条规定,旅行社在经营活动中应当遵循自愿、平等、公平、诚信的原则，提高服务质量，维护旅游者的合法权益，这就是明确了旅行社在经营过程中，应当遵循以下四个原则：

（一）自愿原则

旅行社不得违背旅游者的意愿，不得以欺诈、胁迫等手段强迫旅游者与自己签订旅游合同，旅游者有权自己选择旅游产品。我国《民法通则》把自愿原则作为一项基本原则，即一切民事活动都必须遵守这一原则。凡以欺诈、胁迫等手段或者乘人之危，使对方在违背真实意愿的情况下所做的民事行为均为无效的民事法律行为。

（二）平等原则

平等原则是指旅行社在经营活动中，与旅游者签订旅游合同时，无论合同当事人地位、权势有无差异，在权利与义务方面的约定都必须经过平等协商，不得将自己的意志强加给对方。同时平等原则要求法律、法规对交易者双方提供平等的法律保障与保护。

（三）公平原则

公平原则是指旅行社与旅游者在权利义务、承担民事责任等方面应当公平合理。此原则要求旅行社提供的服务与旅游者支付的旅游费用具有对等性；同时在经营活动中兼顾他人和社会利益，保证公正交易和公平竞争。

（四）诚信原则

诚信原则，即诚实信用原则。诚实是指旅行社在招徕、组织、接待旅游者时，不得对旅游者有隐瞒、欺骗等行为；信用是指旅行社在履行合同时应善意、全面地进行，按双方约定或法律规定的旅游项目、标准或档次提供服务。此外，旅行社在开展业务经营活动中，还应遵守社会公认的商业道德。

二、旅行社的权利

（一）自主签订旅游合同的权利

旅行社有权自主地与任何团体和个人（旅游者）签订旅游服务合同。在此类合同关系中，旅行社与合同另一方当事人法律地位平等，应按平等、自愿、等价有偿的原则履行合同。

（二）收取合理旅游费用的权利

旅游费用是作为旅行社提供服务的报酬，也是合同价金。合理的旅游费用必须与旅行社提供的服务相称，必须符合国家有关法律和物价政策的规定。

（三）要求旅游者正确履行旅游合同的权利

旅行社有权要求旅游者按照包价旅游合同规定的时间、路线、方式进行旅游，有权要求旅游者遵守法律、法规的相关规定。具体包括：①要求旅游者如实提供旅游所必需的个人信息，按时提交相关证明文件；②要求旅游者遵守旅游合同约定的旅游行程安排，妥善保管随身物品；③出现突发公共事件或者其他危急情形，以及旅行社因违反旅游合同约定采取补救措施时，要求旅游者配合处理防止扩大损失，以将损失降到最低限度；④拒绝旅游者提出的超出旅游合同约定的不合理要求；⑤制止旅游者违背旅游目的地的法律、风俗习惯的言行；

⑥对于损害其合法权益的旅游者,有权要求赔偿其合理损失。

三、旅行社的经营规则

(一)依法从事旅游经营活动

1. 按照核定的业务范围开展经营活动

义务:《旅游法》《条例》《实施细则》规定了旅行社业务范围。旅行社应当按照核定的业务范围开展经营活动,严禁超范围经营。

超范围经营包括:①未取得相应的旅行社业务经营许可,经营境内旅游、出境旅游、边境旅游、入境旅游、其他旅游业务;②分社超出设立分社的旅行社的经营范围经营旅游业务的;③旅行社服务网点从事招徕、咨询以外的旅行社业务经营活动的;④外商投资旅行社违规经营中国内地居民出境、边境旅游业务及赴港、澳、台旅游业务;⑤经营出境、边境业务的旅行社组织旅游者到国务院旅游主管部门公布的中国公民出境、边境旅游目的地之外的国家和地区旅游。

法律责任:依据《旅游法》第九十五条规定,未经许可经营旅行社业务的,由旅游主管部门或者工商行政管理部门责令改正,没收违法所得,并处1万元以上10万元以下罚款;违法所得10万元以上的,并处违法所得1倍以上5倍以下罚款;对有关责任人员,处2 000元以上2万元以下罚款。旅行社未经许可经营出境旅游、边境旅游业务的,除依照前款规定处罚外,并责令停业整顿;情节严重的,吊销旅行社业务经营许可证;对直接负责的主管人员,处2 000元以上2万元以下罚款。

2. 安排的旅游活动不得含有违法或违反社会公德的内容

义务:依据《旅游法》第三十三条,旅行社及其从业人员组织、接待旅游者,不得安排参观或者参与违反我国法律、法规和社会公德的项目或者活动。依据《条例》第二十六条,旅行社为旅游者安排或者介绍的旅游活动不得含有违反有关法律、法规规定的内容。

法律责任:《旅游法》第一百零一条规定,旅行社安排旅游者参观或者参与违反我国法律、法规和社会公德的项目或者活动的,由旅游主管部门责令改正,没收违法所得,责令停业整顿,并处2万元以上20万元以下罚款;情节严重的,吊销旅行社业务经营许可证;对直接负责的主管人员和其他直接责任人员,处2 000元以上2万元以下罚款,并暂扣或者吊销导游证。

3. 选择合格的供应商

义务:旅行社组织旅游活动所提供的旅游产品和服务,绝大多数是向旅游活动的要素供应商订购的。选择的餐饮、住宿、交通运输、景区景点、娱乐场所供应商所提供的旅游产品和服务的质量,直接影响旅游市场的经营秩序与旅游者的旅游权益。因此,《旅游法》第三十四条规定,旅行社组织旅游活动应当向合格的供应商订购产品和服务。

法律责任:《旅游法》第九十七条规定,旅行社向不合格的供应商订购产品和服务的,由旅游主管部门或者有关部门责令改正,没收违法所得,并处5 000元以上5万元以下的罚款;违法所得5万元以上的,并处违法所得1倍以上5倍以下罚款;情节严重的,责令停业整顿或者吊销旅行社业务经营许可证;对直接负责的主管人员和其他直接责任人员,处2 000元以上2万元以下罚款。

4. 依法委托旅游业务

（1）选择具有相应资质的旅行社。实践中，旅行社需要将在旅游目的地接待旅游者的业务委托给地接社，这是旅行社业的通行做法。为保护旅游者合法权益，《条例》第三十六条规定，旅行社需要对旅游业务做出委托的，应当委托给具有相应资质的旅行社，征得旅游者的同意，并与接受委托的旅行社就接待旅游者的事宜签订委托合同，确定接待旅游者的各项服务安排及其标准，约定双方的权利、义务。

小贴士

在2016年全国旅游工作会议上，国家旅游局局长李金早明确指出，要深化导游管理体制改革。从行政化、非流动、封闭式管理向市场化、自由化、法制化管理转变。为此，将开展改革试点，放开导游自由执业，取消"导游必须经旅行社委派"的规定，取消导游年审制度，导游资格证终身有效，且导游证全国通用。

经过前期在各省市实地调研、征求意见和反复研究的基础上，确定了3个区域作为导游自由执业改革试点，其中依托长三角旅游一体化在上海、江苏、浙江开展跨省区域试点改革，在广东开展省域试点改革，在成都开展城市试点改革。成都是唯一开展城市试点改革的城市，将从2016年3月1日起，实施为期半年的导游自由职业、导游薪资第三方支付的改革试点工作。

《条例》第五十五条规定，旅行社将旅游业务委托给不具有相应资质的旅行社，由旅游主管部门责令改正，处2万元以上10万元以下罚款；情节严重的，责令停业整顿1个月至3个月。

（2）支付合理的费用。依据《条例》第三十七条，旅行社将旅游业务委托给其他旅行社的，应当向接受委托的旅行社支付不低于接待和服务成本的费用；接受委托的旅行社不得接待不支付或者不足额支付接待和服务费用的旅游团队。接受委托的旅行社违约，造成旅游者合法权益受到损害的，做出委托的旅行社应当承担相应的赔偿责任。做出委托的旅行社赔偿后，可以向接受委托的旅行社追偿。接受委托的旅行社故意或者重大过失造成旅游者合法权益受损害的，应当承担连带责任。

法律责任：旅行社、接受委托的旅行社违反《条例》费用支付规定的，由旅游主管部门责令改正，停业整顿1个月至3个月；情节严重的，吊销旅行社业务经营许可证。

（二）依法提供诚信服务

1. 发布真实、准确的信息

义务：依据《旅游法》第三十二条，旅行社为招徕、组织旅游者发布信息，必须真实、准确，不得进行虚假宣传，误导旅游者。第四十八条第二款规定，发布旅游经营信息的网站，应当保证其信息真实、准确。《条例》第二十四条规定，旅行社向旅游者提供的旅游服务信息必须真实可靠，不得做虚假宣传。

《旅游法》的规定既适用于通过网络经营旅行社业务的旅行社，也适用于不经营旅行社业务，仅为旅行社提供平台，代为发布线路、产品信息的网站。此外，实体旅行社在其网站发布相关旅游经营信息的也应当遵守该规定。

法律责任：《旅游法》第九十七条规定，旅行社进行虚假宣传，误导旅游者的，由旅游主管部门或者有关部门责令改正，没收违法所得，并处 5 000 元以上 5 万元以下罚款；违法所得 5 万元以上的，并处违法所得 1 倍以上 5 倍以下罚款；情节严重的，责令停业整顿或者吊销旅行社业务经营许可证；直接负责的主管人员和其他直接责任人员，处 2 000 元以上 2 万元以下罚款。

2. 合理报价

义务：《旅游法》第三十五条规定，旅行社不得以不合理的低价组织旅游活动，诱骗旅游者，并通过安排购物或者另行付费旅游项目获取回扣等不正当利益。旅行社组织、接待旅游者，不得指定具体购物场所，不得安排另行付费旅游项目。但是，经双方协商一致或者旅游者要求，且不影响其他旅游者行程安排的除外。旅行社若违反上述规定，旅游者有权在旅游行程结束后 30 日内，要求旅行社为其办理退货并先行垫付退货货款，或者退还另行付费旅游项目的费用。

《条例》第二十七条规定，旅行社不得以低于旅游成本的报价招徕旅游者；未经旅游者同意，旅行社不得在旅游合同约定之外提供其他有偿服务。

法律责任：《旅游法》第九十八条规定，旅行社违反本法第三十五条规定的，由旅游主管部门责令改正，没收违法所得，责令停业整顿，并处 3 万元以上 30 万元以下罚款；违法所得 30 万元以上的，并处违法所得 1 倍以上 5 倍以下罚款；情节严重的，吊销旅行社业务经营许可证；对直接负责的主管人员和其他直接责任人员，没收违法所得，处 2 000 元以上 2 万元以下罚款，并暂扣或者吊销导游证。

3. 安排持有效证件的领队或者导游全程陪同

义务：《旅游法》第三十六条规定，旅行社组织团队出境旅游或者组织、接待团队入境旅游，应当按照规定安排领队或者导游全程陪同。《条例》第三十一条规定，旅行社为接待旅游者委派的导游人员，应当持有国家规定的导游证，取得出境旅游业务经营许可的旅行社为组织旅游者出境旅游委派的领队，应当取得导游证，具有相应的学历、语言能力和旅游从业经历，并与委派其从事领队业务的旅行社订立劳动合同。旅行社应当将本单位领队名单报所在地设区的市级旅游行政管理部门备案。

法律责任：《旅游法》第九十六条规定，旅行社违反本法规定的，由旅游主管部门责令改正，没收违法所得，并处 5 000 元以上 5 万元以下罚款；情节严重的，责令停业整顿或者吊销旅行社业务经营许可证；对直接负责的主管人员和其他直接责任人员，处 2 000 元以上 2 万元以下罚款。

(三) 依法履行警示、告知及协助义务

1. 警示、告知义务

义务：在旅游活动中，为了保障旅游者的人身、财产安全，旅行社应规范应急处置行为。依据《条例》第三十九条，旅行社对可能危及旅游者人身、财产安全的事项，应当向旅游者做出真实的说明和明确的警示，并采取防止危害发生的必要措施。发生危及旅游者人身安全的情形时，旅行社及其委派的导游人员、领队人员应当采取必要的处置措施并及时报告旅游行政主管部门；在境外发生的，还应当及时报告中华人民共和国驻该国使领馆、相关驻外机构、当地警方。

2. 报告及协助义务

义务：为维护国家利益，保障旅游市场健康有序发展，《旅游法》第五十五条规定，旅游经营者组织、接待出入境旅游，应当及时向公安机关、旅游主管部门或者我国驻外机构报告以下情况：发现旅游者从事违法活动；出境旅游者在境外非法滞留，随团出境的旅游者擅自分团、脱团；入境旅游者在境内非法滞留，随团入境的旅游者擅自分团、脱团。

《条例》第四十条规定，旅游者在境外滞留不归的，旅行社委派的领队人员应当及时向旅行社和中华人民共和国驻该国使领馆、相关驻外机构报告。旅行社接到报告后应当及时向旅游行政管理部门和公安机关报告，并协助提供非法滞留者的身份、出境时间和地点、所属旅游团队、游览线路、滞留地点等信息。

旅行社接待入境旅游发生旅游者非法滞留我国境内的，应当及时向旅游行政管理部门、公安机关和外事部门报告，并协助提供非法滞留者的身份、入境时间和地点、所属旅游团队、游览线路、滞留地点等信息。

法律责任：《旅游法》第九十九条规定，旅行社未履行报告义务的，由旅游主管部门处5 000元以上5万元以下罚款；情节严重的，责令停业整顿或者吊销旅行社业务经营许可证；对直接负责的主管人员和其他直接责任人员，处2 000元以上2万元以下罚款，并暂扣或者吊销导游证。

因妨害国（边）境管理受到刑事处罚的，在刑罚执行完毕之日起5年内不得从事旅行社业务经营活动；旅行社被吊销旅行社业务经营许可证的，其主要负责人在旅行社业务经营许可证被吊销之日起5年内不得担任任何旅行社的主要负责人。

3. 提示义务

《旅游法》第六十一条规定，旅行社应当提示参加团队旅游的旅游者按照规定投保人身意外伤害保险。

（四）依法规范内部管理

1. 维护导游、领队的合法权益

义务：为提高导游、领队的服务质量，维护导游、领队的合法权益，《旅游法》第三十八条、《条例》第三十二、三十四条规定：①旅行社应当与其聘用的导游、领队依法订立劳动合同；②应当向其支付劳动报酬，不得低于当地最低工资标准，并且按照劳动合同约定和国家规定，进行及时足额的支付；③应当为其缴纳社会保险费用；④旅行社临时聘用导游为旅游者提供服务的，应当向导游全额支付在包价旅游合同中载明导游服务费用；⑤旅行社安排导游、领队为团队旅游提供服务的，不得要求导游、领队垫付或者向导游收取任何费用。

法律责任：《旅游法》第九十六条规定，旅行社未向临时聘用的导游支付导游服务费用或要求导游垫付或者向导游收取费用的，由旅游主管部门责令改正，没收违法所得，并处5 000元以上5万元以下罚款；情节严重的，责令停业整顿或者吊销旅行社业务经营许可证；对直接负责的主管人员和其他直接责任人员，处2 000元以上2万元以下罚款。

2. 妥善保存旅游者信息

义务：旅行社应当妥善保存招徕、组织、接待旅游者的各类合同及相关文件、资料，以备县级以上旅游行政管理部门核查。保存期应当不少于两年。旅行社不得向其他经营者或者个人，泄露旅游者因签订旅游合同提供的个人信息；超过保存期限的旅游者个人信息资料，应当妥善销毁。

法律责任：未妥善保存各类旅游合同及相关文件、资料，保存期不够两年，或者泄露旅游者个人信息的，由县级以上旅游行政管理部门责令改正，没收违法所得，处违法所得3倍以下但最高不超过3万元的罚款；没有违法所得的，处1万元以下的罚款。

实训项目

旅行社经营规范及其法律责任的整理

实训目的：掌握旅行社经营规范及其法律责任。

实训步骤：第一步，分小组对所学知识进行归纳整理，得出旅行社经营规范及其法律责任可分几大类；第二步，对照《旅游法》《旅行社条例》《旅行社条例实施细则》进行验证；第三步，形成旅行社经营规范及其法律责任的系统材料。

实训成果：形成旅行社经营规范及其法律责任的系统材料。

知识归纳

本章主要介绍了旅行社的概念，经营范围，各类旅行社及其分支机构的设立；旅行社的经营原则，旅行社的权利与义务，旅行社的经营规范与法律责任；旅游服务质量保证金制度，旅行社服务质量赔偿等内容。

典型案例

乙旅行社能否经营出境旅游

【案情介绍】2014年5月某市甲单位组织出境考察团，委托该市乙旅行社全权办理具体事务。2014年5月下旬，该考察团赴韩国旅游。6月1日，考察团在韩国发生翻车事故，造成5名游客和1名台湾导游死亡，2人重伤，12人轻伤。事故发生后，有关部门和单位立即启动紧急预案，成立事故处理小组。经查，乙旅行社只有经营国内旅游和入境旅游的资格，无出境旅游经营资格。

请问：此旅行社的经营行为是否违规？为什么？应该接受怎样的处罚？

【案例解析】乙旅行社的经营行为是违规的，属于典型的超经营范围的情况。因为根据《旅游法》第二十九条旅行社经营出境旅游、边境旅游业务，应当取得相应的业务经营许可。乙旅行社只有经营国内旅游和入境旅游资质，没有出境经营资格，不能接受甲单位的委托组织出境旅游。

乙旅行社接受的处罚是：根据《旅游法》第九十五条规定：未经许可经营出境旅游业务，由旅游主管部门或者工商行政管理部门责令改正，没收违法所得，并处1万元以上10万元以下罚款；违法所得10万元以上的，并处违法所得1倍以上5倍以下罚款；对有关责任人员，处2 000元以上2万元以下罚款，并责令停业整顿；情节严重的，吊销旅行社业务经营许可证；对直接负责的主管人员，处2 000元以上2万元以下罚款。

复习思考题

一、单项选择题

1. 旅行社取得经营许可满（　　），且未因侵害旅游者合法权益受到行政机关罚款以上处罚的，可以申请出境旅游业务。
   A. 1 年　　　　　　B. 2 年　　　　　　C. 3 年　　　　　　D. 5 年

2. 旅行社与旅游者订立合同后，因旅行社原因不能成行的，出境旅游和境内旅游在出发当日才通知旅游者的，应该向旅游者全额退还预交的旅游费用，并支付旅游费用总额（　　）的违约金。
   A. 5%　　　　　　B. 10%　　　　　　C. 15%　　　　　　D. 20%

3. 设立经营国内旅游和入境旅游的旅行社，需要提供（　　）。
   A. 有不少于 20 万的注册资本　　　　B. 有不少于 30 万的注册资本
   C. 有不少于 50 万的注册资本　　　　D. 有不少于 120 万的注册资本

4. 旅行社应当自取得旅行社业务经营许可证之日起（　　），在国务院旅游行政主管部门指定的银行开设专门的质量保证金账户，存入质量保证金。
   A. 3 个工作日内　　　　　　B. 7 个工作日内
   C. 20 个工作日内　　　　　　D. 60 个工作日内

5. 有权审批外资旅行社设立申请的旅游行政管理部门是（　　）。
   A. 文化和旅游部　　　　　　B. 省级文化和旅游厅
   C. 地市级文化和旅游局　　　D. 县级以上文化和旅游局

6. 符合条件的经营国内旅游业务、入境旅游业务和出境旅游业务的旅行社，每设立一个分社，应该增存质量保证金（　　）。
   A. 5 万元人民币　　　　　　B. 10 万元人民币
   C. 30 万元人民币　　　　　　D. 35 万元人民币

7. 旅行社未经旅游者同意，擅自将旅游者转团、拼团的，旅行社应向旅游者支付旅游费用总额（　　）的违约金。
   A. 20%　　　　　　B. 15%　　　　　　C. 25%　　　　　　D. 30%

8. 旅行业聘用导游应当依法签订劳动合同，并向其支付（　　）标准的报酬。
   A. 不低于当地最低工资　　　　B. 不低于当地平均工资
   C. 不低于全国最低工资　　　　D. 不低于全国平均工资

9. 旅行社自交纳质量保证金之日起三年内未因侵害旅游者合法权益受到行政机关罚款以上条例的，旅游行政管理部门应当将其质量保证金交存数额降低（　　）。
   A. 10%　　　　　　B. 20%　　　　　　C. 30%　　　　　　D. 50%

10. 关于旅行社业务，以下说法错误的是（　　）。
    A. 旅行社分社的设立不受地域限制
    B. 旅游服务质量保证金的利息属于旅行社所有
    C. 旅行社不能要求导游人员承担接待团队的相关费用
    D. 旅行社将旅游团队委托给其他旅行社时，不必征得旅游者同意

二、多项选择题

1. 旅行社的经营范围(   )。
   A. 境内旅游　　　　　　B. 出境旅游　　　　　　C. 边境旅游
   D. 入境旅游　　　　　　E. 其他旅游

2. 以下对于旅游服务质量保证金管理的表述，不准确的是(   )。
   A. 质量保证金的利息属于旅行社所有
   B. 旅行社不再从事旅游业务的，可依法向银行取回质量保证金
   C. 人民法院不可以从旅行社的质量保证金账户上划拨赔偿款
   D. 旅行社两年内未受到行政机关处罚的，其质量保证金的交存数额可降低50%
   E. 旅行社有义务在规定时间内补足质量保证金账户上的不足部分

3. 以下对于外商投资旅行社的表述，错误的是(   )。
   A. 外商投资旅行社包括中外合作经营旅行社
   B. 设立外商投资旅行社，应向国务院旅游行政主管部门提出申请
   C. 外商投资旅行社可以经营中国内地居民出国旅游业务
   D. 外商投资旅行社可以经营中国内地居民赴香港特别行政区、澳门特别行政区旅游业务
   E. 外商投资旅行社不得经营中国内地居民赴台湾地区旅游业务

4. 《旅行社条例》第二条所称的入境旅游业是指(   )。
   A. 旅行社招徕、组织、接待外国旅游者来我国旅游的业务
   B. 旅行社招徕、组织、接待香港、澳门地区旅游者来内地旅游的业务
   C. 旅行社招徕、组织、接待台湾地区居民来大陆旅游的业务
   D. 旅行社招徕、组织、接待在中国内地的外国人在境内旅游业务
   E. 旅行社招徕、组织、接待在内地的香港、澳门、台湾地区居民在境内旅游的业务

5. 以下关于旅行社设立分社的表述，错误的是(   )。
   A. 旅行社每设立一个经营出境旅游业务的分社，应当向其质量保证金账户增存30万元
   B. 旅行社每设立一个经营国内旅游业务的分社，应当向其质量保证金账户增存15万元
   C. 分社的经营范围不得超出设立分社的旅行社的经营范围
   D. 旅行社分社具有法人资格
   E. 旅行社分社的设立受地域限制

6. 为保障旅游者的合法权益，旅行社在经营过程中不得(   )。
   A. 向旅游者提供虚假的旅游服务宣传信息
   B. 组织旅游者到核准的中国公民出境旅游目的地之外的国家和地区旅游
   C. 以低于旅游成本的报价招徕旅游者
   D. 旅行社为旅游者安排或者介绍的旅游活动不得含有违反有关法律、法规规定的内容
   E. 未经旅游者同意，旅行社不得在旅游合同约定以外提供其他有偿服务

7. 根据《旅行社条例》有关规定，以下表述正确的是（   ）。
   A. 旅行社违约造成旅游者权益受损的，应采取必要的补救措施，并及时报告旅游主管部门
   B. 旅行社需要对旅游业务做出委托的，应当委托给具有相应资质的旅行社
   C. 旅行社将旅游业务委托其他旅行社，应当向接待委托的旅行社支付必要的费用
   D. 接受委托旅行社违约造成旅游者权益受损的，做出委托的旅行社应承担相应赔偿责任
   E. 做出委托旅行社因接受委托旅行社受损的，可以向其追偿

8. 外商投资旅行社经审批，可以经营（   ）。
   A. 入境旅游业务　　　　　　　　　B. 国内旅游业务
   C. 中国境内居民赴外国旅游业务
   D. 中国境内居民赴港澳台旅游业务　　E. 特种旅游项目

9. 旅行社订立包价旅游合同时，应当向旅游者告知（   ）事项。
   A. 旅游者不适合参加旅游活动的情形
   B. 旅游活动中的安全注意事项
   C. 旅行社依法可以减免责任的信息
   D. 法律法规规定的其他应当告知的事项

10. 旅行社在旅游行程中擅自变更旅游行程安排，严重损害旅游者权益的，或者拒绝履行合同的，或者未征得旅游者书面同意委托其他旅行社履行包价旅游合同的，由旅游主管部门（   ）。
    A. 责令改正
    B. 处5万元以上30万元以下罚款
    C. 责令停业整顿
    D. 造成旅游者滞留等严重后果的，吊销旅行社业务经营许可证。
    E. 对直接负责的主管人员和其他直接责任人员，处2 000元以上2万元以下罚款，并暂扣或者吊销导游证、领队证。

三、判断题

1. 旅行社是指从事招徕、组织、接待旅游者旅游活动，为旅游者提供相关旅游服务，开展境内旅游业务、入境旅游业务和出境旅游业务的企业法人。（   ）
2. 申请设立经营出境旅游业务的旅行社，应由国家旅游行政管理部门做出许可或不予许可的决定。（   ）
3. 旅行社可以接受企业委托，为其各类商务活动、奖励旅游等代办会务、休闲度假等事务。（   ）
4. 旅行社分社在经营活动中的责任和后果由设立社承担。（   ）
5. 经营出境旅游业务的旅行社不能组织旅游者到核准的中国公民出境旅游目的地之外的国家和地区旅游。（   ）
6. 旅行社不得要求导游人员和领队人员接待不支付接待和服务费用或者支付的费用低于接待和服务成本的旅游团队。（   ）

7. 旅行社招徕、组织、接待旅游者，其选择的交通、住宿、餐饮、景区等企业，应当符合具有合法经营资格和接待服务能力的要求。（　　）
8. 旅行社不得以不合理的低价组织旅游活动，诱骗旅游者，并通过安排购物或者另行付费旅游项目获取回扣等不正当利益。（　　）
9. 旅行社遇到不可抗力等不可归责于旅行社的客观原因给游客造成的经济损失，可以使用《旅行社服务质量赔偿标准》进行赔偿。（　　）
10. 旅行社与旅游者订立合同或收取旅游者预付旅游费用后，因旅行社原因不能成行的，出境旅游应提前20日通知旅游者，否则，应承担赔偿责任。（　　）

四、简答题

1. 经营国内旅游业务和入境旅游业务的旅行社设立需要具备的条件有哪些？
2. 按照《旅游法》规定，旅行社的经营范围包括哪些？
3. 旅行社经营应当遵循哪些原则？
4. 旅行社的权利主要有哪些？

第六章

导游人员管理法律制度

学习目标

1. 熟悉和掌握导游人员的概念及分类。
2. 掌握导游人员资格考试制度和职业证书制度的相关规定。
3. 掌握导游人员的权利、义务及其法律责任。

实训要求

1. 实训项目：当地导游人员的基本信息调查。
2. 实训目的：形成一份当地导游人员基本信息的调查报告。

第一节 导游人员从业制度

1999年5月14日，国务院颁布了《导游人员管理条例》；2001年12月27日国家旅游局局长办公会议讨论通过了《导游人员管理实施办法》，自2002年1月1日起施行，2005年6月3日修改了《导游人员管理实施办法》；2013年10月实施《旅游法》对导游人员管理做了相关规定。2016年9月7日国家旅游局第11次局长办公会议决定废止《导游人员管理实施办法》。2017年10月16日原国家旅游局第17次局长办公会议审议通过《导游管理办法》，2018年1月1日起施行。

一、导游人员的概念及分类

（一）导游人员的概念

《导游人员管理条例》第二条规定："本条例所称导游人员，是指依照本条例的规定取得导证，接受旅行社委派，为旅游者提供向导、讲解及相关旅游服务的人员。"

导游人员的这一概念包含了如下含义：

第一，导游人员是依照《导游人员管理条例》的规定取得导游证的人员。

《导游人员管理条例》第四条规定："在中华人民共和国境内从事导游活动，必须取得导游证。国家实行统一的导游人员资格考试制度。经考试合格者，方可取得导游资格证。"在人们日常生活中，有各种各样的导游人员，但只有依法取得导游证的人员才是这里所称的导游人员。

第二，导游人员的工作是为旅游者提供向导、讲解及相关服务。

所谓"向导"是指为旅游者引路、带路；所谓"讲解"是指为旅游者解说旅游目的地风景名胜；所谓"相关服务"是指旅游行程中需要的各种服务，如安排住宿、就餐、订票等。应当注意的是，"相关服务"一般不包括招徕、组团等旅行社的专属业务。

第三，导游人员从事导游工作必须由旅行社委派。

这一规定，将旅行社的导游人员与日常生活中的导游人员本质上区别开来。接受旅行社指派的导游人员的行为是代表旅行社的企业行为，而不再是导游人员的个人行为。取得导游证并在导游证的有效期限内，经过旅行社委派，导游员才有资格从事导游活动。旅行社团队运行计划表是旅行社委派导游的正式凭证，导游员应当随身携带；租借的导游应办理租用手续。凡无导游证或未经旅行社委派从事导游业务者，将依照《导游人员管理条例》的相关规定给予处罚。根据《导游管理办法》第十九条规定，另有规定的除外，为导游自由执业提供了立法空间。

小贴士　　　　　　　　导游自由执业

2016年5月5日，国家旅游局发布了《关于开展导游自由执业试点工作的通知》。要求从2016年5月开始，9个省市开始试点导游自由执业，游客和旅行社可以在平台上自主选择导游服务。

1. 导游自由执业的方式

（1）线上自由执业。线上自由执业是指游客通过网络平台预约，导游按照预约向游客提供单项讲解或者向导服务，并通过第三方支付平台收取导游服务费的执业方式。

（2）线下自由执业。线下自由执业是指游客通过旅游集散中心、旅游咨询中心、A级景区游客服务中心等机构预约，导游按照预约向游客提供单项讲解或向导服务，并通过第三方支付平台收取导游服务费的执业方式。

2. 导游自由执业的试点

导游自由执业只能在国家旅游局确定的试点区域内进行。在苏浙沪三省市、广东省开展线上导游自由执业试点工作，在吉林长白山、湖南长沙和张家界、广西桂林、海南三亚、四川成都开展线上线下导游自由执业试点工作；引导具有一定实力的OTA企业、在线服务发展较好的旅行社参与试点工作。导游在开展自由执业试点的地区，可以自主选择从事自由执业或者接受旅行社聘用委派执业。国家旅游局确定参与导游自由执业试点的地区，建立全国统一的"全国导游公共服务监管平台"，制定平台接入标准，统筹管理导游自由执业试点工作。

试点地区旅游主管部门通过"全国导游公共服务监管平台"对使用平台的线上旅游企业、线下旅游机构、注册导游进行监督管理,负责导游自由执业试点工作的具体实施。旅游者可对自由执业的导游进行评价或投诉,自由执业的导游也可对旅游者不文明行为等进行举报、点评。

(二)导游人员的分类

导游人员由于业务范围和内容的不同,服务对象和使用的语言各异,其业务性质和服务方式也不尽相同,即使是同一个导游人员,由于从事的业务性质不同,所扮演的社会角色也随之变换。根据我国目前的旅游市场现状以及未来旅游业发展趋势,借鉴国外成功的经验和中国旅游业特定的运转规律,我们从不同的角度对中国导游人员进行分类。

1. 按业务范围划分

导游人员分为海外领队、全程陪同导游人员、地方陪同导游人员和景点景区导游人员。

(1)海外领队。

海外领队,又叫国际陪同导游员,是指经国家旅游行政主管部门批准可以经营出境旅游业务的组团社的委派,全权代表该旅行社带领旅游团从事旅游活动的工作人员。如外国访华团队中的外方导游员,我国出境旅游团队中的中方导游员等。领队作为组团旅行社的代表,负责对旅游团队内部管理和沿途各站的协调联络工作,并对旅游地接待旅行社的服务内容和服务质量进行全程监控。

(2)全程陪同导游人员。

全程陪同导游人员(简称全陪)是指受组团旅行社委派,作为组团社的代表,在领队和地方陪同导游人员的配合下实施接待计划,为旅游团(者)提供全程陪同服务的工作人员。由于旅游团队性质的不同,通常将全陪分为两种:

一是外宾全陪。国际入境旅游团队(即来华旅游的境外旅游团队),由中方总接待旅行社派出的导游人员称为全陪,主要负责安排外国团队在华的全部行程。中方总接待旅行社实际上是旅游产品的总经销商,当客人需要到中国各地旅行时,他们再把行程的一部分分销给各地的地方接待旅行社,由各地派遣地陪负责安排在当地的行程。例如,美国某旅行社组织了35人的旅游团队到中国旅行,行程15天,旅游线路是北京—成都—拉萨—上海,最后从上海出境。美国旅行社将团队在中国境内的行程交由中国和平国际旅行社安排,那么中国和平国际旅行社是接待外国团队的总接待旅行社(又称国内组团社),是旅游产品的总经销商。他再联系北京、成都、拉萨和上海的旅行社作为分销商,具体负责团队在当地的旅游活动。这种情况下,由中国和平国际旅行社派出的导游人员就叫全陪,他将从客人入境起一直陪同到客人出境。

二是内宾全陪。中国人在国内旅游,由组团旅行社派出的全程陪同导游人员也称全陪。如四川某旅行社组织华东五省市双飞五日游团队,该旅行社一般情况下将派出导游员全程陪同团队旅行,这位陪同就叫全陪。

(3)地方陪同导游人员。

地方陪同导游人员(简称地陪)是指受接待旅行社委派,代表接待社实施接待计划,为旅游团(者)提供其工作的地区旅游活动安排、讲解、翻译等服务的工作人员。这里的接待旅行社是指接受组团社的委托,按照接待计划委派地方陪同导游人员负责组织安排旅游团(者)在当地参观游览等活动的旅行社。

(4)景点景区导游人员。

景点景区导游人员亦称讲解员,他们具有较强的专业知识,熟悉景点情况,受雇于所在旅游景区景点,并由当地旅游主管部门与所在的景区景点负责业务培训和日常管理。讲解员只能在限定的景区景点,并经该景区景点讲解服务部门委派才能从事讲解服务。讲解员不得擅自接团或超越旅游景区景点的范围服务。一般来讲,他们只负责讲解而不涉及其他事务。

总之,从业务范围看,前两类导游人员的主要业务是进行旅游活动的组织和协调;第三类导游人员既有当地旅游活动的组织、协调任务,又有进行导游讲解或翻译的任务;第四类导游人员的主要业务是从事所在景区景点的导游讲解。在通常情况下,前三类导游人员,即领队、全陪和地陪组成一个导游集体,共同完成一个旅游团队的接待任务。三位导游代表三方旅行社的利益,他们大多互不认识,要共同完成一定时空中的导游服务必然牵涉到协作,这种内部协作的愉快与否,将直接影响着游客的旅游经历的质量。从这一点上,我们可以说,游客一次舒心愉快的旅行,取决于导游服务的高质量;导游服务的高质量则取决于三位导游人员的精诚合作。

2. 按职业性质划分

导游人员分为专职导游人员和兼职导游人员。

(1)专职导游人员。

专职导游人员是指在一定时期内以导游工作为其主要职业的导游人员。目前,这类导游人员大多数受过中、高等教育,或受过专门训练,一般为旅行社的正式职员,他们是当前我国导游队伍的主体。

(2)兼职导游人员。

兼职导游人员亦称业余导游人员,是指不以导游工作为其主要职业,而利用业余时间从事导游工作的人员。

目前,我国的导游人员一般归口到旅行社或相关旅游行业组织注册管理。原则上旅行社以专职导游为主,相关旅游行业组织以兼职导游为主。但随着旅行社改革的深入,已出现部分旅行社将自己的导游划归相关旅游行业组织,或者旅行社其他业务人员兼职导游业务的现象,因此,我们判断导游职业性质的标准,就不能再简单的以是不是旅行社导游为依据,而应该注意是否以导游业务为主业。凡以导游业务为主业的导游人员,不管是在旅行社注册还是由相关旅游行业组织管理,都属于专职导游,否则就应划定为兼职导游。

在西方国家,还有一批真正意义上的"自由职业导游员"。他们以导游为主要职业,但并不受雇于固定的旅行社或其他旅游企业,而是通过签订合同为多家旅行社服务。他们构成了西方大部分国家导游队伍的主体。

3. 按导游使用语言划分

导游人员分为中文导游人员和外语导游人员。

(1)中文导游人员。

中文导游人员是指能够使用普通话、地方话或者少数民族语言,为国内游客、回内地、回国探亲的香港、澳门、台湾同胞和外籍华人游客,按其不同要求提供相应语言服务的导游人员。

（2）外语导游人员。

外语导游人员是指能够运用外语为入境旅游的外国游客和出境旅游的中国公民提供导游服务的人员，目前我国已拥有英、法、日、德、西、俄、泰、越、阿拉伯、韩国语等语种的导游人员。外语导游可以接待中文团队，而中文导游却不能接待外语团队。中文导游可以通过加试外语的方式成为外语导游。目前，我国导游90%以上属中文导游，外语导游相对匮乏。

4. 按技术等级划分

导游人员分为初级导游人员、中级导游人员、高级导游人员和特级导游人员。

初级导游人员：获取导游证后即自动成为初级导游员。

中级导游员：初级导游报考同语种中级导游和初级外语导游报考中级中文（普通话）导游的，学历不限；初级中文（普通话）导游和中级中文（普通话）导游报考中级外语导游的，需具备所报考语种大专以上学历。取得导游员资格证书满3年，或具有大专以上学历的取得导游员资格证书满2年，并且在报考前实际带团不少于90个工作日，带团工作期间表现出良好的职业道德，经考试合格晋升为中级导游员。

高级导游员：本科及以上学历或旅游类、外语类大专学历；取得中级导游证书满3年，并且在报考前3年内以中级导游身份实际带团不少于90个工作日，带团工作期间表现出良好的职业道德，经考试合格晋升为高级导游员。

特级导游员：本科及以上学历；取得高级导游证书5年以上；取得高级导游员证书，实际带团不少于50个工作日；业绩优异，有突出贡献，有高水平的科研成果，在国内外同行和旅行商中有较大影响，经考核合格者晋升为特级导游员。

二、导游的管理主体

（一）旅游主管部门

根据属地管理原则，旅游主管部门对导游实行分级管理。根据《旅游法》《导游人员条例》《导游管理办法》的规定，国务院旅游主管部门负责全国导游的管理工作，负责制定导游管理的有关政策、法规；依法行使国家权力，接受投诉，处罚违法导游；依法保护导游的合法权利并通过相关法律制度对导游进行管理。旅行社（含旅行社分社）、旅游行业组织所在地的省、自治区、直辖市旅游主管部门或者其委托的设区的市级旅游主管部门、县级旅游主管部门负责本行政区域内导游的管理工作，并根据国务院旅游主管部门的委托，行使相应管理权。

对于景区景点导游的管理，《导游人员管理条例》第二十六条规定，景区景点的导游人员管理办法，由各省、自治区、直辖市人民政府参照本条例制定。

（二）旅行社

《旅游法》第三十八条规定，旅行社应当与其聘用的导游依法订立劳动合同，支付劳动报酬，缴纳社会保险费用。旅行社对导游的管理主要是通过订立劳动合同确立的，旅行社与导游之间不仅存在着劳动合同法律关系，还存在着内部管理的关系。导游在执行职务过程中因其过错给法人造成财产损失时,有义务向法人承担赔偿责任;造成的对第三人的损害则由法人承担。

同时,领队管理由审核制改为备案制以后,其监督管理重心向旅行社转移,根据《导游管理办法》第二十五条规定,具备领队条件的导游从事领队业务的,应当符合《旅行社条例实施细则》等法律、法规和规章的规定。旅行社应当按要求将本单位具备领队条件的领队信息及变更情况,通过全国旅游监管服务信息系统报旅游主管部门备案。

（三）旅游行业组织

《旅游法》第三十七条规定,参加导游资格考试成绩合格,与旅行社订立劳动合同或者在相关旅游行业组织注册的人员,可以申请取得导游证。所指旅游行业组织,根据《导游管理办法》第三十九条第二项的规定,是指依照《社会团体登记管理条例》成立的导游协会,以及在旅游协会、旅行社协会等旅游行业社会团体内设立的导游分会或者导游工作部门,具体由所在地旅游主管部门确定。旅游行业组织承担着导游注册职能,同时也应积极发挥行业组织的自律作用,建立健全以章程为核心的内部管理制度、会员约束制度,积极协调会员间利益,开展会员培训、权益维护、法律咨询等服务,切实把行业组织建设成"导游之家"。

三、导游资格考试制度

导游人员资格证是标志某人具备从事导游职业资格的证书。根据规定,国家实行统一的导游人员资格考试制度。经考试合格者,方可取得导游资格证。

（一）参加导游人员资格考试的条件

《导游人员管理条例》第三条规定：国家实行全国统一的导游人员资格考试制度,具备下列条件的人员可以参加导游资格考试：

1. 学历条件

要求必须具有高级中学、中等专业学校或者以上学历。具备何种学历,是衡量一个从业人员的知识结构及文化素质高低的客观标准。由于导游职业的特点,要求从事导游工作的人员必须具有一定的文化素养,才能够做好导游工作。

2. 身体条件

要求必须身体健康。导游职业既是一项脑力工作,又是一项艰苦的体力工作,如果没有健康的身体是很难适应导游工作的。

3. 能力条件

要求必须具有适应导游需要的基本知识和语言表达能力。导游的主要工作之一是通过语言讲解旅游目的地相关知识来为旅游者提供服务,所以,如果导游人员不具备基本知识和语言表达能力,是难以胜任导游工作的。

4. 国籍条件

要求必须是中华人民共和国公民。这一规定,是基于保护中国公民的就业权益的角度规定的,限制外国公民在我国从事导游工作。

> **小知识**

关于香港、澳门永久性居民中的中国公民报考全国导游人员资格考试的有关规定

自2008年6月底,中央政府与港澳特别行政区政府分别签署了《CEPA补充协议五》,其中,在旅游项目下开发的内容之一为:"允许香港、澳门永久性居民中的中国公民参加内地导游人员资格考试。考试合格者依据有关规定领取导游人员资格证书。"现将港澳居民报考全国导游人员资格考试有关事项通知如下:

1. 报考条件

(1) 符合《导游人员管理条例》第三条规定的报考条件。

(2) 香港、澳门永久性居民中具有中国公民身份的港澳公民。

2. 提交证件

(1) 身份证明。香港、澳门永久性居民身份证;特别行政区护照或香港、澳门居民来往内地通行证(回乡证)。不能提交特别行政区护照、来往内地通行证(回乡证)的,应提交特别行政区身份证明机关出具的未放弃中国国籍的相关证明。

(2) 毕业证书。香港居民须具有中五毕业及以上学历;澳门居民须具有中六毕业及以上学历。香港新高中学制改革后,对应内地高中毕业学历再做确定。

(3) 身体健康证明。港澳特别行政区政府批准设立的医疗机构出具的健康证明,或内地二级甲等以上医院出具的健康证明。报名时,身体健康证明须提交原件,其他证件提交原件和复印件,原件经现场审验后即行退回,复印件由受理报名的旅游行政管理部门留存。

3. 报考地点

在香港、澳门工作、学习或者居住的香港、澳门居民,到广东省旅游行政管理部门公布的报名点报名;在内地工作、学习或者居住的香港、澳门居民,可在广东省报名,也可以在内地居住地省级旅游行政管理部门公布的报名点报名。

4. 其他事项

考试试卷为简体字,报名和作答可自行选择简体字或繁体字。

(二) 导游资格考试的监督管理

根据《导游管理办法》第六条规定,国务院旅游主管部门负责制定全国导游资格考试政策、标准,组织导游资格统一考试,以及对地方各级旅游主管部门导游资格考试实施工作进行监督管理。省、自治区、直辖市旅游主管部门负责组织、实施本行政区域内导游资格考试具体工作。

国务院旅游主管部门办公室《关于完善"导游人员从业资格证书核发"行政审批事项有关工作的通知》(旅办发〔2015〕202号)中制定了全国导游资格考试管理办法(试行),规定了报名组织、考区考点和考场设置、试卷管理、考试实施、评卷与成绩管理、收费等具体规定,为现行导游资格考试的实施提供了标准和依据。

(三) 导游资格证书的颁发

经导游人员资格考试合格的人员,方可取得导游资格证书。《导游人员管理条例》第三条规定,经考试合格的,由国务院旅游主管部门或者国务院旅游主管部门委托省、自治区、

直辖市人民政府旅游主管部门颁发导游人员资格证书。导游资格证由国务院旅游主管部门统一印制，在中华人民共和国全国范围内使用。2016年8月，国家旅游局《关于深化导游体制改革加强导游队伍建设的意见》（旅发〔2016〕104号）提出改革导游注册制度，取消导游资格证3年有效的规定，明确导游资格证终身有效。2016年9月27日，国家旅游局发布第40号令《关于废止〈导游人员管理实施办法〉的决定》，明确停止实施导游人员资格证3年有效制度。

四、导游职业许可制度

根据《导游人员管理条例》第四条规定，在中华人民共和国境内从事导游活动，必须取得导游证。导游证是标志国家准许某人从事导游职业的证书。设立导游证，是为了保证导游服务质量，便于旅游行政管理部门对导游人员的监督检查。

（一）从事导游、领队服务的条件

1. 从事导游服务的从业条件

《旅游法》第三十七条规定，参加导游资格考试成绩合格，与旅行社订立劳动合同或者在相关旅游行业组织注册的人员可以申请取得导游证。

（1）参加导游资格考试成绩合格。经过导游资格考试合格，取得国务院旅游主管部门颁发的导游资格证书，是从事导游职业的前提条件。导游资格证是衡量一个公民是否具备从事导游业务应当具有的基本政治思想、道德品质、遵纪守法观念等基本素质，以及必备的专业知识和技能的标准。

（2）取得导游证。依法取得导游证是进行导游活动的必备条件，没有导游证，不得为谋取经济利益从事导游活动。申领导游证有两种途径：一是与旅行社订立劳动合同；二是在相关旅游行业组织注册。相关旅游行业组织是导游协会、旅游协会的导游分会或导游工作部门等。

2. 导游从事领队服务的从业条件

《旅游法》第三十九条规定，从事领队业务，应当取得导游证，具有相应的学历、语言能力和旅游从业经历，并与委派其从事领队业务的取得出境旅游业务经营许可的旅行社订立劳动合同。这表明，从事领队服务应当具备以下三个条件：

（1）取得导游证。取得导游证是导游从事领队服务的前提条件。领队的执业特点和导游类似，由于领队工作的区域有别于导游，因此对领队有更高的政策水平、语言、专业能力要求。取得导游证，表明具备了从事领队职业的基本素质。

（2）具有相应的学历、语言能力和旅游从业经历。根据《旅行社条例实施细则》第三十一条规定，导游从事领队业务应当具有大专以上学历；取得相关语言水平测试等级证书或通过外语语种导游资格考试，但为赴港澳台地区旅游委派的领队除外；具有两年以上旅行社业务经营、管理或导游等相关从业经历。

（3）与旅行社订立劳动合同。导游从事领队业务应与取得出境旅游业务经营许可的旅行社订立劳动合同，这也表明我国目前只允许旅行社的正式员工从事领队职业。

（二）导游证的申领

1. 导游证的申领条件

（1）取得导游资格证书。通过全国导游资格统一考试并合格，是申请领取导游资格证书的前提条件。

（2）与旅行社订立劳动合同或者在相关旅游行业组织注册。与旅行社签订劳动合同的人员指专职导游，为旅行社的正式员工。导游与旅行社订立劳动合同，明确其在旅行社有完成担任的工作、遵守用人单位内部劳动规则的义务；旅行社则有按导游工作的数量和质量付给工资，并提供相应劳动条件的责任。相关旅游行业组织是指从事导游注册、业务管理、培训等工作，并为旅行社和导游提供供需信息等服务的部门，在导游和旅行社之间起桥梁作用，相关旅游行业组织可以是导游协会、旅游协会的导游分会或者导游工作部门等。

2. 不予颁发导游证的情形

《导游人员管理条例》第五条、《导游管理办法》第十二条，规定了不予颁发导游执业证书的四种情形：

（1）无民事行为能力或者限制民事行为能力的。执业的导游要行使法定权利，承担法定义务，不具备完全民事行为能力的人是不能履行导游职务的。

（2）患有甲类、乙类以及其他可能危害旅游者人身健康安全的传染性疾病的。传染性疾病是指由病原体侵入生物体，使生物体产生病理反应而引起的疾病。根据《中华人民共和国传染病防治法》规定，甲类传染病是指鼠疫、霍乱；乙类传染病是指传染性非典型肺炎、艾滋病、病毒性肝炎、脊髓灰质炎、人感染高致病性禽流感、麻疹、流行性出血热、狂犬病、流行性乙型脑炎、登革热、炭疽、细菌性和阿米巴性痢疾、肺结核、伤寒和副伤寒、流行性脑脊髓膜炎、百日咳、白喉、新生儿破伤风、猩红热、布鲁氏菌病、淋病、梅毒、钩端螺旋体病、血吸虫病、疟疾。旅游主管部门不得向患有传染性疾病的申请人颁发导游证，是由导游这一职业的特性决定的。导游为旅游者提供向导、讲解及相关旅游服务，在旅游活动中与旅游者朝夕相处，若患有传染性疾病就可能将其患有的疾病传染给旅游者，造成交叉传染。

（3）受过刑事处罚的。此类人员曾因其行为触犯了国家刑法依法受到刑罚制裁，旅游主管部门不对这类人员颁发导游证。《条例》及《管理办法》同时又规定"过失犯罪的除外"。规定除外情形的理由是，根据《中华人民共和国刑法》规定，犯罪分为故意犯罪和过失犯罪，明知自己的行为会发生危害社会的结果，并且希望或者放任这种结果发生，因而构成犯罪的，是故意犯罪；应当预见自己的行为可能发生危害社会的结果，因为疏忽大意而没有预见，或者已经预见而轻信能够避免，以致发生这种结果的是过失犯罪。因此，过失犯罪的人虽然也受到过刑罚的制裁，但仍然可以申请领取导游证，旅游主管部门也可以对其颁发导游证。

（4）被吊销导游证之日起未逾3年的。这是指曾经取得导游证的人员，因违反有关导游管理法律、法规，被旅游主管部门处以吊销导游证的处罚，需经过一段从业禁止的期限方可重新申请导游证。此类人员在进行导游活动中有过不良记录、受过被吊销导游证的处罚，表明已不适合继续从事该职业。关于导游的从业禁止期限，《旅游法》第一百零三条规定，违反本法规定被吊销导游证的导游、领队，自处罚之日起未逾3年的，不得重新申请导游证。

（三）导游证的核发

1. 电子导游证

为进一步规范导游证管理，《导游管理办法》也对电子导游证做出了规范和要求。根据《导游管理办法》第七条规定，导游证采用电子证件形式，由国务院旅游系统实施管理。电子导游证以电子数据形式保存于导游个人移动电话等移动终端设备中。导游在执业过程中应当携带电子导游证、佩戴导游身份标识，并开启导游执业相关应用软件。其中导游身份标识，是指标识有导游姓名、证件号码等导游基本信息，以便于旅游者和执法人员识别身份的工作标牌，具体标准也由国务院旅游主管部门制定。

2. 核发程序

根据《管理办法》第十条规定，申请取得导游证，申请人应当通过全国旅游监管服务信息系统填写申请信息，并提交规定的材料。

提交申请材料包括：①身份证的扫描件或者数码照片等电子版；②未患有传染性疾病的承诺；③无过失犯罪以外的犯罪记录的承诺；④与经常执业地区的旅行社订立劳动合同或者在经常执业地区的旅游行业组织注册的确认信息。

申请电子导游证者，可下载"全国导游之家"app申领电子导游证，也可登录网站"全国旅游监管服务平台"，进入"导游入口"在线申领电子导游证，旅游主管部门审核完毕后，导游可在app上获取电子导游证。

根据新法优于旧法的原则，根据《导游管理办法》第十、十一条规定，所在地旅行社或者旅游行业组织应当自申请人提交申请之日起5个工作日内确认劳动合同或注册信息。所在地旅游主管部门应当自受理申请之日起10个工作日内，做出准予核发或者不予核发导游证的决定，并依法出具受理或者不予受理的书面凭证。需补正相关材料的，应当自收到申请材料之日起5个工作日内一次性告知申请人需要补正的全部内容；逾期不告知的，收到材料之日起即为受理。

（四）导游证的变更

《导游管理办法》第十三、十四、十五条规定了导游证变更信息的内容，导游证在有效期满前、与旅行社劳动合同或行业组织注册信息有变化时，应当通过全国旅游监管服务信息系统提出申请。导游申请变更导游证信息，应当在变更发生的10个工作日内，通过全国旅游监管服务信息系统提交相应材料。变更信息或情况包括：①姓名、身份证号、导游等级和语种等信息；②与旅行社订立的劳动合同解除、终止或者在旅游行业组织取消注册后，在3个月内与其他旅行社订立劳动合同或者在其他旅游行业组织注册的；③经常在执业地区发生变化的；④其他导游身份信息发生变化的。

旅行社或者旅游行业组织应当自收到申请之日起3个工作日内对信息变更情况进行核实。所在地旅游主管部门应当自旅行社或者旅游行业组织核实信息之日起5个工作日内予以审核确认。

（五）导游证的撤销

导游证的撤销是指依法取消导游证行政许可法律效力的行为。根据《导游管理办法》第十六条规定，所在地旅游主管部门应当对以下情形给予导游证撤销：①对不具备申请资格或者不符合法定条件的申请人核发导游证的;②申请人以欺骗、贿赂等不正当手段取得导游证的;③依法可以撤销导游证的其他情形。

(六)导游证的注销

导游证的注销是指一种程序性的行为,主要针对导游证行政许可已经失去法律效力或者在事实上导游证无法使用的情况下,行政机关履行取消登记的一种行政管理行为。

根据《导游管理办法》第十七条规定,所在地旅游主管部门应当对以下情形给予导游证注销:①导游死亡的;②导游证有效期届满未申请换发导游证的;③导游证依法被撤销、吊销的;④导游与旅行社订立的劳动合同解除、终止或者在旅游行业组织取消注册后,超过3个月未与其他旅行社订立劳动合同或者未在其他旅游行业组织注册的;⑤取得导游证后出现无民事行为能力或限制行为能力,患有甲类、乙类以及其他可能危害旅游者人身健康安全的传染性疾病的,受过刑事处罚的;⑥依法应当注销导游证的其他情形。导游证被注销后,导游符合法定执业条件需要继续执业的,应当依法重新申请取得导游证。

第二节 导游人员的权利与义务

导游人员的权利和义务,主要是指导游人员在从事导游活动中,应当享有一定的权利和承担的一定义务,如果没有履行义务就要承担相应的法律责任,这是《导游人员管理条例》和《旅游法》所规定的法定的权利和义务。

一、导游人员的权利

导游人员的权利是指法律对导游人员在执行职务的过程中赋予的某种权能,也就是能够做出一定行为或不做出一定行为,以及要求他人做出一定行为或不做出一定行为的许可和保障。

(一)人身自由权

《导游人员管理条例》第十条规定,导游人员进行导游活动时,其人格尊严应当受到尊重,其人身安全不受侵犯。导游人员有权拒绝旅游者提出的侮辱其人格尊严或者违反其职业道德的不合理要求。

人身权利和自由是与人身不可分离的,没有直接财产内容的权利。主要包括三个方面:第一,生命权,这是最重要的权利,导游人员在执行职务的过程中生命安全要受到保障。第二,人格尊严权。人格尊严是与人身密切联系的名誉、姓名、肖像等权利,导游人员享有人格尊严不受侵犯的权利,有权拒绝旅游者提出的侮辱其人格尊严或者违反其职业道德的不合理要求。第三,人身自由权。任何人,非经司法机关决定,不受逮捕。法律禁止非法拘禁或以其他方法非法剥夺或限制公民的人身自由。

(二)社会经济权利

社会经济权利是具有物质财富内容,直接与经济内容相联系的权利。主要包括四个方面:第一,私人财产所有权。导游人员拥有对自己私有财产的占有、使用和处分的权利,不受任何人、任何单位的侵犯。第二,劳动权。导游人员有权要求用人单位与自己签订劳动合同,公平分配工作,取得相应的劳动报酬,获得相应的劳动保障的权利。第三,休息权。导游人员可以要求获得法定的休息和休假权利,如国家法定的节假日、女同志的孕期产假等,如安排加班,必须按照法律规定支付加班工资报酬。第四,生活保障权。导游人员在身患疾病、因工负伤等丧失劳动能力的情况下,有从国家、所在单位获得社会物质帮助和生活保障的权利。

(三)导游人员享有的调整或变更接待计划权

《导游人员管理条例》规定,导游人员在引导旅游者旅行、游览过程中,遇到可能危及旅游者人身安全的紧急情形时,经征得多数旅游者同意,可以调整或者变更接待计划,但是应当立即报告旅行社。

在一般情况下,导游人员必须严格按照接待计划组织旅游活动,不得随意对旅游接待计划进行调整或变更。导游人员行使调整或变更接待计划的权利时,必须符合下列条件:

1. 必须是在引导旅游者旅行、游览过程中

在旅行、游览活动开始之前,导游人员不能行使这一权利,只能由旅行社与旅游者进行协商,达成一致意见后,由旅行社调整或者变更接待计划。

2. 必须是遇到有可能危及旅游者人身安全的紧急情形

这里,紧急情形是指自然事件或社会事件。在旅游行程中,发生的紧急情形足以危及旅游者的人身安全,导游才享有调整或者变更接待计划的权利。

3. 必须征得多数旅游者同意

由于旅游活动计划是旅行社与旅游者在合同中约定的,具有法定效力,旅行社原则上应按合同履行接待计划。导游调整或变更接待计划是因为在旅游行程中发生了可能危及旅游者人身安全的紧急情形,所以,导游人员只需要征得多数旅游者同意,就可行使这一权利。

4. 应当立即报告旅行社

导游人员是旅行社委派的,是代表旅行社在实施合同约定的接待计划,导游人员的行为后果将由委派的旅行社承担相应的法律责任。所以,导游人员在调整或者变更接待计划后,应当立即报告旅行社,以得到旅行社的认可。

(四)申请复议和行政诉讼权

复议和诉讼权是权利主体向国家机关请求依法保护自己合法权益的权利。导游人员对国家机关及其公职人员对自己的具体行政行为不服时,依法享有向上一级行政机关申请复议的权利,也有向人民法院提起行政诉讼的权利。导游人员在劳动过程中,当用人单位有侵犯自己劳动权益的行为时,享有向劳动仲裁机构提起劳动仲裁的权利。对所有侵犯自己人身或财产权利的行为,享有向人民法院提起诉讼的权利。

二、导游人员的义务与法律责任

导游人员的义务是指导游人员依法承担的必须履行的责任,是法律法规规定的必须做出一定的行为或者不得作出一定的行为。

(一)取得导游证的义务

1. 义务规定

《导游人员管理条例》第四条规定,在中华人民共和国境内从事导游活动,必须取得导游证。

2. 法律责任

《旅游法》第一百零二条第一款规定，违反本法规定，未取得导游证从事导游、领队活动的，由旅游主管部门责令改正，没收违法所得，并处 1 000 元以上 1 万元以下罚款，予以公告。

（二）佩戴导游证的义务

1. 义务规定

《旅游法》第四十一条规定：导游和领队从事业务活动，应当佩戴导游证。

《导游人员管理条例》第八条规定，导游人员进行导游活动时，应当佩戴导游证。导游证是导游人员合法从事导游工作的标志，导游人员佩戴导游证既便于旅游者识别，也便于旅游行政管理部门的监督检查。

2. 法律责任

《导游人员管理条例》第二十一条规定：导游人员进行导游活动时未佩戴导游证的，由旅游行政部门责令改正；拒不改正的，处 500 元以下的罚款。

（三）提高自身业务素质和职业技能的义务

《导游人员管理条例》第七条规定，导游人员应当不断提高自身业务素质和职业技能。导游人员自身业务素质和职业技能的高低，不仅代表导游人员个人，而且直接关系到其带团的服务质量。一个自身素质很差的导游员，很难为旅游者提供优质服务；一个缺乏职业技能的导游，很难顺利完成旅游计划。

（四）必须经旅行社委派的义务

1. 义务规定

《旅游法》第四十条规定：导游和领队为旅游者提供服务必须接受旅行社委派，不得私自承揽导游和领队业务。《导游人员管理条例》第九条规定，导游人员进行导游活动，必须经旅行社委派。导游人员不得私自承揽或者以其他任何方式直接承揽导游业务，进行导游活动。导游服务并不是孤立的，而是从属于旅行社，必须经过旅行社委派方能执业。只有接受旅行社的委派，从事导游活动的导游，其合法从业权才能受到法律保护，私自承揽导游业务进行导游活动的行为将受到法律的追究。

2. 法律责任

《旅游法》第一百零二条第二款规定：导游、领队违反本法规定，私自承揽业务的，由旅游主管部门责令改正，没收违法所得，处 1 000 元以上 1 万元以下罚款，并暂扣或者吊销导游证、领队证。

（五）维护国家利益和民族尊严的义务

1. 义务规定

《导游人员管理条例》第十一条、《导游管理办法》第二十二条第一项规定，导游人员进行导游活动时，应当自觉维护国家利益和民族尊严，不得有损害国家利益和民族尊严的言行。任何一个公民，其言行必须自觉维护国家利益和民族尊严。导游人员更是被人们称为"民间大使"，其言行不仅代表个人的素质和修养，而且代表了他所在的旅行社、所在地、所在国的形象。导游人员应当自觉地把自己的言行与国家利益和民族尊严相联系,除了自己不做出有损害国家利益和民族尊严的言行之外,还要和个别有损害国家和民族尊严言行的旅游者作斗争,在原则问题上绝对不能含糊。

2. 法律责任

《导游人员管理条例》第二十条规定,导游人员进行导游活动时,有损害国家利益和民族尊严的言行的,由旅游行政部门责令改正;情节严重的,由省、自治区、直辖市人民政府旅游行政部门吊销导游证并予以公告;对该导游人员所在的旅行社给予警告直至责令停业整顿。

(六) 遵守职业道德和劝阻旅游者违反社会公德行为的义务

1. 遵守职业道德的义务

《旅游法》第四十一条规定,导游和领队从事业务活动,应当遵守职业道德,尊重旅游者的风俗习惯和宗教信仰。

职业道德,是与职业活动紧密联系、符合职业特点要求的道德准则、道德情操和道德品质的总和,包括职业观念、职业品德、职业纪律和职业责任等,既有职业活动的行为要求,也有职业对社会所负的道德责任与义务。因此,导游、领队在执业活动中,要遵循执业行业规范,恪守职业道德,尊重游客权利,维护游客利益;努力提高自身专业素质,用优质服务满足游客,用丰富知识启迪游客,用健康情趣引导游客;不"欺客"、不"宰客",不用"黄段子"等哗众取宠。

风俗习惯,是指个人或者集体的传统风尚、礼节、习性,是特定社会文化区域内人们共同遵守的传统行为模式或者规范,包括民族风俗、节日习俗、传统礼仪等。我国宪法第四条第四款规定,各民族都有保持或者改革自己的风俗习惯的自由。民族区域自治法第十条规定,民族自治地方的自治机关保障本地方各民族都有保持或者改革自己的风俗习惯的自由。

宗教信仰,是指人们对所信仰对象、教理教义的崇拜认同、坚定不移的信念和全身心的皈依。我国宪法第三十六条规定,中华人民共和国公民有宗教信仰自由。任何国家机关、社会团体和个人不得强制公民信仰宗教或者不信仰宗教,不得歧视信仰宗教的公民和不信仰宗教的公民。旅游者来自四面八方,各有不同的风俗习惯和宗教信仰,导游、领队尊重旅游者合法的风俗习惯和宗教信仰,事关国家统一、民族团结和社会稳定。

2. 劝阻旅游者违反社会公德行为的义务

《旅游法》第四十一条第一款规定,导游和领队从事业务活动,应当向旅游者告知和解释旅游文明行为规范,引导旅游者健康、文明旅游,劝阻旅游者违反社会公德的行为。

导游、领队告知和解释旅游文明行为规范,引导旅游者健康、文明旅游,是其应当承担的职业要求和社会责任。因此,导游、领队在执业活动中,应当根据本条的规定,率先垂范遵守文明旅游行为,告知旅游者《中国公民国内旅游文明行为公约》和《中国公民出境旅游文明行为指南》等所明确的旅游文明行为规范,告知其不可参加、更不得安排黄、赌、毒等不健康的旅游活动;推广文明礼仪知识,进行文明旅游教育;引导旅游者尊重旅游目的地的文化习俗,说明其风俗习惯、礼仪规范、民族禁忌及行为方式;旅游者不明白时,要做出说明和解释。

3. 着装整洁、讲解文明的义务

《导游人员管理条例》第十二条规定，导游人员进行导游活动时，应当着装整洁，礼貌待人。导游人员进行导游活动时，应当向旅游者讲解旅游地点的人文和自然情况，介绍风土人情和习俗；但是，不得迎合个别旅游者的低级趣味，在讲解、介绍中掺杂庸俗下流的内容。

导游人员遵守职业道德，着装整洁、礼貌待人是其职业规范所需，是对旅游者的尊重，也是对自己的尊重。导游人员在向旅游者介绍时，应当侧重于旅游地的人文和自然情况，特别应介绍当地的风土人情和习俗。当然，旅游者素质的高低决定了旅游者不同的兴趣爱好，一些旅游者会要求导游人员讲解庸俗下流的笑话或故事，甚至以小利引诱，希望导游人员帮助其做伤风败俗的事情，导游人员应明确予以拒绝。

（七）严格遵守接待计划的义务

1. 义务规定

《导游人员管理条例》第十三条规定，导游人员应当按照旅行社确定的接待计划，安排旅游者的旅行、游览活动，不得擅自增加、减少旅游项目或者中止导游活动。旅行社的接待计划是经过旅行社与旅游者共同认可确认的契约，导游人员必须认真严格按照接待计划组织旅游活动，除非遇到规定导游人员可以调整或者变更接待计划的情形，导游人员只有执行的义务和责任，而没有更改的权利，不得擅自增加、减少旅游项目，否则就是违约，要担负赔偿责任。

导游人员进行导游活动时，不得擅自中止导游活动。所谓中止导游活动是指在导游活动过程中，导游人员擅自中止导游活动的行为。中止导游活动必须满足的条件是：第一，必须在导游活动结束之前；第二，必须是擅自中止。第三，必须是彻底中止。这三个条件必须同时具备，缺少其中任何一个，都不能认为是中止导游活动。

《旅游法》第四十一条规定：导游和领队从事业务活动，应当佩戴导游证，导游和领队应当严格执行旅游行程安排，不得擅自变更旅游行程或者中止服务活动。

2. 法律责任

《导游人员管理条例》第二十二条规定，导游人员有擅自变更接待计划的、擅自增加或者减少旅游项目的、擅自中止导游活动的情形之一的，由旅游行政部门责令改正，暂扣导游证3~6个月；情节严重的，由省、自治区、直辖市人民政府旅游行政部门吊销导游证并予以公告。

《旅游法》第一百条规定：旅行社违反本法规定，在旅游行程中擅自变更旅游行程安排，严重损害旅游者权益的，由旅游主管部门责令改正，处3万元以上30万元以下罚款，并责令停业整顿；造成旅游者滞留等严重后果的，吊销旅行社业务经营许可证；对直接负责的主管人员和其他直接责任人员，处2 000元以上2万元以下罚款，并暂扣或者吊销导游证、领队证。

（八）维护旅游者的人身和财物安全的义务

《导游人员管理条例》第十四条规定，导游人员在引导旅游者旅行、游览过程中，应当就可能发生危及旅游者人身、财物安全的情况，向旅游者做出真实说明和明确警示，并按照旅行社的要求采取防止危害发生的措施。

在旅游活动开始前，旅行社通常会在行前会上，对旅游目的地的具体情况做详细说明，也会提醒旅游者注意事项。即使如此，导游人员在旅游活动中，也应当随时强调旅游者注意自己的人身安全和财物安全。一些有经验的导游人员会在旅游者下车前、上车后、住宿前、离店后等场合反复强调安全问题，时刻提醒旅游者。在游览景点前，如登山、游溶洞、漂流等游览项目，都要向旅游者讲解安全事项，告诫旅游者不要争强好胜，量力而行，并采取一定的防范措施。尤其是探险旅游、生态旅游，在旅游的某些环节就有可能存在一定的危险性，导游人员的警示和说明更显重要。导游人员对可能发生危及旅游者人身、财物安全情况的说明和警示要求真实、准确，通俗易懂，不致发生歧义，同时要按照旅行社的要求采取防止危害发生的措施。否则，导游人员和旅行社就应承担相应的法律责任。

（九）不能从旅游者身上获取不正当利益的义务

1. 义务规定

（1）兜售物品和小费的规定。

《导游人员管理条例》第十五条规定，导游人员进行导游活动，不得向旅游者兜售物品或者购买旅游者的物品，不得以明示或者暗示的方式向旅游者索要小费。

导游人员的工作职责是按接待计划执行任务，为旅游者提供优质服务，但不能和旅游者个人发生商品交易关系，不能向旅游者兜售当地的纪念品、特产，或者向旅游者购买商品以防止导游人员不务正业，影响旅游服务质量，最终导致投诉。

在西方国家，小费是服务行业服务人员获取报酬的主要渠道之一，是消费者出于对服务人员优质服务的感谢或者奖赏主动给的钱，也是消费者对服务人员优质服务的一种肯定方式。在我国旅游业中，如果是消费者主动给导游人员的小费，没有明文规定禁止收取，导游人员可以根据情况决定是否收取。但是，法规明令禁止导游人员以明示或者暗示的方式向旅游者索要小费。所谓明示的方式是指导游人员以语言、文字或者其他直接表达意思的方法向旅游者索要小费的形式。所谓暗示的方式是指导游人员以含蓄的言语、文字或者示意的举动等间接表达意思的方法向旅游者索要小费的形式。

（2）欺骗、胁迫旅游者消费的规定。

《导游人员管理条例》第十六条规定，导游人员进行导游活动，不得欺骗、胁迫旅游者消费或者与经营者串通欺骗、胁迫旅游者消费。

《旅游法》第四十一条规定，导游和领队从事业务活动，不得向旅游者索取小费，不得诱导、欺骗、强迫或者变相强迫旅游者购物或者参加另行付费的旅游项目。

导游人员进行导游活动时，不得欺骗、胁迫旅游者消费或者与经营者串通欺骗、胁迫旅游者消费。所谓欺骗是指导游人员或者导游人员与经营者串通起来，故意隐瞒真实情况，告知旅游者虚假信息，诱使旅游者做出错误消费的行为。所谓胁迫是指以给旅游者及其亲友的生命健康、名誉、财产等造成损害为要挟，迫使旅游者做出违背真实的消费意思表示的行为。

2. 法律责任

《导游人员管理条例》第二十三条规定，导游人员进行导游活动，向旅游者兜售物品或者购买旅游者的物品的,或者以明示或者暗示的方式向旅游者索要小费的,由旅游行政部门责令改正,处 1 000 元以上 3 万元以下的罚款;有违法所得的,并处没收违法所得;情节严重的,由省、自治区、直辖市人民政府旅游行政部门吊销导游证并予以公告;对委派该导游人员的旅行社给予警告直至责令停业整顿。

《导游人员管理条例》第二十四条规定,导游人员进行导游活动,欺骗、胁迫旅游者消费或者与经营者串通欺骗、胁迫旅游者消费的,由旅游行政部门责令改正,处 1 000 元以上 3 万元以下的罚款;有违法所得的,并处没收违法所得;情节严重的,由省、自治区、直辖市人民政府旅游行政部门吊销导游证并予以公告;对委派该导游人员的旅行社给予警告直至责令停业整顿;构成犯罪的,依法追究刑事责任。

实训项目

当地导游人员基本信息调查

实训目的:形成一份当地导游人员基本信息的调查报告。

实训步骤:第一步,分小组到旅游行政管理部门或通过网上查询当地导游人员的数量、语种、性别、年龄、职业等级结构、从事导游工作状况等;第二步,按语种类型分类统计其基本情况;第三步,形成一份当地导游人员基本信息的调查报告。

实训成果:形成一份当地导游人员基本信息的调查报告。

本章小结

本章主要介绍了导游人员的定义与分类、获取导游资格证书和导游证的条件和途径、不得颁发导游证的情形;领队人员具备的条件和职责,导游人员的权利和义务,以及法律责任。导游人员等级考核晋升的组织、原则、等级、程序、报考条件、考核内容等知识。

典型案例

冻伤事故应该由谁承担责任

【案情介绍】成都某国际旅行社组织了一个赴哈尔滨旅游团,委派导游刘某作为全程导游随团服务。当此旅游团将要到亚布力滑雪场的前一天晚上,该团一些团员询问刘某,上亚布力是否要多添衣服,以防天气变化。刘某根据其多次在这个季节上亚布力的经验,回答游客不必多添衣服,以便轻装上山。翌日,该团游客在刘某及地陪的引导下上了亚布力,不料,天气突然变化,天降大雪,气温骤然下降,刘某急忙引导该团下山,但由于该团有些客人未带衣帽围巾等御寒之物,致使不少人耳、鼻及手脚严重冻伤。其中 4 人经医院诊断为重度冻伤。为此,该团游客投诉导游刘某,要求刘某承担医治冻伤等费用,并赔偿因此造成的损失。刘某所属的成都国际旅行社接到此投诉后,认为此次冻伤事故是由于刘某工作失误所致,责令其自行处理游客投诉,旅行社不承担任何责任;刘某则认为此起冻伤事故是由于天气突然变化所致,是意料之外的事情,与其无关,不应由其承担法律责任。

请问:成都某国际旅行社认为此次冻伤事故是导游刘某工作失误所致,与旅行社无关的说法是否正确?有何依据?导游刘某认为此起冻伤事故是由于天气突然变化所致,与其工作无关是否正确？有何依据？

【案例解析】成都某国际旅行社的说法不正确。依据《导游人员管理条例》，导游人员是受旅行社委派，为旅游者提供向导、讲解及相关旅游服务的人员。刘某既然是受成都某国际旅行社的委派，那么旅行社就要对其工作人员承担责任，因此成都某旅行社不能让刘某自行处理此项投诉，旅行社应承担相应的法律责任。

导游刘某的说法不正确。依据《导游人员管理条例》的规定，"导游人员在引导旅游者旅行、游览过程中，应当就可能发生危及旅游者人身、财物安全的情况，向旅游者做出真实说明和明确警示，并按照旅行社的要求采取防止危害发生的措施"。刘某作为此条线路多次带团的导游，应当预见到亚布力气候多变，他应当提醒游客多添衣服，但刘某却没有让旅客多添衣服，以致造成冻伤事故。所以，刘某认为冻伤事故与其工作无关的说法不正确。依照《旅行社条例》及《导游人员管理条例》的规定，导游员和旅行社都要承担相应的法律责任。

复习思考题

一、单项选择题

1. 以下关于导游人员表述错误的是（　　）。
   A. 依法取得导游资格证
   B. 为旅游者提供向导、讲解和相关服务的人员
   C. 接受旅行社委派
   D. 依法取得导游证

2. 外语导游员的主要服务对象是（　　）。
   A. 港、澳、台同胞
   B. 入境旅游的外国旅游者
   C. 海外华侨、华人
   D. 内地旅游者

3. 根据《导游人员管理条例》第二条规定，担任导游工作的前提条件是（　　）。
   A. 依法取得导游证
   B. 接受旅行社委托
   C. 向导、讲解
   D. 提供相关旅游服务

4. 下列不属于导游工作范围的是（　　）。
   A. 讲解
   B. 向导
   C. 招徕、接待
   D. 与游览有关的活动

5. 以下不属于导游从事领队服务的条件是（　　）。
   A. 依法取得导游证
   B. 具有相应的学历
   C. 在导游行业组织进行注册
   D. 良好的语言表达能力

6. 导游从事领队服务应当具有（　　）以上旅行社业务经营、管理或者导游等相关从业经历。
   A. 1年
   B. 2年
   C. 3年
   D. 5年

7. （　　）对导游人员资格考试实行统一管理。
   A. 国务院
   B. 国务院旅游主管部门
   C. 省级旅游管理部门
   D. 市级旅游管理部门

8. 下列不属于导游人员资格考试条件的是(　　)。
   A. 中华人民共和国公民
   B. 具有高级中学、中等专业学校或者以上学历
   C. 良好的应变能力及突发事件处理能力
   D. 身体健康

9. 以下关于导游资格考试条件说法错误的是(　　)。
   A. 具有中华人民共和国国籍的我国公民均可报考导游人员资格考试
   B. 具有高级中学、中等专业学校或者以上学历
   C. 在我国长期生活、工作的年满18周岁的成年人均可报考导游人员资格考试
   D. 身体健康

10. 导游资格证的有效期是(　　)。
    A. 3年　　　　B. 5年　　　　C. 10年　　　　D. 终身有效

11. 具有下列(　　)情形的,应当由所在地旅游主管部门给予撤销导游证。
    A. 导游死亡的
    B. 取得导游证后出现无民事行为能力或限制行为能力
    C. 申请人以欺骗、贿赂等不正当手段取得导游证的
    D. 导游证有效期届满未申请换发导游证的

12. 下列可以颁发导游证情形的是(　　)。
    A. 因过失犯罪受过刑事处罚的　　　　B. 无民事行为能力
    C. 限制民事行为能力的　　　　　　　D. 患有传染性疾病

13. 被吊销导游证的人员经过(　　)可重新申请导游证。
    A. 1年　　　　B. 2年　　　　C. 3年　　　　D. 5年

14. 《旅游法》第四十一条明确规定,导游从事业务活动,应当佩戴导游证。《导游人员管理条例》第二十一条规定,导游人员进行导游活动时未佩戴导游证的,由旅游行政部门责令改正;拒不改正的,处(　　)以下的罚款。
    A. 500元　　　　B. 1 000元　　　　C. 2 000元　　　　D. 5 000元

15. 《导游人员管理条例》第二十二条规定,导游人员有擅自增加或者减少旅游项目的,擅自变更接待计划的,擅自中止导游活动情形之一的,由旅游行政部门责令改正,暂扣导游证(　　)。
    A. 1~3个月　　　　B. 3~6个月　　　　C. 6~9个月　　　　D. 9~12个月

16. 《旅游法》第一百零一条规定,导游向旅游者兜售物品或购买旅游者的物品,或者以明示或者暗示的方式向旅游者索要小费的,由旅游主管部门责令退还,处(　　)的罚款;情节严重的,并暂扣或者吊销导游证。
    A. 1万元以上3万元以下　　　　B. 1 000元以上3万元以下
    C. 2 000元以上3万元以下　　　D. 1 000元以上1万元以下

17. 《导游人员管理条例》第二十四条规定,导游人员进行导游活动,欺骗、胁迫旅游者消费或者与经营者串通欺骗、胁迫旅游者消费的,由旅游行政部门责令改正,处(　　)的罚款。

A. 1万元以上3万元以下　　　　B. 1 000元以上3万元以下

C. 2 000元以上3万元以下　　　D. 1 000元以上1万元以下

二、多项选择题

1. 导游人员的主要工作是(　　)。

   A. 代购交通票据　　　B. 安排旅行就餐住宿　　　C. 向导

   D. 讲解　　　E. 相关服务

2. 导游人员行使调整或者变更接待计划的权利时，必须符合的条件有(　　)。

   A. 必须是在引导旅游者旅行、游览过程中

   B. 必须是遇有可能危及旅游者人身安全的紧急情形

   C. 必须是征得大多数旅游者的同意

   D. 应当立即报告旅行社

   E. 必须是遇有可能危及旅游者财产安全的紧急情形

3. 根据《导游人员管理条例》规定，导游人员享有的权利有(　　)。

   A. 人身权利和自由　　　B. 社会经济权利

   C. 调整或变更接待计划的权利　　　D. 诉权

   E. 接受旅行社的委派

4. 按照导游人员服务的业务范围，导游人员分为(　　)。

   A. 出境旅游领队人员　　　B. 全程陪同导游人员

   C. 地方陪同导游人员　　　D. 线路导游员

   E. 景区（点）导游员

5. 以下哪些是有关特级导游员的错误表述(　　)。

   A. 取得高级导游证3年以上

   B. 本科及以上学历

   C. 旅游类及外语类大专学历

   D. 实际带团不少于90个工作日

   E. 有高水平的科研成果

6. 导游从事领队服务须具有两年以上旅游从业经历，这里的从业经历包含(　　)。

   A. 旅行社业务经营经历　　　B. 景区业务从业经历

   C. 旅行社管理经历　　　D. 餐饮业务从业经历

   E. 导游从业经历

7. 导游在执业过程中应当携带(　　)、佩戴(　　)，并开启(　　)。

   A. 导游IC卡　　　B. 电子导游证　　　C. 导游身份识别

   D. 导游资格证书　　　E. 导游执业软件

8. 以下关于全国导游资格考试说法正确的是(　　)。

   A. 国务院旅游主管部门对导游人员资格考试实行统一管理

   B. 各省市旅游管理部门对本区域导游资格考试独立管理

   C. 国务院旅游主管部门负责制定全国导游资格考试政策、标准

   D. 省级旅游主管部门负责落实具体报名组织、考区考点设置

E. 国务院旅游主管部门负责考试实施、公示考试结果

9. 导游进行导游活动，以下（　　）行为，旅游主管部门不仅要处罚导游，还要对委派该导游的旅行社给予警告直至责令停业整顿。
　　A. 欺诈、胁迫旅游者消费　　　　　　B. 损害民族尊严
　　C. 以明示或暗示方式向旅游者索要小费　D. 不佩戴导游证
　　E. 擅自变更接待计划

10. 导游带团过程中不得安排参观或者参与违反法律和社会公德的旅游活动，具体包括（　　）。
　　A. 含有损害国家利益和民族尊严内容的
　　B. 含有淫秽、赌博、涉毒内容的
　　C. 其他含有违反法律、法规规定内容的行为
　　D. 含有民族、种族、宗教歧视内容的
　　E. 含有风俗民情及民族特色内容的

三、判断题

1. 申领导游证有两种途径：一是与旅行社订立劳动合同；二是在相关旅游行业组织注册。相关旅游行业组织主要是指各地旅游协会。（　　）
2. 导游从事领队业务应当具有大专以上学历。（　　）
3. 导游从事领队业务应具有三年以上旅行社业务经营、管理或者导游等相关从业经历。（　　）
4. 我国目前只允许旅行社持有导游证的正式员工从事领队职业。（　　）
5. 导游在导游过程中因其过错对第三人造成损害的，由导游一人承担。（　　）
6. 导游是指依照规定取得导游证，自由为旅游者提供向导、讲解及相关旅游服务的人员。（　　）
7. 经过导游资格考试合格，取得国务院旅游主管部门颁发的导游资格证书，是从事导游职业的前提条件。（　　）
8. 被吊销导游证人员，经过1年后，该类人员可以重新申请导游证。（　　）
9. 我国导游证采用电子证件形式，由国务院旅游主管部门制定格式标准，由各级旅游主管部门通过全国旅游监管服务信息系统实施管理。（　　）

四、简答题

1. 导游人员按业务范围可以分为哪几类？
2. 参加导游人员资格考试应具备哪些条件？
3. 不得颁发导游证的情形有哪些？
4. 领队人员应具备哪些条件？

第七章

旅游住、食、娱法律制度

学习目标

1. 了解旅游饭店的概念和特征。
2. 熟悉旅游饭店的基本权利和义务；了解旅游饭店星级评定制度的相关知识。
3. 了解《食品安全法》的基本法律制度以及经营者违反法律规定应当承担的法律责任。
4. 了解《娱乐场所管理条例》规定的基本行为规范以及经营者违反法规规定应当承担的法律责任。

实训要求

1. 实训项目：学校所在省（区、市）星级饭店的基本情况调查。
2. 实训目的：提交一份学校所在省（区、市）星级饭店的分布表。

第一节 旅游饭店业管理法规制度

旅游饭店是现代旅游业的三大支柱之一。其发展规模、建筑档次、管理水平和服务质量如何，在一定程度上制约着一个国家（地区）旅游业的发展速度。因此，世界各国（地区）在旅游业发展过程中，总是把旅游饭店建设纳入法制化的轨道，对旅游业进行依法管理。

一、旅游饭店概述

（一）旅游饭店的概念和特征

1. 旅游饭店的概念

2010 年，国家质量监督总局发布了《旅游饭店星级的划分与评定》（GB/T14308—

2010),该标准对旅游饭店下的定义是:旅游饭店是指以间(套)夜为单位出租客房,以住宿服务为主,并提供商务、会议、休闲、度假等相应服务的住宿设施,按不同习惯可能也被称为宾馆、酒店、旅馆、旅社、宾舍、度假村、俱乐部、大厦、中心等。

2. 旅游饭店的特征

(1)旅游饭店的服务对象主要是旅游者。

饭店虽然是面向社会公众的,但不同类型的饭店有着不同的服务对象,即便是同一类型而层次(或级别)不同的饭店,其服务对象也有差异;旅游饭店的服务对象尽管也包括一般社会公众,但主要是面对旅游者,这是它与其他饭店的重要区别之一。

(2)旅游饭店具有涉外接待能力。

有无涉外接待能力是区别旅游饭店和非旅游饭店的重要标志,仅能接待国内旅游者,不能接待外国旅游者或者说不具有涉外接待能力的饭店,不是真正意义上的旅游饭店;在我国,饭店的涉外接待能力须经国家旅游行政管理机构按照一定程序评定才能确定;涉外接待既包括接待外国旅游者,也包括接待华侨和港澳台同胞。

(3)旅游饭店具有现代化的设施、管理和服务。

同一般饭店相比,旅游饭店不仅要有比较完善、功能齐全的现代化的设施和设备,而且要有科学先进的管理方法和手段,更要有全面优质的服务,这是现代旅游业发展的客观要求。随着社会经济的发展和科学技术的进步,旅游者对这方面要求会越来越高,作为旅游饭店,应紧跟时代发展的步伐,不断更新、完善设备、设施,努力提高管理水平和服务质量。

(4)旅游饭店的设立须经特定的机关按照特定程序审批。

旅游饭店和非旅游饭店的审批机关和程序都是不同的,一般说来,非旅游饭店的设立是比较简单的,不必经过特定的机关和程序;而旅游饭店则必须经过特定机关(旅游行政管理部门)并按特定的程序审批才能设立。为此,国家有关部门还颁发了一系列法规及文件,如《旅游基本建设管理暂行办法》《关于严格执行合资、合作建设旅游饭店审批程序的通知》等,这些法规、文件对旅游饭店建设项目的审批及程序做了明确的规定。

(二)旅游饭店与旅客之间的权利义务关系

饭店和旅客之间的法律关系,是平等主体之间的权利义务关系,是属于民法的调整范畴。因此,饭店和旅客之间的权利义务关系,是饭店法规的重要调整对象。

1. 饭店住宿合同

饭店住宿合同是旅客租用饭店的客房,和饭店明确相互权利义务关系的协议;旅客在饭店住宿,和饭店建立合同关系,但在实践中,我们通常不能看到"饭店合同",因为饭店合同通常是旅客在饭店登记时就成立了,双方一般不会就此而专门签订协议。

(1)饭店住宿合同的主体。

饭店住宿合同的主体一方是饭店。饭店是有固定的住宿服务等设备、设施的建筑,并收费向旅客提供住宿和其他综合性服务的场所。它的特点:①饭店是向社会公众提供住宿服务的企业;②除住宿外,饭店向旅客提供综合性的服务;③饭店提供的服务以营利为目的。

饭店住宿合同的另一方是旅客。进入饭店的人员有住宿、就餐、购物、租房、游玩、办事等不同的目的,笼统地说,饭店对所有使用其设施并接受其服务的人均负有法定的或约定的义务。但因来宾的身份不同,饭店对来宾所承担的义务也不同。其中,只有特定的租用饭店客房住宿并进行住宿登记的人员，才是法定意义上的旅客。这部分人才是饭店住宿合同的主体。

> **小知识**
>
> **"旅客"和"房客"的区别**
>
> | 区别 | 旅客 | 房客 |
> |---|---|---|
> | 使用的称谓 | 饭店——旅客 | 房主——房客 |
> | 合同的表现形式 | 用登记方式替代书面合同 | 一般需要订立书面租赁契约 |
> | 租金收取方式 | 多以日、周或月计算 | 以年计算 |
> | 提供的服务 | 需每天打扫 | 无需打扫 |
> | 房间设施设备 | 有饭店提供固定设备设施 | 可在租用的房间内自行添置设备设施 |

区分旅客和非旅客，在法律上有重要的意义。饭店和旅客之间一定存在合同关系。饭店与非旅客之间，则可能存在合同关系，如该部分客人是使用饭店的娱乐、餐饮设施的；也可能不存在合同关系，如该部分客人是访客或者是借用饭店设备的。虽然饭店对非旅客在饭店所遭受的损害也负有赔偿义务，但是饭店和不同的接待对象之间的权利义务关系还是有所不同的：①饭店对非旅客的人身安全是一般性的照顾；对旅客是充分的、合理的照顾。②非旅客的财物一般是自行保管；而旅客的财物可以交饭店保管。③如发生损害，旅客和非旅客在主张权利时的举证责任不同，即如果非旅客要求饭店承担责任，非旅客负有举证责任，应先证明饭店对损害负有责任；而旅客要求饭店承担责任，旅客不负有举证责任，饭店认为自己没有过失就必须承担举证责任以证明。

(2) 饭店住宿合同的存续期间。

饭店住宿合同一般始于旅客在饭店进行住宿登记。旅客登记有两种情况：一是客人来店亲自登记住房。旅客预交住房押金，饭店向旅客交付房间钥匙，饭店住宿合同即告成立。另一种是旅客向饭店预订房间。旅客可以通过电话、传真、网上预订的方式来进行登记，此时，虽然旅客并未实际进住饭店，但只要饭店接受了旅客的订房要约，住宿合同亦告成立。如果当事人一方不依照合同履行，则构成了违约，需要承担违约责任。

饭店住宿合同因为以下原因而终止：①旅客住宿期间届满。在此种情况下，饭店如约提供了服务，旅客也支付了相应的费用，因为"合同被履行"而终止了合同。②旅客被饭店驱逐。旅客不能如约支付费用、患有传染性疾病或者在饭店内进行违法犯罪行为等可能导致旅客被饭店驱逐。

2. 饭店在合同方面的权利和义务

饭店享有合同约定的权利，承担合同约定的义务，对于合同未约定或约定不明确的事项，要依照法律的规定或有关惯例来履行。

(1) 饭店的权利。

根据饭店住宿合同的约定，饭店享有的权利包括向旅客收取费用的权利、一定的拒绝接待旅客的权利，以及向旅客索赔的权利。

1）向旅客收取费用的权利。

饭店依合同向旅客提供了住宿和其他服务后，有权向旅客收取约定的费用。当旅客无力支付或拒绝支付时，饭店有权留置旅客的财物，从旅客的财物中受偿住宿费用。但旅客被留置的财物价值只能相当于旅客所欠缴的实际费用。饭店的留置权在旅客付清所欠费用时终止。在计算旅客的住宿费用时，通常采用的规则是从旅客入店至第二天的中午12点前，过1夜计1天。这种计算规则在实践中曾经产生过争议，中国旅游饭店协会2009年8月对2002年的《中国旅游饭店行业规范》进行了修订，没有严格限制在12点以前了，可以双方协商。

2）一定的拒绝接待旅客的权利。

饭店在接待旅客的过程中，不得因旅客的种族、国籍、肤色、宗教信仰等原因对旅客加以歧视，甚至拒绝接待。但在有正当理由的前提下，饭店可以合理地拒绝接待旅客，即不与旅客签订合同或者终止与旅客的住宿合同。

《中国旅游饭店行业规范》第八条规定："以下情况饭店可以不予接待：①携带危害饭店安全的物品入店者；②从事违法活动者；③影响饭店形象者；④无支付能力或曾有过逃账记录者；⑤饭店客满；⑥法律、法规规定的其他情况。"饭店企业可以按照实际情况，来决定是否接待旅客。

饭店在拒绝接待旅客的过程中，应当注意行为的方式，即在行使驱逐权时要使用足够谨慎、合理的方式，尽量不使旅客受到不必要的强制或不适当的屈辱，在必要时饭店应向公安机关报告。如果旅客认为自己的人身权遭受了饭店的侵害，就可能对饭店提起诉讼。

3）向旅客索赔的权利。

如果旅客不履行合同的约定，造成了饭店的损失，饭店有权索赔。旅客应当向饭店支付住宿费用，这是旅客应履行的最重要的合同义务。旅客通过预订的方式和饭店订立住宿合同，而旅客并未实际入住的，则旅客要因其违约行为给饭店造成的损失向饭店承担违约责任。

《中国旅游饭店行业规范》第三十条至第三十三条规定，在饭店已经向旅客尽提示义务之后，旅客私留他人住宿或者擅自将客房转让给他人使用及改变使用用途，或未经饭店同意对客房进行改造、装饰，损坏饭店的财物，以及醉酒后在饭店内肇事造成损失的，饭店可以要求旅客承担相应的赔偿责任。这些规定都集中表明旅客有履行合同、遵守饭店有关规章的义务，对于造成饭店损失的旅客，饭店可以通过协商、调解以及诉讼等方式来主张自己的权利。

（2）饭店的义务。

饭店享有合同上的权利，相应的也要承担合同上的义务，而且作为经营者，饭店还要向消费者承担《消费者权益保护法》所要求的义务。

1）向旅客提供合同约定的服务。

饭店应按合同约定的客房等级、天数向旅客提供住宿服务，以及其他和饭店性质相适应的服务。这也是饭店住宿合同订立的最重要的目的。如果饭店不能向旅客提供相应的服务，应当向旅客承担违约责任。当然，在征得旅客同意的前提下可以将旅客转移至其他饭店，为旅客提供相同等级的服务，这在合同法上称为合同的转让，旅客因此而增加的合理费用，由饭店承担。

2）维护旅客人身安全的义务。

维护旅客的人身安全是饭店的重要功能，饭店法从它产生时就规定饭店有保护旅客安全的责任。旅客在饭店可能受到人身伤害的原因很多，例如，火灾、食物中毒、建筑设施故障、服务人员疏忽大意、第三人的侵权行为等。旅客如果受到人身伤害，可以根据不同的法律规定向饭店提出索赔要求，而以违约为由要求赔偿也是成立的。

3）尊重旅客隐私权的义务。

旅客租用的虽然是饭店的客房，但旅客在饭店的客房里有独处和安宁地占有客房的权利，这就是旅客所享有的隐私权。在西方国家的法律里，十分强调对旅客隐私权的尊重。

饭店在向旅客提供住宿服务时，应考虑提供服务的行为方式是否符合尊重旅客隐私权的要求：第一，除非在火灾等紧急情况下，饭店的工作人员未经允许，不得进入旅客的房间。在通常情况下，打扫客房应当在旅客不在房间时进行。第二，饭店的服务人员未经客人同意，不能将客人的房号告知他人，也不得向他人交付旅客的房间钥匙。第三，国家机关的工作人员出于执行公务的需要，可以对旅客的房间进行搜查。但是要出示身份证件，依照合法的程序进行。

4）维护旅客财产安全的义务。

旅客在饭店住宿，随身携带有一定财物。饭店在保障旅客人身安全的同时，有保护旅客财产安全的义务。

一般认为，一旦旅客进入饭店，在旅客登记处完成住宿登记手续之后，旅客与饭店之间的服务合同即告成立，饭店对旅客的财产安全即负有责任，从而产生合同之债的法律关系。因此，旅客依合同在饭店住宿、要求饭店保护财产安全都属于合同的主权利。然而，从我国目前的立法、司法现状看，关于旅客的财物在饭店灭失的情况下饭店承担责任的依据、范围、标准在法律上没有明确的规定，给实际处理纠纷造成困难。

二、旅游饭店星级评定制度

我国旅游住宿业中的主体是旅游饭店，旅游饭店在我国旅游业的发展中起到了极其重要的作用。对旅游饭店的星级评定，是国际上通行的惯例。虽然不同的国家和地区用以表达饭店级别的标志不尽相同，但其目的都是通过一定的标识来区分不同等级的饭店。为了使旅游饭店的管理工作更加规范化、科学化，便于国际旅游者选择，我国采用了世界上大多数国家通用的星级评定制度。同时，原国家旅游局（今改为"文化与旅游部"）先后颁布了一系列关于饭店星级评定的标准。目前通用的是2011年1月1日颁布实施的《旅游饭店星级的划分与评定》（GB/T14308—2010），标准规定了旅游饭店星级的划分条件、服务质量和运营规范要求，适用于正式营业的各种旅游饭店。

（一）星级的等级与表示方法

用星的数量和颜色表示旅游饭店的星级。旅游饭店星级分为五个级别，即一星级、二星级、三星级、四星级、五星级（含白金五星级）。最低为一星级，最高为五星级。星级越高，表示饭店的等级越高。2003年，国家旅游局根据旅游饭店市场新形势，对星级标准进行了修订，其中一个重要内容就是在五星级之上增设更高档次的"白金五星级"，使之成为我国"星评"体系中的"至尊级别"。

星级标志由长城与五角星图案构成，用一颗五角星表示一星级，两颗五角星表示二星级，三颗五角星表示三星级，四颗五角星表示四星级，五颗五角星表示五星级，五颗白金五角星表示白金五星级。

小知识　　　　　白金五星级酒店

白金五星级酒店要求具有两年以上五星级饭店资格；地理位置处于城市中心商务区或繁华地带，交通极其便利；建筑主题鲜明，外观造型独具一格，有助于所在地建立旅游目的地形象。

内部功能布局及装修装饰能与所在地历史、文化、自然环境相结合，恰到好处地表现和烘托其主题氛围；除有富丽堂皇的门廊及入口外，饭店整体氛围极其豪华气派；各类设施配备齐全，品质一流；有饭店内主要区域温湿度自动控制系统；有位置合理、功能齐全、品味高雅、装饰华丽的行政楼层专用服务区，至少对行政楼层提供24小时管家式服务。

（二）星级申报及标志使用要求

1. 星级申报的条件

饭店星级评定遵循企业自愿申报的原则，凡在中华人民共和国境内正式营业一年以上的旅游饭店，均可申请星级评定。经评定达到相应星级标准的饭店，由全国旅游饭店星级评定机构颁发相应的星级证书和标志牌。

2. 标志的使用要求

（1）星级标志的有效期为三年。

（2）饭店星级标志应置于饭店前厅最明显位置，接受公众监督。

饭店星级标志已在原国家工商行政管理总局（今改为"国家市场监督管理局"）商标局登记注册为证明商标，其使用要求必须严格按照《星级饭店图形证明商标使用管理规则》执行。任何单位或个人未经授权或认可，不得擅自制作和使用。同时，任何饭店以"准X星""超X星"或者"相当于X星"等作为宣传手段的行为均属违法行为。

（3）饭店星级证书和标志牌由全国星评委统一制作、核发，标志牌工本费按照国家相关部门批准的标准收取。

（4）每块星级标志牌上的编号，与相应的星级饭店证书号一致。

每家星级饭店原则上只可申领一块星级标志牌。如星级标志牌破损或丢失，应及时报告，经所在省级星评委查明属实后，可向全国星评委申请补发。星级饭店如因更名需更换星级证书，可凭工商部门有关文件证明进行更换，同时必须交还原星级证书。

（三）星级评定的标准和基本要求

1. 评定标准

饭店星级评定依据《旅游饭店星级的划分及评定》（GB/T14308—2010）进行，具体要求如下：

（1）《旅游饭店星级的划分及评定》附录A："必备项目检查表"。

该表规定了各星级必须具备的硬件设施和服务项目。要求相应星级的每个项目都必须达标，缺一不可。

(2)《旅游饭店星级的划分及评定》附录B："设施设备评分表"。

设施设备评分表属于硬件表，总分共600分。该表主要是对饭店硬件设施的档次进行评价打分。三、四、五星级规定最低得分线：三星220分、四星320分、五星420分，一、二星级不做要求。

(3)《旅游饭店星级的划分及评定》附录C："饭店运营质量评价表"。

饭店运营质量评价表属于软件表，主要是评价饭店的"软件"，总分共600分，包括对饭店各项服务的基本流程、设施维护保养和清洁卫生方面的评价。三、四、五星级规定最低得分率：三星70%、四星80%、五星85%，一、二星级不做要求。

2. 基本要求

(1) 必须达到最低分或得分率。

申请星级评定的饭店，如达不到上述要求及最低分数或得分率，则不能取得所申请的星级。

(2) 强调饭店的整体性。

星级饭店强调整体性，评定星级时不能因为某一区域所有权或经营权的分离，或因为建筑物的分隔而区别对待。要求饭店内所有区域应达到同一星级的质量标准和管理，否则，星评委对饭店所申请星级不予批准。

(3) 饭店有变化时应接受复核或重新评定。

饭店取得星级后，因改造发生建筑规格、设施设备和服务项目的变化，关闭或取消原有设施设备、服务功能或项目，导致达不到原星级标准的，必须向相应级别星评委申报，接受复核或重新评定。否则，相应级别星评委应收回该饭店的星级证书和标志牌。

(四) 星级评定程序和执行

1. 五星级酒店评定程序

(1) 申请。

申请评定五星级的饭店应在对照《旅游饭店星级的划分及评定》（GB/T14308—2010）充分准备的基础上，按属地原则向地区星评委和省级星评委逐级递交星级申请材料。申请材料包括：饭店星级申请报告、自查打分表、消防验收合格证（复印件）、卫生许可证（复印件）、工商营业执照（复印件）、饭店装修设计说明等。

(2) 推荐。

省级星评委收到饭店申请材料后，应严格按照《旅游饭店星级的划分及评定》（GB/T14308—2010）的要求，于一个月内对申报饭店进行星评工作指导。对符合申报要求的饭店，以省级星评委名义向全国星评委递交推荐报告。

(3) 审查与公示。

全国星评委在接到省级星评委推荐报告和饭店星级申请材料后，应在一个月内完成审定申请资格、核实申请报告等工作，并对通过资格审查的饭店，在中国旅游网和中国旅游饭店业协会网站上同时公示。对未通过资格审查的饭店，全国星评委应下发正式文件通知省级星评委。

(4) 宾客满意度调查。

对通过五星级资格审查的饭店，全国星评委可根据工作需要安排宾客满意度调查，并形成专业调查报告，作为星评工作的参考意见。

(5) 国家级星评员检查。

全国星评委发出《星级评定检查通知书》，委派2到3名国家级星评员，以明查或暗访的形式对申请五星级的饭店进行评定检查。评定检查工作应在36~48小时内完成。检查未予通过的饭店，应根据全国星评委反馈的有关意见进行整改。全国星评委待接到饭店整改完成并申请重新检查的报告后，于一个月内再次安排评定检查。

(6) 审核。

检查结束后一个月内，全国星评委应根据检查结果对申请五星级的饭店进行审核。审核的主要内容及材料有：国家级星评员检查报告（须有国家级星评员签名）、星级评定检查反馈会原始记录材料（须有国家级星评员及饭店负责人签名）、依据《旅游饭店星级的划分及评定》（GB/T14308—2010）打分情况（打分总表须有国家级星评员签名）等。

(7) 批复。

对于经审核认定达到标准的饭店，全国星评委应做出批准其为五星级旅游饭店的批复，并授予五星级证书和标志牌。对于经审核认定达不到标准的饭店，全国星评委应做出不批准其为五星级饭店的批复。批复结果在中国旅游网和中国旅游饭店业协会网站上同时公示，公示内容包括饭店名称、全国星评委受理时间、国家级星评员评定检查时间、国家级星评员姓名、批复时间。

(8) 申诉。

申请星级评定的饭店对星评过程及其结果如有异议，可直接向国家旅游局申诉。国家旅游局根据调查结果予以答复，并保留最终裁定权。

(9) 抽查。

国家旅游局根据《国家级星评监督员管理规则》（附件2），派出国家级星评监督员随机抽查星级评定情况，对星评工作进行监督。一旦发现星评过程中存在不符合程序的现象或检查结果不符合标准要求的情况，国家旅游局可对星级评定结果予以否决，并对执行该任务的国家级星评员进行处理。

2. 执行

一星级到四星级饭店的评定程序，各级星评委应严格按照相应职责和权限，参照五星级饭店评定程序执行。一、二、三星级饭店的评定检查工作应在24小时内完成，四星级饭店的评定检查工作应在36小时内完成。全国星评委保留对一星级到四星级饭店评定结果的否决权。

（五）星级复核及处理制度

1. 星级复核

星级复核是星级评定工作的重要组成部分，其目的是督促已取得星级的饭店持续达标，其组织和责任划分完全依照星级评定的责任分工。星级复核分为年度复核和三年期满的评定性复核。

(1) 年度复核。

年度复核工作由饭店对照星级标准自查自纠、并将自查结果报告相应级别星评委,相应级别星评委根据自查结果进行抽查。

(2) 评定性复核工作。

评定性复核工作由各级星评委委派星评员以明查或暗访的方式进行。全国星评委委派二至三名国家级星评员同行,以明查或暗访的方式对饭店进行评定性复核检查。各级星评委应于本地区复核工作结束后进行认真总结,并逐级上报复核结果。

2. 处理

对复核结果达不到相应标准的星级饭店,相应级别星评委根据情节轻重给予限期整改、取消星级的处理,并公布处理结果。对于取消星级的饭店,应将其星级证书和星级标志牌收回。

整改期限原则上不能超过一年。被取消星级的饭店,自取消星级之日起一年后,方可重新申请星级评定。

(六) 绿色旅游饭店

1. 绿色旅游饭店的概念

绿色旅游饭店是以可持续发展为理念,坚持清洁生产、倡导绿色消费、保护生态环境和合理使用资源的饭店。

2. 绿色旅游饭店等级和标志

绿色旅游饭店分金叶级和银叶级两个等级。

绿色旅游饭店标志实行自愿申请,强制管理制度。经评定的绿色旅游饭店被授予相应的标志,并颁发给证书。标志的有效期为5年(自颁发证书之日起计算)。到期必须重新申请、评定。绿色旅游饭店标志牌由全国旅游星级饭店评定机构统一制作、核发,任何单位或个人未经授权或许可,不得擅自使用。

3. 绿色旅游饭店的评定

全国范围内,正式开业1年以上的旅游饭店均可申请评定绿色旅游饭店。

全国旅游星级饭店评定机构统筹负责绿色旅游饭店的组织、领导、评定工作,制定评定工作的实施办法和评定细则,授权、督导省级以下旅游星级饭店评定机构开展绿色旅游饭店的评定工作,保有对各级旅游星级饭店评定机构所评绿色旅游饭店的否决权,并接受国家旅游局(今改为"文化与旅游部")监督。

经评定的绿色旅游饭店,由省级旅游星级饭店评定机构每3年进行一次复核。复核结果上报全国旅游星级饭店评定机构备案。

三、旅游饭店业的治安管理

改革开放以来,我国旅游住宿业有了很大的发展。旅游住宿业治安状况的好坏,将直接影响到旅游业的发展。我国政府十分重视旅游住宿业的治安管理。《旅馆业治安管理办法》于1987年9月23日经国务院批准,于1987年11月10日由公安部发布,自发布之日起施行。2011年1月8日经第588号国务院令公布,对《旅馆业治安管理办法》部分条款做出修改,自公布之日起施行。这是我国旅游住宿业治安管理的基本行政法规,也是我国旅游住宿业健康发展的一个法制保障。

（一）开办旅游饭店企业的治安管理

《办法》规定：开办旅馆，其房屋建筑、消防设备、出入口和通道等，必须符合《中华人民共和国消防条例》等有关规定，并且要具备必要的防盗安全设施。

申请开办旅馆，应经主管部门审查批准，经当地公安机关签署意见，向工商行政管理部门申请登记，领取营业执照后，方准开业。经批准开业的旅馆，如有歇业、转业、合并、迁移、改变名称等情况，应当在工商行政管理部门办理变更登记后3日内，向当地的县、市公安局、公安分局备案。

（二）对旅馆经营中的治安管理

《办法》规定，凡经营旅馆，都必须遵守国家的法律，建立各项安全管理制度，设置治安保卫组织或者指定安全人员。在具体的经营过程中，应做到：

（1）旅馆接待旅客住宿必须登记。登记时，旅馆必须查验旅客的身份证件，按规定的项目如实登记。在接待境外旅客住宿时，除了要履行上述手续外，还应当在24小时内向当地公安机关报送住宿登记表。

（2）旅馆业必须设置旅客财务保管箱、保管柜或者保管室，并指定专人负责保管工作；对旅客寄存的财物，要建立严格、完备的登记、领取和交接制度。

（3）旅馆对旅客遗留的物品，应当妥善保管，设法归还原主或揭示招领；经招领3个月后无人认领的，要登记造册，送当地公安机关按拾遗物品处理。

（4）严禁旅客将易燃、易爆、剧毒、腐蚀性和放射性等危险物品带入旅馆，对违禁物品和可疑物品，应当及时报告公安机关处理，以避免安全事故的发生。

（5）旅馆内严禁卖淫、嫖娼、赌博、吸毒、传播淫秽物品等违法犯罪活动。对于上述违法犯罪活动，公安机关可以依照《中华人民共和国治安管理处罚条例》有关条款的规定，处罚有关人员；对于情节严重构成犯罪的，由司法机关依照《中华人民共和国刑法》追究其刑事责任。

第二节　食品安全法律制度

为保证食品安全，保障公众身体健康和生命安全，2009年2月28日第十一届全国人民代表大会常务委员会第七次会议通过了《中华人民共和国食品安全法》（以下简称《食品安全法》），2015年4月24日第十二届全国人民代表大会常务委员会第十四次会议修订，2015年10月1日起正式施行。

一、食品安全法律概述

（一）几个基本概念

（1）食品。是指各种供人食用或者饮用的成品和原料以及按照传统既是食品又是中药材的物品，但是不包括以治疗为目的的物品。

（2）食品安全。是指食品无毒、无害，符合应当有的营养要求，对人体健康不造成任何急性、亚急性或者慢性危害。

（3）食品添加剂。是指为改善食品品质和色、香、味以及为防腐、保鲜和加工工艺的需要而加入食品中的人工合成或者天然物质，包括营养强化剂。

（4）食源性疾病。是指食品中致病因素进入人体引起的感染性、中毒性等疾病，包括食物中毒。

（5）食品中毒。是指食用了被有毒有害物质污染的食品或者食用了含有有毒有害物质的食品后出现的急性、亚急性疾病。

（6）食品安全事故。是指食源性疾病、食品污染等源于食品，对人体健康有危害或者可能有危害的事故。

（二）食品安全管理制度

《食品安全法》包括总则、食品安全风险监测和评估、食品安全标准、食品生产经营、食品检验、食品进出口、食品安全事故处置、监督管理、法律责任和附则，共十章一百五十四条。

1. 食品安全风险监测和评估制度

为了保证食品的安全性，国家建立食品安全风险监测制度，对食源性疾病、食品污染以及食品中的有害因素进行监测。国家建立食品安全风险评估制度，对食品、食品添加剂中生物性、化学性和物理性危害进行风险评估。国务院卫生行政部门负责组织食品安全风险评估工作，成立由医学、农业、食品、营养、生物、环境等方面的专家组成的食品安全风险评估专家委员会进行食品安全风险评估。食品安全风险评估结果由国务院卫生行政部门公布。

2. 食品生产经营实行许可制度

《食品安全法》第三十五条规定：国家对食品生产经营实行许可制度。从事食品生产、食品销售、餐饮服务，应当依法取得许可。但是，销售食用农产品，不需要取得许可。县级以上地方人民政府食品药品监督管理部门应当依照《中华人民共和国行政许可法》的规定，审核申请人提交的相关资料，必要时对申请人的生产经营场所进行现场核查；对符合规定条件的，准予许可；对不符合规定条件的，不予许可并书面说明理由。

国家对食品添加剂生产实行许可制度。从事食品添加剂生产，应当具有与所生产食品添加剂品种相适应的场所、生产设备或者设施、专业技术人员和管理制度，并依照法律规定的程序，取得食品添加剂生产许可。

3. 食品从业人员健康管理制度

《食品安全法》第四十五条规定：食品生产经营者应当建立并执行从业人员健康管理制度。患有国务院卫生行政部门规定的有碍食品安全疾病的人员，不得从事接触直接入口食品的工作。从事接触直接入口食品工作的食品生产经营人员应当每年进行健康检查，取得健康证明后方可上岗工作。

4. 国家建立食品召回制度

《食品安全法》第六十三条规定：食品生产者发现其生产的食品不符合食品安全标准或者有证据证明可能危害人体健康的，应当立即停止生产，召回已经上市销售的食品，通知相关生产经营者和消费者,并记录召回通知情况。食品生产经营者应当将食品召回和处理情况向所在地县级人民政府食品药品监督管理部门报告;需要对召回的食品进行无害化处理、销毁的,应当提前报告时间、地点。食品药品监督管理部门认为必要的,可以实施现场监督。

5. 食品检验检疫制度

一方面,食品生产企业应当建立食品原料、食品添加剂、食品相关产品进货查验记录制度和食品出厂检验记录制度,其记录的内容应当真实;另一方面,县级以上人民政府食品药品监督管理部门应当对食品进行定期或者不定期的抽样检验,并依据有关规定公布检验结果,不得免检。

6. 特殊食品严格监管制度

《食品安全法》第七十四条规定,国家对保健食品、特殊医学用途配方食品和婴幼儿配方食品等特殊食品实行严格监督管理。

《食品安全法》第七十五条规定,保健食品声称保健功能,应当具有科学依据,不得对人体产生急性、亚急性或者慢性危害。第七十八条规定,保健食品的标签、说明书不得涉及疾病预防、治疗功能,内容应当真实,与注册或者备案的内容相一致,载明适宜人群、不适宜人群、功效成分或者标识性成分及其含量等,并声明"本品不能代替药物"。保健食品的功能和成分应当与标签、说明书相一致。

《食品安全法》第八十条规定,特殊医学用途配方食品应当经国务院食品药品监督管理部门注册。注册时,应当提交产品配方、生产工艺、标签、说明书以及表明产品安全性、营养充足性和特殊医学用途临床效果的材料。

《食品安全法》第八十一条规定,生产婴幼儿配方食品使用的生鲜乳、辅料等食品原料、食品添加剂等,应当符合法律、行政法规的规定和食品安全国家标准,保证婴幼儿生长发育所需的营养成分。

7. 民事赔偿优先制度

《食品安全法》第一百四十七条规定,违反本法规定,造成人身、财产或者其他损害的,依法承担赔偿责任。生产经营者财产不足以同时承担民事赔偿责任和缴纳罚款、罚金时,先承担民事赔偿责任。

8. 首负责任期和惩罚性赔偿制度

《食品安全法》第一百四十八条规定,消费者因食用不符合食品安全标准的食品受到损害的,可以向经营者要求赔偿损失,也可以向生产者要求赔偿损失。接到消费者赔偿要求的生产经营者,应当实行首负责任制,先行赔付,不得推诿;属于生产者责任的,经营者赔偿后有权向生产者追偿;属于经营者责任的,生产者赔偿后有权向经营者追偿。生产不符合食品安全标准的食品或者经营明知是不符合食品安全标准的食品,消费者除要求赔偿损失外,还可以向生产者或者经营者要求支付价款10倍或者损失3倍的赔偿金;增加赔偿的金额不足1 000元的,为1 000元。但是,食品的标签、说明书存在不影响食品安全且不会对消费者造成误导的瑕疵的除外。

惩罚性赔偿制度有利于制裁消费领域的欺诈行为,维护消费者的合法权益。值得注意的是,即使消费者购买后尚未食用不符合食品安全标准的食品,没有造成实际损失,仍可要求生产经营者支付价款 10 倍的赔偿金。

二、食品安全事故处置

（一）食品安全事故应急预案

《食品安全法》第一百零二条规定：国务院组织制定国家食品安全事故应急预案。县级以上地方人民政府应当根据有关法律、法规的规定和上级人民政府的食品安全事故应急预案以及本地区的实际情况，制定本行政区域的食品安全事故应急预案，并报上一级人民政府备案。食品生产经营企业应当制定食品安全事故处置方案，定期检查本企业各项食品安全防范措施的落实情况，及时消除食品安全事故隐患。

（二）食品安全事故的报告制度

发生食品安全事故的单位应当立即采取措施，防止事故扩大。事故发生单位和接收病人进行治疗的单位应当及时向事故发生地县级卫生行政部门报告。

发生食品安全事故，接到报告的县级人民政府食品药品监督管理部门应当按照应急预案的规定向本级人民政府和上级人民政府食品药品监督管理部门报告。县级人民政府和上级人民政府食品药品监督管理部门应当按照应急预案的规定上报。

任何单位或者个人不得对食品安全事故隐瞒、谎报、缓报，不得毁灭有关证据。

（三）食品安全事故的处置

县级以上人民政府食品药品监督管理部门接到食品安全事故的报告后，应当立即会同同级卫生行政、质量监督、农业行政等部门进行调查处理，并采取下列措施，防止或者减轻社会危害：

（1）开展应急救援工作，对因食品安全事故导致人身伤害的人员，卫生行政部门应当立即组织救治。

（2）封存可能导致食品安全事故的食品及其原料，并立即进行检验；对确认属于被污染的食品及其原料，责令食品生产经营者依照本法第五十三条的规定予以召回、停止经营并销毁。

（3）封存被污染的食品相关产品，并责令进行清洗消毒。

（4）做好信息发布工作，依法对食品安全事故及其处理情况进行发布，并对可能产生的危害加以解释、说明。

发生食品安全事故需要启动应急预案的，县级以上人民政府应当立即成立事故处置指挥机构，启动应急预案，依照上述条款和应急预案的规定进行处置。

发生食品安全事故，县级以上疾病预防控制机构应当对事故现场进行卫生处理，并对与事故有关的因素开展流行病学调查，有关部门应当予以协助。县级以上疾病预防控制机构应当向同级食品药品监督管理、卫生行政部门提交流行病学调查报告。

发生食品安全事故，设区的市级以上人民政府食品药品监督管理部门应当立即会同有关部门进行事故责任调查，督促有关部门履行职责，向本级人民政府和上一级人民政府食品药品监督管理部门提出事故责任调查处理报告。

涉及两个以上省、自治区、直辖市的重大食品安全事故由国务院食品药品监督管理部门依照前款规定组织事故责任调查。

调查食品安全事故,应当坚持实事求是、尊重科学的原则,及时、准确查清事故性质和原因,认定事故责任,提出整改措施。

调查食品安全事故,除了查明事故单位的责任,还应当查明有关监督管理部门、食品检验机构、认证机构及其工作人员的责任。

食品安全事故调查部门有权向有关单位和个人了解与事故有关的情况,并要求提供相关资料和样品。有关单位和个人应当予以配合,按照要求提供相关资料和样品,不得拒绝。

任何单位和个人不得阻挠、干涉食品安全事故的调查处理。

三、法律责任

《食品安全法》第九章对相关违法行为给予相应的处罚。

(1) 未取得食品生产经营许可从事食品生产经营活动,或者未取得食品添加剂生产许可从事食品添加剂生产活动的情形。

由县级以上人民政府食品药品监督管理部门没收违法所得和违法生产经营的食品、食品添加剂以及用于违法生产经营的工具、设备、原料等物品;违法生产经营的食品、食品添加剂货值金额不足1万元的,并处5万元以上10万元以下罚款;货值金额1万元以上的,并处货值金额10倍以上20倍以下罚款。

(2) 违反本法规定,有下列情形之一,尚不构成犯罪的,由县级以上人民政府食品药品监督管理部门没收违法所得和违法生产经营的食品,并可以没收用于违法生产经营的工具、设备、原料等物品;违法生产经营的食品货值金额不足1万元的,并处10万元以上15万元以下罚款;货值金额1万元以上的,并处货值金额15倍以上30倍以下罚款;情节严重的,吊销许可证,并可以由公安机关对其直接负责的主管人员和其他直接责任人员处5日以上15日以下拘留:

1) 用非食品原料生产食品、在食品中添加食品添加剂以外的化学物质和其他可能危害人体健康的物质,或者用回收食品作为原料生产食品,或者经营上述食品;

2) 生产经营营养成分不符合食品安全标准的专供婴幼儿和其他特定人群的主辅食品;

3) 经营病死、毒死或者死因不明的禽、畜、兽、水产动物肉类,或者生产经营其制品;

4) 经营未按规定进行检疫或者检疫不合格的肉类,或者生产经营未经检验或者检验不合格的肉类制品;

5) 生产经营国家为防病等特殊需要明令禁止生产经营的食品;

6) 生产经营添加药品的食品。

(3) 违反本法规定,有下列情形之一,尚不构成犯罪的,由县级以上人民政府食品药品监督管理部门没收违法所得和违法生产经营的食品、食品添加剂,并可以没收用于违法生产经营的工具、设备、原料等物品;违法生产经营的食品、食品添加剂货值金额不足1万元的,并处5万元以上10万元以下罚款;货值金额1万元以上的,并处货值金额10倍以上20倍以下罚款;情节严重的,吊销许可证:

1) 生产经营致病性微生物、农药残留、兽药残留、生物毒素、重金属等污染物质以及

其他危害人体健康的物质含量超过食品安全标准限量的食品、食品添加剂;

2) 用超过保质期的食品原料、食品添加剂生产食品、食品添加剂,或者经营上述食品、食品添加剂;

3) 生产经营超范围、超限量使用食品添加剂的食品;

4) 生产经营腐败变质、油脂酸败、霉变生虫、污秽不洁、混有异物、掺假掺杂或者感官性状异常的食品、食品添加剂;

5) 生产经营标注虚假生产日期、保质期或者超过保质期的食品、食品添加剂;

6) 生产经营未按规定注册的保健食品、特殊医学用途配方食品、婴幼儿配方乳粉,或者未按注册的产品配方、生产工艺等技术要求组织生产;

7) 以分装方式生产婴幼儿配方乳粉,或者同一企业以同一配方生产不同品牌的婴幼儿配方乳粉;

8) 利用新的食品原料生产食品,或者生产食品添加剂新品种,未通过安全性评估的;

9) 食品生产经营者在食品药品监督管理部门责令其召回或者停止经营后,仍拒不召回或者停止经营。

(4) 违反本法规定,事故单位在发生食品安全事故后未进行处置、报告的,由有关主管部门按照各自职责分工责令改正,给予警告;隐匿、伪造、毁灭有关证据的,责令停产停业,没收违法所得,并处10万元以上50万元以下罚款;造成严重后果的,吊销许可证。

(5) 事故单位在发生食品安全事故后未进行处置、报告的,由有关主管部门按照各自职责分工责令改正,给予警告;隐匿、伪造、毁灭有关证据的,责令停产停业,没收违法所得,并处10万元以上50万元以下罚款;造成严重后果的,吊销许可证。

(6) 违反本法规定,未按要求进行食品贮存、运输和装卸的,由县级以上人民政府食品药品监督管理等部门按照各自职责分工责令改正,给予警告;拒不改正的,责令停产停业,并处1万元以上5万元以下罚款;情节严重的,吊销许可证。

(7) 违反本法规定,拒绝、阻挠、干涉有关部门、机构及其工作人员依法开展食品安全监督检查、事故调查处理、风险监测和风险评估的,由有关主管部门按照各自职责分工责令停产停业,并处2 000元以上5万元以下罚款;情节严重的,吊销许可证;构成违反治安管理行为的,由公安机关依法给予治安管理处罚。

(8) 消费者因不符合食品安全标准的食品受到损害的,可以向经营者要求赔偿损失,也可以向生产者要求赔偿损失。接到消费者赔偿要求的生产经营者,应当实行首负责任制,先行赔付,不得推诿;属于生产者责任的,经营者赔偿后有权向生产者追偿;属于经营者责任的,生产者赔偿后有权向经营者追偿。

(9) 违反本法规定,构成犯罪的,依法追究刑事责任。

第三节　娱乐场所管理

现代旅游饭店业给旅游者提供的服务是综合性的,许多宾馆、饭店在提供旅客住宿的同时,也为旅游者提供娱乐项目。1999年国务院发布的《娱乐场所管理条例》,是规范娱乐业经营行为的重要行政法规,旅游经营单位必须严格按照有关规定执行。2006年3月1日修改并颁布了新的《娱乐场所管理条例》，新条例对涉及毒品违法犯罪的有关问题做了明确规定。原文化部于 2013 年 1 月 25 日经部务会议审议通过了《娱乐场所管理办法》，自 2013 年 3 月 11 日起施行。

一、娱乐场所管理法规概述

（一）娱乐场所的含义

娱乐场所，是指以营利为目的，向公众开放，消费者自娱自乐的歌舞、游艺等场所。歌舞娱乐场所是指提供伴奏音乐、歌曲点播服务或者提供舞蹈音乐、跳舞场地服务的经营场所；游艺娱乐场所是指通过游戏游艺设备提供游戏游艺服务的经营场所，也包括兼营以上娱乐服务的其他场所。

（二）娱乐场所经营管理的宗旨和方向

娱乐场所经营管理的宗旨是加强娱乐场所的管理，丰富人民群众文明、健康的娱乐生活，促进社会主义精神文明建设。娱乐场所的经营方向是坚持为人民服务、为社会主义服务，开展文明、健康的娱乐活动。

（三）娱乐场所的管理

县级以上人民政府文化主管部门负责对娱乐场所日常经营活动的监督管理；县级以上公安部门负责对娱乐场所消防、治安状况的监督管理。

二、娱乐场所的经营管理

（一）娱乐场所的设立

1. 娱乐场所的设立条件

（1）有与其经营活动相适应的设施设备，提供的文化产品内容应当符合文化产品生产、出版、进口的规定；

（2）歌舞娱乐场所消费者人均占有使用面积不得低于 1.5 平方米（农村地区除外），游艺娱乐场所的使用面积不少于 200 平方米，使用面积不包括办公、仓储等非营业性区域；

（3）符合国家治安管理、消防安全、环境噪声等相关规定；

（4）法律、法规和规章规定的其他条件。

2. 娱乐场所不得设在下列地点：

（1）居民楼、博物馆、图书馆和被核定为文物保护单位的建筑物内；

（2）居民住宅区和学校、医院、机关周围；

（3）车站、机场等人群密集的场所；

（4）建筑物地下一层以下；

（5）与危险化学品仓库毗连的区域。

3. 批准机构

设立娱乐场所，应当向所在地县级人民政府文化主管部门提出申请；设立中外合资经营、中外合作经营的娱乐场所，应当向所在地省、自治区、直辖市人民政府文化主管部门提出申请。

受理申请的文化主管部门应当就书面声明向公安部门或者其他有关单位核查，公安部门或者其他有关单位应当予以配合；经核查属实的，文化主管部门应当依据相关规定进行实地检查，做出决定。予以批准的，颁发娱乐经营许可证，并根据国务院文化主管部门的规定核定娱乐场所容纳的消费者数量；不予批准的，应当书面通知申请人并说明理由。

有关法律、行政法规规定需要办理消防、卫生、环境保护等审批手续的，从其规定。申请人取得娱乐经营许可证和有关消防、卫生、环境保护的批准文件后，方可到工商行政管理部门依法办理登记手续，领取营业执照。娱乐场所取得营业执照后，应当在15日内向所在地县级公安部门备案。

（二）娱乐场所的经营规则

1. 禁止从事的活动内容

国家倡导弘扬民族优秀文化，禁止在娱乐场所内从事下列内容：①违反《宪法》确定的基本原则的；②危害国家统一、主权或者领土完整的；③危害国家安全，或者损害国家荣誉、利益的；④煽动民族仇恨、民族歧视，伤害民族感情或者侵害民族风俗、习惯，破坏民族团结的；⑤违反国家宗教政策，宣扬邪教、迷信的；⑥宣扬淫秽、赌博、暴力以及与毒品有关的违法犯罪活动，或者教唆犯罪的；⑦违背社会公德或者民族优秀文化传统的；⑧侮辱、诽谤他人，侵害他人合法权益的；⑨法律、行政法规禁止的其他内容。

2. 不得为进入娱乐场的人员提供条件的情况

娱乐场所及其从业人员不得实施下列行为，也不得为进入娱乐场所的人员实施下列行为提供条件：①贩卖、提供毒品，或者组织、强迫、教唆、引诱、欺骗、容留他人吸食、注射毒品；②组织、强迫、引诱、容留、介绍他人卖淫、嫖娼；③制造、贩卖、传播淫秽物品；④提供或者从事以营利为目的的陪侍；⑤赌博；⑥从事邪教、迷信活动；⑦其他违法犯罪行为；⑧娱乐场所不得接纳和招用未成年人。

娱乐场所的从业人员不得吸食、注射毒品，不得卖淫、嫖娼；娱乐场所及其从业人员不得为进入娱乐场所的人员实施上述行为提供条件。

3. 安装监控设备

歌舞娱乐场所应当按照国务院公安部门的规定在营业场所的出入口、主要通道安装闭路电视监控设备，并应当保证闭路电视监控设备在营业期间正常运行，不得中断。

歌舞娱乐场所应当将闭路电视监控录像资料留存30日备查，不得删改或者挪作他用。

4. 设立安全通道

营业期间，娱乐场所应当保证疏散通道和安全出口畅通，不得封堵、锁闭疏散通道和安全出口，不得在疏散通道和安全出口设置栅栏等影响疏散的障碍物。

娱乐场所应当在疏散通道和安全出口设置明显指示标志，不得遮挡、覆盖指示标志。

5. 禁止危险物品进入娱乐场所

任何人不得非法携带枪支、弹药、管制器具或者携带爆炸性、易燃性、毒害性、放射性、腐蚀性等危险物品和传染病病原体进入娱乐场所。

迪斯科舞厅应当配备安全检查设备，对进入营业场所的人员进行安全检查。

6. 未成年人进入娱乐场所的规定

歌舞娱乐场所不得接纳未成年人。除国家法定节假日外，游艺娱乐场所设置的电子游戏机不得向未成年人提供。

娱乐场所不得招用未成年人；招用外国人的，应当按照国家有关规定为其办理外国人就业许可证。

7. 工作人员从业规定

营业期间，娱乐场所的从业人员应当统一着工作服，佩戴工作标志并携带居民身份证或者外国人就业许可证。从业人员应当遵守职业道德和卫生规范，诚实守信，礼貌待人，不得侵害消费者的人身和财产权利。每日凌晨2时至上午8时，娱乐场所不得营业。娱乐场所提供娱乐服务项目和出售商品，应当明码标价，并向消费者出示价目表；不得强迫、欺骗消费者接受服务、购买商品。

三、法律责任

（1）擅自从事娱乐场所经营活动的，由工商行政管理部门、文化主管部门依法予以取缔；公安部门在查处治安、刑事案件时，发现擅自从事娱乐场所经营活动的，应当依法予以取缔。

（2）娱乐场所实施《条例》禁止行为的，由县级公安部门没收违法所得和非法财物，责令停业整顿3个月至6个月；情节严重的，由原发证机关吊销娱乐经营许可证，对直接负责的主管人员和其他直接责任人员处1万元以上2万元以下的罚款。

（3）娱乐场所违反《条例》规定，有下列情形之一的，由县级公安部门没收违法所得和非法财物，并处违法所得2倍以上5倍以下的罚款；没有违法所得或者违法所得不足1万元的，并处2万元以上5万元以下的罚款；情节严重的，责令停业整顿1个月至3个月：

1) 设置具有赌博功能的电子游戏机机型、机种、电路板等游戏设施设备的；

2) 以现金、有价证券作为奖品，或者回购奖品的。

（4）娱乐场所指使、纵容从业人员侵害消费者人身权利的，应当依法承担民事责任，并由县级公安部门责令停业整顿1个月至3个月；造成严重后果的，由原发证机关吊销娱乐经营许可证。

（5）娱乐场所取得营业执照后，未按照《条例》规定向公安部门备案的，由县级公安部门责令改正，给予警告。

（6）违反《条例》规定，有下列情形之一的，由县级人民政府文化主管部门没收违法所得和非法财物，并处违法所得1倍以上3倍以下的罚款；没有违法所得或者违法所得不足1万元的，并处1万元以上3万元以下的罚款；情节严重的，责令停业整顿1个月至6个月。

1) 歌舞娱乐场所的歌曲点播系统与境外的曲库连接的；

2) 歌舞娱乐场所播放的曲目、屏幕画面或者游艺娱乐场所电子游戏机内的游戏项目含有本条例第十三条禁止内容的；

3) 歌舞娱乐场所接纳未成年人的；

4) 游艺娱乐场所设置的电子游戏机在国家法定节假日外向未成年人提供的；

5) 娱乐场所容纳的消费者超过核定人数的。

（7）娱乐场所违反本条例规定，有下列情形之一的，由县级人民政府文化主管部门责令改正，给予警告；情节严重的，责令停业整顿1个月至3个月：

1）变更有关事项，未按照本条例规定申请重新核发娱乐经营许可证的；

2）在本条例规定的禁止营业时间内营业的；

3）从业人员在营业期间未统一着装并佩戴工作标志的。

（8）娱乐场所未按照本条例规定悬挂警示标志、未成年人禁入或者限入标志的，由县级人民政府文化主管部门、县级公安部门依据法定职权责令改正，给予警告。

实训项目

学校所在省（区、市）星级饭店的基本情况调查

实训目的：通过在网上或到旅游行管部门调研，要求学生及时掌握学校所在省（区、市）星级饭店的基本情况。

实训步骤：第一步，在文化与旅游部官方网站或旅游行政管理部门收集学校所在省（区、市）星级饭店的各星级的数量及分布；第二步，按不同星级饭店的分布，在学校所在省（区、市）的空白地图或手绘地图上进行标注；第三步，对照相关信息比对核实，形成一份学校所在省（区、市）星级饭店的分布表。

实训成果：提交一份学校所在省（区、市）星级饭店的分布表。

本章小结

本章主要介绍了旅游饭店的概念与特征，旅游饭店的主要权利和义务，旅游饭店星级评定制度的相关知识；食品安全方面的相关概念，食品安全制度的主要内容，食品安全事故的处置，食品生产经营者违法行为的法律责任；娱乐场所的含义、经营与管理，娱乐场所的经营规则，娱乐场所经营者违法行为的法律责任。

典型案例

客人在酒店摔伤，酒店是否需承担责任？

一名老人跟团旅游入住某酒店，因酒店拖鞋烂了导致其在卫生间摔倒，并造成两处骨折。老人受伤后，在旅行社导游和酒店工作人员的陪同下到医院就医，所花费的900多元由酒店垫付。第二天，酒店又通过旅行社转交给老人5 000元，以垫付伤情后期处理费用。而老人的女儿杜女士表示，医生建议手术。前期手术费预计要3万~5万元，后期治疗费用约2万元。杜女士希望旅行社和酒店担责赔偿。

对此，酒店相关负责人李先生表示，酒店卫生间装有防滑垫，并设置了小心滑倒的提示。酒店的拖鞋只是旧了，客人摔倒后才导致拖鞋开裂。"客人受伤当晚在医院已经处理好伤情，医生口头建议只需回去休养就行。"李先生表示，他认为酒店已担负起该负的责任，若客人家属有疑问或建议，可以通过旅行社与酒店沟通协调，或者诉诸法律途径。而旅行社相关负责人说，旅行社每一个行动都符合法律法规，基于道义先行垫付了一部分治疗费用，这部分治疗费用在正常情况下足够伤者完成治疗。若伤者及其家属不认可结论，可通过司法途径等认定责任。

涉及的相关法律法规：《最高人民法院关于审理人身损害赔偿案件适用法律若干问题的

解释》第六条从事住宿、餐饮、娱乐等经营活动或者其他社会活动的自然人、法人、其他组织，未尽合理限度范围内的安全保障义务致使他人遭受人身损害，赔偿权利人请求其承担相应赔偿责任的，人民法院应予支持。第十七条受害人遭受人身损害，因就医治疗支出的各项费用以及因误工减少的收入，包括医疗费、误工费、护理费、交通费、住宿费、住院伙食补助费、必要的营养费，赔偿义务人应当予以赔偿。

请问：酒店是否应当承担赔偿责任？对酒店有哪些启示？

【案例解析】酒店应该承担赔偿责任。酒店有义务保证客人的安全，如果因为酒店的过失导致的客人受伤，酒店是需要承担一系列的责任的。如果酒店尽到了应尽的义务，而客人因为自身原因导致的受伤，则虽不能免责，但可以减责。对于酒店来说，酒店必须配置洗澡防滑拖鞋，卫生间等区域需要张贴明显防滑标识和提醒客人穿洗澡拖鞋、使用防滑垫和地巾！案例中酒店明显已经做到这些，因此酒店的责任最多占30%。

对酒店的启示：①在酒店发生事故后，不管是什么原因造成的客人受伤，酒店肯定是有责任的，千万不能推诿！因此一定要以积极的态度去处理！②为将酒店的责任降到最低，损失降到最低，未雨绸缪是非常有必要的。做好充分保证人身安全的一切措施并做到醒目细致的提醒！酒店必须配置洗澡防滑拖鞋，卫生间等区域需要张贴明显防滑标识，提醒客人穿洗澡拖鞋，使用防滑垫和地巾。另外，酒店需购买相关的保险，也可将损失降到最低！

复习思考题

一、单项选择题

1. 凡在中国境内的饭店，正式开业（　　）以后可以申请评定星级。
   A. 半年　　　　　B. 1年　　　　　C. 2年　　　　　D. 3年

2. 旅游饭店使用星级的有效期限为（　　）年。
   A. 5　　　　　　B. 1　　　　　　C. 7　　　　　　D. 3

3. 《旅游饭店星级的划分与评定》规定饭店的最高星级为（　　）。
   A. 五星级　　　　B. 超五星级　　　C. 白金五星级　　D. 六星级

4. 可申请绿色旅游饭店的需要正式开业（　　）。
   A. 1年以上　　　B. 4年以上　　　C. 5年以上　　　D. 6年以上

5. 旅馆对旅客遗留的物品应当加以妥善保管，设法将遗留物品归还原主；如果遗留物主不明，则应当揭示招领，经招领（　　）后仍无人认领的，则应当登记造册，并送当地公安机关按拾遗物品处理。
   A. 15天　　　　B. 3个月　　　　C. 7天　　　　　D. 1个月

6. 申请开办旅馆，在登记领取营业执照之前，须签署审查意见的机关是（　　）。
   A. 当地旅游部门　B. 当地卫生部门　C. 当地公安部门　D. 当地工商部门

7. 食品生产经营者应当建立并执行从业人员（　　）。
   A. 宿舍管理制度　B. 提成奖金制度　C. 现金管理制度　D. 健康管理制度

8. 发生食品安全事故的单位应当立即（　　）。
   A. 予以处置，防止事故扩大　　　　B. 报告派出所
   C. 通知媒体　　　　　　　　　　　D. 毁灭有关证据

9. ( )负责对娱乐场所日常经营活动的监督管理。
   A. 乡镇级人民政府文化主管部门　　　B. 街道办
   C. 县级以上人民政府文化主管部门　　D. 县级以上人民政府旅游主管部门
10. 娱乐场所不得在( )营业。
    A. 每日凌晨0时至上午9时　　B. 每日凌晨1时至上午8时
    C. 每日凌晨2时至上午8时　　D. 每日凌晨2时至上午9时

二、多项选择题

1. 旅馆治安管理制度包括( )。
   A. 住宿登记制度　　B. 访客等级制度　　C. 财物保管制度
   D. 两"禁止"制度　　E. 24小时巡查报告制度
2. 下列关于绿色旅游饭店表述正确的是( )。
   A. 是以可持续发展为理念
   B. 分为金叶级和银叶级两个等级
   C. 此标志实行自愿申请，强制管理制度
   D. 全国范围内，正式开业1年以上的旅游饭店均可申请评定绿色旅游饭店
   E. 经评定的绿色旅游饭店，由省级旅游星级饭店评定机构每3年进行一次复核
3. 我国食品安全法设立的相应食品安全制度有( )。
   A. 食品安全风险监测和评估制度　　B. 生产经营许可制度
   C. 安全监管制度　　D. 从业人员健康管理制度　　E. 许可制度
4. 根据食品安全法，常见的食品安全事故是源于食品对人体健康有危害或可能有危害的( )。
   A. 食物中毒　　B. 食品污染　　C. 食品营养不充足
   D. 食源性疾病　　E. 食品色彩不美观
5. 下列属于有限服务饭店的是( )。
   A. 一星级饭店　　B. 二星级饭店　　C. 三星级饭店
   D. 四星级饭店　　E. 五星级饭店
6. 食品安全是指( )。
   A. 食品无毒、无害
   B. 符合应当有的营养要求
   C. 对人体健康不造成任何急性、亚急性或者慢性危害
   D. 销售人员身体健康，无重大疾病
   E. 符合人们的美食要求
7. 娱乐场所不得设在( )。
   A. 居民楼、博物馆、图书馆和被核定为文物保护单位的建筑物内
   B. 居民住宅区和学校、医院、机关周围
   C. 车站、机场等人群密集的场所
   D. 与危险化学品仓库毗邻的区域
   E. 建筑物地下一层以下

8. 申请人取得娱乐经营许可证和有关（ ）的批准文件后，方可到工商行政管理部门依次办理登记手续，领取营业执照。
   A. 消防   B. 卫生   C. 环境保护
   D. 公安局   E. 文化部门
9. 营业期间，娱乐场所的从业人员应当（ ）。
   A. 统一着工作服   B. 做标志   C. 携带居民身份证
   D. 留短发   E. 外国人携带就业许可证
10. 国家对食品生产经营实行许可制度，从事（ ），应当依法取得许可。
    A. 食品生产   B. 食品流通   C. 餐饮服务
    D. 食品销售   E. 食品储藏

三、判断题

1. 饭店和旅客之间的权利义务关系，是饭店法的重要调整对象。（ ）
2. 旅客入住酒店必须签订书面合同。（ ）
3. 歌舞娱乐场所应当将闭路电视监控录像资料留存20日备查，不得删改或者挪作他用。（ ）
4. 取得餐饮服务许可的餐饮服务提供者在其餐饮服务场所出售其制作加工的食品，不需要取得食品生产和流通的许可。（ ）
5. 国家对食品生产经营实行专卖制度。（ ）
6. 在我国凡是经营旅游住宿业务的都必须设置治安保卫部门等。（ ）
7. 饭店业不属于我国的所规定的特种行业。（ ）
8. 饭店应在前厅显著位置明示客房价格和住宿时间结算方法，或者确认已将上述信息用适当方式告知客人。（ ）
9. 全国星评委实施或组织实施对五星级饭店、四星级饭店的星级评定和复核工作。（ ）
10. 我国旅游饭店星级分为一星级、二星级、三星级、四星级、五星级、白金五星级6个等级。（ ）

四、简答题

1. 旅游饭店的法律特征有哪些？
2. 旅游饭店主要有哪些权利义务？
3. 星级饭店评定标准主要有哪些？
4. 五星级饭店评定的程序有哪些？
5. 食品安全管理制度有哪些主要内容？
6. 食品安全的事故有哪些主要处置措施？
7. 娱乐场所的设立条件有哪些？
8. 娱乐场所禁止从事的活动内容有哪些？

第八章

旅游交通法律法规制度

学习目标

1. 了解民用航空运输、铁路运输、公路运输及水路运输的法律适用和宗旨。
2. 熟悉民用航空运输管理、铁路运输管理、公路运输管理及水路运输管理的法律法规的相关规定。
3. 熟悉民用航空运输、铁路运输、公路运输及水路运输等承运人的权利义务。
4. 掌握民用航空运输、铁路运输、公路运输及水路运输等承运人的法律责任。

实训要求

1. 实训项目：熟悉主要旅游交通运输方式的运作流程。
2. 实训目的：通过到当地机场或火车站调研，要求学生熟悉主要旅游交通运输方式的运作流程。

旅游交通是旅游活动六大要素（吃、住、行、游、购、娱）之一，是旅游业发展的前提条件。旅游交通是旅游业经营者为旅游者在旅行游览过程中提供各类交通运输服务而产生的一系列社会经济活动和现象的总和，主要涉及航空运输、铁路运输、公路运输和水路运输等。旅游交通运输的管理与规范适用《民法通则》《合同法》以及我国已颁布和实施的交通运输管理的法律、法规和规章等。

第八章 旅游交通法律法规制度

第一节 民用航空运输管理

一、民用航空运输概述

(一) 民用航空运输的含义及法律适用

1. 民用航空运输的含义

民用航空运输,是指民用航空运输企业以取得报酬为目的,使用民用航空器运送旅客、行李或者货物的活动。民用航空器是指除用于执行军事、海关、警察飞行任务外的航空器。民用航空运输在旅游交通中占有重要的地位,特别是在旅客追求高效、快捷的工作、生活要求中显得尤为重要。

民用航空运输可以分为国内航空运输和国际航空运输。国内航空运输是指根据旅客运输合同,其出发地点、约定经停地点和目的地点都在中华人民共和国境内的航空运输;国际航空运输是指根据当事人订立的航空运输合同,无论运输有无间断或者有无转运,运输的出发地点、目的地点或约定经停地点之一不在中华人民共和国境内的航空运输。

2. 我国民用航空运输适用的法律

我国民用航空运输适用的法律主要有:第八届全国人民代表大会常务委员会第十六次会议1995年10月30日经审议通过,自1996年3月1日实施。2015年4月24日第十二届全国人民代表大会常务委员会第十四次会议第二次修正的《中华人民共和国民用航空法》(简称《民用航空法》)、《国内航空运输承运人赔偿责任限额规定》、《中国民用航空旅客、行李国内运输规则》等;在处理国际航空运输纠纷时,还应当适用我国政府已加入的国际公约或协定,主要有《华沙公约》《海牙议定书》《蒙特利尔公约》等。

《民用航空法》是我国民用航空运输管理的基本法。

(二)《民用航空法》的宗旨与管理机关

1.《民用航空法》的宗旨

《民用航空法》的宗旨是:维护国家的领空主权和民用航空权利,保障民用航空活动安全和有序地进行,保护民用航空活动当事人各方的合法权益,促进民用航空事业的发展。

国家扶持民用航空事业的发展,鼓励和支持发展民用航空的科学研究和教育事业,提高民用航空科学技术水平。国家扶持民用航空器制造业的发展,为民用航空活动提供安全、先进、经济、适用的民用航空器。

2. 民用航空活动的管理机关

《民用航空法》第三条规定,国务院民用航空主管部门对全国民用航空活动实施统一监督管理;根据法律和国务院的决定,在本部门的权限内,发布有关民用航空活动的规定、决定。

国务院民用航空主管部门设立的地区民用航空管理机构依照国务院民用航空主管部门的授权,监督管理各该地区的民用航空活动。

(三) 禁运规定

我国《民用航空法》规定:公共航空运输企业不得运输法律、行政法规规定的禁运物品。禁止旅客随身携带法律、行政法规规定的禁运物品乘坐民用航空器。禁止旅客随身携带危险品乘坐民用航空器。除因执行公务并按照国家规定经过批准外，禁止旅客携带枪支、管制刀具乘坐民用航空器。

禁运物品是指符合安全要求和公共利益而不能运输的物品，具体而言，鸦片、海洛因、吗啡或者其他毒品，黄色淫秽音像制品和图片、伪钞等，被我国法律、法规列为禁运品。同时，法律也规定旅客禁止携带危害人民群众身体健康、社会公共秩序、社会经济秩序、社会道德水平的物品乘坐民用航空器。

危险品是指对运输安全构成威胁的易燃、易爆、剧毒、易腐蚀、易污染和放射性物品。禁止旅客携带危险品乘坐航空器，不仅是对航空安全的保障，同时也是对广大旅客生命财产安全的保障。

2001年"9·11"恐怖事件发生后，我国民航规定：禁止旅客携带枪支、管制刀具乘坐民用航空器，但因执行公务并按照规定经过批准的除外。枪支、任何刀具都能对他人构成潜在的威胁，出于对航空器安全保卫工作的考虑，防止不法分子利用枪支、管制刀具劫持航空器，破坏航空器或者在航空器内进行其他违法犯罪活动，扰乱机内秩序，影响飞行安全，因此，规定禁止旅客携带枪支、管制刀具乘坐民用航空器。

（四）相关凭证管理

航空运输凭证主要有旅客运输凭证（客票）、行李运输凭证（行李票）和航空货物运单三种。

1. 旅客运输凭证（客票）

（1）客票包括的内容。

《民用航空法》第一百一十条规定，客票应当包括的内容由国务院民用航空主管部门规定，至少应当包括以下内容：

①出发地点和目的地点。

②出发地点和目的地点均在中华人民共和国境内，而在境外有一个或数个约定经停地点的，至少注明一个经停地点。

③旅客航程的最终目的地点、出发地点或者约定的经停地点之一不在中华人民共和国境内，依照所适用的国际航空运输公约的规定，要求在客票上声明此项运输适用该公约的，客票上应当载明该项声明。

旅客在购买飞机票时，可对照上述条款，检查自己客票上填写的内容是否规范。

（2）客票是旅客与承运人的运输合同的初步证据。

《民用航空法》第一百零九条规定，承运人有义务为旅客出具客票。旅客在乘坐民用航空器时有义务交验客票。

客票是航空运输合同订立和运输合同条件的初步证据。这一规定是指，航空旅客运输合同一般在旅客购买客票时即告成立，但是客票只是此项合同订立的初步证据，而不是合同本身。因为，航空旅客运输合同一般不采用书面形式订立，客票只是证明合同订立的一个证据。运输合同条件，是关于运输合同当事人双方的主要权利、义务的规定，一般记载于客票最后一页的背后。运输合同条件中最主要的内容，是承运人的责任规定，即在何种情况下承担责任、在何种情况下不承担责任以及责任限额等。

正是由于客票是初步证据而不是最终证据，当出现下列情况时，运输合同的存在或者效力不受影响。

1）旅客未能出示客票。

即旅客虽然购买了客票，但由于某种原因而无法向承运人出示。如旅客忘记随身携带已购买的客票，运输合同确已订立并仍然有效。

2）客票不符合规定。

客票不符合规定是指客票不符合民用航空法的规定。客票上如果没有包括规定内容，即客票不符合规定，那么这并不影响运输合同的成立，即合同仍然有效，但承运人的权利在某种程度上将受到影响。

3）客票遗失。

旅客已经购买了客票，但票据遗失，运输合同仍然存在并有效。

我国电子客票时间表

小知识

2000 年 3 月，南方航空率先推出国内第一张电子客票（本票电子客票）。

2004 年，国航、南航、东航三大航空公司均有自己的电子机票系统，并未加入 BSP 电子机票系统当中。

2004 年 9 月 1 日，海南航空公司开始使用中国第一张 BSP 电子客票（中性电子客票）。

2004 年 9 月底，东航推出首张 B2C 电子客票（个人电子客票）。

2004 年 9 月，游易航空旅行网销售出了第一张国航电子机票。

2005 年 1 月，国航、东航正式加入 BSP 电子机票系统。10 月 31 日，南航也加入了 BSP 电子机票系统。

2006 年 6 月，电子客票行程单作为全国统一报销凭证，正式启用。电子票无法打印出 T4 联。

2006 年 10 月，国航停止发售纸质票，全面推进电子客票。

2007 年年底，全球实现 100% BSP 电子客票。

2. 行李票

外出旅行或出差，必定会随身携带一定数量的行李，在乘坐民用航空器时，就有可能要办理行李托运。行李，是指与一位旅客的旅程有关的、穿用舒适与方便所必需的、适当的物品，以及其他个人财物。

（1）行李票包括的内容。

《民用航空法》规定：承运人载运托运行李时，行李票可以包含在客票之内或者与客票相结合。行李票还应当包括下列内容：

1）托运行李的件数和重量；

2）需要声明托运行李在目的地点交付时的利益的，应注明声明金额。

（2）行李票是行李托运和运输合同条件的初步证据。

行李票是行李托运和运输合同条件的初步证据。这一规定是指，航空旅客运输合同一般在旅客购买行李票时即告成立，但是行李票只是此项合同订立的初步证据，而不是合同本身。因为，航空旅客运输合同一般不采用书面形式订立，行李票只是证明合同订立的一个证据。运输合同条件，是关于运输合同当事人双方的主要权利、义务的规定，一般记载于客票、行李票最后一页的背后。运输合同条件中最主要的内容，是承运人的责任规定，即在何种情况下承担责任、在何种情况下不承担责任以及责任限额等。

正是由于行李票是初步证据而不是最终证据，当出现下列情况时，运输合同的存在或者效力不受影响：

1）旅客未能出示行李票。

即旅客虽然购买了行李票，但由于某种原因而无法向承运人出示。如旅客托运了行李，但由于某种原因无法向承运人出示行李票，承运人经查对核实旅行社确已将行李托运，运输合同仍然存在并有效。

2）客票或行李票不符合规定。

行李票不符合规定主要指行李票未载明应当载明的内容，这种情况下，不影响运输合同的存在或有效。如果行李票上未载明法定的强制性内容，承运人的权利将受到影响。

3）客票或行李票遗失。

旅客已经购买了行李票，但票据遗失，运输合同仍然存在并有效。

（3）承运人必须为旅客出具行李票。

如果承运人未遵守为旅客出具行李票的强制性规定，或者未在行李票上注明具有强制性的内容，万一出现责任事故，承运人就必须承担无限额的完全责任。

在国内航空运输中，承运人载运托运行李而不出具行李票的，承运人无权援用有关赔偿责任限制的规定。在国际航空运输中，承运人载运托运行李而不出具行李票的，或者行李票上缺少规定声明的，承运人无权援用有关法定的赔偿责任限额的规定。

上述规定告诉我们，行李票既可以含在客票内，也可以单独出具，承运人和旅客之间的运输合同关系不会因为旅客未能出示行李票、行李票不符合规定或者行李票遗失而受影响；承运人必须为旅客出具行李票，如果承运人未遵守为旅客出具行李票的强制性规定，或者未在行李票上注明具有强制性的内容，万一出现责任事故，承运人就必须承担无限额的完全责任。

3. 航空货物运单

（1）航空货物运单包括的内容。

《民用航空法》第一百一十五条规定，航空货运单应当包括的内容由国务院民用航空主管部门规定，至少应当包括以下内容：

1）出发地点和目的地点；

2）出发地点和目的地点均在中华人民共和国境内，而在境外有一个或者数个约定的经停地点的，至少注明一个经停地点；

3）货物运输的最终目的地点、出发地点或者约定的经停地点之一不在中华人民共和国境内，依照所适用的国际航空运输公约的规定，应当在货运单上声明此项运输是适用该公约的，货运单上应当载有该项声明。

（2）航空货运单是航空货物运输合同订立和运输条件以及承运人接收货物的初步证据。它表明了承运人承诺接受一定货物，并同意按照双方的约定将货物运送到目的地点，交付给托运人指定的收货人。同时,还表明托运人同意将货物移交给承运人,并支付约定的运费。

承运人有权要求托运人填写航空货运单,托运人有权要求承运人接受该航空货运单。托运人未能出示航空货运单、航空货运单不符合规定或者航空货运单遗失,不影响运输合同的存在或者有效。

托运人应当对航空货运单上所填关于货物的说明和声明的正确性负责。因航空货运单上所填的说明和声明不符合规定、不正确或者不完全,给承运人或者承运人对之负责的其他人造成损失的,托运人应当承担赔偿责任。

二、承运人的权利和义务

航空运输合同是规定承运人与旅客之间权利和义务关系的协议,双方的法律地位是平等的,权利义务也是对等的,一方权利的享有是另一方义务履行的结果。下面介绍承运人的权利和义务。

(一)承运人的权利

1. 拒绝载运权

在旅客乘机前,其人身及携带物品应当接受安全检查;对拒绝检查的乘客,民航可以拒绝运输。《民用航空法》第一百零二条规定,民航不得运输拒绝接受安全检查的旅客,也不得运输未经安全检查的行李,可依法处罚携带禁运品和危险品的旅客。

2. 查验机票权

民航可以查验客票,对无票或持无效票乘机的旅客,在始发地被发现,可拒绝其乘机,在到达地被发现,可加倍收取自始发地至到达地的票款。

3. 索赔权

对因旅客过错造成航空公司损失的,承运人可以要求旅客赔偿损失。

4. 减轻、免除赔偿责任权

承运人如能证明旅客死亡、受伤是旅客本身健康状况造成的,或者是由于旅客本人重大过失或故意行为造成的,可以减轻或免除航空公司的责任。

(二)承运人的义务

1. 出具客票的义务

承运人运送旅客应当出具客票,客票应当包括出发地点、目的地地点、承运人名称、出票人名称、旅客姓名、航班号、舱位等级、离站时间、票价、运输说明事项等。《民用航空法》第一百零九条规定,承运人运送旅客,应当出具客票。这是关于承运人出具客票和旅客交验客票的义务性规定。

2. 保证飞行安全、航班正常的义务

《民用航空法》第九十五条规定,公共航空运输企业应当以保证飞行安全和航班正常、提供良好服务为准则,采取有效措施,提高运输服务质量。

3. 告知义务

航班延误或取消时,承运人应迅速及时地将航班延误或取消等信息通知旅客,做好解释工作。

4. 补救义务

航班延误或取消时,承运人应根据旅客要求,优先安排旅客乘坐后续航班或签转其他承运人的航班,或退票,并不得收取退票费。因承运人自身原因导致航班延误或取消,承运人应当向旅客提供餐食或住宿等服务。

5. 赔偿义务

因发生在民用航空器上或者在旅客上、下民用航空器过程中的事件,造成旅客人身伤亡的,承运人应承担赔偿责任。

三、承运人的法律责任

(一) 对旅客人身伤害的赔偿责任

《民用航空法》第一百二十四条规定,因发生在民用航空器上或者在旅客上、下民用航空器过程中的事件,造成旅客人身伤亡的,承运人应当承担责任;但是,若旅客的人身伤亡完全是由于旅客本人的健康状况造成的,承运人不承担责任。

1. 承运人的责任范围

承运人对旅客人身所承担的责任范围是旅客的死亡或肉体上的伤害。承运人承担责任的期间是旅客上、下民用航空器和在民用航空器内,在此期间内的事件造成旅客人身伤亡的,承运人承担赔偿责任。

"事件"的含义很广泛,如果旅客的人身伤亡是因为承运人的故意或过错行为造成的,属于法定的"事件",承运人要承担赔偿责任。一些造成旅客人身伤亡的原因,承运人可能没有主观上的过错,例如劫机、气流造成的飞机颠簸等,也属于"事件"的范畴。

2. 承运人的免责理由

对旅客在承运人责任期间发生的人身伤亡,有正当的免责理由的,承运人可以不承担赔偿责任。

(1) 如果该损害完全是因为旅客本人的健康状况造成的,承运人可以不承担赔偿责任。但是,如果是承运人的行为诱发了旅客在身体上的缺陷,因此导致损害的,即该损害是因为承运人的行为和旅客本人的健康状况共同导致的,承运人还应当承担赔偿责任。

(2) 旅客本人有过错的。经承运人证明,损失是由于受伤害的旅客的过错造成或者促成的,应当根据旅客造成或者促成此种损失的过错的程度,相应免除或者减轻承运人的责任。

3. 承运人的责任限额

承运人应当对旅客的人身伤亡承担赔偿责任的,承运人可以引用责任限额的规定。在国际航空运输中,赔偿责任限额因在不同的国家地区采用不同的公约而各不相同,如《华沙公约》《蒙特利尔公约》等。在国内航空运输中,承运人对每名旅客的人身赔偿责任限额为40万元人民币。

如果承运人对旅客的人身伤亡应当承担赔偿责任,承运人在责任限额的范围内,按照旅客的实际损失进行赔偿;对旅客超出责任限额部分的损失,承运人有权不承担责任。法律规定的责任限额不适用的情形:①旅客可以同承运人书面约定高于赔偿责任限额的赔偿数额,在约定成立的前提下，承运人应当按照双方的约定对旅客进行赔偿。②承运人同意旅客不经其出票而乘坐民用航空器的，承运人无权援用赔偿责任限额的规定。③航空运输中的损失是由于承运人或者其受雇人、代理人的故意或者明知可能造成损失而轻率地作为或者不作为造成的，承运人无权援用赔偿责任限制的规定。

（二）对行李毁损的赔偿责任

1. 承运人的责任范围

行李包括托运行李和旅客随身携带的物品。承运人对这两类行李的责任范围是不同的。

《民用航空法》第一百二十五条第一款规定，因发生在民用航空器上或者在旅客上、下民用航空器过程中的事件，造成行李物品毁灭、遗失或者损坏的，承运人应当承担责任。因发生在航空运输期间的事件，造成旅客的托运行李毁灭、遗失或者损坏的，承运人应当承担责任。这里所指的航空运输期间，是指在机场内、民用航空器上或者机场外降落的任何地点，托运行李处于承运人掌管之下的全部期间。

2. 承运人的免责理由

《民用航空法》第一百二十五条第二款规定，旅客随身携带物品或者托运行李的毁灭、遗失或者损坏完全是由于行李本身的自然属性、质量或者缺陷造成的，承运人不承担责任。

3. 承运人的责任限额

承运人在责任限额范围内对旅客的行李物品承担责任。在国内航空运输中，对托运行李的赔偿责任限额，承运人按照每千克100元人民币承担责任；对每名旅客随身携带的物品，承运人的赔偿责任限额为每人3 000元。承运人在责任限额范围内对旅客的行李物品承担责任。

4. 行李声明价值服务

承运人可以依据规定向旅客提供行李声明价值服务。旅客可对其超过承运人赔偿责任限额的托运行李办理声明价值，并支付声明价值附加费。对办理了声明价值交付托运的行李，承运人对旅客行李物品的损失，在声明价值的范围内进行赔偿；对超出声明价值的损失，承运人不承担责任。

（三）对延迟运输的赔偿责任

《民用航空法》第一百二十六条规定：旅客、行李或者货物在航空运输中因延误造成的损失，承运人应当承担责任；但是，承运人证明本人或者其受雇人、代理人为了避免损失的发生，已经采取一切必要措施或者不可能采取此种措施的，不承担责任。

1. 承运人的责任范围

承运人对旅客、行李延迟运输的责任，仅限于因此给旅客造成的经济损失，旅客对自己所受的损失要负举证责任。如果该损失属于直接损失，则属于承运人的责任范围。对于旅客因延误运输遭受的间接损失，承运人是否承担赔偿责任，目前法律没有明确的规定。

2. 承运人的免责理由

对延误运输导致的责任，如果承运人能够证明该延误是不可避免的，承运人无须承担责任。不可避免的延误包括承运人已经采取了一切措施或者是无法采取措施防止的延误。对此，承运人应当负举证责任，如果承运人不能证明自己已经采取了一切措施或者是无法采取措施,承运人就应当承担延误运输的责任。但即使承运人无须因延误运输对旅客承担赔偿责任,也应当为旅客安排其他航班以及食宿。

《航班正常管理规定》由交通运输部于 2016 年 5 月 20 日发布,自 2017 年 1 月 1 日起施行。其中规定了航班出港延误。发生航班出港延误或者取消后,承运人或者地面服务代理人应当按照下列情形为旅客提供食宿服务:①由于机务维护、航班调配、机组等承运人自身原因,造成航班在始发地出港延误或者取消,承运人应当向旅客提供餐食或者住宿等服务。②由于天气、突发事件、空中交通管制、安检以及旅客等非承运人原因,造成航班在始发地出港延误或者取消,承运人应当协助旅客安排餐食和住宿,费用由旅客自理。③国内航班在经停地延误或者取消,无论何种原因,承运人均应当向经停旅客提供餐食或者住宿服务。④国内航班发生备降,无论何种原因,承运人均应当向备降旅客提供餐食或者住宿服务。⑤机上延误。机上延误超过 2 小时(含)的,应当为机上旅客提供饮用水和食品。

第二节　铁路运输管理

一、铁路运输概述

(一)铁路运输管理的法律适用

我国铁路运输管理所使用的法律主要包括《铁路法》《铁路旅客运输规程》《铁路旅客运输损害赔偿规定》《铁路交通事故应急救援和调查处理条例》等。

1990 年 9 月 7 日第七届全国人民代表大会常务委员会第十五次会议通过了《中华人民共和国铁路法》(以下简称《铁路法》);自 1991 年 5 月 1 日起施行;根据 2009 年 8 月 27 日第十一届全国人民代表大会常务委员会第十次会议《全国人民代表大会常务委员会关于修改部分法律的决定》第一次修正;根据 2015 年 4 月 24 日第十二届全国人民代表大会常务委员会第十四次会议《全国人民代表大会常务委员会关于修改〈中华人民共和国义务教育法〉等五部法律的决定》第二次修订,由中华人民共和国主席令第 25 号发布,自公布之日起施行。《铁路法》是我国在规范铁路运输方面的基本法律。

(二)《铁路法》的宗旨和管理机关

1. 《铁路法》的宗旨

《铁路法》第一条规定,为了保障铁路运输和铁路建设的顺利进行,适应社会主义现代化建设和人民生活的需要,制定本法。

《铁路法》第五条规定,铁路运输企业必须坚持社会主义经营方向和为人民服务的宗旨,改善经营管理,切实改进路风,提高运输服务质量。

2. 铁路运输活动的主管机关

《铁路法》第三条规定,国务院铁路主管部门主管全国铁路工作,对国家铁路实行高度集中、统一指挥的运输管理体制,对地方铁路、专用铁路和铁路专用线进行指导、协调、监督和帮助。国家铁路运输企业行使法律、行政法规授予的行政管理职能。

(三)铁路运输合同

我国《铁路法》规定,铁路运输合同是明确运输企业与旅客、托运人之间权利、义务关系的协议。旅客车票、行李票、包裹票和货物运单是铁路运输合同或者合同的组成部分。

《铁路法》规定，铁路运输企业应当保证旅客按车票载明的日期、车次乘车，并到达目的站。因铁路运输企业的责任造成旅客不能按车票载明的日期、车次乘车的，铁路运输企业应当按照旅客的要求，退还全部票款或者安排改乘到达相同目的站的其他列车。

旅客到铁路车站购买车票，向铁路运输企业提出具体的车次、时间、到站，铁路运输企业按照旅客的要求售给相应的车票，铁路旅客运输合同即告成立。旅客凭车票有权要求铁路运输企业按照票面载明的日期、车次即时安排旅行。铁路运输企业也有义务按照票面的规定，组织旅客旅行，并为乘客提供条件，把旅客即时运送到旅行目的地。

（四）旅客乘车条件的规定

《铁路法》规定，旅客乘车应当持有效车票。对无票乘客或者持失效车票的，应当补收票款，并按照规定加收票款；拒不交付的，铁路运输企业可以责令其下车。

旅客乘车旅行必须具备的条件是应当持有效车票。所谓"有效车票"，是指铁路车站出售的有规定的乘车期限、上下车站和票面指定的乘车车次的车票。如果旅客无票乘车或者持无效车票乘车，通常情况下，铁路运输企业可以根据有关规章的规定补收票款，并加收一定的票款，加收票款的具体数额一般由国务院铁路主管部门规定。旅客持失效车票乘车或者无票乘车，实际上是一种侵害铁路运输企业合法权益的行为。依据我国《中华人民共和国民法通则》规定，实施侵权行为的加害人，应当承担相应的法律责任。

根据《铁路旅客运输规程》（根据铁运〔2010〕190号文件修改后），对于不符合乘车条件的，按下列规定处理：

（1）有下列行为时，除按规定补票，核收手续费以外，铁路运输企业有权对其身份进行登记，并须加收已乘区间应补票价50%的票款：①无票乘车时，补收自乘车站（不能判明时自始发站）起至到站止车票票价，持失效车票乘车按无票处理；②持用伪造或涂改的车票乘车时，除按无票处理外并送交公安部门处理；③持站台票上车并在开车20分钟后仍不声明时，按无票处理；④持用低等级的车票乘坐高等级列车、铺位、座席时，补收所乘区间的票价差额；⑤旅客持半价票没有规定的减价凭证或不符合减价条件时，补收全价票价与半价票价的差额。

（2）有下列情况时补收票价，核收手续费：①应买票而未买票的儿童按第十九条规定执行，即承运人一般不接受儿童单独旅行（乘火车上学的学生和承运人同意在旅途中监护的除外）。随同成年人旅行身高1.2~1.5米的儿童，享受半价客票、加快票和空调票（以下简称"儿童票"）；超过1.5米时应买全价票。每一成人旅客可免费携带一名身高不足1.2米的儿童，超过一名时，超过的人数应买儿童票。儿童票的座别应与成人车票相同，其到站不得远于成人车票的到站。免费乘车的儿童单独使用卧铺时，应购买全价卧铺票，有空调时还应购买半价空调票。身高超过1.5米的儿童使用儿童票乘车时，应补收儿童票价与全价票价的差额。②持站台票上车送客未下车但及时声明时，补收至前方下车站的票款。③主动补票或者经站、车同意上车补票的。

（3）下列情况只核收手续费，但已经使用至到站的除外：①旅客在票面指定的日期、车次开车前乘车的，应补签；②旅客所持车票日期、车次相符但未经车站剪口的，应补剪；③持通票的旅客中转换乘应签证而未签证的，应补签。

二、承运人和旅客的基本权利义务

根据 2010 年 12 月 1 日起施行的修改后的《铁路旅客运输规程》和《铁路旅客运输办理细则》，对旅客和承运人的权利、义务进行了规定。

(一) 承运人的权利和义务

1. 承运人的权利

承运人的基本权利有：①依照规定收取运输费用；②要求旅客遵守国家法令和铁路规章制度，保证安全；③对损害他人利益和铁路设备、设施的行为有权制止、消除危险和要求赔偿。

2. 承运人的义务

承运人的基本义务有：①确保旅客运输安全正点；②为旅客提供良好的旅行环境和服务设施，不断提高服务质量，文明礼貌地为旅客服务；③对运送期间发生的旅客身体损害予以赔偿；④对运送期间因承运人过错造成的旅客随身携带物品损失予以赔偿。

(二) 旅客的权利和义务

1. 旅客的权利

旅客的基本权利有：①依据车票票面记载的内容乘车；②要求承运人提供与车票等级相适应的服务并保障其旅行安全；③对运送期间发生的身体损害有权要求承运人赔偿；④对运送期间因承运人过错造成的随身携带物品损失有权要求承运人赔偿。

2. 旅客的义务

旅客的基本义务有：①支付运输费用，当场核对票、款，妥善保管车票，保持票面信息完整可识别；②遵守国家法令和铁路运输规章制度，听从铁路车站、列车工作人员的引导，按照车站的引导标志进、出站；③爱护铁路设备、设施，维护公共秩序和运输安全；④对所造成铁路或者其他旅客的损失予以赔偿。

三、承运人的法律责任

《铁路法》第十条规定，铁路运输企业应当保证旅客和货物运输的安全，做到列车正点到达。《铁路法》与《铁路旅客运输规程》规定了铁路运输企业对旅客及其所携带的行李物品应当承担的责任范围。

(一) 对旅客人身伤害的赔偿责任

旅客在铁路运输过程中发生人身伤害，铁路运输企业应当予以赔偿。在运送期间因承运人过错给旅客造成身体损害时，铁路运输企业应当予以赔偿，经承运人证明事故是由承运人和旅客或托运人的共同过错所致，应根据各自过错的程度分别承担责任；因不可抗力或旅客自身疾病或自身过错导致的损失，承运人不承担责任。根据《铁路交通事故应急救援和调查处理条例》第三十二条规定，违章通过平交道口或者人行过道，或者在铁路线路上行走、坐卧造成的人身伤亡，属于受害人自身的原因造成的人身伤亡。

因第三人责任造成旅客伤害时，应由第三人负责。第三人不明确或无赔偿能力，旅客要求承运人代为先行赔偿时，承运人应当先行代为赔偿。承运人代为赔偿后即取得向第三人追偿的权利。

（二）对行李损毁的赔偿责任

1. 逾期运输所导致的责任

《铁路法》第十六条规定，铁路运输企业应当按期将旅客的行李运到目的站；逾期运到的，铁路运输企业应当支付违约金。铁路运输企业逾期30日仍未将货物、包裹、行李交付收货人或者旅客的，托运人、收货人或者旅客有权按货物、包裹、行李灭失向铁路运输企业要求赔偿。

2. 行李灭失所导致的责任

《铁路法》第十七条规定，铁路运输企业应当对承运的货物、包裹、行李自接受承运时起到交付时止发生的灭失、短少、变质、污染或者损坏，承担赔偿责任。

根据《铁路旅客运输规程》第七十二条规定，行李、包裹事故赔偿标准为：按保价运输办理的物品全部灭失时按实际损失赔偿，但最高不超过声明价格。部分损失时，按损失部分所占的比例赔偿。分件保价的物品按所灭失该件的实际损失赔偿，最高不超过该件的声明价格。行李、包裹全部或部分灭失时，退还全部或部分运费。

《铁路法》第十八条规定，由于下列原因造成的货物、包裹、行李损失的，铁路运输企业不承担赔偿责任：①不可抗力。②货物或者包裹、行李中的物品本身的自然属性，或者合理损耗。③托运人、收货人或者旅客的过错。

第三节　道路运输管理

一、道路运输概述

（一）道路运输管理的法律适用

我国道路运输管理所使用的法律主要包括：1987年10月13日，国务院发布了《中华人民共和国公路管理条例》（2008年12月修订），此后国务院、全国人大常委会、交通部相继发布、修订了《中华人民共和国公路管理条例实施细则》、《中华人民共和国公路法》（最新2016年11月7日修订）、《中华人民共和国道路运输条例》（2016年2月6日修订）。

（二）道路运输的含义

道路运输是一种在道路上进行运输活动的运输方式，是一种能实现"门到门"的最快捷的陆上运输方式。道路运输不同于公路运输，公路运输属于道路运输的一种，公路运输仅仅为城际连线的运输，实际上还有城市内区间的运输。

（三）道路运输的分类

公路按其在公路路网中的地位分为国家干线公路（以下简称国道），省、自治区、直辖市干线公路（以下简称省道），县公路（以下简称县道），乡公路（以下简称乡道）和专用公路五个行政等级。并按技术等级分为高速公路、一级公路、二级公路、三级公路和四级公路。

（四）旅游客运

旅游客运是指以运送旅游者游览观光为目的，其线路必须有一端位于名胜古迹、风景区等旅游点的一种营运方式。提供旅游综合服务的旅游客车上应备有饮用水、常用药等服务性物品，并根据实际需要，装配御寒或降温设备，随车配有导游人员。

（五）道路运输主管部门

《道路运输条例》第七条规定，国务院交通主管部门主管全国道路运输管理工作。县级以上地方人民政府交通主管部门负责组织领导本行政区域的道路运输管理工作。县级以上道路运输管理机构负责具体实施道路运输管理工作。

二、道路运输企业的权利和义务

根据《道路运输条例》的规定，道路运输企业有以下的权利和义务：

（一）权利

1. 车票查验

旅客应当持有效客票乘车，遵守乘车秩序，讲究文明卫生。

2. 行李检查

旅客不得携带国家规定的危险物品及其他禁止携带的物品乘车。

3. 知情权

县级以上道路运输管理机构应当定期公布客运市场供求状况。

（二）义务

（1）客运经营者应当为旅客提供良好的乘车环境，保持车辆清洁、卫生，并采取必要的措施防止在运输过程中发生侵害旅客人身、财产安全的违法行为。

（2）班线客运经营者取得道路运输经营许可证后，应当向公众连续提供运输服务，不得擅自暂停、终止或者转让班线运输。

（3）从事包车客运的，应当按照约定的起始地、目的地和线路运输。从事旅游客运的，应当在旅游区域按照旅游线路运输。

（4）客运经营者不得强迫旅客乘车，不得甩客、敲诈旅客；不得擅自更换运输车辆。

（5）客运经营者、货运经营者应当加强对从业人员的安全教育、职业道德教育，确保道路运输安全。道路运输从业人员应当遵守道路运输操作规程，不得违章作业。驾驶人员连续驾驶时间不得超过4小时。

（6）客运经营者、货运经营者应当使用符合国家规定标准的车辆从事道路运输经营。

（7）客运经营者、货运经营者应当加强对车辆的维护和检测，确保车辆符合国家规定的技术标准；不得使用报废的、擅自改装的和其他不符合国家规定的车辆从事道路运输经营。

（8）客运经营者、货运经营者应当制定有关交通事故、自然灾害以及其他突发事件的道路运输应急预案。应急预案应当包括报告程序、应急指挥、应急车辆和设备的储备以及处置措施等内容。

（9）发生交通事故、自然灾害以及其他突发事件的客运经营者和货运经营者应当服从县级以上人民政府或者有关部门的统一调度、指挥。

（10）道路运输车辆应当随车携带车辆营运证，不得转让、出租。

（11）道路运输车辆运输旅客的，不得超过核定的人数，不得违反规定载货；运输货物的，不得运输旅客，运输的货物应当符合核定的载重量，严禁超载；载物的长、宽、高不得违反装载要求。

（12）客运经营者、危险货物运输经营者应当分别为旅客或者危险货物投保承运人责任险。

第四节　水路运输管理

一、运输管理概述

（一）水路运输的含义及法律适用

1. 水路运输的含义

水路运输，是指始发港、挂靠港和目的港均在中华人民共和国管辖的通航水域内使用船舶从事的经营性旅客运输和货物运输。

水路运输按照经营区域分为沿海运输和内河运输，按照业务种类分为货物运输和旅客运输。

货物运输分为普通货物运输和危险货物运输。危险货物运输分为包装、散装固体和散装液体危险货物运输。散装液体危险货物运输包括液化气体船运输、化学品船运输、成品油船运输和原油船运输。普通货物运输包含拖航。

旅客运输包括普通客船运输、客货船运输和滚装客船运输。

本节主要讲的是普通客船运输。

2. 水路运输管理的法律适用

我国水路运输适用的法律主要有：国务院1987年5月12日发布，并多次修改《国内水路运输管理条例》（2017年3月11日修订）；国务院交通部又相继发布了《国内水路运输管理规定》（2016年12月10日修订）等法规、部门规章。

（二）《国内水路运输管理条例》的宗旨和管理机关

1.《国内水路运输管理条例》的宗旨

《国内水路运输管理条例》的宗旨是：为了规范国内水路运输经营行为，维护国内水路运输市场秩序，保障国内水路运输安全，促进国内水路运输业健康发展。

2. 国内水路运输活动的主管机关

《国内水路运输管理条例》第四条规定，国务院交通运输主管部门主管全国水路运输管理工作。县级以上地方人民政府交通运输主管部门主管本行政区域的水路运输管理工作。县级以上地方人民政府负责水路运输管理的部门或者机构（以下统称"负责水路运输管理的部门"）承担本条例规定的水路运输管理工作。

（三）水路运输经营者应符合的条件

申请经营水路运输业务，除个人申请经营内河普通货物运输业务外，申请人应当符合下列条件：

（1）具备企业法人资格。

（2）有明确的经营范围，包括经营区域和业务种类。经营水路旅客班轮运输业务的，还应当有班期、班次以及拟停靠的码头安排等可行的航线营运计划。

（3）有符合本规定要求的船舶，且自有船舶运力应当符合相关要求。

（4）有符合本规定要求的海务、机务管理人员。

（5）有符合本规定要求的与其直接订立劳动合同的高级船员。

（6）有健全的安全管理机构及安全管理人员设置制度、安全管理责任制度、安全监督检查制度、事故应急处置制度、岗位安全操作规程等安全管理制度。

二、承运人的权利义务

（一）承运人的权利

1. 收取运输费用的权利

承运人向旅客提供水路运输服务，有权要求旅客支付票款或行李票价款。

2. 在一定情况下，承运人有拒乘的权利

通常情况下，承运人不得无故拒绝旅客乘运的要求，但是旅客及其行李物品如果违反了有关法律法规的规定，承运人可以拒绝其乘运。例如旅客携带有违禁物品，不听劝阻者，承运人可以拒绝运输。

3. 要求旅客赔偿的权利

在水路运输过程中，如果旅客损害或破坏船舶设施，承运人有权要求其赔偿，情节严重者，交由司法机关处理。

（二）承运人的义务

1. 按照约定的时间和路线运送旅游者

《合同法》第二百九十条规定，承运人应当在约定期间或者合理期间内将旅客、货物安全运输到约定地点。《合同法》第二百九十一条规定，承运人应当按照约定的或者通常的运输路线将旅客、货物运输到约定地点。

2. 保证旅客的人身财产安全

《合同法》对此有明确规定：一是承运人在运输过程中，应当尽力救助患有急病、分娩、遇险的旅客。二是承运人应当对运输过程中旅客的伤亡承担损害赔偿责任，但伤亡是旅客自身健康原因造成的或者承运人证明伤亡是旅客故意、重大过失造成的除外。这一规定适用于按规定免票、持优待票或者经承运人许可搭乘的无票旅客。三是在运输过程中旅客自身物品毁损、灭失，承运人有过错的，应当承担损害赔偿责任。旅客托运的行李毁损、灭失的，按照货物运输的有关规定赔偿。

3. 说明或者警示义务

《国内水路运输管理规定》第三十一条规定，水路旅客运输业务经营者应当就运输服务中的下列事项，以明示的方式向旅客做出说明或者警示：①不适宜乘坐客船的群体；②正确使用相关设施、设备的方法；③必要的安全防范和应急措施；④未向旅客开放的经营、服务场所和设施、设备；⑤可能危及旅客人身、财产安全的其他情形。

4. 依法经营，诚实守信的义务

《国内水路运输管理规定》第三十条规定，水路运输经营者从事水路运输经营活动，应当依法经营，诚实守信，禁止以不合理的运价或者其他不正当方式、不规范行为争抢客源、货源及提供运输服务。水路旅客运输业务经营者为招揽旅客发布信息，必须真实、准确，不得进行虚假宣传，误导旅客，对其在经营活动中知悉的旅客个人信息，应当予以保密。

实训项目

熟悉我国主要旅游交通运输方式的运作流程

实训目的：通过到当地机场或火车站调研，要求学生熟悉主要旅游交通运输方式的运作流程。

实训步骤：第一步，分小组到当地飞机场或火车站观察航空或铁路运输中购票、办理登机牌、安检、登机或候车等流程；第二步，针对每一流程，填写相关内容（如所需时间、相关证件等）；第三步，各小组成员之间相互对照所填写的内容，并整理成一份材料。

实训成果：形成一份规范、准确的某旅游交通运输方式的流程表。

本章小结

本章主要介绍民用航空运输、铁路运输、公路运输及水路运输的法律适用和宗旨，以及相关活动的管理机关；民用航空运输管理、铁路运输管理、公路运输管理及水路运输管理的法律法规的相关规定；民用航空运输、铁路运输、公路运输及水路运输等承运人的权利义务；民用航空运输、铁路运输、公路运输及水路运输等承运人的法律责任。

典型案例

王先生一家人报名参加某旅行社组织的印度尼西亚巴厘岛一周游。对于最后一天的回程计划，旅行社原定由游客至巴厘岛机场，等次日凌晨的2点多的飞机回香港。谁知飞机因故晚点了整整三个小时。这期间，王先生一行没有受到旅行社任何补助，同时，也没有任何关于飞机为何晚点以及何时到达的信息。当王先生要求相关人员对晚点做出解释时，航空公司说这属于飞机运输调配问题，表示可补偿游客的部分损失。但最终因其赔偿数额未达王先生等游客的要求，同时为了解决吃睡的问题，王先生又找到了旅行社。

旅行社领队认为自己的工作已完成，飞机晚点造成的损失应找航空公司，随即一走了之。游客对此很不满意，最终在飞机已到达机场，一切手续已办妥后，拒绝登机，一定要旅行社给一个合理的说法并赔偿精神损失和经济损失后才肯登机。最终早已晚点的飞机又在机场等待了近3个小时后才离开。而王先生这些拒绝登机的游客在大使馆的协调下，自费购买机票，在后两天内分两批乘飞机回到香港。回国后，他们投诉到旅游质监部门，要求旅行社赔偿精神和经济损失费，包括在境外滞留所发生的车费、餐费、机票费等。

请问：旅行社有无过错？是否应该赔偿精神和经济损失？

【案例解析】经旅游质监部门核实，飞机晚点是因为航空公司航班调配造成延误，飞机到达后，领队带领游客出关，办理了所有手续，但游客仍然拒绝登机。据此情况，质监部门认为旅行社并无过错,因为飞机晚点非旅行社直接原因所致,而是航空公司的调度问题。并且旅行社在飞机到达后也已为游客办理相关手续。此时,游客应积极配合旅行社确认航空公司的赔偿,使损失减少到最小,而不应该对旅行社要求现场赔付,如果认为旅行社有过错,亦可回来后再投诉,更不应该以要求赔偿为由拒绝登机,这是人为扩大经济损失的行为。

根据我国《合同法》和《民法通则》的相关规定,当因飞机晚点而造成了经济等各方面的损失时,游客应该积极配合,而不是如本案中这样拒绝配合,以致财产损失进一步扩大。如果发生了这样的情况,游客是没有权力就扩大的损失要求赔偿的。因此,游客在旅行社已办好登机手续的情况下仍拒绝登机,应自行承担误机的责任,无权就境外滞留的费用要求旅行社赔偿。质监部门据此拒绝了游客的要求。

复习思考题

一、单项选择题

1. 《民用航空法》规定:承运人赔偿责任限制,即承运人按照该规定应当承担赔偿责任的,对每名旅客的最高赔偿金额为( )人民币。
   A. 7 万元　　　　　B. 15 万元　　　　C. 20 万元　　　　D. 40 万元
2. 铁路旅游运输合同的基本凭证是( )。
   A. 车票　　　　　　B. 客票　　　　　　C. 行李票　　　　　D. 发票
3. 客运驾车人员连续驾车时间不得超过( )。
   A. 4 个小时　　　　B. 5 个小时　　　　C. 6 个小时　　　　D. 7 个小时
4. 根据《民用航空法》规定,在公共航空运输中,以下属于民航可以接受运输的是( )。
   A. 拒绝接受安全检查的旅客　　　　　B. 携带禁用品的旅客
   C. 经安全检查的行李　　　　　　　　D. 携带危险品的旅客
5. 根据《民用航空法》规定,在公共航空运输中,( )不属于航空承运人的权利。
   A. 拒绝载运权　　　　　　　　　　　B. 出具客票
   C. 查验机票权　　　　　　　　　　　D. 减轻、免除赔偿责任权
6. 根据《民用航空法》规定,在公共航空运输中,承运人如能证明旅客死亡、受伤是旅客本身健康状况造成的,或者是由于旅客本人重大过失或故意行为造成的,可以( )航空公司的责任。
   A. 减轻　　　　　　　　　　　　　　B. 免除
   C. 减轻或免除　　　　　　　　　　　D. 减轻和免除
7. 根据《民用航空法》规定,因发生在旅客上民用航空器过程中的事件,造成旅客人身伤亡的,( )应当承担赔偿责任。
   A. 地接社　　　　　B. 组团社　　　　　C. 旅客自身　　　　D. 承运人
8. 下列情形中,航空承运人不承担责任的是( )。
   A. 因遭受劫机而造成旅客人身伤害
   B. 因气流造成的飞机颠簸使旅客行李受到损害
   C. 因为旅客本人的健康状况造成的人身伤害

D. 因承运人的行为诱发了旅客在身体上的缺陷，导致旅客受到损害的

9. 如果航空承运人对旅客的人身伤亡应当承担赔偿责任，承运人在责任限额的范围内，按照旅客的（　　）进行赔偿。
   A. 法律规定的损失价格　　　　　B. 承运人上报的损失价格
   C. 实际损失　　　　　　　　　　D. 旅客要求赔偿的损失价格

10. 在国内航空运输中，对托运行李的赔偿责任限额，承运人按照每千克（　　）元人民币承担责任。
    A. 50　　　　B. 100　　　　C. 150　　　　D. 200

11. 在国内航空运输中，对每名旅客随身携带的物品，承运人的赔偿限额为每人（　　）元。
    A. 1 000　　　B. 2 000　　　C. 3 000　　　D. 4 000

12. 根据《铁路法》规定，在铁路运输中，因第三人责任造成旅客伤害时，应由（　　）负责。
    A. 地接社　　　B. 旅客本人　　　C. 导游　　　D. 第三人

13. 铁路运输企业逾期（　　）日仍未将货物、包裹、行李交付收货人或者旅客的，托运人、收货人或者旅客有权按货物、包裹、行李灭失向铁路运输企业要求赔偿。
    A. 30　　　　B. 40　　　　C. 50　　　　D. 60

14. 根据《铁路旅客运输规程》，行李、包裹事故赔偿标准为：按保价运输办理的物品全部灭失时按（　　）赔偿，但最高不超过声明价格。
    A. 法律规定的损失价格　　　　　B. 承运人上报的损失价格
    C. 实际损失　　　　　　　　　　D. 旅客要求赔偿的损失价格

二、多项选择题

1. 根据《航空法》规定，公共航空运输企业应当以（　　）为准则。
   A. 保证飞行安全　　　B. 保证航班正常　　　C. 提高运输服务质量
   D. 提供良好服务　　　E. 做好紧急疏散工作

2. 在公共航空运输中，旅客随身携带的物品或者托运行李的毁灭、遗失或者损坏完全是由于行李本身的（　　）造成的，航空承运人不承担责任。
   A. 质量　　　　　　　B. 缺陷　　　　　　　C. 自然属性
   D. 社会属性　　　　　E. 经济属性

3. 根据《铁路交通事故应急救援和调查处理条例》规定，（　　）造成的人身伤亡，属于受害人自身的原因造成的人身伤亡。
   A. 违章通过平交道口　　　B. 在铁路线路上行走
   C. 在火车车厢内行走　　　D. 在铁路线路上坐卧　　　E. 违章通过人行过道

4. 航空运输凭证包括（　　）。
   A. 客票　　　　　　　B. 签证　　　　　　　C. 护照
   D. 行李票　　　　　　E. 车票

5. 以下哪些属于旅客的基本权利？（　　）
   A. 依据车票票面记载的内容乘车

B. 要求承运人提供与车票等级相适应的服务并保障其旅行安全

C. 对运送期间发生的身体损害有权要求承运人赔偿

D. 遵守乘车规定

E. 对运送期间因承运人过错造成的随身携带物品损失有权要求承运人赔偿

6. 以下哪些属于旅客的基本义务？（　　）

A. 支付运输费用

B. 遵守国家法令和铁路运输规章制度

C. 爱护铁路设施设备

D. 对所造成的铁路或其他旅客的损失予以赔偿

E. 按时检票进站

7. 以下哪些属于承运人的基本权利？（　　）

A. 依照规定收取运输费用

B. 提供与运输费用相适应的服务

C. 要求旅客遵守国家法令和铁路规章制度

D. 确保旅客安全

E. 对损害他人的利益和铁路设备、设施的行为有权制止、消除危险和要求赔偿

8. 承运人的基本义务包括（　　）。

A. 确保旅客运输安全

B. 为旅客提供良好的旅游环境和服务设施

C. 不断提高服务质量

D. 对运送期间发生的旅客身体损害予以赔偿

E. 对运送期间因承运人过错造成的旅客随身携带物品损失予以赔偿

9. 承运人对旅客不承担人身伤亡责任的条件有（　　）。

A. 不可抗力

B. 旅客自身健康原因

C. 承运人证明伤亡是旅客故意、重大过失原因造成的旅客身体伤害

D. 在铁路线路上行走

E. 坐卧造成的人身伤亡

三、判断题

1. 在民用航空运输中，客票是航空运输合同订立的最终证据。（　　）

2. 如果承运人未遵守为旅客出具行李票的强制性规定，或者未在行李票上注明具有强制性的内容，万一出现责任事故，承运人就必须承担无限额的完全责任。（　　）

3. 完全是由于旅客本人的健康状况即旅客疾病而造成的旅客人身伤亡，承运人承担部分责任。（　　）

4. 因发生在民用航空器上或者在旅客上、下民用航空器过程中的事件，造成旅客随身携带物品毁灭、遗失或者损坏的，承运人应当不承担责任。（　　）

5. 在国内航空运输中，承运人对每名旅客的人身赔偿责任限额为100万元。（　　）

6. 车票是旅客乘车的凭证，但不是旅客加入铁路旅客意外强制保险的凭证。（　　）

7. 在铁路运输中，因第三人责任造成旅客伤害时，应由承运人负责。（　　）

8. 在铁路运输中，旅客的人身伤亡是因旅客自身疾病所导致的，铁路运输企业也应当

承担部分责任。（   ）

9. 在水路运输中，水路运输经营者停止经营部分或者全部班轮航线的，经营者应当在停止经营的 15 日前向社会公布，并报原许可机关备案。（   ）
10. 在水路运输中，水路旅客班轮运输业务经营者应当在开航的 15 日前通过媒体并在该航线停靠的各客运站点的明显位置向社会公布所使用的船舶、班期、班次、票价等信息。（   ）
11. 在道路运输中，发生交通事故，客运经营者应当服从县级以上人民政府的统一调度、指挥。（   ）
12. 在水路运输中，从事水路运输的船舶应当随船携带船舶营业运输证，不得转让、出租、出借或者涂改。（   ）

四、简答题
1. 民用航空运输的承运人的权利义务有哪些？
2. 民用航空运输承运人应在哪些方面承担法律责任？
3. 铁路运输中的承运人有哪些基本权利和义务？
4. 铁路运输中的旅客有哪些基本权利和义务？
5. 水路运输承运人的权利义务有哪些？

第九章

旅游资源管理法律制度

学习目标

1. 熟悉《风景名胜区条例》关于风景名胜区设立、规划、保护、合理利用和管理及其相关法律责任的规定。

2. 熟悉《中华人民共和国文物保护法》关于不可移动文物、馆藏文物、民间收藏文物、文物出境及其相关法律责任的规定。

3. 熟悉《中华人民共和国自然保护区条例》关于自然保护区设立条件、区域构成、管理制度、保护和合理利用及其相关法律责任的规定。

4. 了解《博物馆条例》《博物馆管理办法》关于博物馆设立、管理、社会服务及其相关法律责任的规定。

5. 熟悉《中华人民共和国非物质文化遗产法》关于非物质文化遗产保护原则,非物质文化遗产代表性项目名录、传承与传播及其相关法律责任的规定。

实训要求

1. 实训项目:不可移动文物利用与保护调研。
2. 实训目的:掌握不可移动文物的利用与保护的现状。

第一节 风景名胜区

为了加强对风景名胜区的管理,有效保护和合理利用风景名胜资源,2006年9月6日国务院通过《风景名胜区条例》,自2006年12月1日起施行。

一、风景名胜区的设立

（一）风景名胜区的概念

《风景名胜区条例》第二条规定："本条例所称风景名胜区，是指具有观赏、文化或者科学价值，自然景观、人文景观比较集中，环境优美，可供人们游览或者进行科学、文化活动的区域。"

（二）设立风景名胜区的条件

由风景名胜区的概念可以得出，设立风景名胜区，必须具备三个条件：

1. 具有观赏、文化或科学价值

风景名胜区具有观赏、文化或科学价值，如长江三峡、九寨沟景区有极大的观赏价值；西安兵马俑坑、北京周口店猿人遗址具有极高的文化价值；河北赵州桥、四川都江堰具有很高的科学价值。

2. 自然景物、人文景物比较集中

风景名胜区自然景物、人文景物比较集中。如杭州西湖既有自然形成的湖光山色，又有历代遗留的人文景物；北京颐和园既有万寿山、昆明湖等自然景色，又有各种宫殿园林建筑3 000余间，人文景物也颇具特色。

3. 可供人们游览、休息和进行科学、文化活动

风景名胜区可供人们游览、休息和进行科学、文化活动，如山川湖泊可供人们游览，古迹宝藏可供人们凭吊，建设成就可供人们观光，文化遗址既可供人们游览，还可供科学家考察、研究。

（三）风景名胜区的等级

风景名胜区按其景物的观赏、文化科学价值和环境质量、规模大小、游览条件等，划分为两级。

1. 省级风景名胜区

自然景观和人文景观具有区域代表性的，可以申请设立省级风景名胜区。

2. 国家级风景名胜区

自然景观和人文景观能够反映重要自然变化过程和重大历史文化发展过程，基本处于自然状态或者保持历史原貌，具有国家代表性的，可以申请设立国家级风景名胜区。

> **小知识**　**我国国家级风景名胜区名单**
>
> 中国国家级风景名胜区，对应于国外的国家公园，原称国家重点风景名胜区，由中华人民共和国国务院批准公布。自1982年起，国务院总共公布了9批、244处，分别是：
>
> 第一批：1982年11月8日公布，共44处；
>
> 第二批：1988年8月1日公布，共40处；
>
> 第三批：1994年1月10日公布，共35处；
>
> 第四批：2002年5月17日公布，共32处；

第五批：2004 年 1 月 13 日公布，共 26 处；
第六批：2005 年 12 月 31 日公布，共 10 处；
第七批：2009 年 12 月 28 日公布，共 21 处；
第八批：2012 年 10 月 31 日公布，共 17 处；
第九批：2017 年 3 月 21 日公布，共 19 处。

（四）风景名胜区的审批

1. 设立国家级风景名胜区

由省、自治区、直辖市人民政府提出申请，国务院建设主管部门会同国务院环境保护主管部门、林业主管部门、文物主管部门等有关部门组织论证，提出审查意见，报国务院批准公布。

2. 设立省级风景名胜区

设立省级风景名胜区由县级人民政府提出申请，省、自治区人民政府建设主管部门或者直辖市人民政府风景名胜区主管部门，会同其他有关部门组织论证，提出审查意见，报省、自治区、直辖市人民政府批准公布。

（五）申请设立风景名胜区应当提交的有关材料

《风景名胜区条例》第九条规定：申请设立风景名胜区应当提交包含下列内容的有关材料：

（1）风景名胜资源的基本状况。
（2）拟设立风景名胜区的范围以及核心景区的范围。
（3）拟设立风景名胜区的性质和保护目标。
（4）拟设立风景名胜区的游览条件。
（5）与拟设立风景名胜区内的土地、森林等自然资源和房屋等财产的所有权人、使用权人协商的内容和结果。

（六）设立风景名胜区的注意事项

1. 设立风景名胜区，应当有利于保护和合理利用风景名胜资源

新设立的风景名胜区与自然保护区不得重合或者交叉；已设立的风景名胜区与自然保护区重合或者交叉的，风景名胜区规划与自然保护区规划应当相协调。

2. 风景名胜区内的土地、森林等自然资源和房屋等财产的所有权人、使用权人的合法权益受法律保护

申请设立风景名胜区的人民政府应当在报请审批前，与风景名胜区内的土地、森林等自然资源和房屋等财产的所有权人、使用权人充分协商。因设立风景名胜区对风景名胜区内的土地、森林等自然资源和房屋等财产的所有权人、使用权人造成损失的，应当依法给予补偿。

二、风景名胜区的规划

一个风景名胜区的保护、使用与开发成功与否，离不开对风景名胜区的科学规划，尤其是在旅游大发展的现在，科学规划尤为重要。为此，《风景名胜区条例》规定，风景名胜区应当编制规划，风景名胜区规划分为总体规划和详细规划。

（一）规划的分类

1. 总体规划

风景名胜区应当自设立之日起 2 年内编制完成总体规划。总体规划的规划期一般为 20 年。风景名胜区总体规划的编制，应当体现人与自然和谐相处、区域协调发展和经济社会全面进步的要求，坚持保护优先、开发服从保护的原则，突出风景名胜资源的自然特性、文化内涵和地方特色。风景名胜区总体规划应当包括下列内容：

（1）风景资源评价。

（2）生态资源保护措施、重大建设项目布局、开发利用强度。

（3）风景名胜区的功能结构和空间布局。

（4）禁止开发和限制开发的范围。

（5）风景名胜区的游客容量。

（6）有关专项规划。

2. 详细规划

风景名胜区详细规划应当根据核心景区和其他景区的不同要求编制，确定基础设施、旅游设施、文化设施等建设项目的选址、布局与规模，并明确建设用地范围和规划设计条件。

详细规划应当符合风景名胜区总体规划。

（二）规划的编制

编制风景名胜区规划，应当广泛征求有关部门、公众和专家的意见；必要时，应当进行听证。风景名胜区规划报送审批的材料应当包括社会各界的意见以及意见采纳的情况和未予采纳的理由。

国家级风景名胜区规划由省、自治区人民政府建设主管部门或者直辖市人民政府风景名胜区主管部门组织编制。省级风景名胜区规划由县级人民政府组织编制。

编制风景名胜区规划，应当采用招标等公平竞争的方式选择具有相应资质等级的单位承担。风景名胜区规划应当按照经审定的风景名胜区范围、性质和保护目标，依照国家有关法律、法规和技术规范编制。

（三）规划的审批

国家级风景名胜区的总体规划，由省、自治区、直辖市人民政府审查后，报国务院审批。国家级风景名胜区的详细规划，由省、自治区人民政府建设主管部门或者直辖市人民政府风景名胜区主管部门报国务院建设主管部门审批。

省级风景名胜区的总体规划，由省、自治区、直辖市人民政府审批，报国务院建设主管部门备案。省级风景名胜区的详细规划，由省、自治区人民政府建设主管部门或者直辖市人民政府风景名胜区主管部门审批。

《风景名胜区条例》规定：风景名胜区规划经批准后，应当向社会公布，任何组织和个人都有权查阅。风景名胜区内的单位和个人应当遵守经批准的风景名胜区规划，服从规划管理。风景名胜区规划未经批准的，不得在风景名胜区内进行各类建设活动。

经批准的风景名胜区规划不得擅自修改。确需对风景名胜区总体规划中的风景名胜区范围、性质、保护目标、生态资源保护措施、重大建设项目布局、开发利用强度以及风景名胜区的功能结构、空间布局、游客容量进行修改的,应当报原审批机关批准;对其他内容进行修改的,应当报原审批机关备案。

三、风景名胜区的保护

(一) 风景名胜区保护的原则

国家对风景名胜区实行科学规划、统一管理、严格保护、永续利用的原则。风景名胜区内的景观和自然环境,应当根据可持续发展的原则,严格保护,不得破坏或者随意改变。风景名胜区管理机构应当建立健全风景名胜资源保护的各项管理制度。风景名胜区管理机构应当对风景名胜区内的重要景观进行调查、鉴定,并制定相应的保护措施。风景名胜区内的居民和游览者应当保护风景名胜区的景物、水体、林草植被、野生动物和各项设施。

风景名胜区内的建设项目应当符合风景名胜区规划,并与景观相协调,不得破坏景观、污染环境、妨碍游览。在风景名胜区内进行建设活动的建设单位、施工单位应当制定污染防治和水土保持方案,并采取有效措施,保护好周围景物、水体、林草植被、野生动物资源和地形地貌。

(二) 风景名胜区内禁止的活动

(1) 开山、采石、开矿、开荒、修坟立碑等破坏景观、植被和地形地貌的活动。
(2) 修建储存爆炸性、易燃性、放射性、毒害性、腐蚀性物品的设施。
(3) 在景物或者设施上刻画、涂污。
(4) 乱扔垃圾。
(5) 禁止在风景名胜区内设立各类开发区。
(6) 禁止在风景名胜核心景区内搞各种建设。

禁止在风景名胜核心景区内建设宾馆、招待所、培训中心、疗养院以及与风景名胜资源保护无关的其他建筑物;已经建设的,应当按照风景名胜区规划,逐步迁出。在国家级风景名胜区内修建缆车、索道等重大建设工程,项目的选址方案应当报省、自治区人民政府建设主管部门和直辖市人民政府风景名胜区主管部门核准。

> **小贴士**
>
> 2016年2月6日国务院666号《国务院关于修改部分行政法规的决定》中,将《风景名胜区条例》第二十八条和第四十二条中的"国务院建设主管部门"修改为"省、自治区人民政府建设主管部门和直辖市人民政府风景名胜区主管部门"。

(三) 在风景名胜区经批准后可从事的活动

在风景名胜区内进行下列活动,应当经风景名胜区管理机构审核后,依照有关法律、法规的规定报有关主管部门批准:

(1) 设置、张贴商业广告。
(2) 举办大型游乐等活动。

(3) 改变水资源、水环境自然状态的活动。
(4) 其他影响生态和景观的活动。

四、风景名胜区的管理和利用

(一) 风景名胜区的管理

风景名胜区所在地县级以上地方人民政府设置的风景名胜区管理机构，负责风景名胜区的保护、利用和统一管理工作。国务院建设主管部门负责全国风景名胜区的监督管理工作。国务院其他有关部门按照国务院规定的职责分工，负责风景名胜区的有关监督管理工作。省、自治区人民政府建设主管部门和直辖市人民政府风景名胜区主管部门，负责本行政区域内风景名胜区的监督管理工作。省、自治区、直辖市人民政府其他有关部门按照规定的职责分工，负责风景名胜区的有关监督管理工作。

任何单位和个人都有保护风景名胜资源的义务，并有权制止、检举破坏风景名胜资源的行为。

风景名胜区管理机构应当根据风景名胜区的特点，保护民族民间传统文化，开展健康有益的游览观光和文化娱乐活动，普及历史文化和科学知识。风景名胜区管理机构应当根据风景名胜区规划，合理利用风景名胜资源，改善交通、服务设施和游览条件。风景名胜区管理机构应当在风景名胜区内设置风景名胜区标志和路标、安全警示等标牌。

风景名胜区管理机构应当建立健全安全保障制度，加强安全管理，保障游览安全，并督促风景名胜区内的经营单位接受有关部门依据法律、法规进行的监督检查。

(二) 风景名胜区的利用

(1) 门票。进入风景名胜区的门票，由风景名胜区管理机构负责出售。禁止超过允许容量接纳游客和在没有安全保障的区域开展游览活动。

(2) 风景名胜资源有偿使用费。风景名胜区内的交通、服务等项目，应当由风景名胜区管理机构依照有关法律、法规和风景名胜区规划，采用招标等公平竞争的方式确定经营者。风景名胜区管理机构应当与经营者签订合同，依法确定各自的权利义务。经营者应当缴纳风景名胜资源有偿使用费。

(3) 门票和资源有偿使用费的用途。风景名胜区的门票收入和风景名胜资源有偿使用费，实行收支两条线管理。风景名胜区的门票收入和风景名胜资源有偿使用费应当专门用于风景名胜资源的保护和管理以及风景名胜区内财产的所有权人、使用权人损失的补偿。

风景名胜区管理机构不得从事以营利为目的的经营活动，不得将规划、管理和监督等行政管理职能委托给企业或者个人行使。

五、风景名胜区的法律责任

对违反条例的规定，《风景名胜区条例》明确了法律责任，主要包括：

(1) 有下列行为之一的，由风景名胜区管理机构责令停止违法行为、恢复原状或者限期拆除，没收违法所得，并处 50 万元以上 100 万元以下的罚款：

1) 在风景名胜区内进行开山、采石、开矿等破坏景观、植被、地形地貌的活动的；

2）在风景名胜区内修建储存爆炸性、易燃性、放射性、毒害性、腐蚀性物品的设施的；

3）在核心景区内建设宾馆、招待所、培训中心、疗养院以及与风景名胜资源保护无关的其他建筑物的。

县级以上地方人民政府及其有关主管部门批准实施上述第一条规定的行为的，对直接负责的主管人员和其他直接责任人员依法给予降级或者撤职的处分；构成犯罪的，依法追究刑事责任。

（2）在风景名胜区内从事禁止范围以外的建设活动，未经风景名胜区管理机构审核的，由风景名胜区管理机构责令停止建设、限期拆除，对个人处2万元以上5万元以下的罚款，对单位处20万元以上50万元以下的罚款。

（3）在国家级风景名胜区内修建缆车、索道等重大建设工程，项目的选址方案未经省、自治区人民政府建设主管部门和直辖市人民政府风景名胜区主管部门核准，县级以上地方人民政府有关部门核发选址意见书的，对直接负责的主管人员和其他直接责任人员依法给予处分；构成犯罪的，依法追究刑事责任。

（4）个人在风景名胜区内进行开荒、修坟立碑等破坏景观、植被、地形地貌的活动的，由风景名胜区管理机构责令停止违法行为、限期恢复原状或者采取其他补救措施，没收违法所得，并处1 000元以上1万元以下的罚款。

（5）在景物、设施上刻画、涂污或者在风景名胜区内乱扔垃圾的，由风景名胜区管理机构责令恢复原状或者采取其他补救措施，处50元的罚款；刻画、涂污或者以其他方式故意损坏国家保护的文物、名胜古迹的，按照治安管理处罚法的有关规定予以处罚；构成犯罪的，依法追究刑事责任。

（6）未经风景名胜区管理机构审核，在风景名胜区内进行下列活动的，由风景名胜区管理机构责令停止违法行为、限期恢复原状或者采取其他补救措施，没收违法所得，并处5万元以上10万元以下的罚款；情节严重的，并处10万元以上20万元以下的罚款：

1）设置、张贴商业广告的；

2）举办大型游乐等活动的；

3）改变水资源、水环境自然状态的活动的；

4）其他影响生态和景观的活动。

（7）施工单位在施工过程中，对周围景物、水体、林草植被、野生动物资源和地形地貌造成破坏的，由风景名胜区管理机构责令停止违法行为、限期恢复原状或者采取其他补救措施，并处2万元以上10万元以下的罚款；逾期未恢复原状或者采取有效措施的，由风景名胜区管理机构责令停止施工。

（8）国务院建设主管部门、县级以上地方人民政府及其有关主管部门有下列行为之一的，对直接负责的主管人员和其他直接责任人员依法给予处分；构成犯罪的，依法追究刑事责任：

1）违反风景名胜区规划在风景名胜区内设立各类开发区的；

2）风景名胜区自设立之日起未在2年内编制完成风景名胜区总体规划的；

3）选择不具有相应资质等级的单位编制风景名胜区规划的；

4）风景名胜区规划批准前批准在风景名胜区内进行建设活动的；
5）擅自修改风景名胜区规划的；
6）不依法履行监督管理职责的其他行为。

(9) 风景名胜区管理机构有下列行为之一的，由设立该风景名胜区管理机构的县级以上地方人民政府责令改正；情节严重的，对直接负责的主管人员和其他直接责任人员给予降级或者撤职的处分；构成犯罪的，依法追究刑事责任：

1）超过允许容量接纳游客或者在没有安全保障的区域开展游览活动的；
2）未设置风景名胜区标志和路标、安全警示等标牌的；
3）从事以营利为目的的经营活动的；
4）将规划、管理和监督等行政管理职能委托给企业或者个人行使的；
5）允许风景名胜区管理机构的工作人员在风景名胜区内的企业兼职的；
6）审核同意在风景名胜区内进行不符合风景名胜区规划的建设活动的；
7）发现违法行为不予查处的。

第二节　文物保护

《中华人民共和国文物保护法》简称《文物法》。《文物法》制定的宗旨，是为了加强对文物的保护，继承中华民族优秀的历史文化遗产，促进科学研究工作，进行爱国主义和革命传统教育，建设社会主义精神文明和物质文明。

一、文物保护的范围

(一) 文物的概念

文物是指人们在各个历史时期生产、生活和斗争中遗留下来的，具有历史、科学和艺术价值的遗物和遗迹。概括地说，就是人类历史上物质文明和精神文明的遗物。

(二) 文物保护的范围

《中华人民共和国文物保护法》第二条规定：在中华人民共和国境内，下列文物受国家保护：

(1) 具有历史、艺术、科学价值的古文化遗址、古墓葬、古建筑、石窟寺和石刻、壁画。

(2) 与重大历史事件、革命运动或者著名人物有关的以及具有重要纪念意义、教育意义或者史料价值的近代现代重要史迹、实物、代表性建筑。

(3) 历史上各时代珍贵的艺术品、工艺美术品。

(4) 历史上各时代重要的文献资料以及具有历史、艺术、科学价值的手稿和图书资料等。

(5) 反映历史上各时代、各民族社会制度、社会生产、社会生活的代表性实物。

具有科学价值的古脊椎动物化石和古人类化石同文物一样受国家保护。

(三) 文物保护的方针

《中华人民共和国文物保护法》第四条规定：文物工作贯彻保护为主、抢救第一、合理利用、加强管理的方针。一切机关、组织和个人都有依法保护的义务。

二、文物的分类

《中华人民共和国文物保护法》第三条规定：古文化遗址、古墓葬、古建筑、石窟寺、石刻、壁画、近代现代重要史迹和代表性建筑等不可移动文物，根据它们的历史、艺术、科学价值，可以分别确定为全国重点文物保护单位，省级文物保护单位，市、县级文物保护单位。历史上各时代重要实物、艺术品、文献、手稿、图书资料、代表性实物等可移动文物，分为珍贵文物和一般文物；珍贵文物分为一级文物、二级文物、三级文物。

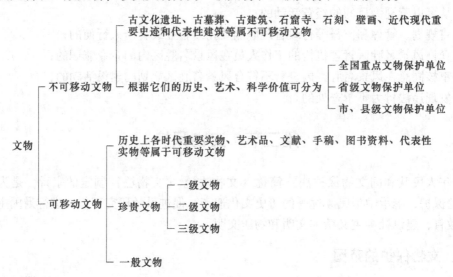

三、文物的所有权

《中华人民共和国文物保护法》第五条明确规定了文物的所有权，主要包括两类：

（一）国有文物

（1）中华人民共和国境内地下、内水和领海中遗存的一切文物，属于国家所有。

（2）古文化遗址、古墓葬、石窟寺属于国家所有。

（3）国家指定保护的纪念建筑物、古建筑、石刻、壁画、近现代代表性建筑等不可移动文物，除国家另有规定的以外，属于国家所有。

（4）国有不可移动文物的所有权不因其所依附的土地所有权或者使用权的改变而改变。

（5）属于国家所有的可移动文物包括：①中国境内出土的文物，国家另有规定的除外；②国有文物收藏单位以及其他国家机关、部队和国有企业、事业组织等收藏、保管的文物；③国家征集、购买的文物；④公民、法人和其他组织捐赠给国家的文物；⑤法律规定属于国家所有的其他文物。

（二）非国有文物

有些文物属于集体或私人所有，如家传的古器物、书画；私家园林；具有历史价值和民族特色的生活用品、生产工具；具有文物价值和地方特色的民居、祠堂、牌坊；私人购置和从先辈手中继承下来的文物等。这些文物的财产权属于集体或个人；但作为精神财富，又是属于全民族共有的历史遗产。

四、文物的主管部门

《中华人民共和国文物保护法》第八条规定：国务院文物行政部门主管全国文物保护工作。地方各级人民政府负责本行政区域内的文物保护工作。县级以上地方人民政府承担文物保护工作的部门对本行政区域内的文物保护实施监督管理。县级以上人民政府有关行政部门在各自的职责范围内，负责有关的文物保护工作。各级人民政府应当重视文物保护，正确处理经济建设、社会发展与文物保护的关系，确保文物安全。基本建设、旅游发展必须遵守文物保护工作的方针，其活动不得对文物造成损害。

五、不可移动文物的管理

（一）分级管理

《中华人民共和国文物保护法》第十三条规定：国务院文物行政部门在省级、市、县级文物保护单位中，选择具有重大历史、艺术、科学价值的确定为全国重点文物保护单位，或者直接确定为全国重点文物保护单位，报国务院核定公布。省级文物保护单位，由省、自治区、直辖市人民政府核定公布，并报国务院备案。市级和县级文物保护单位，分别由设区的市、自治州和县级人民政府核定公布，并报省、自治区、直辖市人民政府备案。尚未核定公布为文物保护单位的不可移动文物，由县级人民政府文物行政部门予以登记并公布。

《中华人民共和国文物保护法》第十四条规定：保存文物特别丰富并且具有重大历史价值或者革命纪念意义的城市，由国务院核定公布为历史文化名城。保存文物特别丰富并且具有重大历史价值或者革命纪念意义的城镇、街道、村庄，由省、自治区、直辖市人民政府核定公布为历史文化街区、村镇，并报国务院备案。历史文化名城和历史文化街区、村镇所在地的县级以上地方人民政府应当组织编制专门的历史文化名城和历史文化街区、村镇保护规划，并纳入城市总体规划。历史文化名城和历史文化街区、村镇的保护办法，由国务院制定。

小知识　　　　　中国历史文化名城数量

1982年经国务院批准的首批历史文化名城有24个：北京、承德、大同、南京、苏州、扬州、杭州、绍兴、泉州、景德镇、曲阜、洛阳、开封、江陵、长沙、广州、桂林、成都、遵义、昆明、大理、拉萨、西安、延安。

1986年经国务院批准的第二批历史文化名城有38个：上海、天津、沈阳、武汉、南昌、重庆、保定、平遥、呼和浩特、镇江、常熟、徐州、淮安、宁波、歙县、寿县、亳州、福州、漳州、济南、安阳、南阳、商丘、襄樊、潮州、阆中、宜宾、自贡、镇远、丽江、日喀则、韩城、榆林、武威、张掖、敦煌、银川、喀什。

1994年经国务院批准的第三批历史文化名城有37个：正定、邯郸、新绛、代县、祁县、哈尔滨、吉林、集安、衢州、临海、长汀、赣州、青岛、聊城、邹城、临淄、郑州、浚县、随州、钟祥、岳阳、肇庆、佛山、梅州、海康、柳州、琼山、乐山、都江堰、泸州、建水、巍山、江孜、咸阳、汉中、天水、同仁。

2001年至今，国家最新批准历史文化名城名单（31座）

山海关（河北）	凤　凰（湖南）	濮　阳（河南）	安　庆（安徽）
泰　安（山东）	海　口（海南）	金　华（浙江）	绩　溪（安徽）
吐鲁番（新疆）	特克斯县（新疆）	无　锡（江苏）	南　通（江苏）
北　海（广西）	嘉　兴（浙江）	宜　兴（江苏）	中　山（广东）
太　原（山西）	蓬　莱（山东）	会　理（四川）	库车县（新疆）
伊　宁（新疆）	泰　州（江苏）	会　泽（云南）	烟　台（山东）
青　州（山东）	湖　州（浙江）	齐齐哈尔（黑龙江）	常　州（江苏）
瑞　金（江西）	惠　州（广东）	温　州（浙江）	

（二）保护管理

1. 划定保护范围

各级文物保护单位，分别由省、自治区、直辖市人民政府和市、县级人民政府划定必要的保护范围，做出标志说明，建立记录档案，并区别情况分别设置专门机构或者专人负责管理。

文物保护单位的保护范围内不得进行其他建设工程或者爆破、钻探、挖掘等作业。但是，因特殊情况需要在文物保护单位的保护范围内进行其他建设工程或者爆破、钻探、挖掘等作业的，必须保证文物保护单位的安全，并经核定公布该文物保护单位的人民政府批准，在批准前应当征得上一级人民政府文物行政部门同意；在全国重点文物保护单位的保护范围内进行其他建设工程或者爆破、钻探、挖掘等作业的，必须经省、自治区、直辖市人民政府批准，在批准前应当征得国务院文物行政部门同意。

2. 划出建设控制带

根据保护文物需要可以在文物保护单位的周围划出一定的建设控制地带。《文物保护法》第十八条规定："在文物保护单位的建设控制地带内进行建设工程，不得破坏文物保护单位的历史风貌；工程设计方案应当根据文物保护单位的级别，经相应的文物行政部门同意后，报城乡建设规划部门批准。"

在文物保护单位的保护范围和建设控制地带内，不得建设污染文物保护单位及其环境的设施，不得进行可能影响文物保护单位安全及其环境的活动。对已有的污染文物保护单位及其环境的设施，应当限期治理。

（三）施工管理

我国《文物保护法》规定，建设工程选址，应当尽可能避开不可移动文物；因特殊情况不能避开的，对文物保护单位应当尽可能实施原址保护。实施原址保护的，建设单位应当事先确定保护措施，根据文物保护单位的级别报相应的文物行政部门批准，并将保护措施列入可行性研究报告或者设计任务书。无法实施原址保护，必须迁移异地保护或者拆除的，应当报省、自治区、直辖市人民政府批准；迁移或者拆除省级文物保护单位的，批准前须征得国务院文物行政部门同意。全国重点文物保护单位不得拆除；需要迁移的，须由省、自治区、直辖市人民政府报国务院批准。依照规定拆除的国有不可移动文物中具有收藏价值的壁画、雕塑、建筑构件等，由文物行政部门指定的文物收藏单位收藏。

（四）修缮管理

我国《文物保护法》规定，国有不可移动文物由使用人负责修缮、保养；非国有不可移动文物由所有人负责修缮、保养。非国有不可移动文物有损毁危险，所有人不具备修缮能力的，当地人民政府应当给予帮助；所有人具备修缮能力而拒不依法履行修缮义务的，县级以上人民政府可以给予抢救修缮，所需费用由所有人负担。对文物保护单位进行修缮，应当根据文物保护单位的级别报相应的文物行政部门批准；对未核定为文物保护单位的不可移动文物进行修缮，应当报登记的县级人民政府文物行政部门批准。

文物保护单位的修缮、迁移、重建，由取得文物保护工程资质证书的单位承担。对不可移动文物进行修缮、保养、迁移，必须遵守不改变文物原状的原则。

不可移动文物已经全部毁坏的，应当实施遗址保护，不得在原址重建。但是，因特殊情况需要在原址重建的，由省、自治区、直辖市人民政府文物行政部门征得国务院文物行政部门同意后，报省、自治区、直辖市人民政府批准；全国重点文物保护单位需要在原址重建的，由省、自治区、直辖市人民政府报国务院批准。

核定为文物保护单位的属于国家所有的纪念建筑物或者古建筑，除可以建立博物馆、保管所或者辟为参观游览场所外，如果必须做其他用途的，应当经核定公布该文物保护单位的人民政府文物行政部门征得上一级文物行政部门同意后，报核定公布该文物保护单位的人民政府批准；全国重点文物保护单位做其他用途的，应当由省、自治区、直辖市人民政府报国务院批准。国有未核定为文物保护单位的不可移动文物做其他用途的，应当报告县级人民政府文物行政部门。

（五）考古发掘

根据我国《文物保护法》和有关法律、法规，考古发掘必须遵守下列规定：

1. 报批手续规定

一切考古发掘工作，都必须履行报批手续。文物机构、考古研究机构和高等院校为了科学研究进行考古发掘，必须提出发掘计划，报国家文物行政管理部门会同中国科学院审查，经国家文物行政管理部门批准后，才能开始进行发掘；如果需要对全国重点文物保护单位进行考古发掘，则由国家文物行政管理部门会同中国社会科学院审批后，报国务院批准；需要配合建设工程进行的考古发掘工作，应由省、自治区、直辖市文物行政管理部门在勘探工作的基础上提出发掘计划，报国家文物行政管理部门会同中国社会科学院审查，由国家文物行政管理部门批准；确因建设工程紧迫或有自然破坏的危险，对古文化遗址、古墓葬急需进行抢救的，可由省、自治区、直辖市文物行政管理部门组织力量进行发掘工作，并同时补办批准手续；未经批准，任何单位和个人不得私自发掘地下埋藏的文物。

2. 出土文物的规定

出土的文物，除根据需要交给科学研究部门的以外，由当地文物行政管理部门指定的单位保管，任何单位或个人不得侵占。

3. 保护和报告的规定

凡旅行团体、科学调查团体，或其他学术团体派遣的田野工作调查队，于中途或工作中发现文化遗址或古墓葬时,应当一方面按原状保护,一方面报告当地人民政府,并转报上级文物行政管理部门,非经批准不得擅自发掘。

4. 对外国人或外国团体的规定

非经国家行政管理部门报国务院特别许可,任何外国人或外国团体不得在中华人民共和国境内考古调查或发掘。

从以上文物考古发掘的管理规定可以看出,中、外团体或个人在旅行游览过程中发现零散文物或者古文化遗址和古墓葬时,只能向当地政府反映,不得私自进行发掘,不得将零散文物藏匿或私自带走。

六、馆藏文物和民间收藏文物的管理

(一) 分类

我国的文物收藏基本可分为两大类:一是馆藏文物,二是私人收藏文物。馆藏文物,是指由国有博物馆、图书馆和其他单位收藏的文物;私人收藏文物,是指由于历史的各种原因,由私人收藏的文物。

(二) 馆藏文物的管理

(1) 博物馆、图书馆和其他文物收藏单位对收藏的文物,必须区分文物等级,设置藏品档案,建立严格的管理制度,并报主管的文物行政部门备案。

(2) 文物收藏单位可以通过下列方式取得文物:购买;接受捐赠;依法交换;法律、行政法规规定的其他方式。

(3) 国务院文物行政部门可以调拨全国的国有馆藏文物。未经批准,任何单位或者个人不得调取馆藏文物。

(4) 国有文物收藏单位之间因举办展览、科学研究等需借用馆藏文物的,应当报主管的文物行政部门备案;借用馆藏一级文物,应当经国务院文物行政部门批准。文物收藏单位之间借用文物的最长期限不得超过三年。

(5) 禁止国有文物收藏单位将馆藏文物赠与、出租或者出售给其他单位、个人。

(三) 民间收藏文物管理

(1) 文物收藏单位以外的公民、法人和其他组织可以收藏通过下列方式取得的文物:依法继承或者接受赠与;从文物商店购买;从经营文物拍卖的拍卖企业购买;公民个人合法所有的文物相互交换或者依法转让;国家规定的其他合法方式。

(2) 公民、法人和其他组织不得买卖下列文物:国有文物,但是国家允许的除外;非国有馆藏珍贵文物;国有不可移动文物中的壁画、雕塑、建筑构件等。

(3) 国家禁止出境的文物,不得转让、出租、质押给外国人。

(4) 拍卖企业拍卖的文物。在拍卖前应当经省、自治区、直辖市人民政府文物行政部门审核,并报国务院文物行政部门备案。

(5) 银行、冶炼厂、造纸厂以及废旧物资回收单位。应当与当地文物行政部门共同负责拣选掺杂在金银器和废旧物资中的文物。拣选文物除供银行研究所必需的历史货币可以由人民银行留用外,应当移交当地文物行政部门。

七、可移动文物的出境管理

（一）不得出境的文物

国有文物、非国有文物中的珍贵文物和国家规定禁止出境的其他文物，不得出境；但是依照规定出境展览或者因特殊需要经国务院批准出境的除外。

（二）文物出境的手续

文物出境，应当经国务院文物行政部门指定的文物进出境审核机构审核。经审核允许出境的文物，由国务院文物行政部门发给文物出境许可证，从国务院文物行政部门指定的口岸出境。

任何单位或者个人运送、邮寄、携带文物出境，应当向海关申报；海关凭文物出境许可证放行。文物出境展览，应当报国务院文物行政部门批准；一级文物超过国务院规定数量的，应当报国务院批准。出境展览的文物出境，由文物进出境审核机构审核、登记。海关凭国务院文物行政部门或者国务院的批准文件放行。出境展览的文物复进境，由原文物进出境审核机构审核查验。文物临时进境，应当向海关申报，并报文物进出境审核机构审核、登记。临时进境的文物复出境，必须经原审核、登记的文物进出境审核机构审核查验；经审核查验无误的，由国务院文物行政部门发给文物出境许可证，海关凭文物出境许可证放行。

八、法律责任

（1）下列行为之一，构成犯罪的，依法追究刑事责任：①盗掘古文化遗址、古墓葬的；②故意或者过失损毁国家保护的珍贵文物的；③擅自将国有馆藏文物出售或者私自送给非国有单位或者个人的；④将国家禁止出境的珍贵文物私自出售或者送给外国人的；⑤以牟利为目的倒卖国家禁止经营的文物的；⑥走私文物的；⑦盗窃、哄抢、私分或者非法侵占国有文物的；⑧应当追究刑事责任的其他妨害文物管理行为。

（2）造成文物灭失、损毁的，依法承担民事责任。构成违反治安管理行为的，由公安机关依法给予治安管理处罚。构成走私行为，尚不构成犯罪的，由海关依照有关法律、行政法规的规定给予处罚。

（3）有下列行为之一，尚不构成犯罪的，由县级以上人民政府文物主管部门责令改正，造成严重后果的，处 5 万元以上 50 万元以下的罚款；情节严重的，由原发证机关吊销资质证书：①擅自在文物保护单位的保护范围内进行建设工程或者爆破、钻探、挖掘等作业的；②在文物保护单位的建设控制地带内进行建设工程，其工程设计方案未经文物行政部门同意、报城乡建设规划部门批准，对文物保护单位的历史风貌造成破坏的；③擅自迁移、拆除不可移动文物的；④擅自修缮不可移动文物，明显改变文物原状的；⑤擅自在原址重建已全部毁坏的不可移动文物，造成文物破坏的；⑥施工单位未取得文物保护工程资质证书，擅自从事文物修缮、迁移、重建的。

（4）有下列行为之一的，由县级以上人民政府文物主管部门责令改正，没收违法所得，违法所得 1 万元以上的，并处违法所得 2 倍以上 5 倍以下的罚款；违法所得不足 1 万元的，并处 5 000 元以上 2 万元以下的罚款：①转让或者抵押国有不可移动文物，或者将国有不可移动文物作为企业资产经营的;②将非国有不可移动文物转让或者抵押给外国人的;③擅自改变国有文物保护单位的用途的。

(5) 公安机关、工商行政管理部门、海关、城乡建设规划部门和其他国家机关,违反本法规定滥用职权、玩忽职守、徇私舞弊,造成国家保护的珍贵文物损毁或者流失的,对负有责任的主管人员和其他直接责任人员依法给予行政处分;构成犯罪的,依法追究刑事责任。

第三节 自然保护区

为了加强自然保护区的建设和管理,保护自然环境和自然资源,国务院于1994年10月9日颁布、同年12月1日起实施的《中华人民共和国自然保护区条例》(以下简称《自然保护区条例》)。

一、自然保护区的概念

近代以来,人们逐渐认识到保护大自然就是保护人类自己。1872年,世界上第一个自然保护区——美国黄石公园建立。从此以后,世界各国都认识到建立自然保护区的重要意义,在全球建立起数量众多的自然保护区,形成了广泛的自然保护区网。自然保护区所具有的优良的生态景观对旅游者产生了极大的吸引力,使自然保护区成为旅游开发的对象。为了加强自然保护区的建设和管理,保护自然环境和自然资源,1994年10月9日中华人民共和国国务院发布了《中华人民共和国自然保护区条例》,在条例中明确了自然保护区的概念。

自然保护区是指对有代表性的自然生态系统、珍稀濒危野生动植物物种的天然集中分布区、有特殊意义的自然遗迹等保护对象所在的陆地、陆地水体或者海域,依法划出一定面积予以特殊保护和管理的区域。

二、自然保护区的建立与分类

(一) 自然保护区的建立

根据《自然保护区条例》第十条规定,凡具有下列条件之一的,应当建立自然保护区:

(1) 典型的自然地理区域、有代表性的自然生态系统区域以及已经遭受破坏但经保护能够恢复的同类自然生态系统区域。

(2) 珍稀、濒危野生动植物物种的天然集中分布区域。

(3) 具有特殊保护价值的海域、海岸、岛屿、湿地、内陆水域、森林、草原和荒漠。

(4) 具有重大科学文化价值的地质构造、著名溶洞、化石分布区、冰川、火山、温泉等自然遗迹。

(5) 经国务院或者省、自治区、直辖市人民政府批准,需要予以特殊保护的其他自然区域。

(二) 自然保护区的分类

《自然保护区条例》第十一条规定,自然保护区分为国家级自然保护区和地方级自然保护区。

1. 国家级自然保护区

国家级自然保护区，是指在国内外有典型意义、在科学上有重大国际影响或者有特殊科学研究价值的自然保护区。国家级自然保护区的建立，由自然保护区所在的省、自治区、直辖市人民政府或者国务院有关自然保护区行政主管部门提出申请，经国家级自然保护区评审委员会评审后，由国务院环境保护行政主管部门进行协调并提出审批建议，报国务院批准。

2. 地方级自然保护区

地方级自然保护区，是指除列为国家级自然保护区的以外，其他具有典型意义或者重要科学研究价值的自然保护区。地方级自然保护区的建立，由自然保护区所在的县、自治县、市、自治州人民政府或者省、自治区、直辖市人民政府有关自然保护区行政主管部门提出申请，经地方级自然保护区评审委员会评审后，由省、自治区、直辖市人民政府环境保护行政主管部门进行协调并提出审批建议，报省、自治区、直辖市人民政府批准，并报国务院环境保护行政主管部门和国务院有关自然保护区行政主管部门备案。

跨两个以上行政区域的自然保护区的建立，由有关行政区域的人民政府协商一致后提出申请，并按照前两款规定的程序审批。

小知识 　　　　　　　　　　　**自然保护区的类型**

由于建立了一系列的自然保护区，中国的大熊猫、金丝猴、坡鹿、扬子鳄等一些珍贵野生动物已得到初步保护，有些种群并得以逐步发展。如安徽的扬子鳄保护区繁殖研究中心在研究扬子鳄的野外习性、人工饲养和人工孵化等方面取得了突破，使人工繁殖扬子鳄几年内发展到1 600多只。又如曾经一度从故乡流失的珍奇动物麋鹿已重返故土，并在江苏省大丰市和北京南苑等地建立了保护区，以便得到驯养和繁殖，现在大丰市麋鹿保护区拥有的麋鹿群体居世界第三位。此外，在西双版纳自然保护区的原始林中，发现了原始的喜树林。有些珍稀树种和植物在不同的自然保护区中已得到繁殖和推广。自然保护区分为6种类型：

1. 以保护完整的综合自然生态系统为目的的自然保护区。例如以保护温带山地生态系统及自然景观为主的长白山自然保护区，以保护亚热带生态系统为主的武夷山自然保护区和保护热带自然生态系统的云南西双版纳自然保护区等。

2. 以保护某些珍贵动物资源为主的自然保护区。如四川卧龙和王朗等自然保护区以保护大熊猫为主，黑龙江扎龙和吉林向海等自然保护区以保护丹顶鹤为主；四川铁布自然保护区以保护梅花鹿为主等。

3. 以保护珍稀孑遗植物及特有植被类型为目的的自然保护区。如广西花坪自然保护区以保护银杉和亚热带常绿阔叶林为主；黑龙江丰林自然保护区及凉水自然保护区以保护红松林为主；福建万木林自然保护区则主要保护亚热带常绿阔叶林等。

4. 以保护自然风景为主的自然保护区和国家公园。如四川九寨沟、缙云山自然保护区、江西庐山自然保护区、台湾地区的玉山国家公园等。

5. 以保护特有的地质剖面及特殊地貌类型为主的自然保护区。如以保护近期火山遗迹和自然景观为主的黑龙江五大连池自然保护区；保护珍贵地质剖面的天津蓟州区地质剖面自然保护区；保护重要化石产地的山东临朐山旺古生物化石保护区等。

6. 以保护沿海自然环境及自然资源为主要目的的自然保护区。主要有台湾地区的淡水河口保护区，兰阳、苏花海岸等沿海保护区；海南省的东寨港保护区和清澜港保护区（保护海涂上特有的红树林）等。

3. 我国自然保护区的体系

1956年我国建立了第一个具有现代意义的自然保护区——广东肇庆的鼎湖山自然保护区。截至2017年年底，全国共建立各种类型、不同级别的保护区2 750个，总面积约14 733万公顷，约占全国陆地面积的14.88%，其中国家级自然保护区469个。保护区范围内，保护着90.5%的陆地生态系统类型、85%的野生动植物种类和65%的高等植物群落、80%左右国家级保护区都安装了红外相机。

三、自然保护区的区域划分

我国人口众多，自然植被少。自然保护区不能像有些国家采取原封不动、任其自然发展的纯保护方式，而应采取保护、科研教育、生产相结合的方式，同时在不影响自然保护区的自然环境和保护对象的前提下，还可以与旅游业相结合。因此，我国的自然保护区内部大多分为核心区、缓冲区和实验区三个部分。

（一）核心区

核心区，是指自然保护区内保存完好的天然状态的生态系统以及珍稀、濒危动植物的集中分布地。本区域禁止任何单位和个人进入；除因科学研究的需要，必须进入核心区从事科学研究观测、调查活动的，应当事先向自然保护区管理机构提交申请和活动计划，经省级以上人民政府有关自然保护区行政主管部门批准。

（二）缓冲区

缓冲区，是核心区外围划定的一定面积。本区域只准进入从事科学研究观测活动。

（三）实验区

实验区，是缓冲区外围划定的一定区域，本区域可以进入从事科学试验、教学实习、参观考察、旅游以及驯化、繁殖珍稀、濒危野生动植物等活动。

另外，原批准建立自然保护区的人民政府认为必要时，可以在自然保护区的外围划定一定面积的外围保护地带。

四、自然保护区的管理

（一）自然保护区的管理机构

国家对自然保护区实行综合管理与分部门管理相结合的管理体制。国务院环境保护行政主管部门负责全国自然保护区的综合管理。国务院林业、农业、地质矿产、水利、海洋等有关行政主管部门在各自的职责范围内，主管有关的自然保护区。县级以上地方人民政府负责自然保护区管理部门的设置和职责，由省、自治区、直辖市人民政府根据当地具体情况确定。

在自然保护区内的单位、居民和经批准进入自然保护区的人员,必须遵守自然保护区的各项管理制度,接受自然保护区管理机构的管理。

(二) 自然保护区的保护措施

(1) 禁止在自然保护区内进行砍伐、放牧、狩猎、捕捞、采药、开垦、烧荒、开矿、采石、挖沙等活动;但是,法律、行政法规另有规定的除外。

(2) 禁止任何人进入自然保护区的核心区。因科学研究的需要,必须进入核心区从事科学研究观测、调查活动的,应当事先向自然保护区管理机构提交申请和活动计划,并经省级以上人民政府有关自然保护区行政主管部门批准;其中,进入国家级自然保护区核心区的,必须经国务院有关自然保护区行政主管部门批准。

自然保护区核心区内原有居民确有必要迁出的,由自然保护区所在地的地方人民政府予以妥善安置。

(3) 禁止在自然保护区的缓冲区开展旅游和生产经营活动。因教学科研的目的,需要进入自然保护区的缓冲区从事非破坏性的科学研究、教学实习和标本采集活动的,应当事先向自然保护区管理机构提交申请和活动计划,经自然保护区管理机构批准。

(4) 在自然保护区的核心区和缓冲区内,不得建设任何生产设施。在自然保护区的实验区内,不得建设污染环境、破坏资源或者景观的生产设施;建设其他项目,其污染物排放不得超过国家和地方规定的污染物排放标准。在自然保护区的实验区内已经建成的设施,其污染物排放超过国家和地方规定的排放标准的,应当限期治理;造成损害的,必须采取补救措施。

在自然保护区的外围保护地带建设的项目,不得损害自然保护区内的环境质量;已造成损害的,应当限期治理。限期治理决定由法律、法规规定的机关做出,被限期治理的企业、事业单位必须按期完成治理任务。

(5) 外国人进入地方级自然保护区的,接待单位应当事先报经省、自治区、直辖市人民政府有关自然保护区行政主管部门批准;进入国家级自然保护区的,接待单位应当报经国务院有关自然保护区行政主管部门批准。

进入自然保护区的外国人,应当遵守有关自然保护区的法律、法规和规定。

五、法律责任

(1) 违反本条例规定,有下列行为之一的单位和个人,由自然保护区管理机构责令其改正,并可以根据不同情节处以 100 元以上 5 000 元以下的罚款:

1) 擅自移动或者破坏自然保护区界标的;

2) 未经批准进入自然保护区或者在自然保护区内不服从管理机构管理的;

3) 经批准在自然保护区的缓冲区内从事科学研究、教学实习和标本采集的单位和个人,不向自然保护区管理机构提交活动成果副本的。

(2) 违反本条例规定,在自然保护区进行砍伐、放牧、狩猎、捕捞、采药、开垦、烧荒、开矿、采石、挖沙等活动的单位和个人,除可以依照有关法律、行政法规规定给予处罚以外,由县级以上人民政府有关自然保护区行政主管部门或者其授权的自然保护区管理机构没收违法所得,责令停止违法行为,限期恢复原状或者采取其他补救措施;对自然保护区造成破坏的，可以处以300元以上1万元以下的罚款。

（3）自然保护区管理机构违反本条例规定，拒绝环境保护行政主管部门或者有关自然保护区行政主管部门监督检查，或者在被检查时弄虚作假的，由县级以上人民政府环境保护行政主管部门或者有关自然保护区行政主管部门给予300元以上3 000元以下的罚款。

（4）自然保护区管理机构违反本条例规定，有下列行为之一的，由县级以上人民政府有关自然保护区行政主管部门责令限期改正；对直接责任人员，由其所在单位或者上级机关给予行政处分：

1）未经批准在自然保护区开展参观、旅游活动的；
2）开设与自然保护区保护方向不一致的参观、旅游项目的；
3）不按照批准的方案开展参观、旅游活动的。

（5）违反本条例规定，给自然保护区造成损失的，由县级以上人民政府有关自然保护区行政主管部门责令赔偿损失。

（6）违反本条例规定，造成自然保护区重大污染或者破坏事故，导致公私财产重大损失或者人身伤亡的严重后果，构成犯罪的，对直接负责的主管人员和其他直接责任人员依法追究刑事责任。

第四节　博物馆管理法律制度

一、概述

（一）博物馆的概念及其分类

为规范博物馆管理工作，促进博物馆事业发展，文化部于2005年12月22日发布《博物馆管理办法》。为促进博物馆事业发展，发挥博物馆功能，满足公民精神文化需求，提高公民思想道德和科学文化素质，国务院于2015年2月9日发布《博物馆条例》（以下简称《条例》）。

1. 博物馆的概念

《条例》第二条规定，博物馆是指以教育、研究和欣赏为目的，收藏、保护并向公众展示人类活动和自然环境的见证物，经登记管理机关依法登记的非营利组织。

2. 博物馆的分类

博物馆包括国有博物馆和非国有博物馆。其中利用或者主要利用国有资产设立的博物馆为国有博物馆；利用或者主要利用非国有资产设立的博物馆为非国有博物馆。国家在博物馆的设立条件、提供社会服务、规范管理、专业技术职称评定、财税扶持政策等方面，公平对待国有和非国有博物馆。

（二）服务原则

《条例》第三条规定，博物馆开展社会服务应当坚持为人民服务、为社会主义服务的方向和贴近实际、贴近生活、贴近群众的原则，丰富人民群众的精神文化生活。

二、博物馆的设立

(一) 设立条件

《条例》第十条规定，设立博物馆，应当具备下列条件：①固定的馆址以及符合国家规定的展室、藏品保管场所。博物馆馆舍建设应当坚持新建馆舍和改造现有建筑相结合，鼓励利用名人故居、工业遗产等作为博物馆馆舍。新建、改建馆舍应当提高藏品展陈和保管面积占总面积的比重；②相应数量的藏品以及必要的研究资料，并能够形成陈列展览体系；③与其规模和功能相适应的专业技术人员；④必要的办馆资金和稳定的运行经费来源；⑤确保观众人身安全的设施、制度及应急预案。

(二) 制定章程

根据《条例》第十一条规定，设立博物馆，应当制定章程。章程应当包括下列事项：①博物馆名称、馆址；②办馆宗旨及业务范围；③组织管理制度，包括理事会或者其他形式决策机构的产生办法、人员构成、任期、议事规则等；④藏品展示、保护、管理、处置的规则；⑤资产管理和使用规则；⑥章程修改程序；⑦终止程序和终止后资产的处理；⑧其他需要由章程规定的事项。

(三) 备案制度

(1) 国有博物馆。《条例》第十二条规定，国有博物馆的设立、变更、终止依照有关事业单位登记管理法律、行政法规的规定办理，并应当向馆址所在地省、自治区、直辖市人民政府文物主管部门备案。

(2) 古生物化石博物馆。《条例》第十三条规定，藏品属于古生物化石的博物馆，其设立、变更、终止应当遵守有关古生物化石保护法律、行政法规的规定，并向馆址所在地省、自治区、直辖市人民政府文物主管部门备案。

(3) 非国有博物馆。《条例》第十四条规定，设立藏品不属于古生物化石的非国有博物馆的，应当向馆址所在地省、自治区、直辖市人民政府文物主管部门备案，并提交下列材料：①博物馆章程草案；②馆舍所有权或者使用权证明，展室和藏品保管场所的环境条件符合藏品展示、保护、管理需要的论证材料；③藏品目录、藏品概述及藏品合法来源说明；④出资证明或者验资报告；⑤专业技术人员和管理人员的基本情况；⑥陈列展览方案。

《条例》第十五条规定，设立藏品不属于古生物化石的非国有博物馆的，应当到有关登记管理机关依法办理法人登记手续；有变更、终止行为的，应当到有关登记管理机关依法办理变更登记、注销登记，并向馆址所在地省、自治区、直辖市人民政府文物主管部门备案。

三、博物馆的管理

(一) 管理部门

《条例》第七条规定，国家文物主管部门负责全国博物馆监督管理工作。国务院其他有关部门在各自职责范围内负责有关的博物馆管理工作。县级以上地方人民政府文物主管部门负责本行政区域的博物馆监督管理工作。县级以上地方人民政府其他有关部门在各自职责范围内负责本行政区域内有关的博物馆管理工作。

(二) 管理制度

(1) 组织管理制度。《条例》第十七条规定，博物馆应当完善法人治理结构，建立健全有关组织管理制度。第十八条规定，博物馆专业技术人员按照国家有关规定评定专业技术职称。

(2) 使用管理制度。《条例》第十九条规定，博物馆依法管理和使用的资产，任何组织或者个人不得侵占。博物馆不得从事文物等藏品的商业经营活动。博物馆从事其他商业经营活动，不得违反办馆宗旨，不得损害观众利益。博物馆从事其他商业经营活动的具体办法由国家文物主管部门制定。

(3) 捐赠管理制度。《条例》第二十条规定，博物馆接受捐赠的，应当遵守有关法律、行政法规的规定。博物馆可以依法以举办者或者捐赠者的姓名、名称命名博物馆的馆舍或者其他设施；非国有博物馆还可以依法以举办者或者捐赠者的姓名、名称作为博物馆馆名。第二十一条规定，博物馆可以通过购买、接受捐赠、依法交换等法律、行政法规规定的方式取得藏品，不得取得来源不明或者来源不合法的藏品。

(4) 档案管理制度。《条例》第二十二条规定，博物馆应当建立藏品账目及档案。藏品属于文物的，应当区分文物等级，单独设置文物档案，建立严格的管理制度，并报文物主管部门备案。未依照前款规定建账、建档的藏品，不得交换或者出借。

(5) 安全管理制度。《条例》第二十三条规定，博物馆法定代表人对藏品安全负责。博物馆法定代表人、藏品管理人员离任前，应当办结藏品移交手续。

《条例》第二十四条规定，博物馆应当加强对藏品的安全管理，定期对保障藏品安全的设备、设施进行检查、维护，保证其正常运行。对珍贵藏品和易损藏品应当设立专库或者专用设备保存，并由专人负责保管。

(6) 出入境及买卖管理制度。《条例》第二十五条规定，博物馆藏品属于国有文物、非国有文物中的珍贵文物和国家规定禁止出境的其他文物的，不得出境，不得转让、出租、质押给外国人。国有博物馆藏品属于文物的，不得赠与、出租或者出售给其他单位和个人。

《条例》第二十七条规定，博物馆藏品属于文物或者古生物化石的，其取得、保护、管理、展示、处置、进出境等还应当分别遵守有关文物保护、古生物化石保护的法律、行政法规的规定。

四、博物馆的社会服务

(一) 陈列展览

《条例》第三十条规定，博物馆举办陈列展览，应当遵守下列规定：①主题和内容应当符合宪法所确定的基本原则和维护国家安全与民族团结、弘扬爱国主义、倡导科学精神、普及科学知识、传播优秀文化、培养良好风尚、促进社会和谐、推动社会文明进步的要求；②与办馆宗旨相适应，突出藏品特色；③运用适当的技术、材料、工艺和表现手法，达到形式与内容的和谐统一；④展品以原件为主，使用复制品、仿制品应当明示；⑤采用多种形式提供科学、准确、生动的文字说明和讲解服务；⑥法律、行政法规的其他有关规定。陈列展览的主题和内容不适宜未成年人的，博物馆不得接纳未成年人。

《条例》第三十一条规定，博物馆举办陈列展览的，应当在陈列展览开始之日 10 个工作日前，将陈列展览主题、展品说明、讲解词等向陈列展览举办地的文物主管部门或者其他有关部门备案。各级人民政府文物主管部门和博物馆行业组织应当加强对博物馆陈列展览的指导和监督。

（二）公众开放制度

《条例》第二十八条规定，博物馆应当自取得登记证书之日起 6 个月内向公众开放。第二十九条规定，博物馆应当向公众公告具体开放时间。在国家法定节假日和学校寒暑假期间，博物馆应当开放。

《条例》第三十三条规定，国家鼓励博物馆向公众免费开放。县级以上人民政府应当对向公众免费开放的博物馆给予必要的经费支持。博物馆未实行免费开放的，其门票、收费的项目和标准按照国家有关规定执行，并在收费地点的醒目位置予以公布。博物馆未实行免费开放的，应当对未成年人、成年学生、教师、老年人、残疾人和军人等实行免费或者其他优惠。博物馆实行优惠的项目和标准应当向公众公告。

（三）社会教育与服务制度

（1）博物馆的义务。《条例》第三十二条规定，博物馆应当配备适当的专业人员，根据不同年龄段的未成年人接受能力进行讲解；学校寒暑假期间，具备条件的博物馆应当增设适合学生特点的陈列展览项目。

《条例》第三十四条规定，博物馆应当根据自身特点、条件，运用现代信息技术，开展形式多样、生动活泼的社会教育和服务活动，参与社区文化建设和对外文化交流与合作。国家鼓励博物馆挖掘藏品内涵，与文化创意、旅游等产业相结合，开发衍生产品，增强博物馆发展能力。

《条例》第三十六条规定，博物馆应当发挥藏品优势，开展相关专业领域的理论及应用研究，提高业务水平，促进专业人才的成长。博物馆应当为高等学校、科研机构和专家学者等开展科学研究工作提供支持和帮助。

（2）主管部门的义务。根据《条例》第三十五条规定，国务院教育行政部门应当会同国家文物主管部门，制定利用博物馆资源开展教育教学、社会实践活动的政策措施。地方各级人民政府教育行政部门应当鼓励学校结合课程设置和教学计划，组织学生到博物馆开展学习实践活动。博物馆应当对学校开展各类相关教育教学活动提供支持和帮助。

（3）社会公众的义务。《条例》第三十七条规定，公众应当爱护博物馆展品、设施及环境，不得损坏博物馆的展品、设施。

五、法律责任

（一）主管部门及工作人员的法律责任

《条例》第四十三条规定，县级以上人民政府文物主管部门或者其他有关部门及其工作人员玩忽职守、滥用职权、徇私舞弊或者利用职务上的便利索取或者收受他人财物的，由本级人民政府或者上级机关责令改正，通报批评；对直接负责的主管人员和其他直接责任人员依法给予处分。

(二) 违法经营责任

《条例》第四十一条规定，博物馆自取得登记证书之日起6个月内未向公众开放，或者未依照本条例的规定实行免费或者其他优惠的，由省、自治区、直辖市人民政府文物主管部门责令改正；拒不改正的，由登记管理机关撤销登记。

《条例》第四十二条规定，博物馆违反有关价格法律、行政法规规定的，由馆址所在地县级以上地方人民政府价格主管部门依法给予处罚。

《条例》第三十九条规定，博物馆取得来源不明或者来源不合法的藏品，或者陈列展览的主题、内容造成恶劣影响的，由省、自治区、直辖市人民政府文物主管部门或者有关登记管理机关按照职责分工，责令改正，有违法所得的，没收违法所得，并处违法所得2倍以上5倍以下罚款；没有违法所得的，处5 000元以上2万元以下罚款；情节严重的，由登记管理机关撤销登记。

《条例》第四十条规定，博物馆从事文物藏品的商业经营活动的，由工商行政管理部门依照有关文物保护法律、行政法规的规定处罚。博物馆从事非文物藏品的商业经营活动，或者从事其他商业经营活动违反办馆宗旨、损害观众利益的，由省、自治区、直辖市人民政府文物主管部门或者有关登记管理机关按照职责分工，责令改正，有违法所得的，没收违法所得，并处违法所得2倍以上5倍以下罚款；没有违法所得的，处5 000元以上2万元以下罚款；情节严重的，由登记管理机关撤销登记。

第五节　非物质文化遗产保护法律制度

一、非物质文化遗产的概念及其保护原则

(一) 概念及内容

为继承和弘扬中华民族优秀传统文化，促进社会主义精神文明建设，加强非物质文化遗产保护、保存工作，第十一届全国人民代表大会常务委员会第十九次会议于2011年2月25日通过，并于2011年6月1日起施行《中华人民共和国非物质文化遗产法》（以下简称《非物质文化遗产法》）。

《非物质文化遗产法》第二条规定，非物质文化遗产，是指各族人民世代相传并视为其文化遗产组成部分的各种传统文化表现形式，以及与传统文化表现形式相关的实物和场所。包括：①传统口头文学以及作为其载体的语言；②传统美术、书法、音乐、舞蹈、戏剧、曲艺和杂技；③传统技艺、医药和历法；④传统礼仪、节庆等民俗；⑤传统体育和游艺；⑥其他非物质文化遗产。

(二) 保护原则

《非物质文化遗产法》第四条规定，保护非物质文化遗产，应当注重其真实性、整体性和传承性，有利于增强中华民族的文化认同，有利于维护国家统一和民族团结，有利于促进社会和谐和可持续发展。

二、非物质文化遗产代表性项目名录建立制度

《非物质文化遗产法》第十八条规定,国务院建立国家级非物质文化遗产代表性项目名录,将体现中华民族优秀传统文化,具有重大历史、文学、艺术、科学价值的非物质文化遗产项目列入名录予以保护。省、自治区、直辖市人民政府建立地方非物质文化遗产代表性项目名录,将本行政区域内体现中华民族优秀传统文化,具有历史、文学、艺术、科学价值的非物质文化遗产项目列入名录予以保护。

(一)申请程序

(1)推荐。《非物质文化遗产法》第十九条规定,省、自治区、直辖市人民政府可以从本省、自治区、直辖市非物质文化遗产代表性项目名录中向国务院文化主管部门推荐列入国家级非物质文化遗产代表性项目名录的项目。推荐时应当提交下列材料:①项目介绍,包括项目的名称、历史、现状和价值;②传承情况介绍,包括传承范围、传承谱系、传承人的技艺水平、传承活动的社会影响;③保护要求,包括保护应当达到的目标和应当采取的措施、步骤、管理制度;④有助于说明项目的视听资料等材料。

《非物质文化遗产法》第二十条规定,公民、法人和其他组织认为某项非物质文化遗产体现中华民族优秀传统文化,具有重大历史、文学、艺术、科学价值的,可以向省、自治区、直辖市人民政府或者国务院文化主管部门提出列入国家级非物质文化遗产代表性项目名录的建议。

(2)评审。《非物质文化遗产法》第二十二条规定,国务院文化主管部门应当组织专家评审小组和专家评审委员会,对推荐或者建议列入国家级非物质文化遗产代表性项目名录的非物质文化遗产项目进行初评和审议。初评意见应当经专家评审小组成员过半数通过。专家评审委员会对初评意见进行审议,提出审议意见。评审工作应当遵循公开、公平、公正的原则。

(3)公示、批准与公布。《非物质文化遗产法》第二十三条规定,国务院文化主管部门应当将拟列入国家级非物质文化遗产代表性项目名录的项目予以公示,征求公众意见。公示时间不得少于20日。

《非物质文化遗产法》第二十四条规定,国务院文化主管部门根据专家评审委员会的审议意见和公示结果,拟订国家级非物质文化遗产代表性项目名录,报国务院批准、公布。

(二)规划保护

《非物质文化遗产法》第二十五条规定,国务院文化主管部门应当组织制定保护规划,对国家级非物质文化遗产代表性项目予以保护。省、自治区、直辖市人民政府文化主管部门应当组织制定保护规划,对本级人民政府批准公布的地方非物质文化遗产代表性项目予以保护。制定非物质文化遗产代表性项目保护规划,应当对濒临消失的非物质文化遗产代表性项目予以重点保护。

《非物质文化遗产法》第二十六条规定,对非物质文化遗产代表性项目集中、特色鲜明、形式和内涵保持完整的特定区域,当地文化主管部门可以制定专项保护规划,报经本级人民政府批准后,实行区域性整体保护。确定对非物质文化遗产实行区域性整体保护,应当

尊重当地居民的意愿，并保护属于非物质文化遗产组成部分的实物和场所，避免遭受破坏。实行区域性整体保护涉及非物质文化遗产集中地村镇或者街区空间规划的，应当由当地城乡规划主管部门依据相关法规制定专项保护规划。

《非物质文化遗产法》第二十七条规定，国务院文化主管部门和省、自治区、直辖市人民政府文化主管部门应当对非物质文化遗产代表性项目保护规划的实施情况进行监督检查；发现保护规划未能有效实施的，应当及时纠正、处理。

三、非物质文化遗产的传承与传播制度

（一）代表性传承人

（1）认定条件。根据《非物质文化遗产法》第二十八条规定，国家鼓励和支持开展非物质文化遗产代表性项目的传承、传播。

根据《非物质文化遗产法》第二十九条规定，国务院文化主管部门和省、自治区、直辖市人民政府文化主管部门对本级人民政府批准公布的非物质文化遗产代表性项目，可以认定代表性传承人。非物质文化遗产代表性项目的代表性传承人应当符合下列条件：①熟练掌握其传承的非物质文化遗产；②在特定领域内具有代表性，并在一定区域内具有较大影响；③积极开展传承活动。

（2）支持措施。根据《非物质文化遗产法》第三十条规定，县级以上人民政府文化主管部门根据需要，采取下列措施，支持非物质文化遗产代表性项目的代表性传承人开展传承、传播活动：①提供必要的传承场所；②提供必要的经费资助其开展授徒、传艺、交流等活动；③支持其参与社会公益性活动；④支持其开展传承、传播活动的其他措施。

（3）传承义务。根据《非物质文化遗产法》第三十一条规定，非物质文化遗产代表性项目的代表性传承人应当履行下列义务：①开展传承活动，培养后继人才；②妥善保存相关的实物、资料；③配合文化主管部门和其他有关部门进行非物质文化遗产调查；④参与非物质文化遗产公益性宣传。非物质文化遗产代表性项目的代表性传承人无正当理由不履行前款规定义务的，文化主管部门可以取消其代表性传承人资格，重新认定该项目的代表性传承人；代表性传承人丧失传承能力的，文化主管部门可以重新认定该项目的代表性传承人。

（二）传播教育

（1）宣传展示。《非物质文化遗产法》第三十二条规定，县级以上人民政府应当结合实际情况，采取有效措施，组织文化主管部门和其他有关部门宣传、展示非物质文化遗产代表性项目。

（2）研究出版。《非物质文化遗产法》第三十三条规定，国家鼓励开展与非物质文化遗产有关的科学技术研究和非物质文化遗产保护、保存方法研究，鼓励开展非物质文化遗产的记录和非物质文化遗产代表性项目的整理、出版等活动。

（3）宣传教育。《非物质文化遗产法》第三十四条规定，学校应当按照国务院教育主管部门的规定，开展相关的非物质文化遗产教育。新闻媒体应当开展非物质文化遗产代表性项目的宣传，普及非物质文化遗产知识。

《非物质文化遗产法》第三十五条规定，图书馆、文化馆、博物馆、科技馆等公共文化

机构和非物质文化遗产学术研究机构、保护机构以及利用财政性资金举办的文艺表演团体、演出场所经营单位等，应当根据各自业务范围，开展非物质文化遗产的整理、研究、学术交流和非物质文化遗产代表性项目的宣传、展示。

(4) 民间传承。《非物质文化遗产法》第三十六条规定，国家鼓励和支持公民、法人和其他组织依法设立非物质文化遗产展示场所和传承场所，展示和传承非物质文化遗产代表性项目。

四、法律责任

(一) 民事责任

《非物质文化遗产法》第四十条规定，违反本法规定，破坏属于非物质文化遗产组成部分的实物和场所的，依法承担民事责任；构成违反治安管理行为的，依法给予治安管理处罚。

《非物质文化遗产法》第四十一条规定，境外组织在我国境内进行相关违法活动的，由文化主管部门责令改正，给予警告，没收违法所得及调查中取得的实物、资料；情节严重的，并处10万元以上50万元以下的罚款。

境外个人在我国境内进行相关违法活动的，由文化主管部门责令改正，给予警告，没收违法所得及调查中取得的实物、资料；情节严重的，并处1万元以上5万元以下的罚款。

(二) 行政责任

《非物质文化遗产法》第三十八条规定，文化主管部门和其他有关部门的工作人员在非物质文化遗产保护、保存工作中玩忽职守、滥用职权、徇私舞弊的，依法给予处分。

《非物质文化遗产法》第三十九条规定，文化主管部门和其他有关部门的工作人员进行非物质文化遗产调查时侵犯调查对象风俗习惯，造成严重后果的，依法给予处分。

(三) 刑事责任

《非物质文化遗产法》第四十二条规定，违反本法规定，构成犯罪的，依法追究刑事责任。

实训项目

不可移动文物利用与保护调研

实训目的：掌握不可移动文物的利用与保护的现状。

实训步骤：第一步，分小组到旅游行政管理部门或通过网上查找当地有哪些不可移动文物；第二步，对每一不可移动文物的利用与保护状况进行分析整理；第三步，形成当地不可移动文物利用与保护的完整材料。

实训成果：形成一份当地不可移动文物利用与保护的现状成果。

知识归纳

本章主要介绍了旅游资源管理方面的法律法规制度。介绍了风景名胜区的设立与规划、保护与利用及法律责任；介绍了文物的概念、分类、不可移动文物、馆藏文物、民间收藏文物和可移动文物的法律规定,以及违法行为应承担的法律责任;介绍了自然保护区的构成、管理、保护与利用的法律规定,以及违法规定的法律责任;介绍了《博物馆条例》《博物馆管理办法》和《非物质文化遗产法》的相关知识。

典型案例

九寨沟售票处聚集上千游客要求退票

2013年10月3日,《东方早报》刊登了《九寨沟停止售票》的新闻。景区售票点发公告称,9点10分已售票数(包括网络售票)达到景区最大承载量4.1万人,将延缓售票。许多前来排队的游客在售票点前聚集。有的游客说,自己7点就来排队了,在距离窗口还有1米的地方被告知停止售票。今日景区的开园时间为6点20分。

2013年10月3日凌晨,光明网讯记者王宏泽在微博上见一名网友发布了"上千游客凌晨拥堵在九寨沟售票口退票"的图片。10月2日下午,四川九寨沟景区入园人数超载,导致2 000多名游客滞留山上。全国假日办接到游客求助信息后,紧急通知四川省假日办启动应急预案,地方领导、旅游等相关部门到达现场进行疏导。较多游客在滞留5个小时后,于21点方才全部撤离。

请问:2013年10月1日实施的《旅游法》对旅游景区游客接待量有什么规定?你如何看待九寨沟上千游客要求退票事件?

【案例解析】《旅游法》第四十五条第一款规定:景区接待旅游者不得超过景区主管部门核定的最大承载量。景区应当公布景区主管部门核定的最大承载量,制定和实施旅游者流量控制方案,并可以采取门票预约等方式,对景区接待旅游者的数量进行控制。旅游者数量可能达到最大承载量时,景区应当提前公告并同时向当地人民政府报告,景区和当地人民政府应当及时采取疏导、分流等措施。

《旅游法》第一百零五条第二款规定:景区在旅游者数量可能达到最大承载量时,未依照本法规定公告或者未向当地人民政府报告,未及时采取疏导、分流等措施,或者超过最大承载量接待旅游者的,由景区主管部门责令改正,情节严重的,责令停业整顿一个月至六个月。

从该案例可以看出,2013年10月国庆黄金周期间九寨沟的游客接待量已经达到主管部门公布的最大承载量了。这个事件说明,到了黄金周热门景区一定要做好游客接待量的预报和控制工作。九寨沟是5A级景区,全国热点旅游景区,10月份正是九寨沟的旺季,游客数量会大大增加。景区应该提前做好游客预测工作,及时公布景区接待量。提前做好应急预案,一旦发生滞留时要及时引导、疏散游客。

复习思考题

一、单项选择题

1. 不得转让、出租、质押给外国人的文物是( )。
    A. 国有文物中的珍贵文物　　　　　　　B. 国家一级文物
    C. 国有不可移动文物　　　　　　　　　D. 国家禁止出境的文物

2. 自然保护区中可以从事旅游活动的区域是(　　)。
   A. 核心区　　　　B. 缓冲区　　　　C. 实验区　　　　D. 游览区
3. 属于集体所有和私人所有的(　　)，其所有权受国家保护。
   A. 纪念建筑物、古墓葬和传世文物　　　B. 纪念建筑物、古建筑和传世文物
   C. 纪念建筑物、古文化遗址和传世文物　D. 纪念建筑物、石窟寺和传世文物
4. 一般文物出口或者个人携带私人收藏文物出境，都必须向海关申报，并由(　　)行政管理部门发给许可出口凭证。
   A. 公安　　　　　B. 工商　　　　　C. 文化　　　　　D. 外贸
5. 我国文物级别划分的依据是(　　)。
   A. 文物的观赏、历史、文化价值　　　　B. 文物的历史、艺术、文化价值
   C. 文物的科学、文化、艺术价值　　　　D. 文物的历史、艺术、科学价值
6. (　　)负责全国自然保护区的综合管理，负责对国家级自然保护区进行执法检查。
   A. 国家林业局　　　　　　　　　　　　B. 农业农村部
   C. 国务院　　　　　　　　　　　　　　D. 国务院环境保护行政管理部门
7. 文物工作贯彻(　　)的方针。
   A. 保护为主、抢救第一、合理利用、加强管理
   B. 科学规划、统一管理、严格保护、永续利用
   C. 保护为主、统一管理、合理利用、严格保护
   D. 保护为主、抢救第一、永续利用、统一管理
8. 风景名胜区应当自设立之日起(　　)内编制完成总体规划。
   A. 半年　　　　　B. 1年　　　　　C. 1.5年　　　　D. 2年
9. 博物馆应当自取得登记证书之日起(　　)内向公众开放。
   A. 1个月　　　　B. 3个月　　　　C. 6个月　　　　D. 1年
10. 下列哪一项不是设立博物馆的必备条件？(　　)
    A. 固定的馆址　　B. 大量的珍贵藏品　C. 专业技术人员　D. 必要的办馆资金
11. 下列哪一项不是博物馆章程的必备内容？(　　)
    A. 博物馆名称、馆址　　　　　　　　　B. 办馆宗旨及业务范围
    C. 组织管理制度　　　　　　　　　　　D. 博物馆工作人员数量
12. 国务院(　　)主管部门负责全国博物馆监督管理工作。
    A. 林业　　　　　B. 建设　　　　　C. 文物　　　　　D. 旅游

二、多项选择题

1. 根据文物保护法规定，不可移动文物可以分为(　　)。
   A. 全国重点文物保护单位　　　　　　　B. 省级重点文物保护单位
   C. 省级文物保护单位　　　　　　　　　D. 市、县级重点文物保护单位
   E. 市、县级文物保护单位
2. 根据文物法规定，下列(　　)文物受国家保护。
   A. 具有历史、艺术、科学价值的古文化遗址
   B. 与重大历史事件有关的近代、现代重要史迹、实物、代表性建筑

C. 历史上各时代珍贵的艺术品、工艺美术品

D. 历史上各时代重要的革命文献资料

E. 反映历史上各时代、各民族社会制度、社会生产、社会生活的代表性实物

3. 自然保护区分为（　　）。

　　A. 保护区　　　　　　　　B. 缓冲区　　　　　　　　C. 核心区

　　D. 实验区　　　　　　　　E. 游览区

4. 以下哪些工作不能在自然保护区的缓冲区进行（　　）。

　　A. 繁殖珍稀濒危野生动植物　　B. 从事科学研究观测

　　C. 科学试验　　　　　　　　D. 参观考察

　　E. 驯化珍稀濒危野生动植物

5. 根据《文物保护法》规定，文物收藏单位以外的公民、法人和其他组织可以（　　）。

　　A. 从文物商店购买文物

　　B. 接受国有文物收藏单位赠与的国有文物

　　C. 买卖非国有收藏的珍贵文物

　　D. 买卖非国有收藏的一般文物

　　E. 依法继承的文物

6. 自然保护区分为（　　）。

　　A. 国家级自然保护区　　　　B. 地方级自然保护区

　　C. 省级自然保护　　　　　　D. 市级自然保护区

7. 历史上各时代重要实物、艺术品、文献、手稿、图书资料、代表性食物等称为可移动文物，其中的珍贵文物分为（　　）。

　　A. 一级文物　　　　　　　　B. 二级文物　　　　　　　　C. 三级文物

　　D. 四级文物　　　　　　　　E. 一般文物

8. 设立博物馆，应当具备的条件有（　　）。

　　A. 固定的馆址　　　　　　　B. 相应数量的藏品　　　　　C. 大量专业技术人员

　　D. 必要的办馆资金　　　　　E. 安全的设施、制度及应急预案

9. 博物馆藏品属于国有文物的，不得（　　）。

　　A. 转让　　　　　　　　　　B. 出租　　　　　　　　　　C. 质押

　　D. 展示　　　　　　　　　　E. 出售

10. 在推荐非物质文化遗产时，应当提交下列材料（　　）。

　　A. 项目介绍　　　　　　　　B. 传承情况介绍　　　　　　C. 保护要求

　　D. 相关视听资料　　　　　　E. 传承的经济效益

三、判断题

1. 自然保护区分为国家级自然保护区、省级自然保护区和市县级自然保护区。（　　）

2. 国家对自然保护区实行综合管理与分部门管理相结合的综合管理体制。（　　）

3. 自然保护区的缓冲区可以进行必要的生产设施建设。（　　）

4. 风景名胜区分为国家级风景名胜区、省级风景名胜区和市县级风景名胜区。（　　）

5. 对于不可移动文物，根据其历史、艺术、科学价值确定为全国重点文物保护单位、省级文物保护单位，市、县级文物保护单位。（　　）
6. 文物收藏单位以外的公民、法人和其他组织不可收藏文物。（　　）
7. 1956年我国建立了第一个具有现代意义的自然保护区——广东肇庆的鼎湖山自然保护区。（　　）
8. 所有国有文物、非国有文物中的珍贵文物和国家规定禁止出境的其他文物都不得出境。（　　）
9. 在国家法定节假日和学校寒暑假期间，博物馆应当开放。（　　）
10. 博物馆应当配备大量的专业人员，根据不同年龄段的未成年人接受能力进行讲解。（　　）

四、简答题

1. 设立风景名胜区应当具备的条件有哪些？
2. 申请设立风景名胜区应当提交哪些材料？
3. 在风景名胜区内禁止从事哪些活动？
4. 哪些行为可由风景名胜区管理机构责令停止违法行为、恢复原状或者限期拆除，没收违法所得，并处50万元以上100万元以下的罚款？
5. 在中华人民共和国境内，哪些文物受国家保护？
6. 馆藏的文物应当如何管理？
7. 哪些可移动文物是不得出境的？

第十章

出入境管理法律制度

学习目标

1. 了解出入境法的相关概念及事务管理。
2. 熟悉和掌握中国公民出入境的有效证件、权利义务和法律责任。
3. 熟悉和掌握外国人入出境的有效证件、权利义务和法律责任。
4. 了解中国公民出境旅游、边境旅游、大陆居民赴台旅游的相关法律规定。

实训要求

1. 实训项目：我国公民办理出入境证件的相关事项。
2. 实训目的：熟悉我国公民办理出入境证件所需提供的资料、要求及申办流程。

第一节 出境入境管理法概述

一、出入境立法概况

出境是指由中国内地前往其他国家或者地区，由中国内地前往香港特别行政区、澳门特别行政区，由中国大陆前往台湾地区。入境是指由其他国家或者地区进入中国内地，由香港特别行政区、澳门特别行政区进入中国内地，由台湾地区进入中国大陆。

出入境法律、法规的内容有关国家主权、安全和社会秩序，尽管这些法律、法规并不是为旅游业的发展而制定的，但旅游业必须遵守，特别是对于经营入境旅游接待、出境旅游组团的旅行社而言。出入境法律、法规制度是与旅游业发展关系密切的相关法律制度的重要组成部分，主要涉及证件管理、旅游者出入境权利义务、边防检查、卫生检疫等制度，以及违反这些法律制度所应当承担的法律责任。

1985年，我国颁布了《中华人民共和国公民出境入境管理法》和《中华人民共和国外国人入境出境管理法》；2006年颁布并于2007年1月1日起施行了《中华人民共和国护照法》（以下简称《护照法》）。2012年6月，为规范出入境管理制度，维护国家主权、安全和社会秩序，促进对外交往和对外开放，全国人大常委会通过了于2013年7月1日生效的《中华人民共和国出境入境管理法》（以下简称《出入境管理法》），《中国公民出境入境管理法》和《外国人入境出境管理法》，在该法生效时同时废止相关的法规。

此外，规定出入境法律制度的法律法规，还包括国务院常务会议通过的《中华人民共和国出境入境边防检查条例》、全国人大常委会通过的《中华人民共和国国境卫生检疫法》等。

二、出入境事务的管理

（一）适用范围

《中华人民共和国出境入境管理法》第二条规定：中国公民出境入境、外国人入境出境、外国人在中国境内停留居留的管理，以及交通运输工具出境入境的边防检查，适用本法。

（二）管理机构及其职责

《中华人民共和国出境入境管理法》第四条规定：公安部、外交部按照各自职责负责有关出境入境事务的管理。

中华人民共和国驻外使馆、领馆或者外交部委托的其他驻外机构（以下称"驻外签证机关"）负责在境外签发外国人入境签证。出入境边防检查机关负责实施出境入境边防检查。县级以上地方人民政府公安机关及其出入境管理机构负责外国人停留居留管理。

公安部、外交部可以在各自职责范围内委托县级以上地方人民政府公安机关出入境管理机构、县级以上地方人民政府外事部门受理外国人入境、停留居留申请。

公安部、外交部在出境入境事务管理中，应当加强沟通配合，并与国务院有关部门密切合作，按照各自职责分工，依法行使职权，承担责任。

三、出入境证件制度

出入境证件，是指政府有关主管部门颁发给旅游者的，用于在旅行、旅游过程中证明旅游者合法身份的有效证件。我国与出入境旅游直接相关的旅行证件主要有护照、签证、入出境通行证、旅行证等。

《出境入境管理法》第九条第一、二款规定，中国公民出境入境，应当依法办理护照或者其他旅行证件。中国公民前往其他国家和地区，还需要取得前往国签证或者其他入境许可证明。但是，中国政府与其他国家政府签订互免签证协议或者公安部、外交部另有规定的除外。

（一）护照

1. 护照的作用

《护照法》第二条规定，中华人民共和国护照是中华人民共和国公民出入国境和在国外证明国籍和身份的证件。任何组织或者个人不得伪造、变造、转让、故意损毁或者非法扣押护照。据此,护照是主权国家政府发给本国公民出入国境和在国外居留、旅行等合法的身份证件,以其证明该公民的国籍、身份及出国目的。凡出国人员均须持有有效护照,以备有关当局查验。

2. 护照的分类

根据持照人的出国目的和颁证机关的不同,护照分为普通护照、外交护照和公务护照。旅游者参加出国旅游活动持普通护照。《护照法》第四条规定,普通护照由公安机关出入境管理机构或者公安部委托的县级以上地方人民政府公安机关出入境管理机构以及中华人民共和国驻外使领馆和外交部委托的其他驻外机构签发。

3. 护照包含的内容

《护照法》第七条规定,登记项目包括持有人的姓名、性别、出生日期、出生地,护照的签发日期、有效期、签发地点和签发机关。

4. 护照的有效期

护照持有人未满16周岁的,有效期为5年;16周岁以上的,有效期为10年。

5. 护照的申请

一是国内申请护照。《护照法》第五条规定,公民因前往外国定居、探亲、学习、就业、旅行、从事商务活动等非公务原因出国的,由本人向户籍所在地的县级以上地方人民政府公安机关出入境管理机构申请普通护照。第六条规定,公民申请普通护照,应当提交本人的居民身份证、户口簿、近期免冠照片以及申请事由的相关材料。国家工作人员因非公务原因出境申请普通护照的,还应当按照国家有关规定提交相关证明文件。公安机关出入境管理机构应当自收到申请材料之日起15日内签发普通护照;对不符合规定不予签发的,应当书面说明理由,并告知申请人享有依法申请行政复议或者提起行政诉讼的权利。在偏远地区或者交通不便的地区或者因特殊情况,不能按期签发护照的,经护照签发机关负责人批准,签发时间可以延长至30日。公民因合理紧急事由请求加急办理的,公安机关出入境管理机构应当及时办理。

二是境外申请护照。中国公民在境外申请护照,应当直接向我国驻外使领馆、外交代表机关及外交部授权的其他驻外机关提出申请,由这些机关或部门进行审核和颁发护照。

6. 护照的换发或补发

《护照法》规定,有下列情形之一的,护照持有人可以按照规定申请换发或者补发:因护照有效期即将届满的、护照签证页即将使用完毕的、护照损毁不能使用的、护照遗失或者被盗的、有正当理由需要换发或者补发的其他情形。持证人可以在护照期满前申请延期。

7. 不予签发护照的情形

《护照法》第十三条规定,有下列情形之一的,护照签发机关不予签发护照:一是不具有中国国籍的。二是无法证明身份的。三是在申请过程中弄虚作假的。四是被判处刑罚正在服刑的。五是人民法院通知有未了结的民事案件不能出境的。六是属于刑事案件被告人或者犯罪嫌疑人的。七是国务院有关主管部门认为出境后将对国家安全造成危害或者对国家利益造成重大损失的。

《护照法》第十四条规定，有下列情形之一的，护照签发机关自其刑罚执行完毕或者被遣返回国之日起 6 个月至 3 年以内不予签发护照：一是因妨害国（边）境管理受到刑事处罚的；二是因非法出境、非法居留、非法就业被遣返回国的。

8. 护照的扣留

《护照法》第十五条规定，人民法院、人民检察院、公安机关、国家安全机关、行政检察机关因办理案件需要，可以依法扣押案件当事人的护照。案件当事人拒不交出护照，前款规定的国家机关可以提请护照签发机关宣布案件当事人的护照作废。

（二）签证

1. 签证的定义

《出境入境管理法》第十五条规定，外国人入境，应当向驻外签证机关申请办理签证，但是本法另有规定的除外。签证是主权国家官方机构发给申请者出入该国国境或外国人在该国国内停留、居住的许可证明，是附签于申请人所持入出境通行证件上的文字注明，也是一个国家检查进入或经过这个国家的人员身份和目的的合法性证明。

2. 签证的种类

《出境入境管理法》第十六条第一款规定，签证分为外交签证、礼遇签证、公务签证、普通签证。对因外交、公务事由入境的外国人，签发外交、公务签证；对因身份特殊需要给予礼遇的外国人，签发礼遇签证。对因工作、学习、探亲、旅游、商务活动、人才引进等非外交、公务事由入境的外国人，签发相应类别的普通签证。

3. 签证登记的项目

《出境入境管理法》第十七条规定，签证的登记项目包括：签证种类，持有人姓名、性别、出生日期、入境次数、入境有效期、停留期限、签发日期、地点，护照或者其他国际旅行证件号码等。

4. 签证的办理

《出境入境管理法》第十八条规定，外国人申请办理签证，应当向驻外签证机关提交本人的护照或者其他国际旅行证件，以及申请事由的相关材料，按照驻外签证机关的要求办理相关手续、接受面谈。《出境入境管理法》第二十条第二款规定，旅行社按照国家有关规定组织入境旅游的，可以向口岸签证机关申请办理团体旅游签证。

5. 免签的情形

《出境入境管理法》第二十二条规定，外国人有下列情形之一的，可以免办签证：一是根据中国政府与其他国家政府签订的互免签证协议，属于免办签证人员的。二是持有效的外国人居留证件的。三是持联程客票搭乘国际航行的航空器、船舶、列车从中国过境前往第三国或者地区，在中国境内停留不超过 24 小时且不离开口岸，或者在国务院批准的特定区域停留不超过规定时限的。四是国务院规定的可以免办签证的其他情形。

6. 不予办理签证的情形

《出境入境管理法》第二十一条规定，外国人有下列情形之一的，不予签发签证：一是被处驱逐出境或者被决定遣送出境，未满不准入境规定年限的。二是患有严重精神障碍、传染性肺结核病或者有可能对公共卫生造成重大危害的其他传染病的。三是可能危害中国国家安全和利益、破坏社会公共秩序或者从事其他违法犯罪活动的。四是在申请签证过程中弄虚作假或者不能保障在中国境内期间所需费用的。五是不能提交签证机关要求提交的相关材料的。六是签证机关认为不宜签发签证的其他情形。对不予签发签证的，签证机关可以不说明理由。

（三）中华人民共和国往来港澳通行证及其签注

1. 港澳通行证

俗称双程证，是由中华人民共和国公安部出入境管理局签发给中国内地居民因私往来香港或澳门地区旅游、探亲、从事商务、培训、就业、留学等非公务活动的旅行证件。通行证分为个人旅游、团队旅游、探亲、商务、其他、逗留等种类。

内地居民前往香港或澳门特别行政区定居，向户口所在地的市、县公安出入境管理部门提出申请。凭公安出入境管理部门签发的前往港澳通行证前往。前往香港特别行政区定居的，持证人须于罗湖口岸、深圳湾口岸、蛇口码头口岸（乘船）、福田口岸出境；前往澳门特别行政区定居的，持证人须于珠海拱北口岸出境。往来港澳通行证未满16周岁的有效期为5年，成年人电子往来港澳通行证有效期延长为10年。

2. 签注

内地居民前往港澳地区，需申请办理签注。自2008年9月1日起，赴澳门另需办签注。赴港澳签注种类如下：探亲（T）、商务（S）、团队旅游（L）、个人旅游（G）、其他（Q）、逗留（D），根据申请事由分类签发。赴港澳个人游签发"G"字头个人旅游签注，赴港澳团体旅游签发"L"签注，必须由旅行社根据旅游线路来安排在香港或澳门停留的时间，要"随团进出"。持证人须在往来港澳通行证和签注有效期内，按照规定的次数和停留时限往来香港或者澳门。个人签注有效期可为三个月或一年，次数可为一次或两次，一般每次最长逗留7天，但也有更长的签种。团体签注分为三个月一次或两次、一年一次或两次，每次逗留不超过7天。

（四）大陆居民往来台湾通行证和签注

1. 大陆居民往来台湾通行证

大陆居民往来台湾通行证是中国大陆地区居民往来中国台湾地区所持有的证件，一般与《入台证》一起检查。申请人未满16周岁的，签发5年有效通行证；年满16周岁的，签发10年有效通行证。2016年12月20日，中华人民共和国公安部发布公告，决定启用电子往来台湾通行证，福建省公安机关出入境管理部门自12月26日起开始试点受理电子往来台湾通行证的申请，同时停止签发现行本式往来台湾通行证。

大陆居民往来台湾通行证有效期不足三个月（含）时，出入境管理局不受理签注申请，不予出境，证件持有人可自行前往出入境管理局办理通行证延期手续。

2. 签注

经批准前往台湾的大陆居民，由公安机关签发或者签注旅行证件。签注分为团队旅游签注（L）和个人旅游签注（G）。办理团体签注的只能随团出入境，办理个人旅游签注的可以自行前往台湾旅游，个人旅游签注（G签注）有效期为6个月，持证人在台湾停留时间自入境台湾次日起不得超过15日。

> 小知识　　　　　　**通行证和签注的办理费用**

办理费用：《大陆居民往来台湾通行证》每证 30 元；《大陆居民往来台湾通行证》加注，每项次 20 元；大陆居民往来台湾一次有效签注，每件 20 元；多次有效签注，每件 100 元。

办理期限：15 个工作日　　　急件在 5 个工作日内办结

办理单位：申请人户籍所在地县级以上公安机关出入境管理机构

3. 入台证

入台证全称为"中华民国台湾地区入出境许可证"。由于两岸同属一个中国，大陆地区不可以护照签证形式进入台湾地区。故由台湾地区内政部发给大陆地区及港澳地区居民该证件用以出入台湾地区。大陆居民需与大陆居民往来台湾通行证，港澳地区居民需与相应护照一并查验。拿到大陆居民往来台湾通行证后才可办理入台证，入台证是无法自己办理的，必须要通过指定旅行社办理，入台证从发证日起有效期三个月。入台证有单次证、逐次证、一年多次证、三年多次证之分。

办理入台证需按要求提供相关资料扫描件给代办机构，提供的资料有：

（1）身份证正反面。

（2）台湾通行证，需尚余 6 个月以上有效期。

（3）个人旅游签注，事由为 G 签注（个人旅游）之通行证。

（4）照片 1 张，最近 2 年内 2 寸白底彩色照片（脸部需明显清楚，不能修饰）。

（5）年满 20 岁需提供财力证明（三项符合一项即可）。①有人民币 5 万元以上之银行或金融机构存款证明（存款需冻结至回国后即可）。②有大陆银行或金融机构开立核发金卡之证明文件。③年工资所得 12 万 5 000 元以上之薪资证明文件（出具此证明需再附上公司营业执照）。

（6）其随行之直系血亲及配偶应附与申请人之全户户口簿及亲属关系证明。

（7）如在校学生应提供目前就读学校之学生证或在学证明，无需出示财力证明。未满 20 岁者需附上直系亲属（父母）同意书。

（8）简要行程表有代办机构有帮忙提供。

（9）紧急联络人以同户亲属担任为原则，申请时请一并检附居民身份证及全户户口簿和紧急联络人的联络电话。

（10）已投保旅游的保险单或证明文件。

（五）中华人民共和国出入境通行证

边境通行证是指前往黑龙江、新疆、西藏、广西、云南、甘肃、内蒙古的边境管理区需办理的通行证件。年满 16 岁且有正当理由者方可申领此证。申领人员应当填写边境通行证申请表，交验本人居民身份证或者其他有效证件，并履行相应手续。

> 小知识　　　　　**中华人民共和国通行证发放范围**

中华人民共和国出入境通行证的颁发对象有：

(1) 港澳居民在内地遗失证件或者证件失效需返回港澳地区的;
(2) 香港居民在内地所生子女并持有香港事务处发给的入境许可证的;
(3) 定居国外的中国公民持中华人民共和国旅行证短期回国后证件遗失或失效,取得外国入境许可,需要出境的;
(4) 因国籍冲突,持有外国护照或居留许可,不宜为其签发中国护照,需要出境的。

四、出入境检查制度

(一) 海关监管

为了维护国家的主权和利益,加强海关监督管理,促进对外经济贸易和科技文化交往,实行海关监管。海关总署是国家的进出关境监督管理机关。旅客对其所携带的行李物品,应当向海关申报,由海关查验行李物品并办理进出境物品征税或免税验放手续。

(二) 卫生检疫

实施国境卫生检疫的目的,在于防止传染病(包括检疫传染病和检测传染病)由国外传入或者由国内传出,保护人体健康。国务院卫生行政部门主管全国国境卫生检疫工作。

入境、出境的人员、交通工具、运输设备以及可能传播检疫传染病的行李、货物、邮包等物品,都应当接受检疫,经国境卫生检疫机关许可,方准入境或者出境。

(三) 动植物检疫

为防止动物传染病、寄生虫病和植物危险性病、虫、杂草以及其他有害生物传入、传出国境,保护农、林、牧、渔业生产和人体健康,促进对外经济贸易的发展,进出境的动植物产品要接受国家动植物检疫机关的动植物检疫。动植物病原体(包括菌种、毒种等)、害虫及其他有害生物,动植物疫情流行的国家和地区的有关动植物、动植物产品和其他检疫物,动物尸体以及土壤,严禁进入我国国境。动植物、动植物产品和其他检疫物在出境前,检疫不合格又无有效方法做除害处理的,不准出境。

(四) 边防检查

为维护中华人民共和国的主权、安全和社会秩序,便利出境、入境的人员和交通运输工具的通行,国家在对外开放的港口、航空港、车站和边境通道等口岸设立出境入境边防检查站,对出境、入境的人员和交通运输工具进行边防检查。公安部负责主管出入境的边防检查工作。

总之,国家机关有权对出入境旅客的证件、行李物品等进行检查,这也是国家主权的体现。导游人员必须十分重视此项工作,以维护国家利益。出入境检查主要包括海关、边防、卫生防疫、动植物检疫方面的检查。

五、出入境管理制度

(一) 义务性规定

1. 中国公民出入境

(1) 接受边防检查。《出境入境管理法》第六条规定,中国公民、外国人以及交通运输工具应当从对外开放的口岸出境入境，特殊情况下，可以从国务院或者国务院授权的部门批准的地点出境入境。出境入境人员和交通运输工具应当接受出境入境边防检查。

（2）申办证件。《出境入境管理法》第九条规定，中国公民出境入境，应当依法申请办理护照或者其他旅行证件。中国公民前往其他国家或者地区，还需要取得前往国签证或者其他入境许可证明。但是，中国政府与其他国家政府签订互免签证协议或者公安部、外交部另有规定的除外。截至2016年1月，我国已与100个国家缔结了各类互免签证协议，与37个国家签订了简化签证手续协定或安排。36个国家和地区单方面给予中国公民落地签证便利，11个国家和地区单方面允许中国公民免签入境。

《出境入境管理法》第十条规定，中国公民往来内地与香港特别行政区、澳门特别行政区，中国公民往来大陆与台湾地区，应当依法申请办理通行证件。

（3）交验证件。《出境入境管理法》第十一条规定，中国公民出境入境，应当向出入境边防检查机关交验本人的护照或者其他旅行证件等出境入境证件，履行规定的手续，经查验准许，方可出境入境。具备条件的口岸、出入境边防检查机关应当为中国公民出境入境提供专用通道等便利措施。

2. 外国人入出中国国境

（1）合法权益受保护。《出境入境管理法》第三条规定，在中国境内的外国人的合法权益受法律保护。

（2）遵守中国法律。《出境入境管理法》第三条规定，在中国境内的外国人应当遵守中国法律，不得危害中国国家安全、损害社会公共利益、破坏社会公共秩序。

（3）接受边防检查。外国人以及交通运输工具应当从对外开放的口岸出境入境，特殊情况下，可以从国务院或者国务院授权的部门批准的地点出境入境。出境入境人员和交通运输工具应当接受出境入境边防检查。

（4）办理签证。《出境入境管理法》第十五条规定，外国人入境，应当向驻外签证机关申请办理签证，但是本法另有规定的除外。

（5）交验证件。《出境入境管理法》第二十四条规定，外国人入境，应当向出入境边防检查机关交验本人的护照或者其他国际旅行证件、签证或者其他入境许可证明。履行规定的手续，经查验准许，方可入境。第二十七条规定，外国人出境，应当向出入境边防检查机关交验本人的护照或者其他国际旅行证件等出境入境证件，履行规定的手续，经查验准许，方可出境。

（二）禁止性规定

1. 中国公民的出境限制

《出境入境管理法》第十二条规定，中国公民有下列情形之一的，不准出境：①未持有效出境入境证件或者拒绝、逃避接受边防检查的；②被判处刑罚尚未执行完毕或者属于刑事案件被告人、犯罪嫌疑人的；③有未了结的民事案件，人民法院决定不准出境的；④因妨害国（边）境管理受到刑事处罚或者因非法出境、非法居留、非法就业被其他国家或者地区遣返，未满不准出境规定年限的；⑤可能危害国家安全和利益，国务院有关主管部门决定不准出境的；⑥法律、行政法规规定不准出境的其他情形。

2. 外国人的入境限制

①未持有效出境入境证件或者拒绝、逃避接受边防检查的；②具有《出境入境管理法》规定的不予签发签证情形的；③入境后可能从事与签证种类不符的活动的；④法律、行政法规规定不准入境的其他情形。对不准入境的，出入境边防检查机关可以不说明理由。

3. 出境限制

①被判处刑罚尚未执行完毕或者属于刑事案件被告人、犯罪嫌疑人的，但是按照中国与外国签订的有关协议，移管被判刑人的除外；②有未了结的民事案件，人民法院决定不准出境的；③拖欠劳动者的劳动报酬，经国务院有关部门或省、自治区、直辖市人民政府决定不准出境的；④法律、行政法规规定不准出境的其他情形。

六、法律责任

（1）《出境入境管理法》第七十一条规定，有下列行为之一的，处1 000元以上5 000元以下罚款；情节严重的，处5日以上10日以下拘留，可以并处2 000元以上1万元以下罚款：①持用伪造、变造、骗取的出境入境证件出境入境的；②冒用他人出境入境证件出境入境的；③逃避出境入境边防检查的；④以其他方式非法出境入境的。

（2）《出境入境管理法》第七十二条规定，协助他人非法出境入境的，处2 000元以上1万元以下罚款；情节严重的，处10日以上15日以下拘留，并处5 000元以上2万元以下罚款，有违法所得的，没收违法所得。

（3）《出境入境管理法》第七十三条规定，弄虚作假骗取签证、停留居留证件等出境入境证件的，处2 000元以上5 000元以下罚款；情节严重的，处10日以上15日以下拘留，并处5 000元以上2万元以下罚款。

（4）《出境入境管理法》第七十四条规定，违反法律规定，为外国人出具邀请函件或者其他申请材料的，处5 000元以上1万元以下罚款；有违法所得的，没收违法所得，并责令其承担所邀请外国人的出境费用。

（5）《出境入境管理法》第七十五条规定，中国公民出境后非法前往其他国家或者地区被遣返的，出入境边防检查机关应当收缴其出境入境证件，出境入境证件签发机关自其被遣返之日起6个月至3年以内不予签发出境入境证件。

（6）《出境入境管理法》第七十六条规定，有下列情形之一的，给予警告，可以并处2 000元以下罚款：①外国人拒不接受公安机关查验其出境入境证件的；②外国人拒不交验居留证件的；③未按照规定办理外国人出生登记、死亡申报的；④外国人居留证件登记事项发生变更，未按照规定办理变更的；⑤在中国境内的外国人冒用他人出境入境证件的；⑥未按照《出境入境管理法》规定办理住宿登记的。

第二节　中国公民出境旅游管理

2002年5月27日中华人民共和国国务院令第354号公布，自2002年7月1日起施行。根据2017年3月1日中华人民共和国国务院令第676号公布、自公布之日起施行的《国务院关于修改和废止部分行政法规的决定》修改。

一、中国公民出国旅游管理

（一）出国目的地审批制度

1. 国务院批准并公布

出国旅游的目的地国家，由国务院旅游行政部门会同国务院有关部门提出，报国务院批准后，由国务院旅游行政部门公布。

任何单位和个人不得组织中国公民到国务院旅游行政部门公布的出国旅游的目的地国家以外的国家旅游；组织中国公民到国务院旅游行政部门公布的出国旅游的目的地国家以外的国家进行涉及体育活动、文化活动等临时性专项旅游的，须经国务院旅游行政部门批准。

到 2014 年 4 月为止，我国中国公民出境旅游目的地已达 150 个。

2. 开放中国公民出国旅游目的地国家和地区的条件

（1）中国公民出国旅游目的地国家和地区是我国的客源国，有利于双方旅游合作与交流。

（2）它们在政治上对我国友好，开展国民外交符合我国对外政策。

（3）它们的旅游资源有吸引力，具备适合我国旅游者的接待服务设施。

（4）它们对我国旅游者在政治、法律等方面没有歧视性、限制性、报复性政策。

（5）它们能保障我国旅游者的安全，具有良好的可进入性。

（二）组团社审批制度

1. 具备的条件

旅行社经营出国旅游业务，应当具备下列条件：

（1）取得国际旅行社资格满 1 年。

（2）经营入境旅游业务有突出业绩。

（3）经营期间无重大违法行为和重大服务质量问题。

2. 申报程序

申请经营出国旅游业务的旅行社，应当向省、自治区、直辖市旅游行政部门提出申请。省、自治区、直辖市旅游行政部门应当自受理申请之日起 30 个工作日内，依据本办法第三条规定的条件对申请审查完毕，经审查同意的，报国务院旅游行政部门批准；经审查不同意的，应当书面通知申请人并说明理由。

国务院旅游行政部门批准旅行社经营出国旅游业务，应当符合旅游业发展规划及合理布局的要求。

未经国务院旅游行政部门批准取得出国旅游业务经营资格的，任何单位和个人不得擅自经营或者以商务、考察、培训等方式变相经营出国旅游业务。

> **小知识** **我国出境组团社数量**
>
> 在 2003 年旅游市场复苏后，我国经营出境游业务的旅行社数量逐年增加，且在 2010—2011 年呈现加速趋势。2016 年国家旅游局新增许可 558 家旅行社经营出境游业务，截至

2016年年底原国家旅游局许可出境旅游业务的旅行社总计达到3 752家，占所有旅行社的比例由2007年的0.7%升至13.46%。

（三）出国人数总量控制、配额管理制度

国务院旅游行政部门根据上年度全国入境旅游的业绩、出国旅游目的地的增加情况和出国旅游的发展趋势，在每年的2月底以前确定本年度组织出国旅游的人数安排总量，并下达省、自治区、直辖市旅游行政部门。

省、自治区、直辖市旅游行政部门根据本行政区域内各组团社上年度经营入境旅游的业绩、经营能力、服务质量，按照公平、公正、公开的原则，在每年的3月底以前核定各组团社本年度组织出国旅游的人数安排。

国务院旅游行政部门应当对省、自治区、直辖市旅游行政部门核定组团社年度出国旅游人数安排及组团社组织公民出国旅游的情况进行监督。

（四）中国公民出国旅游团队名单表

凡与旅游者签订了出境旅游包价合同的，出境游组团社应当制作电子名单表。为进一步整顿出境游市场，国家旅游局自2015年9月1日起分别在广东、福建进行港澳游、赴台游的电子名单表试点工作。2015年12月1日起，全国取消出境游（含港澳游、赴台游）纸质名单表，全面实行电子名单表。

（五）组团社出境旅游业务经营规则

1. 组团社应当维护旅游者的合法权益

组团社向旅游者提供的出国旅游服务信息必须真实可靠，不得做虚假宣传，报价不得低于成本。

2. 组团社经营出国旅游业务，应当与旅游者订立书面旅游合同

旅游合同应当包括旅游起止时间、行程路线、价格、食宿、交通以及违约责任等内容。旅游合同由组团社和旅游者各持一份。组团社应当按照旅游合同约定的条件，为旅游者提供服务。

组团社应当保证所提供的服务符合保障旅游者人身、财产安全的要求；对可能危及旅游者人身安全的情况，应当向旅游者做出真实说明和明确警示，并采取有效措施，防止危害的发生。

3. 选择信誉良好的地接社

组团社组织旅游者出国旅游，应当选择在目的地国家依法设立并具有良好信誉的旅行社，并与之订立书面合同后，方可委托其承担接待工作。组团社及其旅游团队领队应当要求境外接待社按照约定的团队活动计划安排旅游活动，并要求其不得组织旅游者参与涉及色情、赌博、毒品内容的活动或者危险性活动，不得擅自改变行程、减少旅游项目，不得强迫或者变相强迫旅游者参加额外付费项目。

境外接待社违反组团社及其旅游团队领队根据上述规定提出的要求时，组团社及其旅游团队领队应当予以制止。

4. 安排领队全程陪同

组团社应当为旅游团队安排专职领队，领队应当经省、自治区、直辖市旅游行政部门考核合格,取得导游证。领队在带团时,应当佩戴导游证,并遵守《中国公民出境入境管理办法》及国务院旅行行政部门的有关规定。

旅游团队领队应当向旅游者介绍旅游目的地国家的相关法律、风俗习惯以及其他有关注意事项,并尊重旅游者的人格尊严、宗教信仰、民族风俗和生活习惯。旅游团队领队在带领旅游者旅行、游览过程中,应当就可能危及旅游者人身安全的情况,向旅游者做出真实说明和明确警示,并按照组团社的要求采取有效措施,防止危害的发生。旅游团队在境外遇到特殊困难和安全问题时,领队应当及时向组团社和中国驻所在国家使领馆报告;组团社应当及时向旅游行政部门和公安机关报告。旅游团队领队不得与境外接待社、导游及为旅游者提供商品或者服务的其他经营者串通欺骗、胁迫旅游者消费,不得向境外接待社、导游及其他为旅游者提供商品或者服务的经营者索要回扣、提成或者收受其财物。

旅游者在境外滞留不归的,旅游团队领队应当及时向组团社和中国驻所在国家使领馆报告,组团社应当及时向公安机关和旅游行政部门报告。有关部门处理有关事项时,组团社有义务予以协助。

5. 违约的处理

因组团社或者其委托的境外接待社违约,使旅游者合法权益受到损害的,组团社应当依法对旅游者承担赔偿责任。

(六) 旅游者不得非法滞留,擅自分团、脱团的规定

《旅游法》第十六条:出境旅游者不得在境外非法滞留,随团出境的旅游者不得擅自分团、脱团。入境旅游者不得在境内非法滞留,随团入境的旅游者不得擅自分团、脱团。

出境旅游者前往其他国家或者地区,一般需要取得前往国签证或者其他入境许可证明。该签证或者其他入境许可证明上载有入境有效期、停留期间等事项,出境旅游者不得超出签证有效期、超出停留期间在境外非法滞留。实践中,有的出境旅游者是报名参加旅游团出境旅游的,根据现行规定,旅游团队须从国家开放口岸整团出入境。在境外进行旅游活动,持有团队旅游签证的旅游者须作为一个团队,不得擅自分团、脱团。同样的,入境旅游者在我国境内旅游的,须遵守我国法律规定,按照许可的期限在我国境内旅游,不得非法滞留。如入境旅游者是随团入境参加旅游活动的。不得擅自脱团、分团。旅行社组织接待出入境旅游,发现有非法滞留和擅自分团、脱团情形的,根据本法第五十五条的规定,应当及时向公安机关、旅游主管部门或者我国驻外机构报告。未履行报告义务的,根据本法第九十九条,由旅游主管部门处 5 000 元以上 5 万元以下罚款;情节严重的,责令停业整顿或者吊销旅行社业务经营许可证;对直接负责的主管人员和其他直接责任人员,处 2 000 元以上 2 万元以下罚款,并暂扣或者吊销导游证。

二、中国公民边境旅游管理

为进一步扩大我国旅游业的对外开放,促进边境地区的经济繁荣和社会稳定,增进同毗邻国家人民的交往和友谊,完善边境旅游管理,经国务院批准,国家旅游局于 1996 年发布《边境旅游暂行管理办法》。

(一) 边境旅游的含义

《边境旅游暂行管理办法》第二条规定:"本规定所称边境旅游,是指经批准的旅行社

组织和接待我国及毗邻国家的公民,集体从指定的边境口岸出入境,在双方政府商定的区域和期限内进行的旅游活动。"

(二)边境旅游的管理机构及职责

《边境旅游暂行管理办法》第三条规定:"国家旅游局是边境旅游的主管部门,负责制定边境旅游有关政策和管理办法,对边境旅游进行宏观管理,批准承办边境旅游的旅行社。"

国务院2014年8月19日印发了《关于取消和调整一批行政审批项目等事项的决定》中,国家旅游局取消"边境旅游项目审批",下放"旅行社经营边境旅游资格审批"项目至省级人民政府旅游行政主管部门。

"旅行社经营边境旅游业务资格审批"由工商登记前审批改为后置审批。

边境省、自治区旅游局负责对本行政区内的边境旅游业务的管理、监督、指导和协调,依据有关法规制定边境旅游管理的实施细则,定期向国家旅游局报告开展边境旅游情况。

边境市、县旅游局在上级旅游主管部门的指导下,负责协调管理本地区的边境旅游活动。

(三)边境旅游的出入境手续

(1)双方旅游团出入国境的手续按各自国家有关规定办理,签有互免签证协议的,按协议办理;未签有互免签证协议的,须事先办妥对方国家的入境签证。

(2)双方旅游团应集体出入国境,并交验旅游团名单,由边防检查机关规定验证放行。

(3)对双方参游人员携带的进出境行李物品,海关按《中华人民共和国海关对进出境旅客行李物品监管办法》及有关规定办理验放手续。

(四)其他相关规定

严禁公费参游,不准异地申办出境证件,严禁滞留不归或从事非法移民活动,严禁携带违禁物品出入境。旅游团成员如在境外滞留,有关承办旅行社须及时报告边防检查站和颁发出境证件的公安机关,并承担有关遣返费用。

未经批准,任何单位和个人不得经营边境旅游业务或任意扩大边境旅游范围。对违反本办法开展边境旅游业务的单位或个人,各级旅游行政主管部门应会同有关部门给予罚款、追究有关负责人责任、勒令停业整顿、终止其边境旅游业务等处罚。对违反国家其他有关法律、法规的,由各有关部门依法予以处理。

三、大陆居民赴台湾地区旅游管理

(一)大陆居民赴台旅游形式

大陆居民赴台旅游,可采取团队旅游或个人旅游两种形式。大陆居民赴台团队旅游须由指定经营大陆居民赴台旅游业务的旅行社组织,以团队形式整团往返。旅游团成员在台湾期间须集体活动。大陆居民赴台个人旅游可自行前往台湾地区,在台湾期间可自行活动。

(二)组团社和接待社的审批

1. 大陆组团社

组团社由原国家旅游局(今为"文化与旅游部")会同有关部门,从已批准的特许经营出境旅游业务的旅行社范围内指定，由海峡两岸旅游交流协会公布。除被指定的组团社外，任何单位和个人不得经营大陆居民赴台旅游业务。大陆居民赴台团队旅游实行配额管理。配额由国家旅游局会同有关部门确认后，下达给组团社。

2. 台湾接待社

台湾地区接待大陆居民赴台旅游的旅行社，经大陆有关部门会同国家旅游局确认后，由海峡两岸旅游交流协会公布。

（三）组团社业务管理

1. 与接待社签订合同

组团社在开展组织大陆居民赴台旅游业务前，须与接待社签订合同、建立合作关系。大陆居民赴台旅游期间，组团社不得组织旅游团成员从事或参与涉及赌博、色情、毒品等内容及有损两岸关系的活动，并应要求接待社不得引导或组织旅游团成员参与涉及赌博、色情、毒品等内容及有损两岸关系的活动。

组团社须要求接待社严格按照合同规定的团队日程安排活动；未经双方旅行社及旅游团成员同意，不得变更日程。

2. 持赴台旅游证件向组团社报名

大陆居民赴台旅游应向其户口所在地公安机关出入境管理部门申请办理大陆居民往来台湾通行证，并根据其采取的旅游形式，办理团队旅游签注（L签）或个人旅游签注（G签）；参加团队旅游的，应事先在指定的组团社登记报名。

3. 组团社应当为旅游团队安排专职领队

领队在带团时，应当遵守本办法及国务院旅游行政部门的有关规定。安排持有导游证的领队全程陪同。

4. 出入境

赴台旅游团须凭大陆居民赴台湾地区旅游团名单表，从大陆对外开放口岸整团出入境。旅游团出境前已确定分团入境大陆的，组团社应事先向有关出入境边防检查总站或省级公安边防部门备案。旅游团成员因紧急情况不能随团入境大陆或不能按期返回大陆的，组团社应及时向有关出入境边防检查总站或省级公安边防部门报告。

赴台旅游的大陆居民应按期返回，不得非法滞留。当发生旅游团成员非法滞留时，组团社须及时向公安机关及旅游行政主管部门报告，并协助做好有关滞留者的遣返和审查工作。

对在台湾地区非法滞留情节严重者，公安机关出入境管理部门自其被遣返回大陆之日起，六个月至三年以内不批准其再次出境。

实训项目

我国公民办理出入境证件的相关事项

实训目的：熟悉我国公民办理出入境证件所需提供的资料、要求及申办流程。

实训步骤：第一步，分小组在网上或图书馆查询护照及签证、港澳通行证及签注、台湾通行证及签注的相关知识；第二步，对以上知识进行整理归类，确定出各类出入境证件所需提供的资料、要求及申办流程；第三步，到当地公安机关出入境管理部门对照、修正，形成各类出入境证办理的流程表。

实训成果：形成各类出入境证办理的流程表。

知识归纳

本章主要介绍出入境法的相关概念及事务管理；中国公民出入境的有效证件、权利义务、相关的事务管理及法律责任；外国人入出境的有效证件、入出境规定、停留居留规定、权利义务和法律责任；中国公民出国旅游的相关法律规定，边境旅游和大陆居民赴台旅游的相关法律规定。

典型案例

签证出错影响团队正常出境

【案情介绍】2015年12月2日，北京某公司组织20位职工出境旅游。经过比较，该公司选择了北京甲旅行社组织的"美国十四日游行程安排"，双方签订正式合同，约定2016年1月26日出发。26日上午9时，当20位员工到达机场，在该团领队带领下办理出境手续时，领队突然发现由于美国使馆工作人员的失误，把签证的有效期写错，与该旅行团的行程时间不相吻合，而旅行社出境计调人员未能及时发现，致使旅游团无法如期出境。经过紧急协商，客人同意由旅行社重新办理出境手续，整个行程往后顺延1天。27日，员工们持新办的证件顺利出境。旅行社全额承担了重新签证、改变行程等所支出的费用，合计5万余元人民币。

请问：在该案例中出境计调是否应该承担责任？应该从中吸取哪些教训？

【案例解析】在该案例中出境计调应该承担责任。该团20位员工无法如期赴美出境旅游的责任应该由美使馆工作人员、北京甲旅行社出境组团计调、领队共同承担责任。美使领馆工作人员工作不仔细，把签证的有效期写错了，与该旅行团的行程时间不吻合，应该承担主要责任。出境计调人员工作马虎，没有认真核对签证，及时发现团队签证的错误，最终影响团队出行，使旅行社蒙受不必要的损失，计调也应该承担一定的责任。领队出境前没有仔细发现签证的错误，也应该承担一定的责任。该案例说明证件在出境旅游中是很重要的，决不能出现任何差错。

复习思考题

一、单项选择题

1. 公民因前往外国旅游，由本人向户籍所在地的县级以上地方人民政府公安机构出入境管理机构申请（　　）。
   A. 普通护照　　　B. 外交护照　　　C. 公务护照　　　D. 电子护照
2. 中华人民共和国护照有效期为（　　）。
   A. 5年　　　　　　　　　　　　　　B. 10年
   C. 未满16周岁的，有效期为5年　　　D. 满16周岁的，有效期为5年
3. 根据《护照法》规定，公安机关出入境管理机构应当自收到申请材料之日起（　　）

日内签发普通护照。

   A. 10　　　　　　　B. 15　　　　　　　C. 20　　　　　　　D. 30

4. 根据《护照法》规定，在偏远地区或者交通不便的地区或者因特殊情况，不能按期签发护照的，经护照签发机关负责人批准，签发时间可以延长至(　　)。

   A. 10日　　　　　　B. 15日　　　　　　C. 20日　　　　　　D. 30日

5. 根据《出境入境管理法》规定，护照签发机关可以不予签发护照的情形是(　　)。

   A. 具有中国国籍的　　　　　　　　　　B. 属于刑事案件犯罪嫌疑人的
   C. 属于刑事案件被告人　　　　　　　　D. 被判处刑罚服刑完毕的

6. 根据《出境入境管理法》规定，外国人持联程客票搭乘国际航班从中国过境前往其他地区，在中国境内停留时间不超过(　　)小时且不离开口岸的，可以免办签证。

   A. 12　　　　　　　B. 24　　　　　　　C. 36　　　　　　　D. 48

7. 外国人有(　　)情形的，不予签发签证。

   A. 被驱逐出境或者被决定遣送出境，已满不准入境规定年限的
   B. 癌症患者
   C. 患有严重精神障碍的
   D. 患有心脏病的

8. 中国公民往来内地与前往香港、澳门特别行政区，中国公民往来大陆与台湾地区，应当依法申请办理(　　)。

   A. 护照　　　　　　B. 签证　　　　　　C. 出入境许可证　　D. 通行证

9. 因组团社或者其委托的境外接待社违约，使旅游者合法权益受到损害的，(　　)应当依法对旅游者承担赔偿责任。

   A. 组团社　　　　　B. 境外接待社　　　C. 旅游局　　　　　D. 旅游者

10. 赴台组团社由文化与旅游部会同有关部门，从已批准的特许经营出境旅游业务的旅行社范围内指定，由(　　)公布。

    A. 文化与旅游部　　　　　　　　　　　B. 地方文化与旅游局
    C. 海峡两岸旅游交流协会　　　　　　　D. 国务院

11. 对在台湾地区非法滞留情节严重者，公安机关出入境管理部门自其被遣返回大陆之日起(　　)以内不批准再次出境。

    A. 3~6个月　　　　B. 6个月~3年　　　C. 3~5年　　　　　D. 5~10年

12. 公民从事边境贸易、边境旅游服务或者参加边境旅游等情形，可以向公安部委托的县级以上地方人民政府机关出入境管理机构申请(　　)。

    A. 中华人民共和国护照　　　　　　　　B. 中华人民共和国签证
    C. 中华人民共和国旅行证　　　　　　　D. 中华人民共和国出入境通行证

二、多项选择题

1. 出境是指(　　)。

   A. 由中国内地前往其他国家或者地区　　B. 由中国其他地区前往深圳特区
   C. 由中国内地前往香港特别行政区　　　D. 由中国内地前往澳门特别行政区
   E. 由中国大陆前往台湾地区

2. 2013年7月1日实施的《中华人民共和国出境入境管理法》适用范围是(　　)。
   A. 中国公民出境入境　　　　　　　B. 外国人出境入境
   C. 边境旅游管理　　　　　　　　　D. 交通运输工具出境入境的边防检查
   E. 外国人在中国境内停留居留的管理

3. 关于护照有效期的说法正确的是(　　)。
   A. 护照持有人未满16周岁的有效期5年
   B. 护照持有人16周岁以上的有效期10年
   C. 护照持有人50周岁以上的有效期15年
   D. 护照持有人60岁以上的有效期20年
   E. 护照持有人70周岁以上的有效期30年

4. 我国签证分为(　　)。
   A. 外交签证　　　　B. 礼遇签证　　　　C. 公务签证
   D. 普通签证　　　　E. 出入境签证

5. 护照是指主权国家发给本国公民出入境和国外旅行、居留的证件，以证明其(　　)。
   A. 国籍　　　　　　B. 身份　　　　　　C. 出国目的
   D. 职务　　　　　　E. 政治面貌

6. 关于边境旅游的说法错误的是(　　)。
   A. 任何旅行社都可以经营边境旅游业务
   B. 参加边境旅游的公民需集体从指定的边境口岸入境，并交验旅游团队名单
   C. 边境旅游的范围必须限定在双方政府商定的区域进行
   D. 边境旅游没有期限要求
   E. 可以异地申办出境证件

7. 大陆居民赴台湾地区旅游，可采取的形式有(　　)。
   A. 团队旅游　　　　B. 个人旅游　　　　C. 散客旅游
   D. 包价旅游　　　　E. 自助旅游

8. 外国人入境，应当向中国的(　　)申请办理签证。
   A. 中华人民共和国驻外使馆
   B. 中华人民共和国驻外领馆
   C. 外交部授权的其他驻外机关
   D. 公安局
   E. 公安部授权的其他公安机关

三、判断题

1. 签证是一国有关部门在出入境人员所持证件（护照等）上签注、盖印，表示准许其出入本国国境或过境的手续。(　　)
2. 中华人民共和国护照分为普通护照、外交护照和公务护照。(　　)
3. 普通护照只能由公安机关出入境管理机构或者公安部委托的县级以上地方人民政府公安机关出入境管理机构签发。(　　)
4. 申请普通护照，普通公民与国家工作人员需提交同样的材料。(　　)

5. 根据《出境入境管理办法》规定，违反法律规定，为外国人出具邀请函件，没收违法所得，并责令其承担所邀请外国人的出境费用。（　　）
6. 根据《出境入境管理办法》规定，弄虚作假骗取签证的，并处5 000元以上2万元以下罚款。（　　）
7. 根据《出境入境管理法》规定，外国人入境，应当向驻外签证机关申请办理签证。（　　）
8. 旅行社取得经营许可满三年，未因侵害旅游者合法权益受到行政机关罚款以上处罚的，可以申请经营出境旅游业务。（　　）
9. 大陆居民赴台团队旅游须由指定经营大陆居民赴台旅游业务的旅行社组织，可以在台湾自由活动。（　　）
10. 中国公民出入境，应当依法申请办理护照或者其他旅行证明。（　　）
11. 中国公民前往其他国家或者地区必须取得前往国签证或者其他入境许可证明。（　　）
12. 我国的L签字是发给入境旅游的人员的，以团体形式入境旅游的，可以签发团体旅游L签字。（　　）
13. 未经批准，任何单位和个人不得经营边境旅游业务或任意扩大边境旅游范围。（　　）

四、简答题

1. 不予签发护照的情形有哪些？
2. 简述外国人入境可以免签的情形。
3. 外国人入境有哪些限制？
4. 中国公民在哪些情况下不得出境？
5. 开放中国公民出国旅游目的地国家和地区的条件有哪些？

第十一章

旅游安全与保险法律制度

学习目标

1. 了解旅游安全管理工作的主体。
2. 掌握旅游经营者的经营安全和旅游主管部门的安全管理。
3. 熟悉旅游风险提示制度。
4. 明确旅游者和旅游经营者的安全义务。
5. 熟悉旅行社责任保险及其旅游意外保险的相关规定。

实训要求

1. 实训项目：旅游突发事件调研。
2. 实训目的：掌握旅游突发事件发生的原因。

第一节 旅游安全

1990年2月20日，国家旅游局发布了《旅游安全管理暂行办法》，1994年1月22日国家旅游局颁布了《旅游安全管理暂行办法实施细则》，1993年4月15日国家旅游局颁布了《重大旅游安全事故报告制度试行办法》《重大旅游安全事故处理程序试行办法》。2013年10月1日实施的《中华人民共和国旅游法》（以下简称《旅游法》）第六章对旅游安全管理做了相关规定。2016年9月7日国家旅游局第11次局长办公会议审议通过了《旅游安全管理办法》，自2016年12月1日起施行。国家旅游局1990年2月20日发布的《旅游安全管理暂行办法》同时废止。

一、旅游安全管理工作的主体

（一）县级以上人民政府统一负责旅游安全工作

《旅游法》第七十六条规定：县级以上人民政府统一负责旅游安全工作。县级以上人民政府有关部门依照法律、法规履行旅游安全监管职责。旅游安全涉及饮食、卫生、消防、治安、交通、设施设备、游览场所、大型旅游活动等多个领域；目前，国家已经出台了安全生产、食品卫生、道路交通、特种设备、应急管理等重大领域的法律法规。按照目前的安全管理体制，其安全监管责任分属多个部门。同时，需要由政府承担统筹监管责任，协调各方面的力量，共同抓好安全工作。

1. 加强对旅游安全和应急工作的领导，督促有关部门履行旅游安全的监管职责

（1）根据《旅游法》第七条的规定，建立旅游综合协调机制，将旅游安全作为其中的一项综合协调内容；在安全生产、应急管理等专项安全的议事协调工作中，把旅游安全纳入其中。

（2）依照《旅游法》及安全生产法、突发事件应对法等有关法律、法规和规章的规定，采取行政措施，加强对本地区旅游安全的监督管理，对本地区或者职责范围内旅游突发事件的发生及事后的处理负总责。

（3）定期召开旅游安全工作会议，由政府主要负责人召集有关部门负责人参加，研究、分析、布置、督促、检查本地区旅游安全和应急工作。

（4）明确旅游各相关部门的旅游安全监管职责，建立健全旅游安全管理的规章制度和旅游突发事件应急预案，将旅游安全纳入突发事件监测和评估体系。

（5）定期组织有关部门对本地区容易发生旅游安全事故的单位、设施和场所进行监督检查，及时排除旅游安全隐患。

2. 对旅游安全监管和应急管理中存在的重大问题及时予以协调、解决

（1）对涉及多个部门职责和分工的安全监管事项，要及时进行协调，确保旅游安全监管的责任到位。

（2）协调相关部门建立健全旅游目的地安全风险提示制度。

（3）对重大旅游安全事故和隐患，负责组织协调各方力量，迅速处理，消除隐患，切实提高旅游安全的保障能力。

3. 县级以上人民政府有关部门依法履行安全监督职责

旅游安全工作涉及县级以上人民政府安监、公安、消防、交通、卫生、质监、农业、住建、旅游等众多管理部门，各有关部门在本级人民政府的统一领导下，按照《旅游法》及其他法律、法规和国务院规定的职责，切实履行旅游安全的监督管理和突发事件应对职能。

（二）旅游主管部门

《旅游安全管理办法》第三条规定：各级旅游主管部门应当在同级人民政府的领导和上级旅游主管部门及有关部门的指导下，在职责范围内，依法对旅游安全工作进行指导、防范、监管、培训、统计分析和应急处理。重点强调了在职责范围内依法对旅游安全工作进行指导、防范、监管、培训、统计分析和应急处理。

（三）旅游经营者

《旅游安全管理办法》第四条规定：旅游经营者应当承担旅游安全的主体责任，加强安全管理，建立、健全安全管理制度，关注安全风险预警和提示，妥善应对旅游突发事件。旅游从业人员应当严格遵守本单位的安全管理制度，接受安全生产教育和培训，增强旅游突发事件防范和应急处理能力。

二、旅游主管部门的安全管理

（一）旅游主管部门的日常安全管理工作

《旅游安全管理办法》第二十二条规定：旅游主管部门应当加强旅游安全日常管理工作，具体管理内容如下：

（1）督促旅游经营者贯彻执行安全和应急管理的有关法律、法规，并引导其实施相关国家标准、行业标准或者地方标准，提高其安全经营和突发事件应对能力。

（2）指导旅游经营者组织开展从业人员的安全及应急管理培训，并通过新闻媒体等多种渠道，组织开展旅游安全及应急知识的宣传普及活动。

（3）统计分析本行政区域内发生旅游安全事故的情况。

（4）法律、法规规定的其他旅游安全管理工作。

（5）加强对星级饭店和A级景区旅游安全和应急管理工作的指导。

（二）景区流量的管控

《旅游安全管理办法》第二十四条规定：地方各级旅游主管部门应当在当地人民政府的领导下，依法对景区符合安全开放条件进行指导，核定或者配合相关景区主管部门核定景区最大承载量，引导景区采取门票预约等方式控制景区流量；在旅游者数量可能达到最大承载量时，配合当地人民政府采取疏导、分流等措施。

（三）旅游突发事件的处理

1. 旅游突发事件的定义与分类

《旅游安全管理办法》第三十九条规定：本办法所称旅游突发事件，是指突然发生，造成或者可能造成旅游者人身伤亡、财产损失，需要采取应急处置措施予以应对的自然灾害、事故灾难、公共卫生事件和社会安全事件。

根据旅游突发事件的性质、危害程度、可控性以及造成或者可能造成的影响，旅游突发事件一般分为特别重大、重大、较大和一般四级。各个等级包含情形见表11-1：

表11-1 旅游突发事件等级分类

等级	情形
特别重大旅游突发事件	①造成或者可能造成人员死亡（含失踪）30人以上或者重伤100人以上； ②旅游者500人以上滞留超过24小时，并对当地生产生活秩序造成严重影响； ③其他在境内外产生特别重大影响，并对旅游者人身、财产安全造成特别重大威胁的事件

续表

等级	情形
重大旅游突发事件	①造成或者可能造成人员死亡（含失踪）10人以上、30人以下或者重伤50人以上、100人以下； ②旅游者200人以上滞留超过24小时，对当地生产生活秩序造成较严重影响； ③其他在境内外产生重大影响，并对旅游者人身、财产安全造成重大威胁的事件
较大旅游突发事件	①造成或者可能造成人员死亡（含失踪）3人以上10人以下或者重伤10人以上、50人以下； ②旅游者50人以上、200人以下滞留超过24小时，并对当地生产生活秩序造成较大影响； ③其他在境内外产生较大影响，并对旅游者人身、财产安全造成较大威胁的事件
一般旅游突发事件	①造成或者可能造成人员死亡（含失踪）3人以下或者重伤10人以下； ②旅游者50人以下滞留超过24小时，并对当地生产生活秩序造成一定影响； ③其他在境内外产生一定影响，并对旅游者人身、财产安全造成一定威胁的事件

注：各类突发事件情形中涉及的"以上"包括本数；所称的"以下"不包括本数。如30人以上包括30人，30人以下不包括30人。以此类推。

2. 制定旅游突发事件预案

《旅游安全管理办法》第二十三条规定：地方各级旅游主管部门应当根据有关法律、法规的规定，制定、修订本地区或者本部门旅游突发事件应急预案，并报上一级旅游主管部门备案，必要时组织应急演练。

3. 启动旅游突发事件应急预案

《旅游安全管理办法》第二十五条规定：旅游突发事件发生后，发生地县级以上旅游主管部门应当根据同级人民政府的要求和有关规定，启动旅游突发事件应急预案，并采取下列一项或者多项措施：

（1）组织或者协同、配合相关部门开展对旅游者的救助及善后处置，防止次生、衍生事件。

（2）协调医疗、救援和保险等机构对旅游者进行救助及善后处置。

（3）按照同级人民政府的要求，统一、准确、及时发布有关事态发展和应急处置工作的信息，并公布咨询电话。

4. 旅游突发事件的调查

《旅游安全管理办法》第二十六条规定：旅游突发事件发生后，发生地县级以上旅游主管部门应当根据同级人民政府的要求和有关规定，参与旅游突发事件的调查，配合相关部门依法对应当承担事件责任的旅游经营者及其责任人进行处理。

5. 旅游突发事件的报告

《旅游安全管理办法》第二十七条规定：各级旅游主管部门应当建立旅游突发事件报告制度。《旅游安全管理办法》第二十八条规定：旅游主管部门在接到旅游经营者的旅游突发事件报告后,应当向同级人民政府和上级旅游主管部门报告。一般旅游突发事件上报至设区的市级旅游主管部门;较大旅游突发事件逐级上报至省级旅游主管部门;重大和特别重大旅游突发事件逐级上报至国家旅游局。向上级旅游主管部门报告旅游突发事件,应当包括下列内容:

(1) 事件发生的时间、地点、信息来源。
(2) 简要经过、伤亡人数、影响范围。
(3) 事件涉及的旅游经营者、其他有关单位的名称。
(4) 事件发生原因及发展趋势的初步判断。
(5) 采取的应急措施及处置情况。
(6) 需要支持协助的事项。
(7) 报告人姓名、单位及联系电话。

6. 旅游突发事件的通报

《旅游安全管理办法》第二十九条规定:各级旅游主管部门应当建立旅游突发事件信息通报制度。旅游突发事件发生后,旅游主管部门应当及时将有关信息通报相关行业主管部门。

7. 旅游突发事件的总结

《旅游安全管理办法》第三十条规定:旅游突发事件处置结束后,发生地旅游主管部门应当及时查明突发事件的发生经过和原因,总结突发事件应急处置工作的经验教训,制定改进措施,并在30日内按照下列程序提交总结报告:

(1) 一般旅游突发事件向设区的市级旅游主管部门提交。
(2) 较大旅游突发事件逐级向省级旅游主管部门提交。
(3) 重大和特别重大旅游突发事件逐级向国家旅游局提交。
(4) 旅游团队在境外遇到突发事件的,由组团社所在地旅游主管部门提交总结报告。

8. 旅游突发事件的备案

《旅游安全管理办法》第三十一条规定:省级旅游主管部门应当于每月5日前,将本地区上月发生的较大旅游突发事件报国家旅游局备案,内容应当包括突发事件发生的时间、地点、原因及事件类型和伤亡人数等。

《旅游安全管理办法》第三十二条规定:县级以上地方各级旅游主管部门应当定期统计分析本行政区域内发生旅游突发事件的情况,并于每年1月底前将上一年度相关情况逐级报国家旅游局。

三、旅游经营者的经营安全

(一)旅游经营者应该具备的安全生产条件

《旅游安全管理办法》第六条规定,旅游经营者应当遵守下列要求:

(1) 服务场所、服务项目和设施设备符合有关安全法律、法规和强制性标准的要求。
(2) 配备必要的安全和救援人员、设施设备。
(3) 建立安全管理制度和责任体系。
(4) 保证安全工作的资金投入。

(二) 旅游经营者的安全职责

1. 旅游安全检查

《旅游安全管理办法》第七条规定：旅游经营者应当定期检查本单位安全措施的落实情况，及时排除安全隐患；对可能发生的旅游突发事件及采取安全防范措施的情况，应当按照规定及时向所在地人民政府或者人民政府有关部门报告。

2. 旅游风险监测评估

《旅游安全管理办法》第八条第一款规定：旅游经营者应当对其提供的产品和服务进行风险监测和安全评估，依法履行安全风险提示义务，必要时应当采取暂停服务、调整活动内容等措施。

3. 特殊群体的安全保障

《旅游安全管理办法》第八条第二款规定：经营高风险旅游项目或者向老年人、未成年人、残疾人提供旅游服务的，应当根据需要采取相应的安全保护措施。

4. 旅游安全生产教育和培训

《旅游安全管理办法》第九条规定：旅游经营者应当对从业人员进行安全生产教育和培训，保证从业人员掌握必要的安全生产知识、规章制度、操作规程、岗位技能和应急处理措施，知悉自身在安全生产方面的权利和义务。旅游经营者建立安全生产教育和培训档案，如实记录安全生产教育和培训的时间、内容、参加人员以及考核结果等情况。未经安全生产教育和培训合格的旅游从业人员，不得上岗作业；特种作业人员必须按照国家有关规定经专门的安全作业培训，取得相应资格。

5. 游客安全管理

《旅游安全管理办法》第十条规定：旅游经营者应当主动询问与旅游活动相关的个人健康信息，要求旅游者按照明示的安全规程，使用旅游设施和接受服务，并要求旅游者对旅游经营者采取的安全防范措施予以配合。

旅行社组织和接待旅游者，应当合理安排旅游行程，向合格的供应商订购产品和服务。

旅行社及其从业人员发现履行辅助人提供的服务不符合法律、法规规定或者存在安全隐患的，应当予以制止或者更换。

6. 出境安全管理

《旅游安全管理办法》第十二条规定：旅行社组织出境旅游，应当制作安全信息卡。安全信息卡应当包括旅游者姓名、出境证件号码和国籍，以及紧急情况下的联系人、联系方式等信息，使用中文和目的地官方语言（或者英文）填写。旅行社应当将安全信息卡交由旅游者随身携带，并告知其自行填写血型、过敏药物和重大疾病等信息。

7. 突发事件应急处置和报告

（1）制定预案。《旅游安全管理办法》第十三条规定：旅游经营者应当依法制定旅游突发事件应急预案，与所在地县级以上地方人民政府及其相关部门的应急预案相衔接，并定期组织演练。

（2）应急处理。《旅游安全管理办法》第十四条规定：旅游突发事件发生后，旅游经营者及其现场人员应当采取合理、必要的措施救助受害旅游者，控制事态发展，防止损害扩大。旅游经营者应当按照履行统一领导职责或者组织处置突发事件的人民政府的要求，配合其采取的应急处置措施，并参加所在地人民政府组织的应急救援和善后处置工作。

旅游突发事件发生在境外的，旅行社及其领队应当在中国驻当地使领馆或者政府派出机构的指导下，全力做好突发事件应对处置工作。

（3）履行报告义务。

1）报告的时间和单位。《旅游安全管理办法》第十五条规定：旅游突发事件发生后，旅游经营者的现场人员应当立即向本单位负责人报告，单位负责人接到报告后，应当于1小时内向发生地县级旅游主管部门、安全生产监督管理部门和负有安全生产监督管理职责的其他相关部门报告；旅行社负责人应当同时向单位所在地县级以上地方旅游主管部门报告。

2）情况紧急和重大、特别重大事故的报告。情况紧急或者发生重大、特别重大旅游突发事件时，现场有关人员可直接向发生地、旅行社所在地县级以上旅游主管部门、安全生产监督管理部门和负有安全生产监督管理职责的其他相关部门报告。

3）境外突发事件的报告。旅游突发事件发生在境外的，旅游团队的领队应当立即向当地警方、中国驻当地使领馆或者政府派出机构，以及旅行社负责人报告。旅行社负责人应当在接到领队报告后1小时内，向单位所在地县级以上地方旅游主管部门报告。

四、风险提示制度

近年来，旅游突发事件频发，特别是境外突发事件的发生对旅游者出行带来了诸多不便，也给旅游者的人身财产安全埋下了隐患。因此，《旅游安全管理办法》新增了"风险提示"的内容，体现了主管部门在管理旅游安全工作时从事后处理、被动管理转变为事先防范、主动介入。

（一）建立旅游目的地安全风险提示制度

《旅游法》第七十七条规定：国家建立旅游目的地安全风险提示制度。旅游目的地安全风险提示的级别划分和实施程序，由国务院旅游主管部门会同有关部门制定。

《旅游安全管理办法》第十六条规定：国家建立旅游目的地安全风险提示制度。

旅游目的地安全风险提示制度，主要指预先发现境内外旅游目的地对旅游者的人身、财产可能造成损害的自然灾害、事故灾难、公共卫生事件和社会安全事件等潜在的或者已经存在的安全风险，运用定性和定量分析相结合的方法，识别旅游安全风险的类别、等级，提出旅游出行的建议，并按规定的权限和程序，向社会发布相关提示信息的制度。

根据境内和出入境旅游划分，旅游目的地分为两类：一类是境内以旅游城市为主的目的地；一类是以境外国家（地区）为目的地。《国务院关于加快发展旅游业的意见》提出，要"完善旅游安全提示预警制度，重点旅游地区要建立旅游专业气象、地质灾害、生态环境等监测和预报预警系统"。因此，建立旅游目的地的安全风险提示制度是我国旅游业发展过程中的重要安全管理手段。各地方人民政府应当根据本条规定，完善当地的旅游目的地安全风险提示制度；而国务院有关部门应当完善境外旅游目的地安全风险提示制度，如在日本地震、埃及动乱、欧洲火山灰等事件发生后，向旅游者发出旅游出行的提示，供旅游者出行参考。

（二）风险级别的划分

风险提示级别的划分标准，由国家旅游局会同外交、卫生、公安、国土、交通、气象、地震和海洋等有关部门制定或者确定。根据可能对旅游者造成的危害程度、紧急程度和发展态势，风险提示级别分为一级（特别严重）、二级（严重）、三级（较重）和四级（一般），分别用红色、橙色、黄色和蓝色标示。

（三）发布风险提示信息

1. 发布内容

《旅游安全管理办法》第十七条规定：风险提示信息，应当包括风险类别、提示级别、可能影响的区域、起始时间、注意事项、应采取的措施和发布机关等内容。一级、二级风险的结束时间能够与风险提示信息内容同时发布的，应当同时发布；无法同时发布的，待风险消失后通过原渠道补充发布。三级、四级风险提示可以不发布风险结束时间，待风险消失后自然结束。

2. 发布者

《旅游安全管理办法》第二十条规定：国家旅游局负责发布境外旅游目的地国家（地区），以及风险区域范围覆盖全国或者跨省级行政区域的风险提示。发布一级风险提示的，需经国务院批准；发布境外旅游目的地国家（地区）风险提示的，需经外交部门同意。地方各级旅游主管部门应当及时转发上级旅游主管部门发布的风险提示，并负责发布前款规定之外涉及本辖区的风险提示。

3. 发布渠道

《旅游安全管理办法》第二十一条规定：风险提示信息应当通过官方网站、手机短信及公众易查阅的媒体渠道对外发布。一级、二级风险提示应同时通报有关媒体。

（四）风险提示信息发布后的应对措施

1. 旅行社的应对措施

《旅游安全管理办法》第十八条规定：风险提示发布后，旅行社应当根据风险级别采取相应措施：四级风险的，加强对旅游者的提示；三级风险的，采取必要的安全防范措施；二级风险的，停止组团或者带团前往风险区域，已在风险区域的，调整或者中止行程；一级风险的，停止组团或者带团前往风险区域，组织已在风险区域的旅游者撤离。

其他旅游经营者应当根据风险提示的级别，加强对旅游者的风险提示，采取相应的安全防范措施，妥善安置旅游者，并根据政府或者有关部门的要求，暂停或者关闭易受风险危害的旅游项目或者场所。

2. 旅游者的应对措施

《旅游安全管理办法》第十九条规定：风险提示发布后，旅游者应当关注相关风险，加强个人安全防范，并配合国家应对风险暂时限制旅游活动的措施，以及有关部门、机构或者旅游经营者采取的安全防范和应急处置措施。

五、旅游者的安全义务

（一）如实告知健康信息，遵守安全警示规定

《旅游法》第十五条第一款规定：旅游者购买、接受旅游服务时，应当向旅游经营者如实告知与旅游活动相关的个人健康信息，遵守旅游活动中的安全警示规定。

旅游活动虽可以放松休闲，但免不了舟车劳顿。有的旅游活动，也不适合一些有特定身体疾病的旅游者参加，比如高血压患者如果有高原反应，可能就不太适合参加高原地区的旅游活动，患有传染病等疾病的，可能也不太适合参加旅游活动。旅游者如实告知旅游经营者其与旅游活动相关的个人健康信息，有利于旅游经营者判断是否接纳旅游者参加相应的旅游活动，也有利于旅游经营者在接受旅游者报名后在合理范围内给予特别关照，减少安全隐患。旅游者的这一告知义务，是对自身安全、其他旅游者安全的负责，也是与旅游经营者诚信缔约、履约的要求。

（二）配合义务

对国家应对重大突发事件暂时限制旅游活动的措施、安全防范和应急处置措施予以配合。《旅游法》第十五条第二款规定：旅游者对国家应对重大突发事件暂时限制旅游活动的措施以及有关部门、机构或者旅游经营者采取的安全防范和应急处置措施，应当予以配合。

旅游者在旅游活动中也难免会遇到突发事件。发生突发事件时，有关人民政府会组织有关部门采取相应的应急处置措施，比如疏散、撤离并妥善安置受到威胁的人员；标明危险区域，封锁危险场所，规定警戒区，实行交通管制以及其他控制措施；禁止或者限制使用有关设备、设施，关闭或者限制使用有关场所，中止人员密集的活动。为了保障旅游安全，旅游者应当服从指挥和安排，配合应对重大突发事件暂时限制旅游活动的措施以及有关部门、机构或者旅游经营者采取的安全防范和应急处置措施。

（三）旅游者的安全责任

《旅游法》第十五条第三款规定：旅游者违反安全警示规定，或者对国家应对重大突发事件暂时限制旅游活动的措施、安全防范和应急处置措施不予配合的，依法承担相应责任。

为保障旅游安全，旅游者也同样负有旅游安全义务，不能违反安全警示规定。对国家应对重大突发事件暂时限制旅游活动的措施、安全防范和应急处置措施不予配合的，旅游者须依法承担相应责任。具体而言，因旅游者的上述行为造成旅游者自身损失的，应当由自己承担责任；给他人或国家造成损失的，应当依照相关法律法规的规定承担赔偿责任；有些情况下，甚至可能承担更为严重的刑事责任。

（四）旅游者安全保障权利和付费义务

《旅游法》第八十二条规定旅游者在人身、财产安全遇有危险时，有权请求旅游经营者、当地政府和相关机构进行及时救助。中国出境旅游者在境外陷于困境时，有权请求我国驻当地机构在其职责范围内给予协助和保护。旅游者接受相关组织或者机构的救助后，应当支付应由个人承担的费用。本条关于旅游者安全保障权利和付费义务的规定，具体有以下规定：

1. 旅游者享有救助请求权

旅游者在人身、财产安全遇有危险时，有权请求旅游经营者、当地政府和相关机构进行及时救助。

2. 出境旅游者享有协助和保护的请求权

中国出境旅游者在境外陷于困境时，有权请求我国驻当地机构在其职责范围内给予协助和保护。

3. 旅游者应当承担必要的救助费用

旅游者在接受相关组织或者机构救助后，应当支付应由个人承担的费用，体现了权利义务的统一。

六、针对老年旅游的安全义务

2016年3月，国家旅游局公布首个全国性的《旅行社老年旅游服务规范》，自2016年9月1日起实施。该《规范》针对老年游产品做出了详细规定。

（一）安全提醒义务规定

（1）出行前应就老年旅游产品的潜在风险、老年旅游者的身体健康要求等内容做好口头安全提醒，并出示《安全告知书》，以保证老年旅游者选择适宜的老年旅游产品。

（2）导游/领队应在行前告知老年旅游者旅游沿途的地理、气候、风俗等情况，提醒老年旅游者带好带齐通信设备、相关证件证明、衣物、应急和日常药品等。

（3）导游/领队应核对每位老年旅游者的通信方式，同时应为每位老年旅游者发放便携式集合信息卡片并详细讲解卡片内容，卡片上宜载明导游与司机的联系方式、乘坐汽车车牌号等关键信息，应提醒老年旅游者认真阅读、随身携带、妥善保管该卡片。

（4）导游/领队应在游览过程中及时告知老年旅游者停留时间、集合时间及地点，及时清点人数，防止老年旅游者走失，保证老年旅游者的人身安全。

（5）导游/领队应提醒老年旅游者按时服用常用药，时刻关注老年旅游者在旅途中的活动及身体状况，及时告知老年旅游者不适合其参加旅游活动的情形，对自由活动应尽安全提示义务。

（6）导游/领队应提醒老年旅游者在饭店退房时清点并拿好自己的行李物品。

（7）导游/领队应提醒老年旅游者在用餐时注意卫生，饮食不宜过冷过热，规律进餐，饮酒适度。

（8）导游/领队应就可能发生危及老年旅游者人身、财物安全的情况，不厌其烦地向老年旅游者予以说明。

（二）旅游措施规定

1. 强制性规定

（1）配备随团医生。旅行社应为包机、包船、旅游专列以及100人以上的老年团配备随团医生，75岁以上的老年旅游者应请成年直系家属签字。

（2）交通方面。乘坐火车应安排座位，过夜或连续乘车超过8小时应安排卧铺，并尽量安排下铺。

（3）在景点选择上，要求旅行社不安排高风险或高强度的旅游项目。

（4）饮食方面，应考虑老年旅游者的特殊需要，提前为有饮食禁忌的游客安排特殊饮食。

（5）购物方面，如果老年旅客有需求，应选择明码标价的购物场所。

（6）保险方面，组团社应与保险公司就旅游意外险的投保年龄上限进行沟通协商，为更多老年旅游者提供保险保障。

2. 非强制性规定

建议旅行社对老年游客提供非强制性的其他便利。比如，连续游览时间不宜超过3小时，可安排一定时间的午休；整个行程应节奏舒缓，连续乘坐汽车时间不应超过两小时；酒店选择上，宜选择有电梯的，没有电梯的应安排老年旅游者入住3层以下楼层；等等。

七、罚则

（一）对旅行社的罚则

1. 未制止履行辅助人的非法、不安全服务行为的处罚

《旅游安全管理办法》第三十四条规定：旅行社违反本办法第十一条第二款的规定，未制止履行辅助人的非法、不安全服务行为，或者未更换履行辅助人的，由旅游主管部门给予警告，可并处2 000元以下罚款；情节严重的，处2 000元以上10 000元以下罚款。

2. 不按要求制作安全信息卡的处罚

《旅游安全管理办法》第三十五条规定：旅行社违反本办法第十二条的规定，不按要求制作安全信息卡，未将安全信息卡交由旅游者，或者未告知旅游者相关信息的，由旅游主管部门给予警告，可并处2 000元以下罚款；情节严重的，处2 000元以上10 000元以下罚款。

3. 不采取相应措施的处罚

《旅游安全管理办法》第三十六条规定：旅行社违反本办法第十八条规定，不采取相应措施的，由旅游主管部门处2 000元以下罚款；情节严重的，处2 000元以上10 000元以下罚款。

（二）旅游主管部门及其工作人员的处罚

《旅游安全管理办法》第三十八条规定：旅游主管部门及其工作人员违反相关法律、法规及本办法规定，玩忽职守，未履行安全管理职责的，由有关部门责令改正，对直接负责的主管人员和其他直接责任人员依法给予处分。

第二节　旅游保险

旅游保险是旅游者或旅游经营者应对各种风险、弥补因发生风险而造成损失的行之有效的手段。为保障旅游者的合法权益，根据《中华人民共和国保险法》和《旅行社条例》，中国保险监督管理委员会和国家旅游局联合发布了《旅行社责任保险管理办法》，明确界定了游客人身伤亡保险责任限额，自2011年2月1日起施行。

一、旅游保险的概念与特征

（一）保险的概念

保险有狭义和广义之分。通常，人们所说的保险是狭义的保险，即商业保险。《中华人民共和国保险法》明确指出：本法所称保险，是指投保人根据合同约定，向保险人支付保险费，保险人对于合同约定的可能发生的事故因其发生所造成的财产损失承担赔偿保险金责任，或者当被保险人死亡、伤残、疾病或者达到合同约定的年龄、期限等条件时承担给付保险金责任的商业保险行为。

保险是以合同形式确立双方经济关系，以缴纳保险费建立起来的保险基金，对保险合同规定范围内的灾害事故所造成的损失，进行经济补偿或给付的一种经济形式。

（二）旅游保险的概念

旅游保险是指与旅游活动有密切关系的保险。在旅游保险中，保险人一般与其他保险一样是保险公司，而被保险人则是旅游者或与旅游有密切关系的人，投保人可能是旅游企业或组织旅游活动的群众团体、机关、学校及其他企事业单位，也可以是旅游者或其他与旅游者有密切关系的人。

（三）旅游保险的特征

在旅游活动中，旅游保险具有以下特征：

1. 保证性

保证性是指保险人对被保险人在旅游活动中的安全负责，包括对被保险人在旅游活动中的人身和财产安全负责。但是，应当明确，这种保证与保卫不同，保卫是采取一定的措施，预防旅游者的人身或财产发生不安全的问题；而保险却是向旅游者保证在其遭受自然灾害或意外事故时给予经济赔偿。

2. 补偿性

补偿性是指被保险人所获得的赔偿，具有补助救济的性质，主要包括两层含义：

（1）被保险人人身或财产在旅游活动中没有受到损害或损失，不能得到赔偿；即使人身或财产受到损害或损失，但不是因自然灾害或意外事故造成的，也不能得到赔偿。

（2）补偿是有一定限度的，是以保险金额确定。在保险金范围内的损失，可以按损失的实际情况给予补偿；损失超过了保险金额范围的，其最高补偿额只以保险金额为限度，超过部分得不到赔偿。

3. 短期性

任何保险都有一定的时间期限，旅游保险也不例外。因旅游活动时间是短暂的，旅游保险就具有短期性，多以旅游活动开始到旅游活动终止的时间段作为保险期限，或者，把旅游活动过程的某一段作为保险期限（如乘坐某一种交通运输工具的保险），等等。总之，旅游保险的期限是比较短的。

二、旅游保险合同

保险是基于保险合同而产生的，或者说，保险合同是保险关系得以产生的依据。旅游保险合同是指投保人与保险人约定保险权利义务关系的协议。

（一）保险合同的主体

旅游保险合同的主体是指保险合同的参加者或者当事人，一般是指保险人、投保人、被保险人及受益人。

保险人：根据中国《保险法》规定，保险人又称"承保人"，是指与投保人订立保险合同，并承担赔偿或者给付保险金责任的保险公司。

投保人：是对保险标的具有保险利益，向保险人申请订立保险合同，并具有支付保险费义务的人。投保人可以是自然人，也可以是法人；在旅游保险中，投保人可以是旅游团组。

被保险人：是指在保险合同约定的危险发生后，按照保险合同约定，享有从保险人处取得保险金权利的一方。投保人和被保险人既可以是同一人，也可以是不同的人，但是，如果投保人与被保险人同为一人，仅限于为自己的利益而订立的保险合同。在旅游保险合同中，被保险人一般是旅游者或旅游经营单位。

受益人：是指由投保人或被保险人在保险合同中指定的，在保险事故发生时享有向保险人领取保险金，具有求偿权的一方。投保人和被保险人也可以是受益人，但也可以是第三人，如果投保人与被保险人没有在旅游保险合同中指明受益人，则被保险人的法定继承人为受益人；旅游保险合同的受益人可以是旅游者或旅游经营单位自身，也可以是由他们指定的第三人。

（二）保险合同的客体

旅游保险合同的客体，又称保险标的，是指保险合同双方当事人权利和义务指向的对象。一般情况下，保险标的分为两类：一是财产及其有关利益；二是人的寿命和身体。保险利益是指投保人或被保险人在保险标的上的利益。保险利益具备两个必要条件：①必须是合法利益；②必须是与投保人或被保险人直接有利害关系的利益。

（三）保险合同的内容

旅游保险合同的内容是指保险合同双方当事人约定的权利和义务。由于保险合同一般都是依据保险人预先拟定的保险条款订立的，因而在保险合同成立后，双方当事人的权利和义务就主要体现在这些条款上。《中华人民共和国保险合同法》规定，保险合同应当包括下列事项：保险人的名称和住所；投保人、被保险人的姓名或者名称、住所，以及人身保险的受益人的姓名或者名称、住所；保险标的；保险责任和责任免除；保险期间和保险责任开始时间；保险金额；保险费以及支付办法；保险金赔偿或者给付办法；违约责任和争议处理；订立合同的年、月、日。

（四）旅游保险合同的订立、履行和终止

1. 旅游保险合同的订立

保险合同订立，是保险人和投保人双方之间的一种法律行为。一方要约，另一方承诺，保险合同即成立。旅游保险合同必须以书面方式存在。通常的做法是由旅行社、旅游经营单位等作为投保人向保险人提出投保要求，与保险人签订书面保险协议。

2. 旅游保险合同的履行

投保人应及时足额交纳保险费。旅游保险合同一经生效，双方当事人即应严格依照合同约定的内容正确、全面、及时地予以履行。被保险人在保险有效期内，因遇意外事故以致受伤、残废甚至死亡后，保险人负责一次性给付收益人包括受伤、残废所需用的医药费在内的保险金。任何一方违约，即应承担相应的违约责任。

3. 旅游保险合同的终止

旅游保险合同终止的情形有以下几点：

（1）自然终止。保险合同时限届满，保险人的保险责任告终。

（2）合同解除而终止。在旅游保险合同中，双方明确自然终止前可解除该合同的条件，在规定的解除条件出现时，保险合同的效力终止。

（3）义务履行完毕终止。根据保险合同的规定，保险人承担的赔偿责任履行完毕后终止。

三、旅游保险的种类

（一）保险的分类

保险的分类标准很多，并无严格的规定，主要有以下几种：

1. 按保险分类对象划分为财产险和人身险

财产保险是指以财产及其有关利益作为保险标的的保险。此类保险所保障的是在保险责任范围内灾害事件中受损的财产及利益。现代财产保险已经发展为有形财产和无形财产两大类财产保险。人身保险是指以人的生命和身体作为保险对象的保险。保险人对被保险人的生命或身体，在保险责任范围内遭受不幸、意外伤害、疾病、衰老等原因死亡、伤残、丧失工作能力的，保险人负责给付保险金。人身保险按照保障范围可以分为三种形式：①人寿险；②健康险；③意外伤害险。

2. 按实施保险性质划分为强制保险和自愿保险

强制保险又称法定保险，指国家通过颁布法律、条例等手段建立实施的保险；自愿保险指保险人和投保人在自愿协商的基础上，通过订立保险合同而形成的保险关系。

3. 按保障范围分为财产保险、人身保险、责任保险和保证保险。

财产保险是以财产及其有关利益为保险标的的保险。人身保险是以人的寿命和身体为保险标的的保险。责任保险是指承保致害人（被保险人）对受害人（第三者）依法应承担的损害赔偿责任，也就是说，当被保险人依照法律需要对第三者负损害赔偿责任时，由保险人代其赔偿责任损失的一类保险。在生活中比较常见的是机动车辆保险中的第三者责任险、产品上标明的产品责任险。保证保险实际上是一种担保业务。从广义上说，就是保险人为被保证人向权利人提供担保的保险。

（二）旅游保险的分类

目前的旅游保险分为旅行社责任保险和旅游意外保险两大类。《旅行社责任保险管理办法》第二条规定，在中华人民共和国境内依法设立的旅行社，应当依照《旅行社条例》和本办法的规定，投保旅行社责任保险。《旅行社条例实施细则》第四十条规定：为减少自然灾害等意外风险给旅游者带来的损害,旅行社在招徕、接待旅游者时,可以提示旅游者购买旅游意外保险。鼓励旅行社依法取得保险代理资格,并接受保险公司的委托,为旅游者提供购买人身意外伤害保险的服务。

1. 旅游意外险

(1) 旅游意外险的概念。旅游意外保险指旅游者在参加旅行社组织的团队旅游时,根据实际需要,从具有保险代理人资格的旅行社购买或直接从保险公司自行购买的个人保险,旅游者在旅游期间发生意外事故,按保险合同约定由保险公司向旅游者支付保险金的保险行为。

(2) 旅游意外险的主体。投保人,按照《旅行社条例实施细则》规定,旅游意外保险由旅游者自愿购买,旅游意外保险的投保人是旅游者。旅游意外保险是旅游者根据实际需要为自己购买的保险,被保险人也是旅游者。受益人可以是旅游者本人,也可以是旅游者指定的第三人,或是其合法继承人。

(3) 旅游意外险的客体。旅游意外保险的客体具有综合性的特点,它是把旅游活动过程中旅游者财产与人身结合在一起。

(4) 保险期限。在期限上,旅游意外险合同往往具有短期性,具体表现为以里程、天数或游览点计算。旅行社组织的入境旅游,旅游意外保险期限从旅游者入境后参加旅行社安排的旅游行程时开始,直至该旅游行程结束时为止。旅行社组织的国内旅游、出境旅游、旅游意外保险期限从旅游者在约定的时间登上由旅行社安排的交通工具开始,直至该次旅行结束离开旅行社安排的交通工具为止。

(5) 性质。旅游意外保险属于自愿性保险,保险人和投保人应当遵循公平互利、协商一致、自愿订立的原则。

(6) 保金。国内旅游保险费10元,保险金额为10万元人民币,入境旅游和出境旅游保险费为人民币30元,保险金额为30万元人民币。

> **小知识** 旅游意外保险的赔偿范围,常见的意外险有哪些?

一、旅游意外保险的赔偿范围

1. 人身伤亡、急性病死亡引起的赔偿。
2. 受伤和急性病治疗支出的医药费。
3. 死亡处理或遗体遣返所需的费用。
4. 旅游者所携带的行李物品丢失、损坏或被盗所需的赔偿。
5. 第三者责任引起的赔偿。按照旅游意外保险赔偿金额的基本标准,对入境旅游、出境旅游及国内旅游分别有具体规定。
6. 旅行社为国内旅游者在中国境内旅游办理保险时,每位旅游者的保险金额不得低于10万元人民币。为入境旅游的外国人、出境旅游的中国人办理旅游意外保险时每位旅游者的保险金额不得低于50万元人民币。

二、常见的意外险种类

1. 保障范围比较广泛的团体意外伤害保险和人身意外伤害保险,期限通常为一年,除违法犯罪造成的身故和残疾以外，只要是因为各种意外事故造成的身故或残疾，都是保险责任。

2. 针对出行的极短期意外险产品，通常保障期限在几天到十几天不等。比如随着黄金周出游热潮升温的旅游险，这种保险除了对意外事故导致的身故和残疾进行赔偿外，还包含因意外导致的医疗费用支出的赔偿。

3. 针对交通工具的意外险，保障期限也为一年，可以承保因为乘坐汽车、火车、轮船、飞机等交通工具出现的意外伤害。

2. 旅行社责任险

（1）旅行社责任险的概念。

2010年12月22日，国家旅游局会同中国保监会发布了《旅行社责任保险管理办法》，该办法自2011年2月1日起施行。《旅行社责任保险管理办法》中所称旅行社责任保险，是指以旅行社因其组织的旅游活动对旅游者和受其委派并为旅游者提供服务的导游或者领队人员依法应当承担的赔偿责任为保险标的的保险。

（2）旅行社责任险的主体。

保险人：依据《旅行社责任保险管理办法》规定，旅行社投保旅行社责任保险的，应当与保险公司依法订立书面旅行社责任保险合同（以下简称保险合同）。责任保险的保险人是承保的保险公司。

投保人：依据《旅行社责任保险管理办法》的规定，旅行社根据保险公司的约定，就自己可能需承担的损害责任，向保险公司支付保险费，从而成为责任保险的投保人。责任保险的投保人是旅行社。

被保险人与受益人：《旅行社责任保险管理办法》指出：责任保险的被保险人和受益人均为旅行社。旅行社在旅游经营活动中发生责任事故后，由保险公司代表旅行社向旅游者和受其委派并为旅游者提供服务的人员支付赔偿金。

（3）旅行社责任险的客体。

保险标的就是保险的对象，依据《旅行社责任保险管理办法》的规定，保险标的是旅行社应当依法对旅游者和受其委派并为旅游者提供服务的人员承担的民事赔偿责任，既包括人身责任，也包括财产责任。

（4）保险范围。

依据《旅行社责任保险管理办法》的规定：旅行社责任保险的保险责任，应当包括旅行社在组织旅游活动中依法对旅游者的人身伤亡、财产损失承担的赔偿责任和对受旅行社委派并为旅游者提供服务的人员的人身伤亡承担的赔偿责任。具体包括下列情形：

①因旅行社疏忽或过失应当承担的赔偿责任。
②因发生意外事故旅行社应当承担的赔偿责任。
③国家旅游局会同中国保险监督管理委员会规定的其他情形。

（5）保险期限和性质。

依据《旅行社责任保险管理办法》规定，旅行社责任保险期限为一年。旅行社应当在保险合同期满前及时续保。旅行社责任险的性质属于强制保险，所有的旅行社必须参加旅行社责任保险。

(6) 保险金额。

依据《旅行社责任保险管理办法》规定：旅行社在组织旅游活动中发生旅游者人身伤亡、财产损失和受旅行社委派并为旅游者提供服务的人员人身伤亡的，保险公司依法根据合同约定，在旅行社责任保险责任限额内予以赔偿。责任限额可以根据旅行社业务经营范围、经营规模、风险管控能力、当地经济社会发展水平和旅行社自身需要，由旅行社与保险公司协商确定，但每人人身伤亡责任限额不得低于20万元人民币。

(7) 违规责任。

《旅行社责任保险管理办法》规定：旅行社解除保险合同但未同时订立新的保险合同，保险合同期满前未及时续保，或者人身伤亡责任限额低于20万元人民币的，由县级以上旅游行政管理部门依照《旅行社条例》第四十九条的规定处罚，即旅行社不投保旅行社责任险的，由旅游行政管理部门责令改正；拒不改正的，吊销旅行社业务经营许可证。

不论何种形式的旅游保险，其有效期都是比较短暂的。开展旅游保险，是为了保障旅游者的人身安全和经济利益，防止和减少人身意外伤害事件发生；保障旅游企业的经济核算与正常经营，促进旅游事业的发展。

四、旅游保险的索赔与理赔

(一) 索赔

索赔是指参加保险的被保险人（投保人），在发生保险责任范围内的灾害事故后，实现保险权益的具体体现。被保险人办理索赔，程序如下：及时报案；保护事故现场；合理施救；提供索赔单据（应提供的单据证明主要有：保险单、出险证明、受损财产清单等）；权益转让书。

(二) 理赔

理赔是指保险人处理被保险人或受益人的索赔请求，处理有关保险赔偿责任的程序及工作。我国保险公司的理赔原则是主动、迅速、准确、合理。只要符合保险条款的规定和实际情况就应及时赔偿，理赔工作程序如下。

(1) 对理赔申请的受理，保险公司接到理赔申请书应及时处理，派出专人到达现场，调查核实有关证明证据材料，确定责任范围。

(2) 调查核实，查明保险合同、保险单及其有关凭证是否有效；查明保险事故发生的原因和事实情况；查明事故造成的损失。

(3) 做出处理，根据上述两种情况提出是否赔偿、赔偿额度的意见，报有关部门批准后执行，通知被保险人或受益人领取赔偿金，结束理赔程序。

实训项目

旅游突发事件调研

实训目的：掌握旅游突发事件发生的原因。

实训步骤：第一步，分小组到旅游行政管理部门或通过网上查找当地最近一年旅游突发事件发生的状况；第二步，按不同旅游突发事件发生的原因进行分析整理；第三步，形成一份当地旅游突发事件发生原因的统计结果。

实训成果：形成一份当地旅游突发事件发生原因的统计结果。

本章小结

本章主要介绍了旅游安全管理办法和旅游保险事宜。旅游安全管理主要是根据最新颁布的《旅游安全管理办法》和《中华人民共和国旅游法》中关于旅游安全的内容，阐明了旅游安全管理的责任主体，明确了旅游经营者的经营安全和旅游主管部门的安全管理工作，提出了旅游风险提示的相关规定，明确了旅游者和旅游经营者的安全义务。旅游保险部分阐述了旅游保险的概念和特征，旅游保险合同的主体、客体、内容及旅游保险合同的订立、履行和终止，旅行社责任保险和旅游意外保险的相关规定。

典型案例

埃及遇难9名港人中6人将不获旅游保险赔偿

【案情介绍】2013年2月26日，外国游客乘坐的一个热气球在古城卢克索附近坠毁，造成至少19名外国游客丧生。该热气球着火并发生了爆炸，坠入甘蔗田。其中有9名香港游客在埃及卢克索（Luxor，香港译为乐蜀）热气球坠落事件中遇难，其中6人购买的旅游保险，热气球活动不在保单的承保范围之内，将不获得赔偿。另外3人购买的旅游保险不同，可获得的赔偿金额最高为55万港元。

26日在埃及遇难的9名香港游客中，有6名通过保险代理，自行购买了招商局保险有限公司的保险计划。死者购买的旅游保险的保单已详细列明，"空中活动"不属于保单的承保范围之内。另外3名遇难的游客则是通过涉事旅行社胜景游购买的忠利保险有限公司承保的保险计划。胜景游表示，热气球活动在承保范围之内，包括人身意外（最高赔偿额50万港元），遗体运返（赔偿额为运送费用）及抚恤保障（最高赔偿额5万港元）。

请问：9名游客参加同样活动且都购买了保险，为什么赔偿结果不一样？该案例给我们的启示是什么？

【案例解析】9名游客参加同一个活动，虽然购买了旅游保险，但是他们购买保险的险种不一样，赔偿的范围和标准也不一样。有6名通过保险代理，自行购买了招商局保险有限公司的保险计划，"空中活动"不属于保单的承保范围之内，所以不能获得赔偿。另外3名遇难的游客则是通过涉事旅行社胜景游购买的忠利保险有限公司承保的保险计划。胜景游表示，热气球活动在承保范围之内，包括人身意外（最高赔偿额50万港元），遗体运返（赔偿额为运送费用）及抚恤保障（最高赔偿额5万港元）。所以能够获得赔偿。

该案例告诉我们，今后在购买旅游保险时一定要详细了解保险的赔偿范围，最好找大的保险公司与专业代理查询。要求旅行社必须在行程中写明有什么自费活动，同时必须要讲明风险，如高血压患者不适宜高空活动等。

复习思考题

一、单项选择题

1. 造成或者可能造成人员死亡（含失踪）3人以上10人以下或者重伤10人以上50人以下的事件是（   ）。
   A. 特别重大旅游突发事件　　　　　　B. 重大旅游突发事件
   C. 较大旅游突发事件　　　　　　　　D. 一般旅游突发事件

2. 投保人是指与保险人订立保险合同，并按照保险合同负有（   ）的自然人或法人。
   A. 支付保险金义务　　　　　　　　　B. 缴纳保险费义务
   C. 支付违约金义务　　　　　　　　　D. 缴纳手续费义务

3. 旅游意外保险是（   ）。
   A. 自愿保险　　　　　　　　　　　　B. 强制保险
   C. 财产保险　　　　　　　　　　　　D. 人身保险

4. 旅游安全管理的主体责任在于（   ）。
   A. 文化与旅游部　　　　　　　　　　B. 省文化与旅游厅
   C. 旅游企业　　　　　　　　　　　　D. 当地人民政府

5. 旅行社责任保险赔偿限额每人人身伤亡责任限额不得低于（   ）万元。
   A. 15　　　　　B. 20　　　　　C. 30　　　　　D. 40

6. 根据《旅游法》七十六条规定：（   ）统一负责旅游安全工作。
   A. 国务院　　　　　　　　　　　　　B. 县级以上人民政府
   C. 市级以上人民政府　　　　　　　　D. 省级以上人民政府

7. 根据《旅行社责任保险管理办法》规定，保险责任仅限于对（   ）的责任。
   A. 旅游者的人身财产
   B. 导游和领队的人身财产
   C. 旅游者和导游的人身财产
   D. 旅游者的人身财产、导游和领队的人身财产

8. 旅行社责任保险合同的投保人、被保险人和受益人分别是（   ）。
   A. 旅行社、旅游者、旅游者　　　　　B. 旅行社、旅游者、旅行社
   C. 旅行社、旅行社、旅行社　　　　　D. 旅游者、旅游者、旅游者

9. 根据《旅游安全管理办法》规定，风险提示发布后，旅行社应当根据风险级别分别采取措施。（   ）风险的，加强对旅游者的提示。
   A. 一级　　　　　B. 二级　　　　　C. 三级　　　　　D. 四级

10. 旅游突发事件处置结束后，发生地旅游主管部门应当在（   ）日内提交总结报告。
    A. 5　　　　　B. 10　　　　　C. 20　　　　　D. 30

二、多项选择题

1. 经营高风险旅游项目或者向（   ）提供旅游服务的，应当根据需要采取相应的安

全保护措施。

　　A. 老年人　　　　　　　B. 未成年人　　　　　　　C. 残疾人
　　D. 学生　　　　　　　　E. 退伍军人

2. 旅游保险合同主体中，下列关于"受益人"的描述正确的是（　　）。
　　A. 投保人可以是受益人
　　B. 被保险人可以是受益人
　　C. 保险人可以是受益人
　　D. 被保险人的法定继承人可能为受益人
　　E. 被保险人指定的第三人可以成为受益人

3. 特别重大旅游突发事件包括（　　）情形。
　　A. 造成或者可能造成人员死亡（含失踪）30人以上或者重伤100人以上
　　B. 旅游者500人以上滞留超过24小时，并对当地生产生活秩序造成严重影响
　　C. 其他在境内外产生特别重大影响
　　D. 对旅游者人身、财产安全造成特别重大威胁
　　E. 造成或者可能造成人员死亡（含失踪）10人以上或者重伤50人以上100人以下

4. 根据旅游突发事件的性质、危害程度、可控性以及造成或者可能造成的影响，旅游突发事件一般分为（　　）四级。
　　A. 特别重大　　　　　　B. 重大　　　　　　　　C. 较大
　　D. 一般　　　　　　　　E. 轻微

5. 旅行社组织出境旅游，应当制作安全信息卡。安全信息卡应当包括（　　）等信息。
　　A. 旅游者姓名　　　　　　　　　　　B. 出境证件号码和国籍
　　C. 境外地接社名称　　　　　　　　　D. 组团社名称
　　E. 紧急情况下的联系人、联系方式

6. 保险活动中应遵循（　　）原则。
　　A. 可保利益原则　　　　　　　　　　B. 诚信原则
　　C. 损失补偿原则　　　　　　　　　　D. 代位追偿原则
　　E. 公平原则

7. 根据《旅游安全管理办法》规定，风险提示发布后，旅行社应当根据风险级别采取的措施为（　　）。
　　A. 一级风险的，加强对旅游者的提示
　　B. 四级风险的，停止组团或带团前往风险区域
　　C. 三级风险的，采取必要的安全防范措施
　　D. 二级风险的，已在风险区域的，调整或者中止行程
　　E. 四级风险的，组织已在风险区域的旅游者撤离

8. 根据《旅游安全管理办法》规定，旅游经营者应当遵守的要求有（　　）。
　　A. 建立安全管理制度和责任体系
　　B. 保证安全工作的资金投入
　　C. 建立旅游目的地安全风险提示制度

D. 配备必要的安全和救援人员、设施设备
E. 服务场所、服务项目和设施设备符合有关安全法律、法规和强制性标准的要求

9. 旅行社责任保险是旅游保险中的重要险种之一，具有下列（　　）特征。
   A. 旅行社责任保险的保险人是保险公司
   B. 旅行社责任保险的被保险人是保险公司
   C. 旅行社责任保险是强制保险
   D. 旅行社责任保险的投保人是旅行社
   E. 旅行社责任保险的保险人是旅行社，因此责任险的赔付主体是旅行社

10. 根据可能对旅游者造成的危害程度、紧急程度和发展态势，风险提示级别分为（　　），分别用不同颜色标示。
    A. 一级（特别严重）　　　　B. 二级（严重）　　　　C. 三级（较重）
    D. 四级（一般）　　　　　　E. 五级（轻微）

三、判断题

1. 2016年9月27日，国家旅游局公布了《旅游安全管理办法》，并于同年12月1日起施行。（　　）
2. 国家建立旅游目的地安全风险提示制度，风险提示级别为一级（特别严重）用橙色标示。（　　）
3. 旅游突发事件一般分为特别重大、重大、较大、一般四级。（　　）
4. 旅游者50人以上200人以下滞留超过24小时，并对当地生产生活秩序造成较大影响的，为重大旅游突发事件。（　　）
5. 旅游突发事件处置结束后，发生地旅游主管部门应在25日内提交总结报告。（　　）
6. 旅行社针对旅游目的地安全风险提示，不采取相应措施的，由旅游主管部门处3 000元以下罚款。（　　）
7. 旅行社责任保险是人身保险。（　　）
8. 旅行社责任保险的保险人是保险公司。（　　）
9. 根据《旅行社责任保险管理办法》规定，保险责任仅限于对旅游者的责任。（　　）
10. 旅行社责任保险的期限为2年。（　　）

四、简答题

1. 旅游经营者在旅游活动中应该以明示的方式事先向旅游者做出说明或者警示的内容有哪些？
2. 在保险活动中应遵循哪些原则？
3. 风险提示信息发布后的旅行社采取的应对措施有哪些？

第十二章

解决旅游纠纷的法律制度

学习目标

1. 熟悉《消费者权益保护法》关于消费者权利、经营者义务的相关规定。
2. 了解旅游纠纷的概念、特点及处理旅游纠纷的途径。
3. 熟悉旅游投诉的概念、构成要件、案件受理和处理的规定。
4. 熟悉民事证据的种类、证明对象、证明责任、证明标准的规定。
5. 了解《最高人民法院关于审理旅游纠纷案件适用法律若干问题的规定》的规定。

实训要求

1. 实训项目：旅游投诉案件处理情况调研。
2. 实训目的：掌握旅游投诉案件受理和处理的过程。

第一节 消费者权益保护法律制度

1993年10月31日第八届全国人民代表大会常务委员会通过了《中华人民共和国消费者权益保护法》，目的是为保护消费者的合法权益，维护社会经济秩序，促进社会主义市场经济健康发展。根据2009年8月27日第十一届全国人民代表大会常务委员会第十次会议《关于修改部分法律的决定》进行了第一次修正；根据2013年10月25日第十二届全国人民代表大会常务委员会第五次会议《关于修改〈中华人民共和国消费者权益保护法〉的决定》进行了第二次修正，2014年3月15日正式实施。新法对旧法做了三十多处修改，充实细化了消费者的权益，强化了经营者的义务，对发挥消费者协会作用、行政部门的监管职责做了明确规定，进一步完善了消费者权益保护法律制度。

一、消费者权益保护法概述

（一）消费者

《消费者权益保护法》没有对消费者做出明确定义，只在第二条规定："消费者为生活消费需要购买、使用商品或者接受服务，其权益受本法保护；本法未做规定的，受其他有关法律、法规保护。"第六十二条规定，农民购买、使用直接用于农业生产的生产资料，参照本法执行。这表明：①生活消费是一个广义、开放的概念，既包括生存性消费，也包括发展性消费，还包括精神或者休闲消费。②消费者既包括商品的购买者，也包括商品的使用者，还包括服务的接受者，不限于与经营者达成合意的相对方，购买商品一方的家庭成员、受赠人等使用商品的主体都是消费者。③从性质上说，农民购买、使用农资产品是生产消费，但为了体现对农民权益的特别保护，对于农民的上述消费行为参照《消费者权益保护法》执行。

（二）经营者

《消费者权益保护法》第三条规定："经营者为消费者提供其生产、销售的商品或者提供服务，应当遵守本法；本法未做规定的，应当遵守其他有关法律、法规。"经营者是指为消费者提供商品或者服务的单位或者个人。经营者为消费者提供其生产、销售的商品或者提供服务，在处理经营者与消费者的关系时，经营者应当遵守《消费者权益保护法》的有关规定。

二、消费者权益保护的基本原则

（一）自愿、平等、公平、诚实、信用原则

经营者与消费者进行交易，双方法律地位平等；要充分尊重消费者的意愿；应当符合等价交换的商业规则；应善意、实事求是、恪守信用，不得欺诈、胁迫、乘人之危。

（二）对消费者特别保护的原则

在商品经济，特别是市场经济条件下，由于消费者在经济上的弱势地位，以及消费者利益的特殊性等原因，国家应对消费者给予特别保护，即在法律中全面规定消费者的权利，在适用法律时向消费者倾斜，优先保护消费者。

（三）国家保护消费者合法权益不受侵犯原则

国家采取措施，保障消费者依法行使权利，维护消费者的合法利益。国家倡导文明、健康、节约资源和保护环境的消费方式，反对浪费。

（三）全社会共同保护消费者合法权益的原则

保护消费者的合法权益是全社会的共同责任。国家鼓励、支持一切组织和个人对损害消费者合法权益的行为进行社会监督。大众传媒应当做好维护消费者合法权益的宣传，对损害消费者合法权益的行为进行舆论监督。

三、消费者的权利与经营者的义务

（一）消费者的权利

消费者的权利是指消费者在消费活动中依法享有的各项权利的总和。消费者权利是消费者利益在法律上的体现,即在法律保障下,消费者有权做出一定的行为或者要求他人做出一定的行为。《消费者权益保护法》为消费者设定了九项权利:

1. 安全保障权

安全保障权是指消费者在购买、使用商品和接受服务时享有人身、财产完全不受损害的权利;同时消费者有权要求经营者提供的商品和服务符合保障人身、财产安全的要求。《消费者权益保护法》第七条规定:消费者在购买、使用商品和接受服务时享有人身、财产安全不受损害的权利。消费者有权要求经营者提供的商品和服务,符合保障人身、财产安全的要求。《旅游法》第十二条规定:旅游者在人身、财产安全遇有危险时,有请求救助和保护的权利。旅游者人身、财产受到侵害的,有依法获得赔偿的权利。

2. 知悉真情权

知悉真情权是指消费者享有知悉其购买、使用的商品或者接受的服务的真实情况的权利。《消费者权益保护法》第八条规定:消费者享有知悉其购买、使用的商品或者接受的服务的真实情况的权利。消费者有权根据商品或者服务的不同情况,要求经营者提供商品的价格、产地、生产者、用途、性能、规格、等级、主要成分、生产日期、有效期限、检验合格证明、使用方法说明书、售后服务,或者服务的内容、规格、费用等有关情况。《旅游法》第九条第二款规定:旅游者有权知悉其购买的旅游产品和服务的真实情况。旅游者有权要求旅游经营者按照约定提供产品和服务。

3. 自主选择权

自主选择权是指消费者享有自主选择商品或者服务的权利。《消费者权益保护法》第九条规定:消费者享有自主选择商品或者服务的权利。消费者有权自主选择提供商品或者服务的经营者,自主选择商品品种或者服务方式,自主决定购买或者不购买任何一种商品、接受或者不接受任何一项服务。消费者在自主选择商品或者服务时,有权进行比较、鉴别和挑选。《旅游法》第九条规定:旅游者有权自主选择旅游产品和服务,有权拒绝旅游经营者的强制交易行为。

4. 公平交易权

公平交易权是指经营者与消费者之间的交易应在平等的基础上达到公正的结果。《消费者权益保护法》第十条规定:消费者享有公平交易的权利。消费者在购买商品或者接受服务时,有权获得质量保障、价格合理、计量正确等公平交易条件,有权拒绝经营者的强制交易行为。

5. 获得赔偿权

获得赔偿权也称求偿权,是指消费者因购买、使用商品或者接受服务受到人身、财产损害的,享有依法获得赔偿的权利。《消费者权益保护法》第十一条规定:消费者因购买、使用商品或者接受服务受到人身、财产损害的,享有依法获得赔偿的权利。求偿权的主体包括商品的购买者、使用者,服务的接受者,消费者之外因某种原因在事故发生现场而受到损害的第三人。求偿权的范围包括人身损害、财产损害,以及由此而造成的精神损害。

6. 依法结社权

结社权是指消费者享有依法成立维护自身合法权益的社会组织的权利。《消费者权益保护法》第十二条规定:消费者享有依法成立维护自身合法权益的社会组织的权利。目前,中国消费者协会及地方各级消费者协会,已经成为保护消费者权益的合法社团组织,在沟通政府与消费者的联系,解决经营者与消费者的矛盾,更加充分地保护消费者权益方面,起到了积极作用。

7. 获取知识权

获得有关知识权是指消费者享有获得有关消费和消费者权益保护方面的知识的权利。《消费者权益保护法》第十三条规定:消费者享有获得有关消费和消费者权益保护方面的知识的权利。消费者应当努力掌握所需商品或者服务的知识和使用技能,正确使用商品,提高自我保护意识。

8. 受到尊重权

《消费者权益保护法》第十四条规定:消费者在购买、使用商品和接受服务时,享有人格尊严、民族风俗习惯得到尊重的权利,享有个人信息依法得到保护的权利。《旅游法》第十条规定:旅游者的人格尊严、民族风俗习惯和宗教信仰应当得到尊重。

9. 监督批评权

监督批评权是指消费者享有对商品和服务以及保护消费者权益工作进行监督的权利。《消费者权益保护法》第十五条规定:消费者享有对商品和服务以及保护消费者权益工作进行监督的权利。消费者有权检举、控告侵害消费者权益的行为和国家机关及其工作人员在保护消费者权益工作中的违法失职行为,有权对保护消费者权益工作提出批评、建议。

(二)经营者的义务

经营者的义务是指经营者在经营活动中应履行的法律责任。在消费法律关系中,消费者的权利就是经营者的义务。为了更好地保障消费者的权益,《消费者权益保护法》专门规定了经营者必须履行的义务。

1. 履行法定义务或约定义务

《消费者权益保护法》第十六条规定:经营者向消费者提供商品或者服务,应当依照本法和其他有关法律、法规的规定履行义务。经营者和消费者有约定的,应当按照约定履行义务,但双方的约定不得违背法律、法规的规定。经营者向消费者提供商品或者服务,应当恪守社会公德,诚信经营,保障消费者的合法权益;不得设定不公平、不合理的交易条件,不得强制交易。

2. 接受监督的义务

经营者应当听取消费者对其提供的商品或者服务的意见,接受消费者的监督。在旅游消费活动中,旅游业务经营者应当定期听取旅游者的意见;在旅游经营点设置旅游者意见簿,征询旅游者对旅游服务产品的意见;专门制作游客意见调查表,不定期向旅游者发放调查,并进行总结。旅游经营者向旅游者提供的旅游服务产品和旅游商品,具有特殊性,所以听取旅游者意见、接受旅游者监督非常重要。

3. 保证提供商品和服务安全的义务

《消费者权益保护法》第十八条规定:经营者应当保证其提供的商品或者服务符合保障人身、财产安全的要求。对可能危及人身、财产安全的商品和服务,应当向消费者做出真实的说明和明确的警示,并说明和标明正确使用商品或者接受服务的方法以及防止危害发生的方法。宾馆、商场、餐馆、银行、机场、车站、港口、影剧院等经营场所的经营者,应当对消费者尽到安全保障义务。

《消费者权益保护法》第十九条规定：经营者发现其提供的商品或者服务存在缺陷，有危及人身、财产安全危险的，应当立即向有关行政部门报告和告知消费者，并采取停止销售、警示、召回、无害化处理、销毁、停止生产或者服务等措施。采取召回措施的，经营者应当承担消费者因商品被召回支出的必要费用。

4. 提供真实信息的义务

《消费者权益保护法》第二十条规定：经营者向消费者提供有关商品或者服务的质量、性能、用途、有效期限等信息，应当真实、全面，不得做虚假或者引人误解的宣传。经营者对消费者就其提供的商品或者服务的质量和使用方法等问题提出的询问，应当做出真实、明确的答复。经营者提供商品或者服务应当明码标价。

5. 标明真实名称和标记的义务

《消费者权益保护法》第二十一条规定：经营者应当标明其真实名称和标记。租赁他人柜台或者场地的经营者，应当标明其真实名称和标记。根据此条规定，旅游经营者在经营活动中必须如实地标明自己的名称或标记，而不得假冒其他经营者的名称或标记，以使旅游消费者能对其准确识别，并做出正确选择。

6. 出具购货凭证或服务单据的义务

《消费者权益保护法》第二十二条规定：经营者提供商品或者服务，应当按照国家有关规定或者商业惯例向消费者出具发票等购货凭证或者服务单据；消费者索要发票等购货凭证或者服务单据的，经营者必须出具。购货凭证，是指销售者和购买者之间建立的买卖合同履行后，由销售者向购买者出具的证明合同履行的书面凭证，如销货凭证、行业专用发票、保修单、收费收据等。服务单据，是指提供服务方在提供服务方与接受服务方订立的服务合同履行后，由提供服务方向接受服务方出具的证明合同履行的书面凭证，如报销凭证、行业专用发票、服务卡等。

7. 提供符合要求的商品或服务

《消费者权益保护法》第二十三条规定：经营者应当保证在正常使用商品或者接受服务的情况下其提供的商品或者服务应当具有的质量、性能、用途和有效期限；但消费者在购买该商品或者接受该服务前已经知道其存在瑕疵，且存在该瑕疵不违反法律强制性规定的除外。经营者以广告、产品说明、实物样品或者其他方式表明商品或者服务的质量状况的，应当保证其提供的商品或者服务的实际质量与表明的质量状况相符。经营者提供的机动车、计算机、电视机、电冰箱、空调器、洗衣机等耐用商品或者装饰装修等服务，消费者自接受商品或者服务之日起六个月内发现瑕疵，发生争议的，由经营者承担有关瑕疵的举证责任。

8. 退货、更换、修理等义务

《消费者权益保护法》第二十四条规定：经营者提供的商品或者服务不符合质量要求的，消费者可以依照国家规定、当事人约定退货，或者要求经营者履行更换、修理等义务。没有国家规定和当事人约定的，消费者可以自收到商品之日起七日内退货；七日后符合法定解除合同条件的，消费者可以及时退货，不符合法定解除合同条件的，可以要求经营者履行更换、修理等义务。依照上述规定进行退货、更换、修理的，经营者应当承担运输等必要费用。

9. 七日无理由退货义务

《消费者权益保护法》第二十五条规定：经营者采用网络、电视、电话、邮购等方式销售商品，消费者有权自收到商品之日起七日内退货，且无需说明理由，但下列商品除外：（一）消费者定作的；（二）鲜活易腐的；（三）在线下载或者消费者拆封的音像制品、计算机软件等数字化商品；（四）交付的报纸、期刊。除前款所列商品外，其他根据商品性质并经消费者在购买时确认不宜退货的商品，不适用无理由退货。

10. 使用格式合同应尽的义务

《消费者权益保护法》第二十六条规定：经营者在经营活动中使用格式条款的，应当以显著方式提请消费者注意商品或者服务的数量和质量、价款或者费用、履行期限和方式、安全注意事项和风险警示、售后服务、民事责任等与消费者有重大利害关系的内容，并按照消费者的要求予以说明。经营者不得以格式条款、通知、声明、店堂告示等方式，做出排除或者限制消费者权利、减轻或者免除经营者责任、加重消费者责任等对消费者不公平、不合理的规定，不得利用格式条款并借助技术手段强制交易。格式条款、通知、声明、店堂告示等含有前款所列内容的，其内容无效。

11. 不得侵犯旅游消费者的人身权

《消费者权益保护法》第二十七条规定：经营者不得对消费者进行侮辱、诽谤，不得搜查消费者的身体及其携带的物品，不得侵犯消费者的人身自由。根据此条规定，旅游经营者不得侵犯旅游消费者人身权的义务，包含以下三个方面的内容：其一，不得对旅游消费者进行侮辱、诽谤。对旅游消费者进行侮辱、诽谤，是指旅游经营者自己或利用他人，散布、捏造虚假事实，侮辱、诋毁旅游消费者的人格尊严。其二，不得搜查旅游消费者的身体及其携带的物品。搜查旅游消费者的身体及其携带的物品，是指旅游经营者由于缺乏对商品的安全保护措施，以商品丢失为名，无根据地搜查顾客的身体及其携带的物品，这是严重的侵权行为。其三，不得侵犯旅游消费者的人身自由。侵犯旅游消费者人身自由，是指旅游经营者商业道德水平低下，对旅游消费者实行"强买"，当旅游消费者不从销售者意愿时，销售者就辱骂甚至殴打旅游消费者，严重侵犯旅游消费者人身及合法权益，破坏正常的工作和生活秩序。

12. 网络等非现场购物信息披露制度

《消费者权益保护法》第二十八条规定：采用网络、电视、电话、邮购等方式提供商品或者服务的经营者，以及提供证券、保险、银行等金融服务的经营者，应当向消费者提供经营地址、联系方式、商品或者服务的数量和质量、价款或者费用、履行期限和方式、安全注意事项和风险警示、售后服务、民事责任等信息。

13. 个人信息保护义务

《消费者权益保护法》第二十九条规定：经营者收集、使用消费者个人信息，应当遵循合法、正当、必要的原则，明示收集、使用信息的目的、方式和范围，并经消费者同意。经营者收集、使用消费者个人信息，应当公开其收集、使用规则，不得违反法律、法规的规定和双方的约定收集、使用信息。经营者及其工作人员对收集的消费者个人信息必须严格保密，不得泄露、出售或者非法向他人提供。经营者应当采取技术措施和其他必要措施，确保信息安全，防止消费者个人信息泄露、丢失。在发生或者可能发生信息泄露、丢失的情况时，应当立即采取补救措施。

四、消费者权益的保护

(一) 保护消费者权益的意义

消费者组织上的缺乏。消费者在各项交易中力量本已极为弱小又历来缺乏组织，不能通过团体的力量来与经营者组织体相抗衡，以致成为经济上的从属者，容易受到经营者的侵害。由于这些原因，在现代经济条件下，消费者在强大的经营资本面前，呈现出显著无力的状态，少数生产经营者为了追求利润而不择手段，使消费者置身于丧失财产乃至生命的危险之中。因此，要对处于弱势的消费者进行保护。保护消费者权益具有十分重要的意义，具体可以概括为以下几点：

1. 保护消费者权益有利于鼓励公平竞争，限制不正当竞争

损害消费者权益的行为实际上就是不正当竞争行为，必须限制和打击。如果放任经营者损害消费者利益，就会使广大合法、诚实的经营者的利益受到损害，影响竞争环境。

2. 保护消费者权利有利于提高人民生活水平和生活质量

在市场经济条件下，通过保护消费者权利，让消费者能够购买到称心如意的商品和服务，就是提高了人民生活水平。试想，一个消费者在购买商品和服务时如果不能自由选择，如果他因不能自由选择而买到了假冒伪劣产品，如果他买到不合格产品而商店拒绝退换，甚至受到商店的欺骗时，他会是一种什么感觉？这种情况下，尽管商品数量充足，同样是生活水平低下，生活质量下降。

3. 保护消费者权利有利于提高企业的和全社会的经济效益

在我国目前，假冒伪劣产品充斥于市，服务质量不高的原因虽然是多方面的，但是缺乏对消费者权利的强有力的保护，缺乏对损害消费者权利的行为严厉打击和惩罚也是一个重要因素。如果政府能够切实保护消费者权利，那么，那些靠制造假冒伪劣产品，靠欺骗消费者赚钱的企业和个人就无法生存下去。大多数企业的合法权益也可以得到充分保护，从而在全社会形成一种靠正当经营、正当竞争来提高经济效益的良好商业道德。这样就有利于促使企业努力加强管理，不断提高产品质量和服务质量，提高经济效益，推动社会进步，促进社会发展。

(二) 国家对消费者合法权益的保护

保护消费者合法权益是国家应尽的职责，由立法机关、行政机关、司法机关通过采取相应措施来实现。

1. 国家对消费者合法权益的立法保护

《消费者权益保护法》第三十条规定："国家制定有关消费者权益的法律、法规、规章和强制性标准，应当听取消费者和消费者协会等组织的意见。"完善的法律、法规、政策体系是国家保护旅游消费者合法权益的基础和依据。国家对消费者合法权益的立法保护表现在：第一，法律规定国家采取立法措施保护消费者合法权益；第二，国家制定有关消费者权益的法律、法规和政策时，应当根据不同情况、通过不同方式听取消费者的意见和要求。

2. 国家对消费者权益的行政保护

(1) 各级政府的保护。《消费者权益保护法》第三十一条规定：各级人民政府应当加强领导，组织、协调、督促有关行政部门做好保护消费者合法权益的工作，落实保护消费者合法权益的职责。各级人民政府应当加强监督，预防危害消费者人身、财产安全行为的发生，及时制止危害消费者人身、财产安全的行为。

（2）各级工商行政管理部门和相关部门的保护。《消费者权益保护法》第三十二条规定：各级人民政府工商行政管理部门和其他有关行政部门应当依照法律、法规的规定，在各自的职责范围内，采取措施，保护消费者的合法权益。有关行政部门应当听取消费者和消费者协会等组织对经营者交易行为、商品和服务质量问题的意见，及时调查处理。

《消费者权益保护法》第三十三条规定：有关行政部门在各自的职责范围内，应当定期或者不定期对经营者提供的商品和服务进行抽查检验，并及时向社会公布抽查检验结果。有关行政部门发现并认定经营者提供的商品或者服务存在缺陷，有危及人身、财产安全危险的，应当立即责令经营者采取停止销售、警示、召回、无害化处理、销毁、停止生产或者服务等措施。

3. 国家对消费者权益的司法保护

人民法院作为国家审判机关，对消费者合法权益的保护是通过其审判活动来实现的。对于损害消费者合法权益的行为，受害人均可以向人民法院起诉，请求法律保护，人民法院应当采取有效措施，方便消费者起诉；对于符合《中华人民共和国民事诉讼法》条件的，人民法院应立案受理，及时审理，做出公正判决；对拒不执行法院判决的侵权人，人民法院可以采取强制措施予以执行，使消费者合法权益得到根本的保护。

（三）消费者组织对消费者合法权益的保护

《消费者权益保护法》第三十六条规定：消费者协会和其他消费者组织是依法成立的对商品和服务进行社会监督的保护消费者合法权益的社会组织。全国有成立于1984年12月26日的中国消费者协会，地方也成立有相应的消费者协会。消费者协会在反映消费者的呼声，接受消费者的投诉，支持向人民法院起诉，会同有关行政部门实实在在地帮助消费者解决困难，切实维护消费者合法权益方面发挥着重要的作用。

维护消费者合法权益是消费者组织的宗旨，法律通过赋予其职能来实现消费者权利的保护。为保证消费者组织的公正性和独立性，发挥其应有的主要作用，很好地担当起法律赋予的重任，《消费者权益保护法》第三十八条对消费者组织做出了以下禁止性规定：

第一，消费者组织不得从事商品经营活动和营利性服务；

第二，消费者组织不得以收取费用或者其他牟取利益的方式向消费者推荐商品和服务。

五、损害消费者权益的法律责任

（一）损害赔偿责任承担的主体

1. 销售者、生产者、服务提供者责任

《消费者权益保护法》第四十条规定：消费者在购买、使用商品时，其合法权益受到损害的，可以向销售者要求赔偿。销售者赔偿后，属于生产者的责任或者属于向销售者提供商品的其他销售者的责任的，销售者有权向生产者或者其他销售者追偿。消费者或者其他受害人因商品缺陷造成人身、财产损害的，可以向销售者要求赔偿，也可以向生产者要求赔偿。

属于生产者责任的，销售者赔偿后，有权向生产者追偿。属于销售者责任的，生产者赔偿后，有权向销售者追偿。消费者在接受服务时，其合法权益受到损害的，可以向服务者要求赔偿。

《消费者权益保护法》第四十一条规定：消费者在购买、使用商品或者接受服务时，其合法权益受到损害，因原企业分立、合并的，可以向变更后承受其权利义务的企业要求赔偿。

2. 借用营业执照责任

《消费者权益保护法》第四十二条规定：使用他人营业执照的违法经营者提供商品或者服务，损害消费者合法权益的，消费者可以向其要求赔偿，也可以向营业执照的持有人要求赔偿。

3. 展销会举办者、柜台出租者责任

《消费者权益保护法》第四十三条规定：消费者在展销会、租赁柜台购买商品或者接受服务，其合法权益受到损害的，可以向销售者或者服务者要求赔偿。展销会结束或者柜台租赁期满后，也可以向展销会的举办者、柜台的出租者要求赔偿。展销会的举办者、柜台的出租者赔偿后，有权向销售者或者服务者追偿。

4. 网络交易平台的连带赔偿责任

《消费者权益保护法》第四十四条规定：消费者通过网络交易平台购买商品或者接受服务，其合法权益受到损害的，可以向销售者或者服务者要求赔偿。网络交易平台提供者不能提供销售者或者服务者的真实名称、地址和有效联系方式的，消费者也可以向网络交易平台提供者要求赔偿；网络交易平台提供者作出更有利于消费者的承诺的，应当履行承诺。网络交易平台提供者赔偿后，有权向销售者或者服务者追偿。

网络交易平台提供者明知或者应知销售者或者服务者利用其平台侵害消费者合法权益，未采取必要措施的，依法与该销售者或者服务者承担连带责任。

5. 广告经营者、发布者、代言人、推销人的连带赔偿责任

《消费者权益保护法》第四十五条规定：消费者因经营者利用虚假广告或者其他虚假宣传方式提供商品或者服务，其合法权益受到损害的，可以向经营者要求赔偿。广告经营者、发布者发布虚假广告的，消费者可以请求行政主管部门予以惩处。广告经营者、发布者不能提供经营者的真实名称、地址和有效联系方式的，应当承担赔偿责任。

"广告经营者、发布者设计、制作、发布关系消费者生命健康商品或者服务的虚假广告，造成消费者损害的，应当与提供该商品或者服务的经营者承担连带责任。"

"社会团体或者其他组织、个人在关系消费者生命健康商品或者服务的虚假广告或者其他虚假宣传中向消费者推荐商品或者服务，造成消费者损害的，应当与提供该商品或者服务的经营者承担连带责任。"

（二）损害消费者权益应承担的法律责任

1. 经营者侵犯旅游消费者权益的民事责任

（1）商品有问题时应承担的民事责任。

《消费者权益保护法》第四十八条规定：经营者提供商品或者服务有下列情形之一的，除本法另有规定外，应当依照其他有关法律、法规的规定，承担民事责任：

1）商品或者服务存在缺陷的；
2）不具备商品应当具备的使用性能而出售时未做说明的；
3）不符合在商品或者其包装上注明采用的商品标准的；
4）不符合商品说明、实物样品等方式表明的质量状况的；
5）生产国家明令淘汰的商品或者销售失效、变质的商品的；
6）销售的商品数量不足的；
7）服务的内容和费用违反约定的；
8）对消费者提出的修理、重作、更换、退货、补足商品数量、退还货款和服务费用或者赔偿损失的要求，故意拖延或者无理拒绝的；
9）法律、法规规定的其他损害消费者权益的情形。

经营者对消费者未尽到安全保障义务，造成消费者损害的，应当承担侵权责任。

(2) 致人伤亡的民事责任。

《消费者权益保护法》第四十九条规定：经营者提供商品或者服务，造成消费者或者其他受害人人身伤害的，应当赔偿医疗费、护理费、交通费等为治疗和康复支出的合理费用，以及因误工减少的收入。造成残疾的，还应当赔偿残疾生活辅助具费和残疾赔偿金。造成死亡的，还应当赔偿丧葬费和死亡赔偿金。

(3) 侵犯消费者人身权的民事责任。

《消费者权益保护法》第五十条规定：经营者侵害消费者的人格尊严、侵犯消费者人身自由或者侵害消费者个人信息依法得到保护的权利的，应当停止侵害、恢复名誉、消除影响、赔礼道歉，并赔偿损失。

《消费者权益保护法》第五十一条规定：经营者有侮辱诽谤、搜查身体、侵犯人身自由等侵害消费者或者其他受害人人身权益的行为，造成严重精神损害的，受害人可以要求精神损害赔偿。

(4) 造成消费者财产损害的民事责任。

《消费者权益保护法》第五十二条规定：经营者提供商品或者服务，造成消费者财产损害的，应当依照法律规定或者当事人约定承担修理、重作、更换、退货、补足商品数量、退还货款和服务费用或者赔偿损失等民事责任。

《消费者权益保护法》第五十四条规定：依法经有关行政部门认定为不合格的商品，消费者要求退货的，经营者应当负责退货。

(5) 违反约定的民事责任。

《消费者权益保护法》第五十三条规定：经营者以预收款方式提供商品或者服务的，应当按照约定提供。未按照约定提供的，应当按照消费者的要求履行约定或者退回预付款；并应当承担预付款的利息、消费者必须支付的合理费用。

(6) 欺诈行为的民事责任。

《消费者权益保护法》第五十五条规定：经营者提供商品或者服务有欺诈行为的，应当按照消费者的要求增加赔偿其受到的损失，增加赔偿的金额为消费者购买商品的价款或者接受服务的费用的3倍；增加赔偿的金额不足500元的，为500元。法律另有规定的，依照其规定。

经营者明知商品或者服务存在缺陷，仍然向消费者提供，造成消费者或者其他受害人死亡或者健康严重损害的，受害人有权要求经营者依照本法第四十九条、第五十一条等法律规定赔偿损失，并有权要求所受损失 3 倍以下的惩罚性赔偿。

2. 经营者侵犯消费者权益的行政责任

《消费者权益保护法》第五十六条规定：经营者有下列情形之一，除承担相应的民事责任外，其他有关法律、法规对处罚机关和处罚方式有规定的，依照法律、法规的规定执行；法律、法规未做规定的，由工商行政管理部门或者其他有关行政部门责令改正，可以根据情节单处或者并处警告、没收违法所得、处以违法所得 1 倍以上 10 倍以下的罚款；没有违法所得的，处以 50 万元以下的罚款；情节严重的，责令停业整顿、吊销营业执照：

（1）提供的商品或者服务不符合保障人身、财产安全要求的。

（2）在商品中掺杂、掺假，以假充真，以次充好，或者以不合格商品冒充合格商品的。

（3）生产国家明令淘汰的商品或者销售失效、变质的商品的。

（4）伪造商品的产地，伪造或者冒用他人的厂名、厂址，篡改生产日期，伪造或者冒用认证标志等质量标志的。

（5）销售的商品应当检验、检疫而未检验、检疫或者伪造检验、检疫结果的。

（6）对商品或者服务作虚假或者引人误解的宣传的。

（7）拒绝或者拖延有关行政部门责令对缺陷商品或者服务采取停止销售、警示、召回、无害化处理、销毁、停止生产或者服务等措施的。

（8）对消费者提出的修理、重作、更换、退货、补足商品数量、退还货款和服务费用或者赔偿损失的要求，故意拖延或者无理拒绝的。

（9）侵害消费者人格尊严、侵犯消费者人身自由或者侵害消费者个人信息依法得到保护的权利的。

（10）法律、法规规定的对损害消费者权益应当予以处罚的其他情形。

3. 经营者侵犯消费者权益的刑事责任

《消费者权益保护法》第五十七条规定：经营者违反本法规定提供商品或者服务，侵害消费者合法权益，构成犯罪的，依法追究刑事责任。

第二节　旅游纠纷的解决

目前旅游纠纷处理的法律法规制度主要有三个：一是 2010 年 9 月 13 日由最高人民法院审判委员会第 1 496 次会议通过的《最高人民法院关于审理旅游纠纷案件适用法律若干问题的规定》，2010 年 11 月 1 日开始施行。二是 2010 年 1 月 4 日国家旅游局第 1 次局长办公会议审议通过的《旅游投诉处理办法》，2010 年 7 月 1 日起施行的。三是 2013 年 10 月 1 日实施的《旅游法》第八章对旅游纠纷的处理做了相关规定。

一、旅游纠纷概述

（一）旅游纠纷的概念

旅游纠纷是指旅游法律关系参与主体之间，由于一方当事人或双方当事人违反法律、法规、规章规定而引起的旅游活动过程中争议不下的事情。

理解旅游纠纷的概念,要把握旅游纠纷这一概念的特征:

第一,旅游纠纷发生在旅游法律关系参与主体之间。由于旅游产业具有一个综合性,旅游法律关系的参与主体也就具有多元性,国家或地区、国家组织、政府机关、旅游管理单位、旅游经营者、旅游从业人员、旅游者、旅游利益相关者等,都可能成为旅游法律关系的参与主体,他们之间都可能发生纠纷。

第二,旅游纠纷引起的原因是由于一方当事人或双方当事人的违法行为所致。在旅游活动过程中,当事人的违法行为多种多样,既可能是行政违法行为也可能是民事侵权行为或违约行为,情节严重的,可能构成刑事犯罪行为,这些违法行为都将引起旅游纠纷,需要进行解决。

第三,旅游纠纷的发生时空范围限定在旅游活动过程中。旅游活动过程中,在时间上指旅游活动正在进行时,在空间上是指与旅游活动联系密切的领域。如旅游行政机关进行的旅游行政行为,旅游管理单位进行的旅游管理活动,旅游经营者进行的旅游经营活动,旅游者参与的旅行游览活动,等等。

第四,旅游纠纷的内容复杂,涉及面广。旅游活动涉及食、住、行、游、购、娱等方方面面,除了直接的旅游行业以外,还要与许多其他行业发生联系,都可能引发争议不下的事情。另外,旅游活动是一个跨地域性的活动,旅游活动的参与主体来自世界各地的居民,有不同的民族、不同的宗教信仰、不同的风俗习惯、不同的法律制度的背景因素,也非常容易引起旅游纠纷。

(二) 旅游纠纷的分类

旅游纠纷按照法律性质划分为旅游行政纠纷和旅游民事纠纷两类。

1. 旅游行政纠纷

人们在旅游活动中,难免发生各种旅游纠纷,旅游行政管理过程中,旅游行政机关与旅游经营者、旅游从业人员、旅游者三者容易发生纠纷,按照法律性质划分,旅游行政管理机关及其公职人员的违法行为引起的旅游纠纷属行政纠纷。

2. 旅游民事纠纷

在旅游经营过程中,旅游经营单位相互之间、旅游经营单位与旅游者之间也容易发生纠纷。按照法律性质划分,旅游经营单位相互之间、旅游经营单位与旅游者之间发生旅游纠纷大多数属于民事纠纷。

二、旅游纠纷解决的途径

旅游纠纷发生后,如不能得到解决,不仅会损害当事人合法权益,而且可能波及第三者甚至影响社会的安定。根据旅游纠纷的性质,旅游纠纷有各种不同的解决途径,从旅游经营者、旅游者的角度来看,解决旅游纠纷的主要方式主要有双方协商和解、调解、投诉、仲裁、诉讼。《旅游法》第九十二条规定:旅游者与旅游经营者发生纠纷,可以通过下列途径解决:双方协商;向消费者协会、旅游投诉受理机构或者有关调解组织申请调解;根据与旅游经营者达成的仲裁协议提请仲裁机构仲裁;向人民法院提起诉讼。《旅游法》第九十四条规定:旅游者与旅游经营者发生纠纷,旅游者一方人数众多并有共同请求的,可以推选代表人参加协商、调解、仲裁、诉讼活动。

（一）双方协商

1. 双方协商的特点

（1）双方协商是实践中最常见的有效的解决旅游争议的途径之一。在旅游纠纷发生时，纠纷双方在自愿互谅的基础上，可以就争议事项，通过平等协商，分清责任，解决争议，自行和解。

（2）以协商方法解决旅游纠纷是一种双方的法律行为，虽然不具有法律上的强制力，但具有合同意义上的效力，双方当事人在平等和自愿基础上达成协议实质上是订立了一项新的合同，双方应认真加以执行。

2. 协商在解决旅游纠纷中具有积极作用

（1）协商是在自愿基础上进行的，达成协议当事人一般都能遵守。

（2）协商不需要经过严格的法律程序，可以节约时间和费用。

（3）由于协商是在互谅的气氛中进行的，除了解决纠纷外，还可以增进彼此的了解，促进双方的合作关系。

3. 以协商解决旅游纠纷遵守的原则

（1）自愿原则。任何一方都有权拒绝或终止协商，不得强迫进行协商。

（2）平等原则。协商各方地位应当平等，不得采用欺诈、胁迫等手段进行协商。

（3）合法原则。当事人协商的结果不得与法律、法规规定相违背，不得违反社会公共利益。

当然，协商和解也有一定局限性，尤其是在双方争议额较大，或者在合同一方故意毁约的情况下，协商解决很难起效。另外，协商中处于优势的一方会利用自己的地位提出一些未必合理的要求，这也是在协商中要注意的。

（二）向消费者协会、旅游投诉受理机构或者有关调解组织申请调解

《旅游法》第九十三条规定：消费者协会、旅游投诉受理机构和有关调解组织在双方自愿的基础上，依法对旅游者与旅游经营者之间的纠纷进行调解。

1. 调解的种类

调解是在第三者（调解机构或调解人）主持下，通过其劝说、调停，使争议当事人在互谅互让基础上达成协议解决争议的一种方式。调解依主持人的身份不同，一般可以分为民间调解、仲裁调解、法庭调解、行政调解。

（1）民间调解。是由仲裁、司法、行政机构以外的第三者主持的调解，特点是主持人不具备专门的调解职能，是临时选任的，可以是组织，也可以是个人。民间调解是双方自愿选择的社会组织或第三人主持进行的调解，如旅游者与旅游经营者发生消费纠纷后，请求消费者协会或旅游协会来调解，就属于民间调解性质。民间调解对第三方的要求有两点：其一是第三方不能与当事人有利害关系；其二是所有的当事人都同意由这个第三方来当调解人；不允许任何一方当事人把自己选定的调解人强加给其他当事人。

（2）仲裁调解。是指由仲裁机构进行的调解，仲裁调解属特定机构的调解，相关法律、法规、规章有专门规定。

（3）法庭调解。也称为司法调解，是指由法院主持进行的调解。法庭调解属特定机构的调解，相关法律、法规、规章有专门规定。

（4）行政调解是由行政机关主持进行的调解。行政调解属特定机构的调解，相关法律、法规、规章有专门规定。

2. 调解的原则和作用

以调解解决旅游争议具有与协商类似的积极作用。在采用调解方法解决旅游争议时，应遵循当事人自愿原则，查明事实，分清是非原则、合法原则。调解协议不具有法律上的强制力，但具有合同意义上的效力，双方应认真加以执行。

（三）根据与旅游经营者达成的仲裁协议提请仲裁机构仲裁

1. 仲裁的特点

仲裁是指双方当事人在争议发生之前或争议发生之后达成书面协议，愿意将争议提交中立的仲裁机构进行裁判的法律制度。仲裁作为解决争议的一种方式，具有其自身的特点：

（1）自愿性，即仲裁以双方当事人自愿为前提，必须达成仲裁协议，才可以提交仲裁。

（2）专业性，仲裁机构的仲裁员不但具备相应的法律知识，而且具备相应领域的专业水平和能力，仲裁机构都备有分专业的、由专家组成的仲裁员名册供当事人进行选择。

（3）灵活性，仲裁中的许多程序可由双方当事人协商确定与选择，更具有弹性。

（4）保密性，仲裁以不公开审理为原则，仲裁员具有保密的义务，当事人的商业秘密不会因仲裁活动而泄露。

（5）快捷性，仲裁实行一裁终局制，仲裁裁决一经仲裁庭做出，即发生法律效力。

（6）经济性，仲裁所需要时间短，一裁终局制，无须多审级收费，这些都使仲裁的花费更少，其保密性也使得双方不致造成不必要的商业损失。

（7）独立性，仲裁机构独立于行政机构和其他机构，仲裁机构之间也无隶属关系，仲裁活动也不受任何人干涉，具有极大的独立性。

2. 仲裁的性质

仲裁委员会依法做出的仲裁裁决具有强制性，而且是终局裁决，当事人应当履行裁决。一方当事人不履行的，另一方当事人可以依照民事诉讼法的有关规定向人民法院申请执行，受申请的人民法院应当执行。

小知识

仲裁范围及仲裁协议

1. 仲裁范围

根据《中华人民共和国仲裁法》第二条、第三条规定，平等主体的公民、法人和其他组织之间发生的合同纠纷和其他财产权益纠纷，可以仲裁。下列纠纷不能仲裁：（1）婚姻、收养、监护、扶养、继承纠纷。（2）依法应当由行政机关处理的行政争议。第七十七条规定，劳动争议和农村集体经济组织内部的农业承包合同纠纷的仲裁，另行规定。

2. 仲裁协议

仲裁协议是指双方当事人自愿将他们之间已经发生或可能发生的争议提交仲裁解决书面协议，是双方当事人所表达的采取仲裁方式解决纠纷意愿的法律文书。

（1）仲裁协议的形式：应当以书面订立。
（2）仲裁协议的内容：一是请求仲裁的意思表示；二是仲裁事项；三是选定的仲裁委员会。
（3）仲裁协议的效力：一是约束双方当事人对纠纷解决方式的选择权；二是排除法院的司法管辖权；三是授予仲裁机构仲裁管辖权并限定仲裁的范围。
（4）仲裁协议的无效：一是以口头方式订立的仲裁协议无效；二是约定的仲裁事项超出了法律规定的仲裁范围；三是无民事行为能力人或限制民事行为能力人订立的仲裁协议无效；四是一方采取胁迫手段，迫使对方订立的仲裁协议无效；五是仲裁协议对仲裁事项没有约定或约定不明确，或者仲裁协议对仲裁委员会没有约定或约定不明确，当事人对此又达不成补充协议的，仲裁协议无效。

（四）旅游投诉

旅游投诉涉及的内容较多，在本章第三节中单独介绍。

（五）民事诉讼

民事诉讼涉及的内容较多，在本章第四节中单独介绍。

第三节 旅游投诉的规定

旅游投诉主要使用的是 2010 年 1 月 4 日国家旅游局第 1 次局长办公会议审议通过的《旅游投诉处理办法》，于 2010 年 7 月 1 日起施行。

一、旅游投诉概述

（一）旅游投诉的概念和特点

1. 旅游投诉的概念

2010 年 5 月，国家旅游局制定与颁布了《旅游投诉处理办法》，目的是维护旅游者和旅游经营者的合法权益，依法公正处理旅游投诉。《旅游投诉处理办法》指出：旅游投诉是指旅游者认为旅游经营者损害其合法权益，请求旅游行政管理部门、旅游质量监督管理机构或者旅游执法机构，对双方发生的民事争议进行处理的行为。

2. 旅游投诉的特点

（1）投诉的主体只能是旅游者。
（2）被投诉的主体只能是旅游经营者。
（3）请求解决的纠纷属于民事争议。
（4）受理旅游投诉的机构是规定的旅游投诉机构。
（5）处理旅游投诉是旅游投诉处理机构的具体行政行为。
（6）处理旅游投诉纠纷是旅游投诉处理机构法定职权内的行为。

（二）旅游投诉的类别

1. 以投诉人的数量为依据划分

以投诉人的数量为依据的旅游投诉可以分为单独投诉和共同投诉两类。旅游投诉通常是单个的个体行为;《旅游投诉处理办法》第十四条规定,投诉人4人以上,以同一事由投诉同一被投诉人的,为共同投诉。第十四条第二款规定,共同投诉可以由投诉人推选1至3名代表进行投诉。代表人参加旅游投诉处理机构处理投诉过程的行为,对全体投诉人发生效力,但代表人变更、放弃投诉请求或者进行和解,应当经全体投诉人同意。

2. 以是否以自己的行为行使投诉权为依据划分

以是否以自己的行为行使投诉权为依据,旅游投诉可以分为亲自投诉和委托投诉两种。《旅游投诉处理办法》第十三条规定,投诉人委托代理人进行投诉活动的,应当向旅游投诉处理机构提交授权委托书,并载明委托权限。

(三)旅游投诉的当事人

1. 旅游投诉者

旅游投诉者是指认为旅游经营者损害了其合法权益,请求旅游投诉处理机构对双方发生的民事争议进行处理以维护其合法权益因而使投诉成立的人。在旅游投诉过程中,旅游投诉者享有如下权利:有权了解处理的情况;投诉不予受理、投诉转办的,有权获得书面告知的权利;有权请求调解;有权要求旅游投诉处理机构在规定的时间处理投诉;有权与被投诉人和解;调解不成或者调解书生效后没有执行的,有权依法申请仲裁或者向人民法院提起诉讼。此外,旅游投诉者应当积极配合旅游投诉处理机构处理投诉的工作,按照规定的形式要件提交书面投诉状;对投诉事实提供证据;接受并配合旅游投诉处理机构的调查;按照约定承担鉴定、检测费用;与被投诉人和解的,应当将和解结果告知旅游投诉处理机构。

2. 旅游被投诉者

旅游被投诉者是指与旅游投诉者相对应的一方当事人,被控损害旅游投诉者权益,需要追究其民事责任,并经旅游投诉处理机构通知其应诉的人。在旅游投诉中,被投诉者只能是为旅游者提供服务的旅游经营者。在旅游投诉过程中,旅游被投诉者享有如下权利:有权了解处理的情况;与投诉者自行和解;依据事实和相关法规、合同约定反驳投诉请求;提出申辩,保护其合法权益。在旅游投诉中,被投诉者应当积极配合旅游投诉处理机构的工作,在接到旅游投诉受理通知书之日起10日内做出书面答复,提出答辩的事实、理由和证据;对自己的答辩提供证据;接受旅游投诉处理机构的调查;按照约定承担鉴定、检测费用;与被投诉人和解的,应当将和解结果告知旅游投诉处理机构。

(四)旅游投诉的构成要件

1. 受理旅游投诉案件的实质要件

(1)投诉人与被投诉事项有直接利害关系。
(2)有明确的被投诉人。
(3)有具体的投诉请求、事实和理由。

2. 受理旅游投诉案件的形式要件

(1)形式。《旅游投诉处理办法》第十一条规定,旅游投诉一般应当采用书面形式,一式两份,并载明规定的内容。第十二条规定,投诉事项比较简单的,投诉人可以口头投诉,由旅游投诉处理机构进行记录或者登记,并告知被投诉人;对于不符合受理条件的投诉,旅游投诉处理机构可以口头告知投诉人不予受理及其理由,并进行记录或者登记。

(2) 投诉状的内容。投诉状应当记明以下事项：一是投诉人的基本情况，包括旅游投诉者的姓名、性别、国籍、通信地址、联系电话及投诉日期。二是被投诉人的名称、所在地。三是投诉的要求、理由及相关的事实根据。

二、旅游投诉的受理

（一）旅游投诉受理的机构及其职责

《旅游法》第九十一条规定，县级以上人民政府应当指定或者设立统一的旅游投诉受理机构。受理机构接到投诉，应当及时处理或者移交有关部门处理，并告知投诉者。该规定表明：①设置统一的旅游投诉受理机构是县级以上人民政府的义务；②旅游投诉受理机构的主要职能是：统一接受旅游者的投诉；自行处理或将投诉转交各有关部门进行处理；对投诉人履行告知义务。

在处理旅游投诉中，旅游投诉处理机构发现被投诉人或者其从业人员有违法或者犯罪行为的，应当按照法律、法规和规章的规定，做出行政处罚、向有关行政管理部门提出行政处罚建议或者移送司法机关。此外，旅游投诉处理机构应当每季度公布旅游者的投诉信息，使用统一规范的旅游投诉处理信息系统，为受理的投诉制作档案并妥善保管相关资料。

（二）旅游投诉受理及其范围

1. 旅游投诉受理的含义

旅游投诉的受理是指有管辖权的旅游投诉处理机构，接到旅游投诉者的投诉状或者口头投诉，经审查认为符合投诉受理条件，在法定期限内予以立案，或者认为投诉不符合投诉受理条件，决定不予受理的行政行为。

2. 投诉案件受理的范围

《旅游投诉处理办法》第八条规定了旅游投诉案件的受理范围和除外情形。投诉人可以就下列事项向旅游投诉处理机构投诉：第一，认为旅游经营者违反合同约定的。第二，因旅游经营者的责任致使投诉人人身、财产受到损害的。第三，因不可抗力、意外事故致使旅游合同不能履行或者不能完全履行，投诉人与被投诉人发生争议的。第四，其他损害旅游者合法权益的。

（三）旅游投诉案件的管辖

1. 旅游投诉案件的管辖及其原则

旅游投诉案件的管辖，指各级旅游投诉处理机构和同级旅游投诉处理机构之间，在受理旅游投诉案件时的分工和权限。《旅游投诉处理办法》确立了以一般地域管辖为主、特殊地域管辖为辅的原则，充分体现和发挥旅游投诉工作及时、快速化解纠纷、避免矛盾扩大的特点和优势。

2. 地域管辖

地域管辖，是指同级旅游投诉处理机构之间横向划分在各辖区内处理旅游投诉案件的分工和权限，即确定旅游投诉处理机构实施其行政权力的地域范围。《旅游投诉处理办法》第五条规定，旅游投诉由旅游合同签订地或者被投诉人所在地县级以上地方旅游投诉处理机构管辖。根据我国的实际情况以及旅游的特点，《旅游投诉处理办法》确定了三个标准：

（1）旅游合同签订地。旅游者与旅行社签订旅游合同的所在地，通常指组团社所在地。

（2）被投诉者所在地。被投诉者是公民的，所在地是其长久居住地场所。

（3）损害行为发生地。导致投诉人人身、财产权利或其他权利受到损害的被投诉人的过错行为发生地。《旅游投诉处理办法》第五条规定，需要立即制止、纠正被投诉人的损害行为的，应当由损害行为发生地旅游投诉处理机构管辖。

3. 级别管辖与指定管辖

（1）级别管辖。级别管辖是划分上下级旅游投诉处理机构之间对处理投诉案件的分工和权限。《旅游投诉处理办法》第六条规定，上级旅游投诉处理机构有权处理下级旅游投诉处理机构管辖的投诉处理案件。

（2）指定管辖。指定管辖是指上级旅游投诉处理机构以决定方式指定下一级投诉处理机构对某一案件行使管辖权。《旅游投诉处理办法》第七条规定，发生管辖争议的，旅游投诉处理机构可以协商确定，或者报请共同的上级旅游投诉处理机构指定管辖。

三、旅游投诉的处理

（一）旅游投诉处理机构对接到投诉的处理

1. 一般规定

《旅游投诉处理办法》第十五条规定，旅游投诉处理机构，应当在5个工作日内做出以下处理：投诉符合受理条件的，予以受理；投诉不符合受理条件的，应当向投诉人送达旅游投诉不予受理通知书，告知不予受理的理由。旅游投诉受理通知书与旅游投诉不予受理通知书均由国家旅游局统一制作。

不符合受理条件的情形主要是指：第一，人民法院、仲裁机构、其他行政管理部门或者社会调解机构已经受理或者处理的；第二，旅游投诉处理机构已经做出处理，且没有新情况、新理由的；第三，不属于旅游投诉处理机构职责范围或者管辖范围的；第四，超过旅游合同结束之日90天的；第五，不符合本《旅游投诉处理办法》第十条规定的旅游投诉条件的；第六，《旅游投诉处理》规定情形之外的其他经济纠纷。

2. 转办制度

《旅游投诉处理办法》第十五条规定了旅游投诉案件的转办制度：依照有关法律、法规或者办法规定，接到投诉的旅游投诉处理机构无管辖权的，应当以旅游投诉转办通知书或者旅游投诉转办函，将投诉材料转交有管辖权的旅游投诉处理机构或者其他有关行政部门，并书面告知投诉人。旅游投诉转办通知书与旅游投诉转办函均由国家旅游局统一制作。

（二）投诉者在投诉时效期间内提起投诉

投诉时效，是指依照相关规定，投诉者在法定有效期限内不行使权利，就丧失了请求旅游投诉处理机构保护其合法旅游权益的权利。超过投诉规定的，旅游主管机关不予受理。《旅游投诉处理办法》第九条第四款规定当事人向旅游投诉处理机构请求保护合法权益的投诉时效期间为90天，从旅游合同结束之日起算。投诉时效从权利人知道或者应当知道合同结束之日起开始计算。应当知道，这是一种法律上的推定，即不问当事人实际上是否知道合同结束，而是根据当事人客观上存在知道的条件和可能，来推定当事人可以意识到合同结束。

（三）处理旅游投诉的程序

1. 简易程序

《旅游投诉处理办法》第十七条第二款规定了处理旅游投诉案件的简易程序：旅游投诉处理机构对于事实清楚、应当即时制止或者纠正被投诉人损害行为的，可以不填写旅游投诉立案表和向被投诉人送达旅游投诉受理通知书，但应当对处理情况进行记录存档。

2. 一般程序

《旅游投诉处理办法》第十七至二十五条规定了处理旅游投诉案件的一般程序。旅游投诉处理机构处理旅游投诉的先后顺序，包括立案、答复、调查取证、鉴定检测、和解、处理等。

（1）立案。《旅游投诉处理办法》第十七条第一款规定，旅游投诉处理机构处理旅游投诉，应当立案办理，填写旅游投诉立案表，并附有关投诉材料，在受理投诉之日起5个工作日内，将旅游投诉受理通知书和投诉书副本送达被投诉人。

（2）被投诉人的书面答复。《旅游投诉处理办法》第十八条规定，被投诉人应当在接到通知之日起10日内做出书面答复，提出答辩的事实、理由和证据。书面答复，是指被投诉人为维护其合法权益，针对提出的事实、理由、根据和请求事项，用对己有利的事实、理由、根据和请求事项回答、辩解、反驳时制作的一种文字形式的书面诉状。

（3）调查取证。《旅游投诉处理办法》第二十条规定，旅游投诉处理机构应当对双方当事人提出的事实、理由及证据进行审查。投诉人和被投诉人应当对自己的投诉和答辩提供证据。旅游投诉处理机构认为有必要收集新的证据，可以根据有关法律、法规的规定，自行收集或者召集有关当事人进行调查。需要委托其他投诉处理机构协助调查、取证的，应当出具旅游投诉调查取证委托书，受委托的旅游投诉处理机构应当予以协助。旅游投诉调查取证委托书应当由国家旅游局统一制作。

（4）鉴定检测。《旅游投诉处理办法》第二十二条规定，对专门性事项需要鉴定或者检测的，可以由当事人双方约定的鉴定或者检测部门鉴定。没有约定的，当事人一方可以自行向法定鉴定或者检测机构申请鉴定或者检测。鉴定、检测费用按双方约定承担。没有约定的，由鉴定、检测申请方先行承担；达成调解协议后，按调解协议承担。

（5）和解。《旅游投诉处理办法》第二十三条规定，在投诉处理过程中，投诉人与被投诉人自行和解的，应当将和解的结果告知旅游投诉处理机构；旅游投诉处理机构在核实后应当予以记录并由双方当事人、投诉处理人员签名或者盖章。

（6）投诉处理。《旅游投诉处理办法》第二十五条规定，旅游投诉处理机构应当在受理旅游投诉之日起60日内，做出处理。鉴定、检测的时间不计入投诉处理时间。对于双方达成调解协议的，应当制作旅游投诉调解书，载明投诉请求、查明事实、处理过程和调解结果，由当事人双方签字并加盖旅游投诉处理机构印章；对于调解不成的，终止调解，旅游投诉处理机构应当向双方当事人出具旅游投诉终止调解书。调解不成的，或者调解书生效后没有执行的，投诉人可以按照国家法律、法规的规定，向仲裁机构申请仲裁或者向人民法院提起诉讼。旅游投诉终止调解书应当由国家旅游局统一制作。

第四节 民事诉讼的规定

民事诉讼的法律法规制度主要有：一是1991年4月9日第七届全国人民代表大会第四次会议通过的《中华人民共和国民事诉讼法》，该法于2007年和2012年先后两次进行修正，该法第6章对"证据"进行了专章规定。二是2001年通过的《关于民事诉讼证据的若干规定》。三是2014年12月18日通过的《关于适用〈中华人民共和国民事诉讼法〉的解释》，自2015年2月6日起施行。四是2010年9月13日由最高人民法院审判委员会第1 496次会议通过的《最高人民法院关于审理旅游纠纷案件适用法律若干问题的规定》，2010年11月1日开始施行。

一、民事诉讼概述

（一）民事诉讼的概念

旅游争议的司法解决就是通过民事诉讼手段解决当事人之间的纠纷。当事人不愿意通过协商和解、调解或调解不成，也没有仲裁协议的，可以向人民法院提起民事诉讼，通过民事诉讼程序来解决争议。民事诉讼是指人民法院在当事人和其他诉讼参与人的参加下，以审理、判决、执行等方式解决民事纠纷的活动。

（二）民事诉讼的特征

1. 民事诉讼的公权性

民事诉讼具有公权性，是以司法方式解决平等主体之间的纠纷，是由法院代表国家行使审判权解决民事争议。

2. 民事诉讼的强制性

民事诉讼具有强制性，其强制性既表现在案件的受理上，又反映在裁判的执行上，当事人不履行生效的判决所确定的义务，法院可以依法强制执行。

3. 民事诉讼的程序性

民事诉讼具有程序性，民事诉讼是依照法定程序进行的诉讼活动，无论法院还是当事人和其他诉讼参与人，都必须按照民事诉讼法设定的程序实施诉讼行为。

（三）民事诉讼的基本制度

民事诉讼的基本制度是在民事诉讼活动过程中对法院的民事审判起重要作用的行为准则。民事诉讼的基本制度有：合议制、回避制、公开审判制、举证责任制、两审终审制。

1. 合议制

合议制是指由若干名审判人员组成合议庭对民事案件进行审理的制度。按合议制组成的审判组织称为合议庭，合议庭由3个以上的单数的审判人员组成。在普通程序中，合议庭的组成有两种方式：一种是由审判员和人民陪审员共同组成，陪审员在法院参加审判期间，与审判员有同等的权力；另一种是由审判员组成合议庭。合议庭的审判工作，由审判长负责主持。审判长由法院院长或法庭庭长担任。合议庭评议，采取少数服从多数原则。评议中的不同意见，必须如实记入评议笔录。实行合议制，是为了发挥集体的智慧，弥补个人能力上的不足,以保证案件的审判质量。

2. 回避制

回避制是指为了保证案件的公平审判,要求与案件有一定利害关系的审判人员或其他有关人员,不得参与本案的审理活动或诉讼活动的审判制度。适用回避的人员包括审判人员、书记员、翻译人员、鉴定人、勘验人员等,这些人员是本案当事人或当事人、诉讼代理人的近亲属,或与本案有利害关系,或与本案当事人有其他关系,可能影响对案件的公正审理。

3. 公开审判制

公开审判制是指人民法院审理民事案件,除法律规定的情况外,审判过程及结果应当向社会公开。即是法院在审理民事案件时,允许群众旁听案件审理过程,允许新闻记者对庭审过程做采访、报道,将案件向社会披露。公开审判也有例外,不公开审判的案件包括:一是涉及国家秘密的案件,二是涉及个人隐私的案件和离婚案件,三是涉及商业秘密的案件。无论公开审理的案件,还是不公开审理的案件,宣判时一律公开。

4. 举证责任制

举证责任制是指当事人对自己主张的事实有提出证据加以证明的责任。民事诉讼采取"谁主张、谁举证"的原则,当事人对自己的主张必须提供证据加以证明。只有法律明文规定,在某些特殊的情况下,原告的主张由被告负举证责任,即举证责任倒置。

5. 两审终审制

两审终审制是指一个民事案件经过两级人民法院审判后即告终结的制度。一般的民事案件,当事人不服一审人民法院的判决,允许上诉裁定,可上诉至二审人民法院,二审人民法院对案件所做的判决、裁定为生效判决、裁定,当事人不得再上诉。

(四)民事诉讼的普通程序

普通程序是人民法院审理第一审民事案件通常所适用的程序,也是民事案件的当事人进行第一审民事诉讼通常所遵循的程序。在民事诉讼中,除普通程序外,还有简易程序和特别程序。普通程序是最完整的民事诉讼审判程序,也是民事诉讼审判中的基础程序。

1. 起诉

起诉是指自然人、法人和其他组织在其民事权益受到侵害或与他人发生争议时,向人民法院提起诉讼,请求人民法院通过审判予以司法保护的行为。起诉是当事人获得司法保护的手段,也是人民法院对民事案件行使审判权的前提。

当事人的起诉要得到人民法院的受理,必须具备法律规定的起诉条件。起诉的条件是:第一,原告必须是与本案有直接利害关系的、有诉讼权利能力的自然人、法人或其他组织。第二,有明确的被告。如果没有明确具体的被告,诉讼程序就无从进行,法院也无法对案件进行审理。第三,有具体的诉讼请求、事实和理由。第四,属于人民法院受理民事诉讼的范围和受诉人民法院管辖。

起诉的方式,以书面起诉为原则,以口头起诉为例外。起诉应当向人民法院递交起诉状,并按照被告的人数提交起诉状副本。起诉状的内容应当写明:当事人的有关详细情况,原告的诉讼请求,事实和理由,证据和证据来源,证人姓名、住所等,受诉法院的名称,起诉时间，起诉人签名或盖章。

2. 受理

受理是指人民法院通过对当事人的起诉进行审查，对符合法律规定条件的，决定立案审理的行为。人民法院审查起诉主要从三个方面进行：一是审查原告的起诉是否属于受理民事诉讼的范围，是否属于受诉法院管辖；二是审查是否符合法定起诉条件；三是审查起诉手续是否完备，起诉内容是否具体明确。

人民法院收到起诉状后，应当在7日内做出是否受理的裁定。经审查认为符合起诉条件的，应当做出立案，并通知当事人；认为不符合受理条件的，应当裁定不予受理。原告对不予受理裁定不服的，可以提起上诉。立案后，发现起诉不符合受理条件的，裁定驳回起诉。

3. 开庭审理

开庭审理是指人民法院在当事人和其他诉讼参与人参加下，依照法定程序对案件进行审理的诉讼活动过程。

开庭审理前，人民法院应当在立案之日起5日内将起诉状副本送达被告，被告应当在收到起诉状副本之日起15日内提出答辩状，人民法院在收到答辩状5日内将答辩状副本送达原告。人民法院在开庭审理前，应当告知当事人诉讼权利义务及合议庭组成人员，应当审阅诉讼材料，调查搜集必要的证据。人民法院在确定开庭日期后，应当在开庭3日前用传票通知当事人和其他诉讼参与人，对于公开审理的案件应当发布公告。开庭审理案件必须严格按照法定的阶段和顺序进行：①准备开庭，核对当事人并宣布案由以及审判人员、书记员名单等。②法庭调查。法庭调查的顺序是当事人陈述，证人出庭作证，出示书证、物证和视听资料，宣读鉴定结论，宣读勘验笔录等。③法庭辩论。即双方当事人及其诉讼代理人在法庭上就有争议的事实和法律问题进行辩驳和论证，法庭辩论终结时，审判长按照原告、被告、第三人的先后顺序征求各方最后意见，给当事人再次阐述自己观点和意见的机会。

4. 评议和宣判

在法庭辩论终结后，法庭做出评议和判决前，对于能够调解的案件，法庭可以在事实清楚、是非明确的基础上进行调解。如果调解达成协议，双方按照协议履行。如果调解不成的，应当及时进行评议和宣判。

法庭辩论终结后，由审判长宣布休庭，合议庭组成人员进入评议室对案件进行评议，合议庭评议采取少数服从多数的原则，评议的情况应如实记录笔录。评议完毕，由审判长宣布继续开庭，宣告判决结果。不论案件是否公开审理，宣告判决结果一律公开进行。

宣告判决有两种方式：一种是当庭宣判，当庭宣判的，应在10日内向当事人发送判决书。另一种是定期宣判，定期宣判的，应在宣判后立即发给判决书。不管采用哪种形式宣判都要告知当事人上诉权利、上诉期限以及上诉法院。

当事人不服第一审人民法院判决的，可以在15日内向上一级人民法院提起上诉。当事人没有上诉的，法院判决就发生法律效力，当事人必须履行。如果当事人不履行法院已经生效的判决，人民法院可以依法采取强制措施迫使义务人履行义务。

二、民事证据法律规定

(一) 民事证据及其种类

1. 证据的含义

"证据"是人民法院用以证明案件真实情况及正确处理案件的根据。因此,当事人提供的或者人民法院依职权调查收集的用以证明案件事实的各种材料,必须查证属实,才能作为认定事实的根据,称之为证据。

2. 证据的类别

《民事诉讼法》中第六章第六十三条规定了民事证据的种类,包括八种:"当事人的陈述、书证、物证、视听资料、电子数据、证人证言、鉴定意见、勘验笔录。"《关于适用〈中华人民共和国民事诉讼法〉的解释》中第四部分第一百一十六条对视听资料和电子数据进行了补充规定:"视听资料包括录音资料和影像资料;电子数据是指通过电子邮件、电子数据交换、网上聊天记录、博客、微博客、手机短信、电子签名、域名等形成或者存储在电子介质中的信息。存储在电子介质中的录音资料和影像资料,适用电子数据的规定。"

(二) 民事证据的证明对象和责任

1. 民事证据的证明对象

民事证据的证明对象,是指在民事诉讼中需要运用证据加以证明的案件事实。在民事诉讼中,需要运用证据加以证明的案件事实包括四种:

(1) 当事人主张的实体事实,包括权利产生所依据的事实、权利消灭的事实、阻碍权利产生的事实、权利变更的事实等。

(2) 当事人主张的程序事实,如管辖权问题、当事人资格以及行为能力等。

(3) 证据事实,如书证、物证等是否客观真实等。

(4) 外国法律和地方性法规,即在审理涉外案件的时候,如果涉及适用外国实体法,或者在审理国内案件时适用地方性法规,必须要将法律法规出示出来就其合法性加以证明。

2. 民事证据的证明责任

举证责任,即当事人的主张由当事人提供证据加以证明。《民事诉讼法》第六十四条规定,当事人对自己提出的主张,有责任提供证据。当事人及其诉讼代理人由于客观原因不能自行收集的证据,或者人民法院认为审理案件需要的证据,人民法院应当调查收集。人民法院应当按照法定程序,全面地、客观地审查核实证据。第六十五条规定,当事人对自己提出的主张应当及时提供证据。人民法院根据当事人的主张和案件审理情况,确定当事人应当提供的证据及其期限。当事人在该期限内提供证据确有困难的,可以向人民法院申请延长期限,人民法院根据当事人的申请适当延长。当事人逾期提供证据的,人民法院应当责令其说明理由。拒不说明理由或者理由不成立的,人民法院根据不同情形可以不予采纳该证据,或者采纳该证据但予以训诫、罚款。

(三) 民事证据的证明标准

民事诉讼的证明标准是指承担证明责任的当事人提出证据证明案件事实应当达到的程

度,《民事诉讼法》及其《关于适用〈中华人民共和国民事诉讼法〉的解释》中确立了相应的证明标准。

1. 对不同种类证据证明标准的要求

(1) 书证和物证。《民事诉讼法》第七十条规定,书证应当提交原件。物证应当提交原物。提交原件或者原物确有困难的,可以提交复制品、照片、副本、节录本。提交外文书证,必须附有中文译本。

(2) 视听资料和电子数据。《民事诉讼法》第七十一条规定,人民法院对视听资料,应当辨别真伪,并结合本案的其他证据,审查确定能否作为认定事实的根据。

(3) 证人证言。《民事诉讼法》第七十二条规定,不能正确表达意思的人,不能作证。第七十三条规定,经人民法院通知,证人应当出庭作证。有下列情形之一的,经人民法院许可,可以通过书面证言、视听传输技术或者视听资料等方式作证:①因健康原因不能出庭的;②因路途遥远,交通不便不能出庭的;③因自然灾害等不可抗力不能出庭的;④其他有正当理由不能出庭的。

(4) 陈述。《民事诉讼法》第七十五条规定,人民法院对当事人的陈述,应当结合本案的其他证据,审查确定能否作为认定事实的根据。当事人拒绝陈述的,不影响人民法院根据证据认定案件事实。

(5) 鉴定意见。《民事诉讼法》第七十七条规定,鉴定人应当提出书面鉴定意见,在鉴定书上签名或者盖章。

(6) 勘验笔录。《民事诉讼法》第八十条规定,勘验人应当将勘验情况和结果制作笔录,由勘验人、当事人和被邀参加人签名或者盖章。

2. 人民法院对证据有无证明力和证明力大小的判断

(1) 未经当事人质证的证据。《解释》第一百零三条规定,证据应当在法庭上出示,由当事人互相质证。未经当事人质证的证据,不得作为认定案件事实的根据。

(2) 法律规定的应当确认其证明力的证据。《关于适用〈中华人民共和国民事诉讼法〉的解释》第104条规定,能够反映案件真实情况、与待证事实相关联、来源和形式符合法律规定的证据,应当作为认定案件事实的根据。

(3) 非法来源的证据。《解释》第一百零六条规定,对以严重侵害他人合法权益、违反法律禁止性规定或者严重违背公序良俗的方法形成或者获取的证据,不得作为认定案件事实的根据。

(4) 当事人为达成调解或和解做出妥协而认可的事实不视同为不利证据。《解释》第一百零七条规定,在诉讼中,当事人为达成调解协议或者和解协议做出妥协而认可的事实,不得在后续的诉讼中作为对其不利的根据,但法律另有规定或者当事人均同意的除外。

(5) 存在具有高度可能性的待证事实。《解释》第一百零八条规定,对负有举证证明责任的当事人提供的证据,人民法院经审查并结合相关事实,确信待证事实的存在具有高度可能性的,应当认定该事实存在。对一方当事人为反驳负有举证证明责任的当事人所主张事实而提供的证据,人民法院经审查并结合相关事实,认为待证事实真伪不明的,应当认定该事实不存在。法律对于待证事实所应达到的证明标准另有规定的,从其规定。

(6) 对欺诈、胁迫、恶意串通事实及口头遗嘱或者赠与事实的证明。《解释》第一百零九条规定，当事人对欺诈、胁迫、恶意串通事实的证明，以及对口头遗嘱或者赠与事实的证明，人民法院确信该待证事实存在的可能性能够排除合理怀疑的，应当认定该事实存在。

三、审理旅游纠纷案件适用法律的规定

（一）适用范围、诉权与诉讼地位

1. 制定背景

随着旅游业的迅猛发展，旅游市场中旅游经营者损害旅游者利益的情况时有发生，大量旅游纠纷形成诉讼进入司法领域。人民法院在审理旅游纠纷案件中面临许多具体适用法律的难点问题，及时出台相关司法解释，是促进旅游业发展、规范旅游市场、维护旅游者权益的必然要求。为统一法律适用及裁判尺度，指导各级人民法院准确、及时地审理旅游纠纷案件，最高人民法院于2010年9月13日通过了《最高人民法院关于审理旅游纠纷案件适用法律若干问题的规定》（以下简称《规定》），并于同年11月1日正式实施，这是我国第一个专门处理旅游民事纠纷的司法解释。

2. 适用范围

《规定》第一条规定了旅游纠纷案件的受理范围：本规定所称的旅游纠纷，是指旅游者与旅游经营者、旅游辅助服务者之间因旅游发生的合同纠纷或者侵权纠纷。其中，"旅游经营者"是指以自己的名义经营旅游业务，向公众提供旅游服务的人，包括合法设立的旅行社和非法经营旅行社业务的机构；"旅游辅助服务者"是指与旅游经营者存在合同关系，协助旅游经营者履行旅游合同义务，实际提供交通、游览、住宿、餐饮、娱乐等旅游服务的人，但不包括导游、领队以及公共交通提供者；旅游者在自行旅游过程中与旅游景点经营者因旅游发生的纠纷，参照适用本规定。

3. 集体旅游合同中旅游者的个人诉权

《规定》第二条明确了集体旅游合同中旅游者的个人诉权，即以单位、家庭等集体形式与旅游经营者订立旅游合同，在履行过程中发生纠纷，除集体以合同一方当事人名义起诉外，旅游者个人提起旅游合同纠纷诉讼的，人民法院应予受理。

（1）单位、家庭等集体旅游合同中的任何一位游客，均可以自己的名义起诉。

（2）以家庭等集体形式签订的旅游合同，虽然合同仅有一名代表人签字，但该集体名单中的任何一人均视为旅游合同的当事人，合同对其均具有普遍法律约束力。

（3）人民法院在受诉时，如旅游集体提起以旅游经营者为被告的民事诉讼，人民法院做出的实体判决足以保护旅游集体每个组成人员的合法权益，该集体中的个体旅游者再提起诉讼的，人民法院应判决驳回诉讼请求。

4. 保险公司的诉讼地位

《规定》第五条规定了保险公司的诉讼地位，即旅游经营者已投保责任险，旅游者因保险责任事故仅起诉旅游经营者的，人民法院可以应当事人的请求将保险公司列为第三人。

（1）保险公司可以第三人的身份参加诉讼。将保险公司列为第三人可以简化责任险的理赔程序和时间。

（2）关于"应当事人的请求"，旅游者和旅游经营者均可提出这种请求。

(二) 旅游者权益保护

1. 明确规定旅游经营者和旅游辅助服务者的义务

（1）安全保障义务。《规定》第七条规定，旅游经营者、旅游辅助服务者未尽到安全保障义务，造成旅游者人身损害、财产损失，旅游者请求旅游经营者、旅游辅助服务者承担责任的，人民法院应予支持。因第三人的行为造成旅游者人身损害、财产损失，由第三人承担责任；旅游经营者、旅游辅助服务者未尽安全保障义务，旅游者请求其承担相应补充责任的，人民法院应予支持。

（2）告知义务。《规定》第八条规定，旅游经营者、旅游辅助服务者对可能危及旅游者人身、财产安全的旅游项目未履行告知、警示义务，造成旅游者人身损害、财产损失，旅游者请求旅游经营者、旅游辅助服务者承担责任的，人民法院应予支持。

（3）保密义务。《规定》第九条规定，旅游经营者、旅游辅助服务者泄露旅游者个人信息或者未经旅游者同意公开其个人信息，旅游者请求其承担相应责任的，人民法院应予支持。

2. 全方位维护旅游者的合法权益

（1）请求权竞合。《规定》第三条规定，因旅游经营者方面的同一原因造成旅游者人身损害、财产损失，旅游者选择要求旅游经营者承担违约责任或者侵权责任的，人民法院应当根据当事人选择的案由进行审理。

（2）霸王条款无效。《规定》第六条规定，旅游经营者以格式合同、通知、声明、告示等方式做出对旅游者不公平、不合理的规定，或者减轻、免除其损害旅游者合法权益的责任，旅游者请求依据《消费者权益保护法》第二十四条的规定认定该内容无效的，人民法院应予支持。

（3）不得擅自转让合同。《规定》第十条规定，旅游经营者将旅游业务转让给其他旅游经营者，旅游者不同意转让，请求解除旅游合同、追究旅游经营者违约责任的，人民法院应予支持。旅游经营者擅自将其旅游业务转让给其他旅游经营者，旅游者在旅游过程中遭受损害，请求与其签订旅游合同的旅游经营者和实际提供旅游服务的旅游经营者承担连带责任的，人民法院应予支持。

（4）转让合同的效力。《规定》第十一条规定，除合同性质不宜转让或者合同另有约定之外，在旅游行程开始前的合理期间内，旅游者将其在旅游合同中的权利义务转让给第三人，请求确认转让合同效力的，人民法院应予支持。因前款所述原因，旅游者请求旅游经营者退还减少的费用的，人民法院应予支持。

（5）解除合同及其费用处理。《规定》第十二条规定，旅游行程开始前或者进行中，因旅游者单方解除合同，旅游者请求旅游经营者退还尚未实际发生的费用，人民法院应予支持。

（6）有权要求退还未发生费用。

1）因不可抗力等客观原因导致变更旅游行程。《规定》第十三条第二款规定，因不可抗力等不可归责于旅游经营者、旅游辅助服务者的客观原因变更旅游行程，在征得旅游者同意后，旅游者请求旅游经营者退还因此减少的旅游费用的，人民法院应予支持。

2）公共交通工具延误。《规定》第十八条规定，因飞机、火车、班轮、城际客运班车等公共客运交通工具延误，导致合同不能按照约定履行，旅游者请求旅游经营者退还未实际发生的费用的，人民法院应予支持。

3）证照纠纷。《规定》第二十四条规定，旅游经营者因过错致其代办的手续、证件存在瑕疵，或者未尽妥善保管义务而遗失、毁损，旅游者请求旅游经营者补办或者协助补办相关手续、证件并承担相应费用的，人民法院应予支持。因上述行为影响旅游行程，旅游者请求旅游经营者退还尚未发生的费用、赔偿损失的，人民法院应予支持。

（7）有权请求违约赔偿。《规定》第十七条规定，旅游经营者违反合同约定，有擅自改变旅游行程、遗漏旅游景点、减少旅游服务项目、降低旅游服务标准等行为，旅游者请求旅游经营者赔偿未完成约定旅游服务项目等合理费用的，人民法院应予支持。

（8）欺诈旅游者要双倍赔偿损失。《规定》第十七条第二款规定，旅游经营者提供服务时有欺诈行为，旅游者请求旅游经营者2倍赔偿其遭受的损失的，人民法院应予支持。

（9）拒绝购物、增收费用的退还。《规定》第二十三条规定，旅游者要求旅游经营者返还下列费用的，人民法院应予支持：①因拒绝旅游经营者安排的购物活动或者另行付费的项目被增收的费用；②在同一旅游行程中，旅游经营者提供相同服务，因旅游者的年龄、职业等差异而增收的费用。

（三）旅游经营者的责任与权益保护

1. 合理界定旅游经营者的责任

（1）旅游经营者的连带责任。①旅游经营者擅自转团。《规定》第十条第二款规定，旅游经营者擅自将其旅游业务转让给其他旅游经营者，旅游者在旅游过程中遭受损害，请求与其签订旅游合同的旅游经营者和实际提供旅游服务的旅游经营者承担连带责任的，人民法院应予支持。②旅游经营者准许挂靠的责任承担。《规定》第十六条规定，旅游经营者准许他人挂靠其名下从事旅游业务，造成旅游者人身损害、财产损失，旅游者请求旅游经营者与挂靠人承担连带责任的，人民法院应予支持。

（2）旅游经营者的补充责任。《规定》第十四条第二款规定，旅游经营者对旅游辅助服务者未尽谨慎选择义务，旅游者请求旅游经营者承担相应补充责任的，人民法院应予支持。

（3）地接社违约的旅游经营者责任。《规定》第十五条规定，签订旅游合同的旅游经营者将其部分旅游业务委托旅游目的地的旅游经营者，因受托方未尽旅游合同义务，旅游者在旅游过程中受到损害，要求做出委托的旅游经营者承担赔偿责任的，人民法院应予支持。旅游经营者委托除前款规定以外的人从事旅游业务，发生旅游纠纷，旅游者起诉旅游经营者的，人民法院应予受理。

（4）自行安排活动期间旅游经营者的责任。《规定》第十九条规定，旅游者在自行安排活动期间遭受人身损害、财产损失，旅游经营者未尽到必要的提示义务、救助义务，旅游者请求旅游经营者承担相应责任的，人民法院应予支持。同时，前款规定的自行安排活动期间，包括旅游经营者安排的在旅游行程中独立的自由活动期间、旅游者不参加旅游行程的活动期间以及旅游者经导游或者领队同意暂时离队的个人活动期间等。

（5）旅游者脱团时旅游经营者的责任。《规定》第二十条规定，旅游者在旅游行程中未经导游或者领队许可，故意脱离团队，遭受人身损害、财产损失，请求旅游经营者赔偿损失的，人民法院不予支持。

(6) 旅游者行李丢失时旅游经营者的责任。《规定》第二十二条规定,旅游经营者或者旅游辅助服务者为旅游者代管的行李物品损毁、灭失,旅游者请求赔偿损失的,人民法院应予支持。

有四种除外情形:①损失是由于旅游者未听从旅游经营者或者旅游辅助服务者的事先声明或者提示,未将现金、有价证券、贵重物品由其随身携带而造成的;②损失是由于不可抗力、意外事件造成的;③损失是由于旅游者的过错造成的;④损失是由于物品的自然属性造成的。

(7)"自由行"过程中旅游经营者的责任。《规定》第二十五条规定,旅游经营者事先设计,并以确定的总价提供交通、住宿、游览等一项或者多项服务,不提供导游和领队服务,由旅游者自行安排游览行程的旅游过程中,旅游经营者提供的服务不符合合同约定,侵害旅游者合法权益,旅游者请求旅游经营者承担相应责任的,人民法院应予支持。

2. 旅游经营者的权益保护

(1) 追加旅游辅助服务者为第三人。《规定》第四条规定,因旅游辅助服务者的原因导致旅游经营者违约,旅游者仅起诉旅游经营者的,人民法院可以将旅游辅助服务者追加为第三人。

(2) 旅游经营者、旅游辅助服务者的免责情形。

1) 旅游者未履行如实告知义务的。《规定》第八条第二款规定,旅游者未按旅游经营者、旅游辅助服务者的要求提供与旅游活动相关的个人健康信息并履行如实告知义务,或者不听从旅游经营者、旅游辅助服务者的告知、警示,参加不适合自身条件的旅游活动,导致旅游过程中出现人身损害、财产损失,旅游者请求旅游经营者、旅游辅助服务者承担责任的,人民法院不予支持。

2) 因不可抗力等客观原因导致旅游合同无法履行的。《规定》第十三条规定,因不可抗力等不可归责于旅游经营者、旅游辅助服务者的客观原因导致旅游合同无法履行,旅游经营者、旅游者请求解除旅游合同的,人民法院应予支持。旅游经营者、旅游者请求对方承担违约责任的,人民法院不予支持。

3) 旅游者擅自脱团的。《规定》第二十条规定,旅游者在旅游行程中未经导游或者领队许可,故意脱离团队,遭受人身损害、财产损失,请求旅游经营者赔偿损失的,人民法院不予支持。

4) 旅游者自行安排旅游活动的。《规定》第二十五条第二款规定,旅游者在自行安排的旅游活动中合法权益受到侵害,请求旅游经营者、旅游辅助服务者承担责任的,人民法院不予支持。

(3) 旅游经营者有权转让合同。《规定》第十条规定,旅游经营者将旅游业务转让给其他旅游经营者,旅游者不同意转让,请求解除旅游合同、追究旅游经营者违约责任的,人民法院应予支持。这表明,《规定》并无禁止旅行社转团,但前提是必须事先征得旅游者同意。

(4) 旅游经营者有权要求旅游者支付合理费用。

1) 旅游者转让旅游合同的。《规定》第十一条第二款规定,在旅游行程开始前的合理期间内,因旅游者将其在旅游合同中的权利义务转让给第三人的原因,旅游经营者请求旅游者、第三人给付增加的费用,人民法院应予支持。

2)旅游者单方解除合同的。《规定》第十二条规定,旅游行程开始前或者进行中,因旅游者单方解除合同,旅游经营者请求旅游者支付合理费用的,人民法院应予支持。

3)因不可抗力等客观因素变更旅游行程的。《规定》第十三条第二款规定,因不可抗力等不可归责于旅游经营者、旅游辅助服务者的客观原因变更旅游行程,在征得旅游者同意后,旅游经营者请求旅游者分担因此增加的旅游费用的,人民法院应予支持。

实训项目

旅游投诉处理调研

实训目的:旅游投诉案件处理情况调研。

实训步骤:第一步,分小组到旅游行政管理部门了解当地最近一年旅游投诉情况;第二步,按不同旅游投诉发生的原因,统计出其受理和处理的方法;第三步,形成一份当地旅游投诉受理和处理的主要过程图表。

实训成果:形成一份旅游投诉案件受理和处理的主要过程图表。

知识归纳

本章介绍了《消费者权益保护法》《旅游投诉》等法律法规知识。要求学生熟悉《消费者权益保护法》关于消费者权利、经营者义务的相关规定;了解旅游纠纷的概念、特点、分类及其解决途径;熟悉旅游投诉的概念、构成要件、案件受理和处理的规定。熟悉民事证据的种类、证明对象、证明责任、证明标准的规定。了解《最高人民法院关于审理旅游纠纷案件适用法律若干问题的规定》的规定。

典型案例

组团社与地接社的纠纷,不得损害旅游者利益

【案情介绍】黄某等20名旅游者报名参加某国际旅行社组织的北京—宜昌—三峡—成都旅游团,双方签订了旅游合同。在旅游过程中,因组团社与地接社之间发生团款纠纷,耽误了旅游行程,造成重庆红岩村等景点的游览项目被迫取消,旅游结束后,黄某等旅游者向旅游质量监督管理部门投诉,诉称组团社与地接社的纠纷,殃及无辜的旅游者,组团社应当承担违约责任,要求赔偿全部旅游费,被投诉旅行社辩称,此次旅游景点的遗漏,完全是地接社的原因造成的,组团社并没有过错,不应该承担责任,但是考虑到旅游者的实际利益,同意先退赔遗漏景点门票费每人32元。如旅游者还有其他赔偿要求,应向有过错的地接社提出。

请问:在该案例中组团社辩称的理由是否成立?是否应该承担责任?

【案例解析】本案中被投诉组团社所辩称的理由不能成立。旅游者要求组团社承担违约责任是合理合法的,但所提出的赔偿全部旅游费的请求缺乏事实和法律依据,不应该支持。《合同法》第十二条规定:"当事人一方因第三人的原因造成违约的,应当向对方承担违约责任。当事人一方和第三人之间的纠纷,依照法律规定按照约定解决。"合同关系是一种相

对的法律关系，仅在当事人双方之间发生法律效力。对于旅游者来说，组团社因地接社行为不能完全履行合同时，合同的当事人组团社应对地接社的履行行为负责，向旅游者承担违约责任，然后再就其因此受到的损失向地接社追偿。

复习思考题

一、单项选择题

1. 根据我国《消费者权益保护法》的规定，经营者采用网络、电视、电话、邮购等方式销售商品，消费者有权自收到商品之日起(　　)日内退货，且无需说明理由。
   A. 3　　　　　　　B. 5　　　　　　　C. 7　　　　　　　D. 10
2. 消费者权益争议的双方通常是(　　)。
   A. 消费者和销售者　　　　　　　B. 经营者和旅游者
   C. 消费者和服务者　　　　　　　D. 经营者和消费者
3. 经营者明知商品或服务存在缺陷，仍向消费者提供，造成消费者或者其他人伤害死亡或者健康严重损害的，受害人有权要求所受损失(　　)的惩罚性赔偿。
   A. 两倍以下　　　B. 两倍以上　　　C. 三倍以下　　　D. 三倍以上
4. 经营者提供商品或者服务有欺诈行为的，应当按照消费者的要求增加赔偿其受到的损失，增加赔偿的金额为消费者购买商品的价款或者接受服务的费用的(　　)倍。
   A. 两　　　　　　B. 三　　　　　　C. 四　　　　　　D. 十
5. 消费者在接受服务时，其合法权益受到威胁的，可以向(　　)要求赔偿。
   A. 管理者　　　　B. 生产者　　　　C. 消协　　　　　D. 服务者
6. 旅游纠纷的争议双方在人民法院介入下互谅互让，就争议问题达成协议的过程称为(　　)。
   A. 民间调解　　　　　　　　　　　B. 行政调解
   C. 司法裁决　　　　　　　　　　　D. 司法调解
7. 根据《消费者权益保护法》，消费者协会的性质是(　　)。
   A. 政府机关　　　　　　　　　　　B. 社会组织
   C. 事业单位　　　　　　　　　　　D. 企业单位
8. 旅游投诉的对象是损害旅游者合法权益的(　　)。
   A. 旅游行政部门　　　　　　　　　B. 旅游者
   C. 旅游执法机构　　　　　　　　　D. 旅游经营者
9. 投诉人可以向旅游投诉处理机构投诉的事项不包括(　　)。
   A. 认为旅游经营者违反合同约定的
   B. 因旅游经营者的责任致使投诉人人身受到损害的
   C. 因旅游经营者的责任致使投诉人财产受到损害的
   D. 超过旅游合同结束之日90天的
10. (　　)是指国家指定的有关保护消费者权益内容的法律、法规的总称。
    A. 消费者权益保护法　　　　　　　B. 广告法
    C. 反不正当竞争法　　　　　　　　D. 产品质量法

二、多项选择题

1. 我国消费者的基本权利是(   )。
   A. 依法结社权   B. 自主选择权   C. 监督批评权
   D. 获得知识权   E. 知悉真情权

2. 消费者可以通过(   )途径解决自己与某超市的争议。
   A. 与经营者协商调解   B. 请求消费者协会调节
   C. 向有关部门申诉   D. 向人民法院起诉   E. 申请仲裁

3. 下列关于"仲裁"的说法，不准确的是(   )。
   A. 仲裁一般要公正进行
   B. 仲裁机构所做出的仲裁协议不具有强制性
   C. 仲裁机构所做出的仲裁裁决是终局裁决
   D. 仲裁以双方当事人自愿为前提，必须达成仲裁协议，才可以提交仲裁
   E. 提请仲裁机构仲裁，当事人双方必须有仲裁协议

4. 消费者享有自主选择(   )的权利。
   A. 商品品种   B. 服务方式   C. 经营者
   D. 消费目的   E. 消费水平

5. 不得侵犯消费者人身权具体表现为(   )。
   A. 不得侮辱消费者   B. 不得侵犯消费者人身自由   C. 不得诽谤消费者
   D. 不得搜查消费者的身体   E. 不得搜查消费者携带的物品

6. 民事诉讼具有的基本特征是(   )。
   A. 公权性   B. 强制性   C. 程序性
   D. 实体性   E. 私法性

7. 旅游投诉应当符合的条件包括(   )。
   A. 投诉人与投诉事项有直接利害关系
   B. 投诉人必须具有相应的民事权利能力和民事行为能力
   C. 有明确的被投诉人
   D. 有具体的投诉请求
   E. 有投诉的事实和理由

8. 下列情形旅游投诉机构不予受理(   )。
   A. 超过旅游合同结束之日90天的
   B. 已做出处理，且没有新情况、新理由的
   C. 不属于旅游投诉机构职责范围或者管辖范围的
   D. 不符合《旅游投诉处理办法》规定的旅游投诉条件的
   E. 法院、仲裁机构、其他行政管理部门或社会调解机构已经受理或者处理的

9. 关于旅游纠纷的说法(   )是正确的。
   A. 旅游纠纷发生在旅游法律关系参与主体之间
   B. 引起的原因是由于一方当事人或双方当事人的违法行为所致
   C. 发生时空范围限定在旅游活动过程中

D. 内容复杂、涉及面广

E. 旅游纠纷包括行政纠纷和民事纠纷两种

10. 经营者提供的商品或服务不符合质量要求的，消费者可以要求经营者（　　）。

A. 更换　　　　　　B. 修理　　　　　　C. 退货

D. 置换　　　　　　E. 赔偿

三、判断题

1. 获得赔偿权指消费者在购买、使用商品或者接受服务时享有其人格尊严和风俗习惯获得赔偿的权利。（　　）
2. 经营者在旅游广告中使用模糊甚至虚假宣传字眼违反了《消费者权益保护法》规定的基本义务。（　　）
3. 旅游投诉是处理旅游纠纷的重要途径。（　　）
4. 旅游者自愿选择投诉机构的，只能向一个旅游投诉处理机构提出投诉请求。（　　）
5. 仲裁委员会依法做出的仲裁裁决不具有强制性，当事人可以不履行，另向人民法院提起诉讼。（　　）
6. 经营者提供商品或者服务有欺诈行为的，应当按照消费者的要求增加赔偿其受到的损失，增加赔偿的金额为消费者购买商品的价款或者接受服务的费用的一倍。（　　）
7. 网络交易平台提供者不能提供销售者或者服务者的真实名称、地址和有效联系方式的，消费者也可以向网络交易平台提供者要求赔偿。（　　）
8. 结社权是指消费者享有依法成立维护自身合法权益的社会组织的权利。（　　）
9. 旅游投诉处理机构应当在受理旅游投诉之日起60日内，做出处理。（　　）
10. 协商方法解决旅游纠纷是一种双方的法律行为，不具有法律上的强制力，但具有合同意义上的效力。（　　）

四、简答题

1. 消费者权益保护法应遵循哪些基本原则？
2. 消费者主要有哪些权利？
3. 经营者的义务有哪些？
4. 保护消费者权益有哪些意义？
5. 旅游的纠纷解决主要途径有哪些？
6. 旅游投诉的受理范围有哪些？

参考文献

［1］魏小安，曾博伟. 旅游政策与法规［M］. 北京：北京师范大学出版集团，2009.
［2］李柏槐. 旅游政策与法规［M］. 北京：中国旅游出版社，2012.
［3］李飞. 中华人民共和国旅游法解读［M］. 北京：中国法制出版社，2013.
［4］本书编写组. 旅游法使用问答读本［M］. 北京：法律出版社，2013.
［5］陈学春，叶娅丽. 旅游政策与法规［M］. 桂林：广西师范大学出版社，2014.
［6］国家旅游局政策法规司. 旅行社条例释义［M］. 北京：人民交通出版社，2009.
［7］周葳. 旅游法规实用教程［M］. 北京：北京大学出版社，2012.
［8］王志雄. 旅游法规案例教程［M］. 北京：北京大学出版社，2012.
［9］陈佳平. 旅游法规实务.［M］：大连：大连理工大学出版社，2010.
［10］王燕林，成冬娟，刘蜀凤. 旅游政策法规与职业道德［M］. 北京：中国旅游出版社，2015.
［11］李海峰. 旅游政策与法规［M］. 北京：清华大学出版社，2015.
［12］袁正新. 张国兴. 旅游政策与法规［M］. 北京：中国林业出版社，2008.
［13］孙子文. 旅游法规教程［M］. 大连：东北财经大学出版社，2011.